万卷方法 | 统计分析方法丛书

STATISTICS
WITH STATA
UPDATED FOR VERSION 10

更新至STATA10.0版

应用STATA
做统计分析

劳伦斯·汉密尔顿 著

郭志刚 等 译

重庆大学出版社

Statistics with STATA   978-0-495-55786-9
Lawrence C. Hamilton
Copyright © 2009, 2006 by Brooks/COLE, a part of Cengage Learning.
Original edition published by Cengage Learning. All Rights reserved. 本书原版由圣智学习出版公司出版。版权所有，盗印必究。
ChongQing University Press is authorized by Cengage Learning to publish and distribute exclusively this simplified Chinese edition. This edition is authorized for sale in the People's Republic of China only (excluding Hong Kong, Macao SAR and Taiwan). Unauthorized export of this edition is a violation of the Copyright Act. No part of this publication may be reproduced or distributed by any means, or stored in a database or retrieval system, without the prior written permission of the publisher.
本书中文简体字翻译版由圣智学习出版公司授权重庆大学出版社独家出版发行。此版本仅限在中华人民共和国国境内（不包括中国香港、澳门特别行政区及中国台湾）销售。未经授权的本书出口将被视为违反版权法的行为。未经出版者预先书面许可，不得以任何方式复制或发行本书的任何部分。
Cengage Learning Asia Pte. Ltd.
Shehton Way, #01-01 UIC Building, Singapore 068808
本书封面贴有 Cengage Learning 防伪标签，无标签者不得销售。
版贸核渝字（2010）第 048 号

图书在版编目（CIP）数据

应用 STATA 做统计分析/（美）汉密尔顿
（Hamilton, L. C.）著；郭志刚等译. —2 版. —重庆：
重庆大学出版社, 2011.6（2020.4 重印）
（万卷方法）
书名原文：Statistics with STATA
ISBN 978-7-5624-5986-6

Ⅰ.①应…　Ⅱ.①汉…②郭…　Ⅳ.①统计分析—应
用软件,STATA　Ⅳ.①C812

中国版本图书馆 CIP 数据核字（2011）第 022480 号

应用 STATA 做统计分析
更新至 10.0 版
（中译本　第 2 版）
劳伦斯·汉密尔顿　著
郭志刚　等　译
策划编辑：雷少波　林佳木
责任编辑：文　鹏　罗　杉　版式设计：林佳木
责任校对：邹　忌　责任印制：张　策
＊
重庆大学出版社出版发行
出版人：饶帮华
社址：重庆市沙坪坝区大学城西路 21 号
邮编：401331
电话：（023）88617190　88617185（中小学）
传真：（023）88617186　88617166
网址：http://www.cqup.com.cn
邮箱：fxk@cqup.com.cn（营销中心）
全国新华书店经销
重庆升光电力印务有限公司印刷
＊
开本：787mm×1092mm　1/16　印张：26.5　字数：654 千
2011 年 6 月第 2 版　2020 年 4 月第 10 次印刷
ISBN 978-7-5624-5986-6　定价：65.00 元

译者前言

这里提供的是《应用 Stata 做统计分析》的第二个中译本。

我接触 Stata 软件虽然还算比较早,但在很长时间内却主要是在用其他的统计软件,如 SYSTAT 和 SPSS。但是 2000 年以后,已经深感软件分析功能的限制,同时也为了给研究生开设更多高级社会统计学新课,我开始转向 Stata 软件。这一转向充分得益于劳伦斯·汉密尔顿教授深入浅出的《应用 Stata 做统计分析》一书,尤其是在应用稳健回归、泊松回归和生存分析等方面。由于该书注重实用,而 Stata 的命令语法又比较简单,所以很容易应用于统计教学和研究。2006 年时重庆大学出版社雷少波编辑为社会研究方法系列计划征求选材意见时,我特意推荐了此书,并且承担了组织翻译此书的任务。与我一起完成翻译工作的都是我当时指导的社会统计专业方向的博士研究生。

我历来将专业文献翻译作为研究生学习与训练的重要途径。翻译一个文献虽然费的力气很大,但收益要比仅仅阅读一个文献的大得多。这是因为翻译工作要求对每一个概念、每一段文本和每一步操作都要认真领会,否则就肯定翻译不好。

事先,由我建立了本书关键词的中英文对照表,一方面是为了全书翻译上的统一,另一方面也是为了最后能够形成中译本的关键词索引。英文教材的关键词索引是学习时的一种方便途径,由于统计学是一个体系,很多基本概念和方法会在不同章节中反复出现,因此关键词索引表可以使这些基本概念、方法在一本书内各处的应用一览无遗。相比之下,中文教材不太重视这个环节则是一个很大的不足。

最后,我对全书译稿进行了校对、修订和统稿。这个工作既是为了保证翻译质量,也是我与学生之间的教学交流形式。学生们通过翻译稿中的修订部分可以学到很多东西,当然我也从学生的翻译中学到很多东西。我们都深感收益于汉密尔顿教授的这本既有理论又有应用操作的好书,其中的很多示例真是引人入胜。作为最终成果的中译本,我们很乐意奉献给广大读者来分享。

于是,本书第一个中译本在 2008 年推出,并且受到了广大读者的欢迎和好评。

两年多来,Stata 软件不断更新,汉密尔顿教授的《应用 Stata 做统计分析》一书也在随之更新。今年年初,重庆大学出版社决定要更新中译本。

本书更新版比上一版新增了两章:第 14 章,调查数据分析;以及第 15 章,多层与混合效应建模。这两章分别由焦开山和巫锡炜担任翻译。其他各章的翻译更新工作基本上都由上一版的原译者来完成的,而原来由我本人翻译的各章则分给其他译者来更新了。翻译更新工作的分工为:巫锡炜(第 1,2,3,7,8,12,13 章),焦开山(第 4,16 章),赵联飞(第 5,6 章),李丁(第 9,11 章),王军(第 10 章)。最后,由巫锡炜完成关键词索引表的制作。

由于译者水平有限,翻译中难免有不当之处,恳请读者指教。

郭志刚

2010 年 7 月于海淀蓝旗营

中文版序

非常高兴《应用 Stata 做统计分析》一书的更新版再次译成中文版。通过郭志刚教授的辛勤工作,该书翻译得相当专业。自 1990 年以来,本书的英文版经过了多次修订和再版,已经非常成功。这个中译本译自原著的第 7 版。为了顺应 Stata 自身的发展,随着每一版修订,《应用 Stata 做统计分析》变得越来越丰富,并且覆盖了越来越多的主题。当郭志刚教授最初与我联系出版中译本时,我为能有更多的中国读者研读本书而感到高兴。

对上一个中文版熟悉的读者会发现这一版新加了两章:第 14 章,调查数据分析;以及第 15 章,多层与混合效应建模。这两章反映了 Stata 在这些领域的强力进展。其他章中也增加了一些新的内容。比如,第 2 章增加了关于缺失值编码的一节,第 3 章讨论了图形编辑器和创造性制图,在第 13 章中介绍了 ARMAX 时间序列回归模型。在最后一章的编程介绍中提供了一个新的程序范例,对调查结果画出多重图形,并且还介绍了应用 Mata 编程来处理矩阵。读者还会在全书中发现更多的小变化。

1990 年,当我写作首版《应用 Stata 做统计分析》时,Stata 刚刚推出,但已经令人振奋。Stata 逻辑一致的命令和能使用不同工具进行工作的便捷之处都使得这个软件优越于当时的竞争对手,并成为现代桌上电脑时代的理想选择。比如,它可以在简单表格、高级模型和图形之间迅速切换,以取得对数据的理解。多年来,Stata 已经非常成熟。多次更新升级,增加了大量的新特色,从用户友好的菜单和环球网链接到高级模型和编程。Stata 的内置编程语言被证明非常重要,因为它允许用户编写自己的程序。因此,发表在 Stata 期刊中的新技术可以迅速被 Stata 接纳,有时这些新技术就是用 Stata 来进行首创研制的。与此同时,Stata 仍在继续增加其基本统计的功能和对复杂数据库管理的支持。Stata 的稳步发展证明了它从一开始就有极佳的设计。尤其值得说明的是,虽然技术上具有巨大进步,但 Stata 仍然比其他统计软件更容易学。

《应用 Stata 做统计分析》是关于 Stata 的第一本书。和该软件本身一样,本书的目的在于填补一些空白。我是为学生和实际研究者写作本书的,希望在侧重理论的教科书和数千页内容的 Stata 手册之间架起桥梁。现代研究者需要各种各样的技术来分析他们的数据。因此,《应用 Stata 做统计分析》从基础的题目谈起,比如统计学基础内容或者如何建立一个新数据集等。然后,再进一步介绍那些中级和高级主题,比如回归诊断、logit 模型、稳健回归、因子分析、生存分析、时间序列模型以及编程工作。其中一些问题可能出现在研究生统计教学中,而另一些问题则可能会在研究中碰到。在每一章中,我都尤其关注两个实践问题:一个是**"我如何用 Stata 做这一分析"**,另一个是**"这些统计结果能告诉我什么"**。我的目的是写一本读者在工作时想摆在计算机旁的书。感谢郭志刚教授的翻译,中国读者现在有机会自己来判断它是否有用了。

劳伦斯·汉密尔顿(Lawrence Hamilton)
2010 年 7 月

前　言

　　《应用 Stata 做统计分析》一书旨在为学生和实际研究工作者在统计教材和 Stata 应用之间架设桥梁，以缩小两者之间的差距。作为这样一个中介角色，本书既不准备对某一合适教材做详细说明，也不打算尽可能地描述 Stata 的全部特征。相反，本书示范了如何使用 Stata 来完成各种各样的统计任务。每章的题目遵循统计学概念主题展开，而不是只集中在特定的 Stata 命令上，这使得《应用 Stata 做统计分析》一书又具有与 Stata 参考手册不同的结构。比如，数据管理这章涉及了创建、更新数据文件以及改变数据文件结构的各种程序。在其他各章中，概要统计及交互表、方差分析和其他比较方法以及拟合曲线这几章也都包含许多不同技术在内而又具有类似性的宽泛主题。

　　前六章（直到常规最小二乘法回归）为一般性主题，大体上对应了应用统计学的基础课程，但是增加了深度，讨论了分析人员经常碰到的实际问题。比如，如何汇总数据、创建虚拟变量、绘制符合发表质量要求的图形、正态性检验或者如何将方差分析转换为回归形式。在第 7 章的回归诊断及随后各章中，我们转入到高级课程或原创研究的领域。这里，读者能够找到有关如何获得并解释诊断统计量和图形的基本信息与示范说明：如何进行稳健回归、分位数回归、非线性回归、logit 回归、序次 logit 回归、多项 logit 回归或者泊松回归；如何拟合存活时间和事件计数模型；如何通过因子分析和主成分分析来建构合成变量；如何将观测案例按经验类型或聚类做划分；分析时间序列和复杂调查数据；或者拟合多层模型及混合模型。Stata 近年来一直致力于保持其尖端水平地位，并且这种努力尤其体现于它所提供的广泛的回归和模型拟合命令。

　　最后，我们以 Stata 编程的简介来结束全书。许多读者将会发现 Stata 可以做他们想做的任何事情，因此他们不需要编写原始程序。但是，对于积极主动的少数人而言，编程能力也是 Stata 的主要吸引力之一，并且它也肯定构成了 Stata 广泛传播和快速发展的基础。这一章为想学 Stata 编程的初学者开启了大门，不论是用于专门的数据管理，还是建立一种新的统计方法；不论是进行蒙特卡罗实验，还是为了教学。

　　通常，对于 Windows，Macintosh 和 Unix 等操作系统的计算机都有类似版本（"口味"）的 Stata 可以安装运行。跨越所有的操作系统，Stata 都使用相同的命令和创建相同的结果。在一个操作系统上使用的数据文件、图表以及创建的程序也可以在任何其他的操作系统上为 Stata 所用。这些版本只是在屏幕外观、菜单和文件处理的一些细节上有些差异，这是因为 Stata 需要遵循每一操作系统的规则。比如，在 Windows 系统下采用诸如"\目录\文件名"这样的文件设定，而在 Unix 系统下则采用"/目录/文件名"的设定。我并未示范所有三种规则，而是只采用了 Windows 规则，但是采用其他操作系统的用户应能发现，其实只需要稍加改变即可应用。

关系第 7 版的说明

我从 1985 年开始使用 Stata,当时还是它的首次发布(Stata 在 2005 年迎来了它的 20 周年纪念,为此该年 *Stata Journal* 开辟了一期特刊,登载有关 Stata 发展史的文章和访谈,其中也包括《应用 Stata 做统计分析》一书的简史)。起初,Stata 只能在 MS-DOS 系统的个人电脑上运行,但是其桌面取向使得它明显比其主要竞争对手更为现代,因为那时大多数竞争者还处于桌面革命之前的取向,还基于主机环境、使用 80 列穿孔卡的 Fortran 语言。与认为每个用户都是一堆卡片的主机统计软件不同,Stata 将用户视为一次对话。它的互动本质以及统计程序与数据管理和制图的浑然一体支持了分析思维的自然流程,而这些方面则是其他程序所不具备的。**graph**(作图命令)和 **predict**(预测命令)很快成为倍受欢迎的命令。我深受其所有内容浑然一体的打动,并开始写作《应用 Stata 做统计分析》的最初版本,对应着 Stata 第 2 版,并于 1989 年出版。

该书问世以来,Stata 已经发生了巨大变化。我在该书中就注意到,"Stata 并不是一个万能程序……但是只要是它做,它就做得棒极了"。Stata 性能的扩展一直都引人注目。这一点在模型拟合程序的激增以及随后不断条理化方面显而易见。William Gould 为 Stata 建立的架构,包括其编程工具和统一的命令语法都已非常成熟,并已证明能够容纳新发展出来的统计思想。本书第 3 章广泛的作图命令、第 10 章开头提供的大量建模命令或者第 13,14,15 章介绍的最新时间序列分析、调查数据分析以及混合建模功能,都说明多年来 Stata 在这些方面日益丰富。比如,适用于面板数据(**xt**)、调查数据(**svy**)、时间序列数据(**ts**)或存活时间数据(**st**)等方面的套装新技术开辟了更多可能领域,像非线性回归(**nl**)和一般化线性模型(**glm**)以及最大似然估计的一般程序的可编程命令也同样做到了这点。其他的关键性扩展还包括了矩阵编程能力的发展和新的数据管理性能。在最初版本的《应用 Stata 做统计分析》中,数据管理只是一个附带的题目;但是在这次第 7 版中,数据管理自然也就理所应当地成为篇幅上位居第二长的一章。

Stata 第 8 版标志着其发展史上最为根本性的升级,这一提升由新的菜单系统或 GUI(图形用户界面)和完全重新设计的制图能力所引领。发展于学生版程序 StataQuest 的一个有限的菜单系统自第 4 版以来就已经是可获得的选择了,而 Stata 第 8 版则首次装备了一个整合的菜单界面,这是对键入命令的一个完全替代选择。通过探索就可以学习这些菜单,这远比读一本书来得更容易,因此《应用 Stata 做统计分析》只在每一章的开始提供一些有关菜单的一般性建议。在绝大部分篇幅中,本书都采用命令方式来展示 Stata 能做什么,而这些命令的相应菜单应当能很容易地找到。相反,如果你主要从菜单开始工作,Stata 通过在结果窗口中显示每一个相应的命令提供非正式的训练。菜单系统通过把用户的点击和选择转换成 Stata 命令进而供应给 Stata 执行。

Stata 第 8 版重新设计的制图能力要求在第 3 章中做相应的大幅修改,因此它就成为本版中篇幅最长的一章。这个题目本身就很复杂,正如厚厚的《图形参考手册》(*Graphics Reference Manual*)(以及散见在文档中的其他材料)所表明的那样。我并不打算对基于命令的参考手册加以浓缩,而是采用了一种完全不同的、根据实例的补充方式。因此,第 3 章提供了 58 幅各种各样图形的系统化图库,从基本图形到具有创造性图形,每一种图形都提供了如何绘制的说明。更多的实例则贯穿于全书的各个部分,甚至连第 16 章中的最后一些图形也示范了新的变化。因此,《应用 Stata 做统计分析》在一定程度上出乎意料地变成了一个图形使用(作为研究中不可或缺的一部分)的展示柜。

《应用 Stata 做统计分析》第 10 版在一些显著方面不同于它以前的第 9 版。最明显的不同是新增加了两章:第 14 章的调查数据分析以及第 15 章的多层与混合效应建模。这两章都反映了 Stata 在这些领域中不断发展的优势。在其他章中,也新增加了若干节,这包括在第 2 章中增加了关于扩展的缺失值编码一节,第 3 章中增加了关于图形编辑器(Graph Editor)和创造性制图(Creative Graphing)两节,第 13 章中增加了示范 ARMAX 时间序列回归模型一节,在最后的编程一章中也包含了两节新内容:一个为了报告调查结果而绘制多个图形的示范程序以及首次介绍了用 Mata 进行矩阵编程。一些不怎么显著的变化也贯穿本书,这反映在 Stata 命令的更新、输出结果或者外在轮廓上。有关绘制时间序列图、拟合非线性模型、估计标准误、获取预测值或者诊断统计量的最新方法也出现在本版中,一些老命令的难懂选项在本版中也有所讨论。在一些情况下,我不再像以前版本中那样提供某些命令的功能或选项的完整列表。关于命令的功能或选项的完整列表,推荐用户使用 Stata 的在线帮助,这将会变得更加实际:"键入 **help math functions** 获取一个详细的清单"。

使用过《应用 Stata 做统计分析》第 8 版或者更早版本的用户也许会注意到其他的变化,这包括了一些新的章节,比如稳健标准误(第 9 章)和聚类分析(第 12 章)。当然,自只有 171 页篇幅的第 1 版以来,已经增加了大量的内容。由于 Stata 现在可以做的事情太多,远远超出一本介绍性书籍所能涵盖的范围,因此本版《应用 Stata 做统计分析》只是在绝大部分章开始的"命令示范"一节中简要地展示了更多的程序,或者在选项清单之后提示了如何用 **help** 命令来查询有关细节。

正如在第 1 章所描述的那样,Stata 在线帮助和搜索功能也与程序同样与时俱进。除了这些帮助文件以外,可用资源还包括了 Stata 的网站、互联网及其文献搜索能力、用户群清单管理程序、网络课程、Stata 杂志,以及 Stata 大量的印刷文献(目前已有 7 000 多页,而且还在增加)。《应用 Stata 做统计分析》提供了 Stata 的便捷入门,而这些其他资源则能够提供更多的帮助。

致　谢

Stata 的设计师 William Gould 值得称赞,因为是他创建了《应用 Stata 做统计分析》所介绍的这个一流程序。Pat Branton 指出了出版本书最新版本的必要性。然后,她与 Stata 公司的其他聪明人分享了我的原初章节草稿,同时自己也非常仔细地阅读过,这些都是非常有帮助的。Bill Rising,Alan Riley,Jeff Pitblado 以及 Nocholas Cox 给了我大量非常有价值的建议和在解决问题上的帮助,他们值得特别感谢。

James Hamilton 为第 13 章贡献了有关时间序列的重要建议。Leslie Hamilton 仔细阅读了最终的手稿并加以编辑。在圣智(Cengage),Catie Ronguillo 承担了这最新一版的编辑工作。Jennifer Risden 精干地完成了最后的制作。

本书是围绕着数据分析而形成的。为了避免无休止地循环使用一些例子,我引用了一些新的资源,这些资源有的来自我自己的研究,但也包括新罕布什尔州民意调查、综合社会调查(Davis et al.,2005)、美国移民数据汇编(Voss et al.,2005)和投票数据(Robinson,2005)。来自于包括美国人口普查局、冰岛统计局、格陵兰统计局、加拿大统计局、西北大西洋渔业组织、格陵兰自然资源研究所以及加拿大渔业和海洋部等机构的数据也可以在示例中见到。Brenda Topliss 所作的一次演讲激发了第 16 章中"gossip"编程的例子。我与 Mil Duncan 和 Chris Colocousis 在美国农村社区和环境（CERA）调查中的工作激发了该章中的"multicat"示范程序。其他人的数据或观点对本书也有所贡献，包括：Amy Bassett，Igor Belkin，Robert Bell，Cliff Brown，Erich Buch，Anna Kerttula de Echave，Greg Goddard，Richard Haedrich，Dave Hamilton，Barry Keim，Paul Mayewski，Loren D. Meeker，David Moore，James Morison，Per Lyster Pedersen，Rasmus Ole Rasmussen，Jane Rusbjerg，Steve Selvin，Carole Seyfrit，Andrew Smith，Heather Tumer and Sally Ward。

目　录

1 Stata 软件与Stata 的资源

    Stata 是用于 Windows,Macintosh 以及 Unix 电脑系统下的一种功能完全的统计软件包。它的特点包括易操作、速度快,还包括一整套预先编好的分析与数据管理功能,同时也允许用户根据需要来创建自己的程序、添加更多的功能。大部分操作既可以通过下拉菜单系统来完成,也可以更直接地通过键入命令来完成。初学者可以在菜单的帮助下学习使用 Stata,任何人在应用自己所不熟悉的程序时都可以由此获得帮助。Stata 的命令有很强的一致性和直观意义,可以使有经验的用户更为高效地工作,这一特点还使得对更复杂或需要多次重复的任务进行编程变得十分容易。如果需要,在应用Stata 时还可以混用菜单方法和命令方法。它还提供广泛的帮助(**help**)、寻找(**search**)和链接(**link**)功能,轻轻松松便能完成像查询某一命令句法或其他信息这类的事情。

    本书先提供一些介绍性信息,然后我们从一段 Stata 应用示范来说明数据分析的"流程",以及怎样使用分析结果。以后的各章将做更为详细的解释。然而,即使没有任何解释,你也可以看到有关命令多么简单明了:打开数据文件 *filename* 的命令就是 **use filename**, 取得概要统计的命令是 **summarize**, 取得相关矩阵的命令是 **correlate**,如此等等。并且,也可以通过 **Data** 或 **Statistics** 菜单上的选择来取得同样的结果。

    有各种各样的资源来帮助用户学习 Stata,以解决任何层次的困难。这些资源并不只是来自于 Stata 公司,而且也来自于活跃的 Stata 用户群体。本章的一部分内容就是介绍一些最重要的资源,包括 Stata 的热线帮助和打印版的文件,以及在寻求技术帮助时应该给哪里打电话、发传真、写信或发电子邮件。Stata 的网址是 www.stata.com,它提供多种服务,包括软件更新与常见问题解答。此外,还有互联网论坛 Statalist Internet,以及专门的索引期刊 *Stata Journal*。

本书体例的说明

    本书采用几种不同的印刷体例来标志有关文字的类型意义:
- 用户键入的命令以粗黑体的英文文字(如 **bold Courier font**)出现。当给出完整的命令行时,将以一个英文句点作为起始点,这与 Stata 结果窗口显示或输出文件(以 log 为扩展名)中的体例一样。比如:

. **list** *year boats men penalty*

- 命令中的变量名(*variable*)或文件名(*file*)均为粗斜体,以强调它们是相机而定的,并不是命令的固定部分。

■ 本书一般行文中涉及变量名(*variable*)或文件名(*file*)时将采用不加粗的斜体,以示它们与一般文字的区别。

■ Stata 菜单上的项目以 **Arial** 体(一种无饰线的英文字体——译者注)表示,以破折号表示随后选择。比如,打开一个现有数据文件的菜单选项依次为 **File > Open**,然后找到并点击这一数据集的文件名。注意,一些常规菜单的操作也可以通过 Stata 主菜单工具条中的文字选项来完成:

File   Edit   Data   Graphics   Statistics   User   Window   Help

或者点击下面相应的图标钮来完成。比如,选择 **File > Open** 与点击最左侧的图标钮 🔲 的行动是完全一样的。用户还可以直接键入以下命令来完成同一操作:

. **use** *filename*

于是,我们显示名为 *penalty* 的变量的概要统计指标的计算结果时,就用以下形式:

. **summarize** *penalty*

Variable	Obs	Mean	Std. Dev.	Min	Max
penalty	10	63	59.59493	11	183

这些体例只适用于本书,而不适用于 Stata 本身的程序。Stata 可以显示不同的屏幕字体,但是它在命令中并不使用斜体字。一旦 Stata 的日志(log)文件装载入文字处理软件,或者将结果中的表复制并粘贴到文字处理软件,你应该将其格式改为 Courier 体的 10 号或更小号字,这样才能将各列对应。

需要注意,Stata 对于命令和变量名是区分大小写差别的。所以,**summarize** 就是一个命令,而 **Summarize** 和 **SUMMARIZE** 就不是命令,并且,*Penalty* 和 *penalty* 将是两个不同的变量。

一个 Stata 操作的例子

我们先来看一看 Stata 是如何工作的,这一节将介绍如何打开和分析一个以往建立的数据文件,文件名为 *lofoten.dta*。Jentoft 和 Kristofferson(1989)在一篇关于挪威北极圈内 Lofoten 群岛的渔民自我管理的论文中首次发表了这些数据。这个数据中包含 10 次观测(年)和 5 个变量,其中就有 *penalty* 这个变量,它记载了每年渔民违反渔业条例的次数。

如果我们想对这段工作保存一个记录,最好的方法是在工作开始时先打开一个用于输出日志的"log 文件"。log 文件可以存放命令和统计结果表,但是不能存放图形。要建立一个 log 文件,先从顶部菜单栏中选择 **File > Log > Begin…**,并为这个输出结果的 log 文件指定文件名和文件夹。作为替代办法,也可以通过在顶部菜单工具条上选择 **File > Log > Begin** 或者直接键入以下命令来起始这个文件:

. **log using** *monday1*

在 Stata 中,有多种方式来做这同一件事。每一种都有自己的优点,各自适合于不同场合或不同用户的偏好。

log 文件既可以按一种特殊的 Stata 格式(.smcl)来建立,也可以采用一般文本或 ASCII 格式(.log)。.smcl(即 Stata markup and control language 的缩写)
文件格式在使用 Stata 时能很好地浏览和打印,其中还可以包括超链接以方便理解命
令或错误提示。一般的 log 文本文件则不能使用这些格式,但是如果用户将来将这些输
出插入其他文档或进行进一步编辑时,就会很方便。用户在选择了所需要的 log 文件类
型后,便可以点击 **Save**。在这一节中,我们将建立一个.smcl 格式的 log 文件,将其命
名为 *monday1*.*smcl*。

这里将分析一个现有的 Stata 格式的数据文件 *lofoten.dta*。要打开这个数据
文件,我们仍然有好几种方式:

从顶部菜单栏中选择 **File** > **Open** > *lofoten.dta*;

直接点击 🔲 > *lofoten.dta*;或者

键入命令 **use** *lofoten*。

在默认 Windows 设置下,Stata 将会在文件夹 C:\data 中寻找数据文件。如果我
们想要的文件在别的文件夹中,我们可以在 **use** 命令中定义它的位置:

. **use** *c:\books\sws_10\chapter_01\lofoten*

或者用命令 **cd**(代表 change directory,即改变子目录)来改变这一阶段的默认文
件夹:

. **cd** *c:\books\sws_10\chapter01*

. **use** *lofoten*

或者从菜单中选择 **File** > **Change Working Directory**…。通常,取得文件的最简单
方法是选择 **File** > **Open**,然后按常规方式浏览该文件夹加以选择。

如果想要取得现在已经在内存中的数据的简要描述,键入:

. **describe**

```
Contains data from C:\data\lofoten.dta
  obs:             10                          Jentoft & Kristoffersen '89
  vars:             5                          12 Jan 2008 15:48
  size:           170  (99.9% of memory free)

              storage   display    value
variable name   type    format     label      variable label

year            int     %9.0g                 Year
boats           int     %9.0g                 Number of fishing boats
men             int     %9.0g                 Number of fishermen
penalty         int     %9.0g                 Number of penalties
decade          byte    %9.0g      decade     Early 1970s or early 1980s

Sorted by:  decade  year
```

许多 Stata 命令都可以简化为它们的前几个字母。比如,我们可以将 **describe**
命令简化为仅有一个字母 **d** 。如果要使用菜单,那么选择 **Data** > **Describe data** >
Describe data in memory > (**OK**)也能得到同样的输出表格。

这一数据只有 10 个观测案例(observation)和 5 个变量,所以键入 **list** 就能列
出相应内容(或者就键入小写字母 **l** 也行;或者选择 **Data** > **Describe data** > **List**
data > (**OK**)):

```
. list
```

	year	boats	men	penalty	decade
1.	1971	1809	5281	71	1970s
2.	1972	2017	6304	152	1970s
3.	1973	2068	6794	183	1970s
4.	1974	1693	5227	39	1970s
5.	1975	1441	4077	36	1970s
6.	1981	1540	4033	11	1980s
7.	1982	1689	4267	15	1980s
8.	1983	1842	4430	34	1980s
9.	1984	1847	4622	74	1980s
10.	1985	1365	3514	15	1980s

我们从平均值(Mean)、标准差(Std. Dev.)、最小值(Min)以及最大值(Max)入手来进行分析。直接键入 **summarize** 或 **su**；或者从下拉菜单选择 **Statistics > Summaries, tables, & tests > Summary and descriptive statistics > Summary statistics > (OK)**：

```
. summarize
```

Variable	Obs	Mean	Std. Dev.	Min	Max
year	10	1978	5.477226	1971	1985
boats	10	1731.1	232.1328	1365	2068
men	10	4854.9	1045.577	3514	6794
penalty	10	63	59.59493	11	183
decade	10	.5	.5270463	0	1

如果需要将这部分结果打印出来，那么首先点击 Results 窗口，然后点击 🖶 图标钮，或者从菜单中选择 **File > Print > Results**。

如果想复制一个表、一些命令或 Results 窗口的其他信息到文字处理软件中，首先用鼠标选择想要的那些结果，点击鼠标右键，然后选择鼠标菜单中的 **Copy Text**。最后，转到你的文字处理软件中，在适当插入点点击鼠标右键，然后点击 **Paste**，或者点击该文字处理器工具条上的"粘贴(paste)"图标钮也行。

那么在这个数据包括的 20 年中违反渔业条例的处罚次数是否有所变化呢？我们可以对每 10 年(*decade*)的处罚(*penalty*)做概要统计，结果显示出 1970 年代有更多的处罚：

```
. tabulate decade, sum(penalty)
```

Early 1970s or early 1980s	Summary of Number of penalties		
	Mean	Std. Dev.	Freq.
1970s	96.2	67.41439	5
1980s	29.8	26.281172	5
Total	63	59.594929	10

相同的表也可以通过菜单选择来取得：

Statistics > Summaries, tables, & tests > Tables > One /two-way table of summary statistics

然后将 *decade* 作为变量 1(**variable 1**)填入，而将 *penalty* 作为概要统计变量

(**variable to be summarized**)。尽管使用菜单选择通常都很简单明了,但是你能看到在描述它们时却比使用简单文字命令更复杂。因此,后面我们将主要使用命令,只在少许场合提及菜单选用。对于菜单的探究、搞清其如何使用才能完成同样的任务,将留给读者自己来完成。出于同样的原因,Stata 参考手册 (**Stata reference manuals**)也是采取了以命令为基础的方式。

也许,处罚次数的减少是因为在 1980 年代打鱼的人变少了。我们发现,处罚次数与同期渔船数 (*boats*)和渔民人数 (*men*)之间存在着高度相关 ($r>0.8$):

```
. correlate boats men penalty
(obs=10)
```

	boats	men	penalty
boats	1.0000		
men	0.8748	1.0000	
penalty	0.8259	0.9312	1.0000

图形可以更清楚地反映它们之间的关系。图 1.1 按年 (*year*)画出了 *men* 与 *penalty* 的标绘图,命令为 **graph twoway connected**。在这个例子中,我们先要求将按年对 *men* 做双变量连线 (**connected-line**)标绘图,定义了左侧 y 轴,**yaxis(1)**。在分隔符 ‖ 以后,我们又要求按年对 *penalty* 做连线图,这次定义右侧 y 轴,**yaxis(2)**。结果图形表明,渔民人数与处罚次数在时间上有对应关系。

```
. graph twoway connected men year, yaxis(1)
      || connected penalty year, yaxis(2)
```

图 1.1

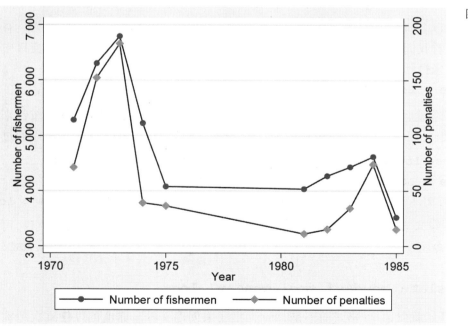

由于 1976 年至 1980 年的数据有缺失,图 1.1 显示中将 1975 年直接连接到 1981 年。有时出于种种原因,我们不太愿意这样做。作为备择方案,我们可能会找出缺失值或者留出一个不连接的缺口——比如,通过将年份 1976—1980 键入数据集,然后在命令的每一 **yaxis( )** 之后纳入 **cmissing(n)**选项。

要想打印出此图,首先转到图形窗口 (**Graph window**),然后点击该窗口的打印图标钮🖶或者 **File** > **Print**。若要将此图直接复制到文字处理器或其他文件中,右键点击这一图形并选择 **Copy Graph**,再转到你的文字处理器窗口,定位插入点后,选择一种适当的粘贴方式,比如 **Edit** > **Paste**,**Edit** > **Paste Special**(**Metafile**)或直接点击"粘贴(**paste**)"图标钮(不同的文字处理器有不同的处理方式)。

如果需要将此图存起来将来再用,可以右键点击并 **Save Graph**,或点击 **Graph** 窗口中的🖫图标钮,或选择 **Graph** 窗口顶部菜单栏上的 **File** > **Save As**。在 **Save As Type** 子菜单可以选择存为几种不同的文件格式。在 **Windows** 系统中,这些选项包括:

Stata graph (∗ .gph)(一种"活"的图形,包括足够的信息供 Stata 来编辑。)

As-is graph (∗ .gph)(一种更压缩的 Stata 图形格式。)

Windows Metafile (∗ .wmf)

Enhanced Metafile (∗ .emf)

Portable Network Graphics (∗ .png)

TIFF (∗ .tif)

PostScript (∗ .ps)

Encapsulated PostScript with or without TIFF preview (∗ .eps)

Macintosh 或 Linux 等其他操作系统提供图形文件格式的不同选择。不管我们需要哪种图形格式,都值得同时再存一份这一图形的"活"的格式,即 .gph 格式。这种 .gph格式在将来还可以用 **graph use** 或 **graph combine** 命令来重新打开、合并、重新着色或重新设置格式,或者使用图形编辑器(**Graph Editor**)做更为细致的编辑(参见第 3 章)。

通过以上所有分析,log 文件 *monday1.smcl* 中已经存放了我们的结果。查阅该文件以看看我们曾经做了些什么的一个简单方法就是在其自己的 Viewer 窗口中选择以下菜单来打开这一文件:

File > **Log** > **View** > **OK**

我们可以通过点击 log 文件 **Viewer** 窗口顶部一栏上的🖶(**Print**)图标按钮来打印此 log 文件。log 文件将会在一段 Stata 操作完成后自行关闭,或者也可以通过选择🖫 >**Close log file**、键入命令 **log close** 或用下列指令要求提前关闭:

File > **Log** > **Close**

一旦关闭,文件 *monday1.smcl* 在随后的 Stata 操作期间还可以通过 **File** > **log** > **View** 或 🖫来查看。为了创建一个能容易地被你的文字处理器打开的输出文件,可以键入以下命令将 log 文件从 .smcl 格式(Stata 格式)转换为 .log 格式(标准 ASCII 文本格式):

. **translate** *monday1.smcl monday1.log*

或者,一开始就以 .log 格式而不是 .smcl 格式来创建文件。你也可以任意次地临时开启和结束 log 文件:

File > **Log** > **Suspend**

File > **Log** > **Resume**

Stata 主图标按钮菜单栏上的 log 图标按钮🖫也可执行所有这些任务。

Stata 的文件管理与帮助(Help)文件

Stata 第 10 版的整套文件包括 15 卷,共计 7 000 多页:一本较薄的《初学手册》(比如,*Getting Started with Stata for Windows*),一本更广泛的《用户指南》(*User's Guide*),三卷本的《基础参考手册》(*Base Reference Manual*),还有分别对数据管理、制图、纵贯和面板数据、矩阵编程(Mata)、多元统计、编程、调查数据、存活分析和流行病学梯度表,以及时间序列分析的参考手册。《初学手册》只是帮助用户做最基本的安装、视窗管理、数据输入、打印等方面的工作。《用户指南》是对一般问题的更广泛的讨论,包括资源与问题解决。新用户尤其要注意的是《用户指南》中的一节:"所有人都应该知道的命令(Commands everyone should know)。"《基础参考手册》按字母排列列出了所有 Stata 命令。每一条命令都包括了完整的命令句法、所有可用选项的描述、例子、有关公式和基本原理的技术说明,以及其他参考文献。数据管理、制图、面板数据等在一般参考文献中已经涉及了,但是更复杂的题目是在它们自己的专题手册中才提供更具体的处理方法以及例子。还有一本《快速参考与索引》(*Quick Reference and Index*)提供了全部文件齐全的清单。

当我们在操作 Stata 时,更简单的是取得在线帮助而不是去查询这些手册。从顶部菜单栏选择 **Help** 会出现供进一步选择的下拉菜单,包括对特定命令的帮助、最新更新、在线更新、Stata 期刊(*Stata Journal*)和用户编写的程序以及连接 Stata 的网址(www.stata.com)。选择 **Search** 可以对 **Stata** 的说明文档、网络资源或这两者进行关键词搜索。作为替代方法,选择 **Contents** 允许我们按类别查找如何做事。**help** 命令在与某个命令名一同使用时是特别有帮助的。比如,键入 **help correlate** 命令将使有关帮助信息显示在 **Viewer** 窗口。与参考手册一样,该屏幕帮助也提供命令句法说明以及完整的选项清单。它还包括了一些例子,但常常不太具体,而且不提供手册中那些技术讨论。但是,屏幕帮助相比手册也有一些优点。**Viewer** 能够在说明文档中或 Stata 网站上搜寻关键词。超级文本链接可以使你直接找到有关条目。屏幕帮助还包括一些有关最近更新的资料,或者你还可以从 Stata 网址或其他用户网址下载一些"非官方"的 Stata 程序。

搜寻信息

选择 **Help** > **Search** > **Search documentation and FAQs** 提供一个直接方式来对 Stata 说明文档或网站的 **FAQs**(常见问题解答(frequently asked questions))和其他页面中的信息进行搜索。或者,我们可以对网络资源进行搜索,包括 Stata 期刊。**Viewer** 窗口中的搜索结果包含指向进一步信息或原始引用的可点击超链接。

search 命令可以做类似的事情。快速 **search** 命令的一个专门用途是在某些场合下会提供更多信息,比如当我们的命令没有被成功执行因而导致得到的是含义不明的 Stata 错误提示信息。比如,**tabulate** 是一个 Stata 命令,但设想将其错误地拼写成了"**tabluate**"。Stata 会给出错误信息和"返回码(return code)"r(199):

```
. tabluate penalty
unrecognized command:  tabluate
r(199):
```

点击错误信息中蓝色的"r(199)"链接,我们可以更多地了解到诸如 r(199) 这样的返回码指的是什么意思。这带出了信息更丰富的说明,告诉我们"Stata 不认识该命令、程序或 ado 文件名,很可能是因为拼写或简写错误(Stata failed to recognize the command, program, or do-file name, probably because of a typographical or abbereviation error)"。我们也可以通过键入 **search rc 199** 找到这一说明。键入 **help search** 查看有关该命令的更多信息。

Stata 公司

Stata 公司的邮寄地址是:

StataCorp

4905 LaKeway Drive

College Station,TX 77845 USA

电话号码也包括易记的 800 号码:

telephone: 1-800-782-8272   (or 1-800-STATAPC) U.S. and Canada

1-979-696-4600   International

fax: 1-979-696-4601

要搜寻有关定购、许可证和更新方面的信息,你可以通过下列电子邮箱与 Stata 公司联系:

service@ stata.com

或者访问他们的网站:

http:// www.stata.com

Stata 出版社也有其自己的网站,提供关于 Stata 出版物的信息,包括例题所用的数据。网址为:

http:// www.stata-press.com

前面提到的 Stata 杂志也已成为一个重要的资源:

http:// www.stata-journal.com

Stata 的主站 www.stata.com 提供了广泛的用户资源,包括详细描述 Stata 产品的页面、如何订购 Stata 以及如下所述的各种用户支持:

FAQs——常见问题解答。如果你有什么困扰,在手册中又找不到答案,那么就可以查查这里。也许它就是一个 FAQ。这里的问答涉及面很宽,既有很基础的问题,比如"如何将其他软件文件转换为 Stata 格式的数据文件";也有更技术性的问题,比如"如何在完全最大似然估计中使用 **heckman** 命令来强制 $\rho = 0$"。

Updates——主要版本中的在线更新免费对已注册 Stata 用户提供。它们提供了一种快捷、简单的方式获取适用于你当前版本的最新改进、错误修复等。不必登录网站,用户可以直接在 Stata 中查询是否有适用的更新,并通过以下命令来启动更新进程:

```
. update query
```

Technical support—— 技术支持可以通过向以下地址发送电子邮件获取:

tech- support@ stata. com

反馈往往很迅速且很有帮助。尽管如此,但在写信寻求技术帮助之前,还是应核实一下你的问题是不是个 FAQ。

Training——报名参加 Stata 导论、Stata 编程导论或高级 Stata 编程等精选主题的网上课程。

Stata News——Stata 新闻包括软件特征、当前网上课程、Stata 期刊的新问题以及其他话题。

Publications——与 Stata 期刊、说明文档和手册有关信息的链接,销售与 Stata 和其他最新的统计推论有关的书籍的书店,以及针对写作关于 Stata 新书人士的 Stata 作者支持项目。接下来的两节会更多地谈到 Stata 期刊和 Stata 图书。

Stata 期刊

从 1991 年至 2001 年,称为 *Stata Technical Bulletin*(简称 *STB*)的双月刊服务于发布新的命令和 Stata 更新,其中既有用户撰写的,也有正式渠道发布的。*STB* 上的文章累积起来,每年都出版一本书,称为 *Stata Technical Bulletin Reprints*,这些书可以从 Stata 公司直接订购。

随着网络的发展,用户之间的即时交流成为可能,程序文件能从遥远的资源地轻易下载得到。双月刊印的期刊和磁盘对于用户交流或发布更新与用户撰写的程序而言,都已经不再是最好的途径了。为了适应变化了的世界,*STB* 也必须有新的发展。

于是,Stata 期刊开始发行,以迎接挑战,满足 Stata 日益扩大的用户群。像以前的 *STB* 一样,Stata 期刊仍包括用户描述研制新命令的文章,也包括 Stata 公司雇员编制的非正式命令。但是,发布新命令并不是它的首要关注。Stata 期刊还包括带索引的统计学注释文章、书评、Stata 使用小窍门以及许多有趣的栏目,比如由 Nicholas J. Cox 主持的"话说 Stata(Speaking Stata)"讨论如何更有效率地使用 Stata 编程语言。Stata 期刊既给初学者服务也给老用户服务。比如,这里是最近一期的目录:

"Robust standard errors for panel regressions with cross-sectional dependence"(D.Hoechle)
"Estimating parameters of dichotomous and ordinal item response models with gllamm"
  (X. Zheng and S. Rabe-Hesketh)
"Simulation-based sensitivity analysis for matching estimators"(T. Nannicini)
"Modeling of the cure fraction in survival studies"(P. C. Lambert)
"Profile likelihood for estimation and confidence intervals"(P. Royston)
"Fitting mixed logit models by using maximum simulated likelihood"(A. R. Hole)
"An exact and a Monte Carlo proposal to the Fisher Pitman Permutation tests for paired
  replicates and for independent samples"(J. Kaiser)
"Speaking Stata: Turning over a new leaf"(N. J. Cox)
Stata tips on "Discrete uses for uniform()"(M. L. Buis)."Range frame plots"(S. Merryman).
  "Efficient use of summarize"(N. J. Cox). "Events in intervals"(N. J. Cox)
"Software Updates"

Stata 期刊每季度发行。可以通过访问 www. stata- journal. com 订购。www. stata-journal. com 文件档案也列出了可以单独订购的往期目录。关于其历史性沿革,Stata 发行 20 周年纪念之际刊发的特刊(5(1),2005)包含了若干篇介绍 Stata 早期发展的论文和一篇介绍第一本 Stata 书籍的论文,即"《应用 Stata 做统计分析》的简史(A short history of *statistics with stata*)"。

应用 Stata 的图书

除了 Stata 自己的参考手册以外,描述 Stata 或使用 Stata 来示范分析技术的书目越来越多。这些书中包括一般性介绍;学科应用,如社会科学、生物统计或经济计量;以及有关调查分析、实验数据、分类因变量以及其他题目的专门著述。

Stata 网站的 Bookstore 页面提供了最新的书目清单,并附有内容描述:

· http://www. stata. com/bookstore/

这个在线书店提供了一个了解和订购不同出版商发行的 Stata 相关图书的好地方。下面的例子表明了选择范围之宽泛。

A Gentle Introduction to Stata(A. C. Acock)
Using Stata for Principles of Econometrics(L. C. Adkins, R. C. Hill)
An Introduction to Modern Econometrics Using Stata(C. F. Baum)
Applied Microeconometrics Using Stata(A. C. Cameron, P. K. Trivedi)
Event History Analysis with Stata(H-P. Blossfeld, K. Golsch, G. Rohwer)
An Introduction to Survival Analysis Using Stata(M. Cleves, W. Gould. R. Gutierrez, Y. Marchenko)
Statistical Modeling for Biomedical Researchers(W. D. Dupont)
Maximum Likelihood Estimation with Stata(W. Gould, J. Pitblado, W. Sribney)
Statistics with Stata(L. C. Hamilton)
Generalized Linear Models and Extensions(J. W. Hardin. J. M. Hilbe)
Negative Binomial Regression(J. M. Hilbe)
A Short Introduction to Stata for Biostatistics(M. Hills, B. L. De Stavola)
Applied Survival Analysis：*Regression Modeling of Time to Event Data*(D. W. Hosmer, S. Lemeshow, S. May)
Applied Econometrics for Health Economists(A. Jones)
Applied Health Economics(A. Jones, N. Rice, T. B. d'Uva, S. Balia)
An Introduction to Stata for Health Researchers(S. Juul)
Data Analysis Using Stata(U. Kohler, F. Kreuter)
Sampling of Populations：*Methods and Applications*(P. S. Levy, S. Lemeshow)
Workflow in Data Analysis Using Stata(J. S. Long)
Regression Models for Categorical Dependent Variables Using Stata(J. S. Long, J. Freese)
A Visual Guide to Stata Graphics(M. Mitchell)
Thirty-three Stata Tips(H. J. Newton, N. J. Cox editors)
Analyzing Health Equity Using Household Survey Data(O O'Donnell and others)
A Stata Companion to Political Analysis(P. H. Pollock Ⅲ)
A Handbook of Statistical Analyses Using Stata(S. Rabe-Hesketh, B. Everitt)
Multilevel and Longitudinal Modeling Using Stata(S. Rabe-Hesketh. A. Skrondal)
Managing Your Patients? Data in the Neonatal and Pediatric ICU(J. Schulman)
Epidemiology：*Study Design and Data Analysis*(M. Woodward)

𝟐 　数据管理

　　数据分析的第一步就涉及将原始数据改造为 Stata 可用的格式。我们可以将一个新数据通过以下几种方式载入 Stata：从键盘上将数据输入；读取原始数据的 ASCII 格式文件；将电子表格数据粘贴到数据编辑窗口（Editor）中；应用第三方数据转换程序将其他电子表格、数据库或统计程序创建的系统数据集直接转换过来。一旦 Stata 有了内存数据，我们就可以在 Stata 中将其存为 Stata 格式，以利将来方便地取用和更新。

　　数据管理包括最初建立数据集、编辑以校正错误、识别缺失值以及内部建档，比如加上变量标签和变量值标签。它也包括许多其他项目进行中所需要的工作，比如加入新的观测案例或新的变量；重新组织数据、简化数据、从数据中抽样；分割、合并或拆分数据；改变变量类型；通过代数或逻辑计算建立新的变量。当数据管理任务很复杂或需要重复进行时，Stata 用户可以编写自己的程序来自动完成这些工作。尽管 Stata 是因其分析功能而著名，其实它同时也具有广泛的数据管理功能。本章将介绍其中一些基本功能。

　　《用户指南》（User's Guide）提供了多种数据输入方法的总览，并建议了决策采用哪一种方法的 8 条规则。本章所讲的输入、编辑和许多其他操作都可以通过数据菜单（**Data**）来完成。数据菜单的下属标题指点了总的任务分类：

Describe data	描述数据
Data Editor	数据编辑器
Data Browser（read-only **Editor**）	数据浏览器（只读编辑器）
Create or change variables	创建或修改变量
Sort	排序
Combine datasets	合并数据集
Labels	标签
Notes	说明
Variable utilities	变量用途
Matrices	矩阵
Other utilities	其他用途

命令示范

. **append using** *olddata*

　　读入以前所存的数据集 *olddata.dta*，然后将其所有观测值加到当前内存中的数据中去。随后键入 **save** *newdata*，**replace** 就能将这一合并数据集存为新数据文件

newdata.dta 。

. browse

打开表格化的数据浏览器(**Data Browser**)来查看数据。浏览器看起来很像数据编辑器(**Data Editor**),但是它没有编辑功能,所以也就没有一不小心改变数据的风险。这一操作的替换方法是使用 **Data** 菜单或点击 📷 图标。

. browse *boats men* if *year* > 1980

要求打开数据浏览器时只显示 *year* 变量取值大于 1980 的那些观测案例的 *boats* 和 *men* 变量值。这个命令示范了 **if** 的选择功能,它还可以用于许多 Stata 命令的选择操作。

. compress

自动地将所有变量转换为其最有效率的存储类型以节省内存和磁盘空间。随后键入命令 **save filename, replace** 将使这些改变永久化。

. drawnorm *z1 z2 z3*, n(5000)

创建一个人工数据集,包含从独立的标准正态分布中抽取的 5 000 个观测案例和 3 个随机变量 *z1* , *z2* , *z3* 。还可以通过选项命令定义其他的平均数、标准差、相关矩阵或协方差矩阵。

. dropmiss

自动删除内存数据中任何在每个观测案例上包含缺失值的变量。当对更大数据集的一个子集进行操作而数据集内的一些原始变量并不适用于任何剩下的观测案例时,该命令可能是有用的。键入 **dropmiss,obs** 将从内存中删除在每个变量上包含缺失值的任何观测案例。

. edit

打开表格化数据编辑器,以便进行数据输入或编辑。这一操作的替换方法则是使用 **Data** 菜单或直接点击 📷 图标。

. edit *boats year men*

打开数据编辑器时,只显示 *boats* , *year* ,*men* 这 3 个变量(且就按该顺序),以便加以编辑。

. encode *stringvar*, gen(*numvar*)

基于字符型(非数量型)变量 *stringvar*,新建一个有标签的数量型变量,名为 *numvar*。

. format *rainfall* %8.2f

为数量型变量 *rainfall* 建立一种固定化(**f**)的显示格式,即 8 列宽,小数点后显示 2 位数。这只会影响到取值如何被显示。

. generate *newvar* = (*x* + *y*)/100

建立一个名为 *newvar* 的新变量,其值等于 x 加上 y 后再除以 100。

. generate *newvar* = uniform( )

建立一个名为 *newvar* 的新变量,其值从一个随机均匀分布的 0 到接近 1 区间中取样,记为 $[0,1)$。

. **infile** *x y z* using *data.raw*

读入一个名为 *data.raw* 的 ASCII 文件,其中包含 3 个变量 x,y,z。这些变量值由一个或多个空白字符——空格、制表符和换行符(回车、换行或两者同时)——或由英文逗号分隔开。要是由空白字符做分隔符,那么缺失值就由英文句点代表,而不是由空格代表。要是采用逗号分隔符,缺失值则由一个英文句点或两个连续的逗号来代表。Stata 还提供了更多的缺失值处理功能,见本章稍后的讨论。有一些其他命令更适合于读取制表分隔符、逗号分隔符或固定列格式的原始数据。键入 **help infiling** 可以获得更多信息。

. **list**

按默认或"表格"格式列出数据。对于大的数据集,表格格式就很难查看,而 **list**,**display** 可输出更好的结果。有关其他选项,参见 **help list**。数据编辑器或数据浏览器(Data Browser)提供适合诸多目的的更多有用的浏览。

. **list** *x y z* in **5/20**

按照当前的数据顺序,列出第 5 至第 20 个观测案例的 x,y,z 三个变量值的清单。这种 **in** 方式的选择功能在大多数 Stata 命令中也能同样应用。

. **merge** *id* using *olddata*

读入以前所存的数据集 *olddata.dta*,然后将 *olddata* 中的观测与内存中的具有同样 *id* 值的观测加以匹配。在此项操作之前,*olddata* 中的观测案例(称为"使用(using)"数据)和当前在内存中数据(称为"主(master)"数据)都必须已经按 *id* 值排好顺序了。

. **mvdecode** *var3-var62*, **mv(97=. \ 98=.a \ 99=.b)**

针对变量 *var3* 到 *var62*,将数量取值 97,98 和 99 重新编码为缺失。本例中,我们使用了 Stata 将其表示为英文句号、.a 和 .b 的三种不同的缺失值编码。这些可能代表着不同的数据缺失原因,比如对某一调查的"不适用"、"不知道"和"拒绝回答"做出的应答。如果只需要一个缺失值编码,那么我们可以设定这样的一个选项:**mv(97 98 99 = .)**。

. **replace** *oldvar* = **100 * *oldvar***

将变量 *oldvar* 的原值扩大 100 倍后再取代原值。

. **sample 10**

将内存中所有观测案例只随机选取 10 % 样本留下,其他观测案例全数删除。除了可以按某一百分比抽取样本外,我们还可以选择某一数量的案例。比如,**sample 55**,**count** 就能删除其他观测案例,仅保留 55 个观测案例的随机样本。

. **save** *newfile*

将当前内存中的数据存为一个新数据文件 *newfile.dta*。如果 *newfile.dta* 已经存在,而你又想覆盖以前版本,那么键入 **save** *newfile*, **replace**。替换方法是使用 **File** 菜单。如果想把 *newfile.dta* 存为 Stata 第 9 版格式,可键入 **saveold** *newfile* 或选择 **File** > **Save As** > **Save as type**。

. **set memory 24m**

（只适用于 Windows 或 Unix 系统）为 Stata 数据分配 24 兆字节内存。分配数量可以更大，也可以更小。当需要量超过了物理内存时，就会采用虚拟内存（硬盘空间）。在使用 **set memory** 命令前，键入 **clear** 以便从内存中清除当前数据。

. **sort x**

将数据按 x 值从最小到最大依次排序。那些 x 值缺失的观测案例将排在最后，因为 Stata 将缺失值当作非常大的值来处理。键入 **help gsort** 可以了解完成更一般化的排序任务的命令，比如可以选择按升序排还是降序排，也可以专门将缺失值排到最前面来。

. **tabulate x if y > 65**

只对那些 y 值大于 65 的观测案例输出 x 的频数表。这里 **if** 的选择功能与在大多数其他 Stata 命令中一样。

. **use oldfile**

找到磁盘上以前所存的 Stata 格式数据 *oldfile.dta*，将其置于内存中。如果当前有其他数据在内存中，并且你并不想保存就放弃，那么键入 **use oldfile, clear**。用替换方法，选择 **File-Open** 或点击 也可以完成同样任务。

创建一个新数据

以前所存的 Stata 格式数据可以取出并置入内存中，或者采用键入命令 **use filename** 的方法，或者采用菜单选择方法。本节将描述创建一个全新的 Stata 格式数据的基本方法，借助表 2.1 中所列 1995 年加拿大各省及领土区域数据来加以示范（取自联邦、省级及领土区域人口健康咨询委员会，1996 年。加拿大的最新省 Nunavut 没有列在其中，因为它在 1999 年以前只是西北省（Northwest Territories）的一部分）。

表 2.1　加拿大及各省数据

Place	1995 Pop. (1 000's)	Unemployment Rate(percent)	Male Life Expectancy	Female Life Expectancy
Canada	29 606.1	10.6	75.1	81.1
Newfound land	575.4	19.6	73.9	79.8
Prince Edward Island	136.1	19.1	74.8	81.3
Nova Scotia	937.8	13.9	74.2	80.4
New Brunswick	760.1	13.8	74.8	80.6
Quebec	7 334.2	13.2	74.5	81.2
Ontario	11 100.3	9.3	75.5	81.1
Manitoba	1 137.5	8.5	75.0	80.8
Saskatchewan	1 015.6	7.0	75.2	81.8
Alberta	2 747.0	8.4	75.5	81.4
British Columbia	3 766.0	9.8	75.8	81.4
Yukon	30.1	—	71.3	80.4
Northwest Territories	65.8	—	70.2	78.0

根据表2.1这样的输出信息创建数据集的最简单方法就是通过数据编辑器（**Data Editor**），只要点击图标 ▦ 即可调用，也可以从菜单栏中选择 **Window** > **Data Editor**，或者直接键入命令 **edit**。然后在起初标注了 *var1*，*var2* 等的各列中开始键入每一变量的取值。于是，*var1* 包含地名（如 Canada、Newfoundland，等等），*var2* 包含人口数，以此类推。

Data Editor						
	var1	var2	var3	var4	var5	
1	Canada	29606.1	10.2	75.1	81.1	
2	Newfoundland	575.4	19.6	73.9	79.8	

我们可以定义更有意义的变量名，只要双击相应列的标题（比如 *var1* ），然后在所启动的对话框中键入新变量名即可；尽管变量名最多允许 32 个字符，但是最好保持在 8 个或更少字符。我们还可创建包含简要描述的变量标签。比如，*var2* （人口）可以重新命名为 *pop*，并建立相应的变量标签为"Population in 1000s, 1995"。

变量的重新命名和制作标签也可以在数据编辑器之外通过 **rename** 和 **label variable** 命令来完成：

. **rename** *var2* *pop*

. **label variable** *pop* "Population in 1000s, 1995"

那些空着的单元格，比如 Yukon 和 Northwest Territories 的失业率将会被自动指派 Stata 的系统默认缺失值码，即一个英文句号。我们在任何时候都可以关闭数据编辑器，然后将数据存入磁盘。点击 ▦ 或选择 **Window** > **Data Editor** 或直接键入命令 **edit** 就重新返回到数据编辑器。

如果为某一变量输入的第一个值是一个数字，比如对人口、失业率和预期寿命这些变量，那么 Stata 便会认为这一列是一个"数值变量（numeric variable）"，从此以后只允许数字作为取值。数值型取值也可以带正负号，也可以包括小数点，也可以采用科学记数法。比如，将加拿大人口表示为 2.960 61e +7，它表示 $2.960\,61 \times 10^{7}$，即大约 2 960 万人。数字**不应包含任何逗号**，比如 29,606,100。要是我们偶然在某列第一次输入的数值中加入了逗号，那么 Stata 将认为本列是"字符串变量（string variable"（参见下一段），而不将其作为数值对待。

如果为某一变量第一次输入的是非数值字符，比如像地名的输入（或者输入了带逗号的"1,000"），那么 Stata 会判断此列是字符串或文本变量（text variable ）。字符串变量的值几乎可以是任何字母、数字、符号或空格的组合，在 Small Stata 版本中，长度限制为 80 个字符，在 Stata/IC，Stata/SE 或 Stata/MP 版本中允许长度可达 244 个字符。它们可以存放名称、引用语或其他描述性信息。字符串变量的值可以列表和计数，但是不能使用平均数、相关系数或大多数其他统计量进行分析。在数据编辑器或数据浏览器（Data Browser）中，字符串变量值显示为红色，这将其与数值变量（黑色）或加标签的数值变量（蓝色）区分开来。

按以上方式将表 2.1 的信息输入完毕后，我们便关闭数据编辑器并存储我们的数据，将文件命名为 *canada0.dta*：

```
. save canada0
```

Stata 将自动为任一数据集文件名加上扩展名 .dta，除非我们要求它不这样做。如果我们以前就存过同名文件的早期版本，那么想要以新版本覆盖原有版本，可以键入：

```
. save, replace
```

这时，我们的新数据看起来就像这样：

```
. describe
Contains data from C:\data\canada0.dta
  obs:            13
  vars:            5                           15 Mar 2008 10:47
  size:          585 (99.9% of memory free)

              storage   display    value
variable name   type     format     label      variable label

var1          str21     %21s
pop           float     %9.0g                  Population in 1 000s, 1995
var3          float     %9.0g
var4          float     %9.0g
var5          float     %9.0g

Sorted by:
```

```
. list

                         var1      pop    var3    var4    var5

  1.                   Canada   29606.1    10.6    75.1    81.1
  2.             Newfoundland    575.4    19.6    73.9    79.8
  3.      Prince Edward Island    136.1    19.1    74.8    81.3
  4.              Nova Scotia    937.8    13.9    74.2    80.4
  5.            New Brunswick    760.1    13.8    74.8    80.6

  6.                   Quebec   7334.2    13.2    74.5    81.2
  7.                  Ontario  11100.3     9.3    75.5    81.1
  8.                 Manitoba   1137.5     8.5      75    80.8
  9.             Saskatchewan   1015.6       7    75.2    81.8
 10.                  Alberta     2747     8.4    75.5    81.4

 11.         British Columbia     3766     9.8    75.8    81.4
 12.                    Yukon     30.1       .    71.3    80.4
 13.    Northwest Territories     65.8       .    70.2      78
```

```
. summarize

    Variable        Obs        Mean     Std. Dev.       Min        Max

        var1          0
         pop         13    4554.769    8214.304        30.1    29606.1
        var3         11    12.10909    4.250048           7       19.6
        var4         13    74.29231    1.673052        70.2       75.8
        var5         13    80.71539    .9754027          78       81.8
```

检查这些输出表可以使我们查看一下是否输入数据有错，需要加以改正。比如，**summarize** 输出表提供了好几项校对时很有用的信息，包括非缺失观测的频数（对于字符串变量这一频数总是为 0）、各变量的最小值和最大值。此时，这些概要统计还没有实际意义，因为这一数据中有一个观测案例（加拿大）其实代表了所有其他 12 个省区域领土的总和。

下一步就是使我们数据更加自言其明。变量名可以改得更加有意义，比如：

```
. rename var1 place
. rename var3 unemp
. rename var4 mlife
. rename var5 flife
```

Stata 还允许我们为数据加上好几种类型的标签。命令 **label data** 用于对整个数据进行描述，而命令 **label variable** 则对单个变量进行描述。比如：

```
. label data "Canadian dataset 0"
. label variable place "Place name"
. label variable unemp "%15+ population unemployed, 1995"
. label variable mlife "Male life expectancy years"
. label variable flife "Female life expectancy years"
```

通过为数据和变量添加标签，我们得到了一个更具自我解释性的数据集：

```
. describe

Contains data from c:\data\canada0.dta
  obs:            13                        Canadian dataset 0
  vars:            5                        15 Mar 2008 10:57
  size:          585 (99.9% of memory free)

              storage   display   value
variable name  type     format    label    variable label

place          str21    %21s               Place name
pop            float    %9.0g              Population in 1000s, 1995
unemp          float    %9.0g              % 15+ population unemployed, 1995
mlife          float    %9.0g              Male life expectancy years
flife          float    %9.0g              Female life expectancy years

Sorted by:
     Note:  dataset has changed since last saved
```

当标签制作完成后，我们应当用 **File > Save** 或通过键入以下命令来保存这个数据：

```
. save, replace
```

以后我们就可以通过点击 或者用 **File > Open** 或者键入以下命令随时读取这些数据：

```
. use c:canada0
(Canadian dataset 0)
```

现在我们可以继续做些分析。比如我们可能注意到，男性和女性的预期寿命之间存在正相关，而又与失业率存在负相关，并且男性在预期寿命与失业率的相关上显得更强一些。

```
. correlate unemp mlife flife
(obs=11)

            |   unemp    mlife    flife
------------+---------------------------
      unemp |  1.0000
      mlife | -0.7440   1.0000
      flife | -0.6173   0.7631   1.0000
```

数据中各条观测案例的顺序可以通过命令 **sort** 来改变。比如，要想按人口数由小

到大来排序,键入:

. **sort** *pop*

字符串变量无法定量排序,所以将按字母顺序来进行排序。键入 **sort** *place* 就会改变观测的顺序,将 Alberta 排在第一,将 British Columbia 排在第二,如此等等。

命令 **order** 可以控制数据集内的变量顺序。比如,我们可以将失业率这个变量排在第二而将人口数排在最后:

. **order** *place unemp mlife flife pop*

数据编辑器也有一些按钮来执行这些功能。在用鼠标选择了某一列后,点击 **Sort** 按钮就会按此列排序。而 **<< and >>** 按钮则可以将当前选择变量分别移动到变量表的左右两端位置。正如其他编辑工作一样,这些改变只有在经过存盘之后才会成为永久性的。

数据编辑器的 **Hide** 按钮并不重置数据,但是可以使某一列从数据表中暂时不显示。在我们需要输入很多变量并想使省份名或其他案例识别码总能看见的场合下,这种功能就提供了很大方便,将这些变量置于紧邻我们正输入数据的"活动"栏。

我们还可以事先限制数据编辑器只能对某些变量工作,并按特定的变量顺序,或者只选择某个变量值范围。比如:

. **edit** *place mlife flife*

或者

. **edit** *place unemp* **if** *pop* **> 100**

后一个例子应用了 **if** 选择条件,这就是下一节中将要介绍的一个重要工具。

定义数据的子集:in 和 if 选择条件

许多 Stata 命令都可以限制为对数据的一个子集来执行,这就需要在命令中加上 **in** 或 **if** 选择条件(这种条件在许多菜单选择里也是提供的,注意寻找 **if /in** 或 **by /if /in**按钮)。选项 **in** 指定了命令应用的观测案例编号。比如,**list in 5** 告诉 Stata 只列出第 5 条观测案例。要想列出第 1 至第 10 条观测案例,键入命令:

. **list in** *1/10*

字母 **l** 用来标志最后一个案例,而 **-4** 则表示从最后开始倒数的第 4 个。于是,我们可以列出加拿大人口最多的 4 个地方(其中也包括了加拿大自己),命令如下:

. **sort** *pop*

. **list** *place pop* **in** *-4/l*

这里特别需要注意 **1**(数字 1 或第 1 个案例)与 **l**(小写字母"el"或最后一个案例)的不同,因为它们在印刷效果上较难区别。选择条件 **in** 在大多数其他分析或数据编辑命令中也能应用。另外,应用这个选择条件时,我们应当保证数据已经事先排好序了。

选择条件 **if** 也有广泛的应用价值,但是它是按特定的变量值来进行选择。正如所见,*canada0.dta* 的观测案例不仅包括了加拿大的 12 个省或区域,而且也包含了作为总和的加拿大自身。这时,我们可能需要将总的加拿大排除出去,只对 12 个省或区域进行分析,其中一个方法就是将分析限制于人口少于 2 000 万人的地方,即除作为全体的加拿大之外的所有地方：

```
. summarize if pop < 20000
```

Variable	Obs	Mean	Std. Dev.	Min	Max
place	0				
pop	12	2467.158	3435.521	30.1	11100.3
unemp	10	12.26	4.44877	7	19.6
mlife	12	74.225	1.728965	70.2	75.8
flife	12	80.68333	1.0116	78	81.8

比较这里与前面的 **summarize** 结果就可以看出有多大的变化。比如,前面取得的人口平均数存在着极大的误导性,因为它将所有的人都计数 2 次。

"<"(表示小于)是一种关系运算符,一共有 6 种关系运算符(relation operators),说明如下：

==	等于
!=	不等于　(也可以用 ~=)
>	大于
<	小于
>=	大于等于
<=	小于等于

双等号"=="标志一种逻辑检验,表示"左侧的值是否与右侧的值相等"。对于 Stata 而言,一个等号则意味着不同的含义,它表示"让左侧的值与右侧的值相同"。单一等号并非关系运算符,也不能用于 **if** 选择条件内。单一等号有其他的意义,它们会与根据代数表达式来创建一个新变量或者将变量原来取值加以替换的命令一同使用。单一等号也用于某些特殊应用场合,比如加权和假设检验。

所有这些关系运算符都能用于按照数值变量的观测值来选择案例。只有两种关系运算符"=="和"!="对字符串变量有意义。在对字符串取值应用 **if** 选择条件时,要将目标值括在英文双引号中。比如,我们可以用下面的命令取得除整体加拿大以外(只留其 12 个省和区域)的概要统计：

```
. summarize if place != "Canada"
```

通过加入逻辑运算符便可以在一个 **if** 选择中包含两个或更多的关系运算符。Stata 的逻辑运算符有以下几种：

&	和
|	或(这是个竖条符号,而不是数字 1 或字母 1)
!	否(也可以用 ~表示)

加拿大两个区域(Yukon 和 Northwest)的人口都少于 100 000 人。要想排除较小的地方(区域)和最大的地方(加拿大整体)这两种情形,只输出另外 10 个加拿大省份的失业率和预期寿命的平均数,我们可以应用以下命令：

```
. summarize unemp mlife flife if pop > 100 & pop < 20000
```

Variable	Obs	Mean	Std. Dev.	Min	Max
unemp	10	12.26	4.44877	7	19.6
mlife	10	74.92	.6051633	73.9	75.8
flife	10	80.98	.586515	79.8	81.8

采用括号可以定义多重运算符的优先顺序。比如,我们可以列出所有失业率低于 9 或男性预期寿命高于 75.4 和女性预期寿命高于 81.4 的地方:

```
. list if unemp < 9 | (mlife >= 75.4 & flife >= 81.4)
```

	place	pop	unemp	mlife	flife
8.	Manitoba	1137.5	8.5	75	80.8
9.	Saskatchewan	1015.6	7	75.2	81.8
10.	Alberta	2747	8.4	75.5	81.4
11.	British Columbia	3766	9.8	75.8	81.4

关于缺失值的注意事项:Stata 一般将缺失值显示为一个点,但在某些运算中(特别是在 **sort** 和 **if** 运算中,尽管在统计计算如平均数或相关不是这样),这些相同的缺失值被当作非常大的正值。如果我们按地区的失业率由小到大排序,然后要求查看哪些地方的失业率高于 15%,看看会发生什么事情:

```
. sort unemp
. list if unemp > 15
```

	place	pop	unemp	mlife	flife
2.	Newfoundland	575.4	19.6	73.9	79.8
3.	Prince Edward Island	136.1	19.1	74.8	81.3
12.	Yukon	30.1	.	71.3	80.4
13.	Northwest Territories	65.8	.	70.2	78

注意两个失业率缺失的地方也被列在其中,成了"大于 15"的地方。在这种情况下,问题是明显的,但是要是对于很大的数据而言,我们就有可能发现不了。假设我们分析一个政治选举的民意测验结果。下列命令就会将变量 *vote* 列表,不仅是按照预想包括了 65 岁及以上的人,而且还会包括所有年龄值缺失者:

```
. tabulate vote if age >= 65
```

由于存在数据缺失者,我们就不得不明确地在 **if** 表达式中对此加以处理。

```
. tabulate vote if age > 65 & age < .
```

像"**age <.**"这样的小于不等式是一种选择非缺失值案例的通用方法。尽管我们直到现在只使用了默认的"**.**"缺失值码,但正如本章随后显示的那样,其实 Stata 允许多达 27 种不同的缺失值码。其他 26 种码在系统内代表着比"**.**"更大的数值,所以 **<.** 便会将它们都排除掉。键入 **help missing** 可以取得更多的细节。

甄选出缺失值的一个替代办法是使用 **missing( )** 函数,它会将某个取值是缺失的情况负值为 1,不是缺失的则赋值为 0。比如,要就 *age*,*income* 和 *education* 包含缺失值的那些观测案例对 *vote* 进行列表,键入:

```
. tabulate vote if missing(age, income, education)==0
```

选择条件 **in** 和 **if** 只是将观测案例暂时地置于操作之外,以使某一个命令并不应用于它们。这些选择条件并不影响内存中的数据,下一条命令就会应用于所有的观测案例,除非它也包含了 **in** 和 **if** 选择条件。如果想要从内存中清除数据中的变量,可采用 **drop** 命令(或使用数据编辑器)。回到我们的加拿大数据(*canada0.dta*),要从内存中清除 *mlife* 和 *flife*,可以键入:

```
. drop mlife flife
```

也可以使用 **in** 选择或 **if** 选择来选择拟删除的观测案例。接着前面的 **sort unemp** 命令,上述两个区域处在数据的第 12 项和第 13 项。加拿大本身处在第 6 项。命令 **drop in 12 /13** 意味着"清除第 12 至 13 项观测案例"。

```
. list
```

	place	unemp	pop
1.	Saskatchewan	7	1015.6
2.	Alberta	8.4	2747
3.	Manitoba	8.5	1137.5
4.	Ontario	9.3	11100.3
5.	British Columbia	9.8	3766
6.	Canada	10.6	29606.1
7.	Quebec	13.2	7334.2
8.	New Brunswick	13.8	760.1
9.	Nova Scotia	13.9	937.8
10.	Prince Edward Island	19.1	136.1
11.	Newfoundland	19.6	575.4
12.	Yukon	.	30.1
13.	Northwest Territories	.	65.8

```
. drop in 12/13
(2 observations deleted)
. drop in 6
(1 observation deleted)
```

同样的改变也可以通过执行 **if** 选择来完成,这一命令表示"如果 *place* 为加拿大或人口少于 100 的情况便加以清除"(我们首先读取被保存的数据,因为这样我们就可以展示如何以不同的方法来清除这三条观测案例)。

```
. use canada0, clear
(Canadian dataset 0)
. drop if place == "Canada" | pop < 100
(3 observations deleted)
```

清除了加拿大、其他领域和变量 *mlife* 和 *flife* 以后,我们便有了以下简化的数据:

```
. list
```

	place	pop	unemp	mlife	flife
1.	Newfoundland	575.4	19.6	73.9	79.8
2.	Prince Edward Island	136.1	19.1	74.8	81.3
3.	Nova Scotia	937.8	13.9	74.2	80.4
4.	New Brunswick	760.1	13.8	74.8	80.6
5.	Quebec	7334.2	13.2	74.5	81.2
6.	Ontario	11100.3	9.3	75.5	81.1
7.	Manitoba	1137.5	8.5	75	80.8
8.	Saskatchewan	1015.6	7	75.2	81.8
9.	Alberta	2747	8.4	75.5	81.4
10.	British Columbia	3766	9.8	75.8	81.4

我们也可以用数据编辑器中的 **Delete** 按钮来清除所选中的变量或观测案例。

除了告诉 Stata 哪些变量或观测案例拟被清除外,有时我们指定哪些变量或观测案例需要保留则更为简单。上述同样的简化数据集也可以通过以下命令来取得:

```
. keep place pop unemp
. keep if place != "Canada" & pop >= 100
(3 observations deleted)
```

如同其他对内存数据的改变一样,这些简化都不会影响到磁盘上的文件,除非我们将这些数据进行存盘。这时,我们有一个选择是覆盖旧的数据文件(**save, replace**),于是就摧毁了旧文件;另一个选择是将新修改的数据存为一个新命名的文件(选择 **File > Save As** 或者键入形式为 **save newname** 的命令),这样一来两个版本的数据都保存在磁盘上。

创建和替代变量

命令 **generate** 和 **replace** 使我们可以创建新的变量或者改变现有变量的值。比如,如同大多数工业国家一样,加拿大的女性比男性的寿命要长。为了分析这一性别差异上的地区差别,我们可以调用数据 *canada1.dta*,并创建一个新变量为女性预期寿命(*flife*)与男性预期寿命(*mlife*)之差。在命令 **generate** 或 **replace** 的主要部分,我们使用单一等号符(这与 **if** 选择不同)。

```
. use canada1, clear
(Canadian dataset 1)

. generate gap = flife - mlife

. label variable gap "Female-male life expectancy gap"

. describe gap
```

variable name	storage type	display format	value label	variable label
gap	float	%9.0g		Female-male life expectancy gap

```
. list place flife mlife gap
```

	place	flife	mlife	gap
1.	Canada	81.1	75.1	6
2.	Newfoundland	79.8	73.9	5.900002
3.	Prince Edward Island	81.3	74.8	6.5
4.	Nova Scotia	80.4	74.2	6.200005
5.	New Brunswick	80.6	74.8	5.799995
6.	Quebec	81.2	74.5	6.699997
7.	Ontario	81.1	75.5	5.599998
8.	Manitoba	80.8	75	5.800003
9.	Saskatchewan	81.8	75.2	6.600006
10.	Alberta	81.4	75.5	5.900002
11.	British Columbia	81.4	75.8	5.599998
12.	Yukon	80.4	71.3	9.099998
13.	Northwest Territories	78	70.2	7.800003

对于省份纽芬兰(Newfoundland),新变量 *gap* 的真实数值应该为 $79.8-73.9 = 5.9$ 岁,但是输出中却显示这个值为 5.900002。与其他计算机程序一样,Stata 以二进制形式存放数据,而 5.9 并没确切的二进制表达。这一小小的不精确起源于二进制中对小数部分的近似,但不会对统计计算有多大影响。我们可以改变显示格式,让 Stata 按四舍五入方式显示。以下命令指定了固定的显示格式,总列宽为 4 位,显示 1 位小数:

. **format** *gap* **%4.1f**

然而,就是这个数值显示成了 5.9,以下命令将提示没有观测案例:

. **list if** *gap* **== 5.9**

这是因为 Stata 认为这个数值并不正好等于 5.9(更技术地讲,Stata 是以单精度存放 *gap* 的取值却以双精度进行所有计算,并且 5.9 的单精度近似值与双精度近似值并不一致)。

显示格式,以及变量名和标签,也可以在数据编辑器里双击相应列来完成。固定数字格式如 **%4.1f** 只是三种最常用的数字显示格式类型之一。这些显示格式类型是:

%*w.dg*   一般(general)数字格式,其中 *w* 定义了数字显示宽度或占几列,而 *d* 定义了小数部分至少要显示的位数。为了以最佳(但是可变)方式来显示,指数记数法(比如 $1.00e+07$,表示 1.00×10^7 或 1 000 万)和小数点位置移动都会按需要自动完成。

%*w.df*   固定(fixed)数字格式,其中 *w* 定义了数字显示的总宽度,而 *d* 定义了小数部分的固定显示位数。

%*w.de*   指数(exponential)数字格式,其中 *w* 定义了数字显示的总宽度,而 *d* 定义了小数部分的固定显示位数。

比如,正如在表 2.1 中我们看到的,加拿大 1995 年的人口近似为 29 606 100 人,而 Yukon 领域人口为 30 100 人。下表显示这两个数字在几种不同显示格式(format)中是怎样的:

format	Canada	Yukon
%9.0g	2.96e+07	30100
%9.1f	29606100.0	30100.0
%12.5e	2.96061e+07	3.01000e+04

尽管所显示的数值看起来很不同,其实它们的内部数值是相同的。统计计算并不受到显示格式的影响。其他数字显示格式选项还包括用逗号分隔、左对齐和右对齐、左侧空位补 0。此外还有对应着日期、时间序列变量和字符串变量的特殊格式。键入 **help format** 获取更多信息。

命令 **replace** 可以完成 **generate** 一样的各类计算,但是它不是创建一个新变量,而是替代一个现有变量的取值。比如,设想我们有一份问卷数据,其中包含以美元为单位的家庭户收入。我们觉得以千美元为单位的收入更便于处理。为了将以美元为单位的收入转换成以千美元为单位的收入,我们只要将所有取值除以 1 000 即可:

. **replace** *income* **=** *income***/1 000**

命令 **replace** 可以做这种大规模改变,也可以与 **in** 或 **if** 条件一起使用来选择性地编辑数据。设想我们的调查变量包括年龄(*age*)和出生年份(*born*)。以下命令可以改正那些年龄为 29 却被输入成 299 的错误:

```
. replace age = 29 if age == 299
```

此外,下面的命令可以对第 1453 条观测案例的年龄取值中的错误进行修正:

```
. replace age = 29 in 1 453
```

再举一个更复杂的例子,

```
. replace age = 2008-born if age >= .  |  age < 2008-born
```

如果在 age 为缺失或报告的年龄小于 2008 减去出生年的差值时,这条命令将用 2008 减去出生年得到的差值来取代 age 变量的取值。

　　命令 generate 和 replace 还提供了创建分类变量的工具。前面我们注意到加拿大数据中包含着几种不同类型的观测案例:有 2 个领土地域,10 个省,还有 1 个整个国家的观测案例。尽管用 in 和 if 条件可以用来选择,并且用 drop 也能清除数据,最方便的作法可能还是设置一个分类变量来表示观测案例的“类型(type)”。以下我们示范一种方法来建立这样一个变量 type。先创建一个常数值的 type,各条观测案例都赋值为 1。然后,我们将 Yukon 和 Northwest Territories 的 type 值替换为 2,将 Canada 的 type 值替换为 3。最后的一步工作是为这个新变量制作标签,并且定义变量值 1,2,3 的标签。

```
. use canada2, clear
(Canadian dataset 2)
. generate type = 1
. replace type = 2 if place == "Yukon" | place == "Northwest
    Territories"
(2 real changes made)
. replace type = 3 if place == "Canada"
(1 real change made)
. label variable type "Province, territory or nation"
. label values type typelbl
. label define typelbl 1 "Province" 2 "Territory" 3 "Nation"
. list place flife mlife gap type
```

	place	flife	mlife	gap	type
1.	Canada	81.1	75.1	6.0	Nation
2.	Newfoundland	79.8	73.9	5.9	Province
3.	Prince Edward Island	81.3	74.8	6.5	Province
4.	Nova Scotia	80.4	74.2	6.2	Province
5.	New Brunswick	80.6	74.8	5.8	Province
6.	Quebec	81.2	74.5	6.7	Province
7.	Ontario	81.1	75.5	5.6	Province
8.	Manitoba	80.8	75	5.8	Province
9.	Saskatchewan	81.8	75.2	6.6	Province
10.	Alberta	81.4	75.5	5.9	Province
11.	British Columbia	81.4	75.8	5.6	Province
12.	Yukon	80.4	71.3	9.1	Territory
13.	Northwest Territories	78	70.2	7.8	Territory

　　正如所示,为分类变量做标签需要两条命令。命令 label define 指定哪个标签与哪些数值相联系,而命令 label values 指定的是这些标签与哪个变量相联系。一套标签(用命令 label define 建立)可以应用于任何数量的变量(即在 label values 命令中可以指定许多变量来参照)。变量值标签可以包括 32 000 个字符,但是在它们不太长时各种任务便能工作得最好。

　　命令 generate 能够使用任何已有变量、常数、随机取值和表达式的任意组合来创

建新的变量,**replace** 则能够为已有变量产生新的取值。对于数值变量而言,可以应用以下**代数运算符**:

+   加

−   减

*   乘

/   除

^   乘方

用括号来控制计算的顺序。当没有括号时,计算将采用通常的优先顺序。对于代数运算符,只有加法,即"+",可以用于字符串变量,功能是将两个字符串连接成为一个。

尽管目的不同,**generate** 和 **replace** 有类似的命令语法。它们都能采用 Stata 运算符和 **in** 与 **if** 选择上的任何数学或逻辑的可能组合。这些命令还可以运用 Stata 大批的特殊函数,后面的篇章将加以介绍。

缺失值编码

迄今所见到的例子都只涉及一个特定的 Stata 默认的缺失值编码:Stata 将一个很大的数字显示为一个英文句号。但是,在一些数据集中,取值可能出于若干不同的原因而出现缺失。我们可以用扩展的缺失值编码来表示不同类型的缺失值。这些编码甚至代表着更大的数字,Stata 将它们显示成字母".a"到".z"。不同于默认的缺失值编码".",扩展的缺失值编码可被加上标签。

不同类型的缺失值经常会在调查中出现,因为被访者可能一直未曾结婚、想不起来或者认为这不关你的事而导致调查中"您是哪一年结婚的?"这样的问题可能没有回答。数据集 *Granite_06_10s.dta* 中的数据取自一项政治民意调查,即新罕布什尔州民意调查(New Hampshire's Granite State Poll)。2006 年 10 月进行的此次民意调查有助于说明 Stata 扩展的缺失值编码。

```
Contains data from C:\data\Granite_06_10s.dta
  obs:           515                          Granite State Poll 10/2006 subset
  vars:           11                          15 Mar 2008 13:16
  size:        11,845 (99.9% of memory free)

              storage   display     value
variable name   type    format      label      variable label

respnum         int     %8.0g                   respondent ID number
censuswt        float   %9.0g                   survey weight
sex             byte    %8.0g       sex         Sex of respondent
age             byte    %8.0g       age         Age of respondent
edlevel         byte    %8.0g       d3          Highest level of education
hincome         byte    %8.0g       d13         Household income
marstat         byte    %8.0g       d1          Marital status
partyaf         byte    %8.0g       d4          Political party affiliation
iraq2           byte    %8.0g       iraq2       Support/oppose US war in Iraq
favbush         byte    %8.0g       nhfav1      Favorability rating Pres. Bush
novint          byte    %20.0g      novint      Interest in Nov 2006 election

sorted by:
```

该民意调查中的一个变量 *novint* 问到了被访者对即将到来的 2006 年 11 月大选的关注度(level of interest)。

```
. tab novint
```

Interest in Nov 2006 election	Freq.	Percent	Cum.
Extremely interested	102	19.81	19.81
Very interested	174	33.79	53.59
Somewhat interested	171	33.20	86.80
Not very interested	60	11.65	98.45
Don't know	5	0.97	99.42
No answer	3	0.58	100.00
Total	515	100.00	

和许多其他调查一样,新罕布什尔州民意调查也采用特定的数字来代表不同类型的无回答(non-answers)。在这一情形中,数字 98 意味着回答为"不知道",而 99 意味着未给出答案。如果要求给出不含取值标签的相同表格,那么我们就可以看到这些数字取值。

```
. tab novint, nolabel
```

Interest in Nov 2006 election	Freq.	Percent	Cum.
1	102	19.81	19.81
2	174	33.79	53.59
3	171	33.20	86.80
4	60	11.65	98.45
98	5	0.97	99.42
99	3	0.58	100.00
Total	515	100.00	

这里的问题在于 Stata 将 98 和 99 视为合法的数值,并将它们纳入到均值或高得离谱的标准差的计算中。当我们计算相关系数或其他统计量时,98 和 99 虽更不易被察觉到但类似地也会扭曲我们的结果。大选的关注度呈现出与 *age* 的一个极弱的负相关(-0.0699)

```
. summarize novint
```

Variable	Obs	Mean	Std. Dev.	Min	Max
novint	515	3.864078	11.91984	1	99

```
. correlate novint age
(obs=497)
```

	novint	age
novint	1.0000	
age	-0.0699	1.0000

如果我们以"."来替换 98 和 99 这两个值,那将会解决我们在计算均值和相关系数时出现的问题,但要以丢失信息作为代价——即,"不知道"和"无回答(No answer)"两种应答之间的区分对于某些轮询计算(polling calculation)而言可能是很重要的。一个更好的解决办法是定义一个新变量 *novint2* ,然后将 98 和 99 编码成不同的扩展缺失值。命令 **mvdecode** 会按照其 **mv( )** 选项中所做设定将数字取值重新编码成缺失。本例中,我们将 98 重新编码成" .a",而 99 重新编码成" .b"。

```
. generate novint2 = novint
. mvdecode novint2, mv(98=.a \ 99=.b)
   novint2: 8 missing values generated
. tabulate novint2, miss
```

novint2	Freq.	Percent	Cum.
1	102	19.81	19.81
2	174	33.79	53.59
3	171	33.20	86.80
4	60	11.65	98.45
.a	5	0.97	99.42
.b	3	0.58	100.00
Total	515	100.00	

可对诸如 .a 和 .b 这样的扩展缺失值添加标签,在我们要求给出一个包含缺失值的表格时,这些标签将会显示出来,但是缺失值并不会进入到诸如均值和相关系数这类计算中,因此我们现在看到了更为合理的概要统计(summary statistics)。依据这一相关系数,*novint* 和 *age* 之间的相关(-0.264 1)比之前看到的要更强。越年轻的被访者越是表现出更不关注本次大选。

```
. label variable novint2 "Interest in Nov election, v.2"
. label values novint2 novint2
. label define novint2 1 "Extremely interested" 2 "Very interested"
     3 "Somewhat interested" 4 "Not very interested"
       .a "Don't know" .b "No answer"
. tabulate novint2, miss
```

Interest in Nov election, v.2	Freq.	Percent	Cum.
Extremely interested	102	19.81	19.81
Very interested	174	33.79	53.59
Somewhat interested	171	33.20	86.80
Not very interested	60	11.65	98.45
Don't know	5	0.97	99.42
No answer	3	0.58	100.00
Total	515	100.00	

```
. summ novint2
```

Variable	Obs	Mean	Std. Dev.	Min	Max
novint2	507	2.372781	.9351971	1	4

```
. correlate novint2 age
(obs=489)
```

	novint2	age
novint2	1.0000	
age	-0.2641	1.0000

浏览一下这些得到的概要统计结果便会发现三个其他变量的最大值也是 98 或 99,具有类似于"不知道"或"无回答"的含义。进一步探究可能会发现又一个编码数字 97,民意调查者将其描述为"拒答"。

```
. summarize
```

Variable	Obs	Mean	Std. Dev.	Min	Max
respnum_	515	301.6951	173.5092	1	599
censuswt	515	1.000057	.4479156	.2206591	2.511936
sex	515	1.576699	.4945626	1	2
age	497	3.547284	1.397823	1	6
edlevel	513	5.403509	4.362812	1	98
hincome	489	31.33129	41.8643	1	98
marstat	511	1.870841	1.423525	1	6
partyaf	504	3.89881	2.061596	1	8
iraq2	510	3.32549	1.695926	1	5
favbush	512	2.621094	6.052687	1	98
novint	515	3.864078	11.91984	1	99
novint2	507	2.372781	.9351971	1	4

我们可以用单一的 **mvdecode** 命令来针对多个变量将取值97,98和99指派为缺失。注意,经过这一处理,家庭户收入这样一个总是很敏感的调查问题包含140个缺失值,而教育程度则只包含1个缺失值。

```
. mvdecode novint edlevel hincome favbush , mv(97=. \ 98=.a \ 99=.b)
  novint: 8 missing values generated
  edlevel: 1 missing value generated
  hincome: 140 missing values generated
  favbush: 2 missing values generated
```

要想为.a和.b以及每个变量的非缺失值提供恰当的标签就需要进一步使用 **label define** 命令。不过,不论有无取值标签,命令 **mvdecode** 都会得到正确的统计量和计数。注意,平均家庭户收入已从31.33(基于一个1－7的量尺!)下降到更为合理的4.86。

```
. summarize
```

Variable	Obs	Mean	Std. Dev.	Min	Max
respnum_	515	301.6951	173.5092	1	599
censuswt	515	1.000057	.4479156	.2206591	2.511936
sex	515	1.576699	.4945626	1	2
age	497	3.547284	1.397823	1	6
edlevel	512	5.222656	1.503172	1	7
hincome	349	4.862464	1.867291	1	7
marstat	511	1.870841	1.423525	1	6
partyaf	504	3.89881	2.061596	1	8
iraq2	510	3.32549	1.695926	1	5
favbush	510	2.247059	.9453335	1	3
novint	507	2.372781	.9351971	1	4
novint2	507	2.372781	.9351971	1	4

通常,我们所做过的变更只有在数据集被保存之后才会成为永久性的。如此之多的重新编码之后,将这些数据以新的名称加以保存是很明智的——说不定,将来出于某种原因,我们想再看看起初的"原始数据"。

```
. save Granite_06_10s2, replace
file C:\data\Granite_06_10s2.dta saved
```

使用函数

这一节介绍许多与 **generate** 或 **replace** 一起使用的函数。比如,我们要创建一个名为 *loginc* 的新变量,等于收入变量(*income*)的自然对数,那么我们就要在 **generate** 命令中使用自然对数函数 **ln**:

. **generate** *loginc* = **ln**(*income*)

自然对数 **ln** 只是 Stata 数学函数之一。包含细节内容的完整清单,见 **help math function**。下面列出了一些数学函数的示例。

abs(x)	x 的绝对值。
acos(x)	反余弦函数。因为 360 度 =2π 弧度,**acos**(x)∗**180 /_pi** 得到反余弦的反算度数(其中**_pi** 表示数学上的常数 π)。
comb(n,k)	组合函数(n 个中一次取 k 个的所有可能组合数)。
cos(x)	余弦函数。要知道 y 度的余弦,键入:
	generate y =**cos**(y∗**_pi /180**)。
exp(x)	指数函数(e 的指数)
int(x)	将 x 平截成一个整数。
ln(x)	x 的自然对数(以 e 为底)。计算任何其他以数字 B 为底的 x 的对数,可键入命令:
	generate y =**ln**(x)**/ln**(B)。
lnfactorial(x)	x 的阶乘的自然对数。求 x 的阶乘,可键入命令:
	generate y = **round**(**exp**(**lnfact**(x)),**1**)。
log10(x)	以 10 为底的对数。
logit(x)	x 的对数发生比:即 $\ln(x/(1-x))$。
max($x1,x2,\cdots,xn$)	$x1,x2,\cdots,xn$ 中的最大值。
min($x1,x2,\cdots,xn$)	$x1,x2,\cdots,xn$ 中的最小值。
round(x)	对 x 四舍五入。
round(x,y)	按 y 的单位对 x 四舍五入。
sign(x)	符号函数:当 $x<0$ 时为 -1,当 $x=0$ 时为 0,当 $x>0$ 时为 $+1$。
sin(x)	正弦函数。
sqrt(x)	平方根函数。
sum(x)	x 的移动合计(也参见 **help egen**)。
tan(x)	正切函数。

还有许多概率函数可用。完整清单以及诸如定义、参数的限制条件和缺失值的处理等细节,请参见 **help density function** 和文献手册。下面列出了一些示例。

betaden(a,b,x)	贝塔分布的概率密度函数。
binomialtail(n,k,p)	一次试验的成功概率为 p 的条件下,n 次试验中有 k 次或以上成功的概率。
chi2(n,x)	自由度为 n 的累计卡方分布。
chi2 tail(n,x)	自由度为 n 的反向累计(右侧,存活)卡方分布:
	chi2tail(n,x) =1 − **chi2**(n,x)。

$\mathbf{F}(n1,n2,f)$	分子、分母自由度分别为 $n1$ 和 $n2$ 的累计 F 分布。
$\mathbf{gammaden}(a,b,g,x)$	伽玛族分布的概率密度函数,其中 $gammaden(a,1,0,x) =$ 累计伽玛分布 $gammap(a,x)$ 的概率密度。
$\mathbf{invbinomial}(n,k,P)$	二项分布逆运算。当 $P \leqslant 0.5$ 时,本函数求一次试验的成功概率 p,使 n 次试验中有 k 次及以上成功的概率为 P;当 $P > 0.5$ 时,概率 p 使 n 次试验中有 k 次及以下成功的概率为 $1 - P$。
$\mathbf{invchi2}(n,p)$	卡方分布逆运算。如果 $\mathbf{chi2}(n,x) = p$,有 $invchi2(n, p) = x$。
$\mathbf{invF}(n1,n2,p)$	累计 F 分布的逆运算。如果 $F(n1,n2,f) = p$,有 $invF(n1,n2,p) = f$。
$\mathbf{invnormal}(p)$	累计标准正态分布的逆运算。如果 $normal(z) = p$,有 $invnormal(p) = Z$。
$\mathbf{normal}(z)$	累计标准正态分布。
$\mathbf{normalden}(x,m,s)$	正态分布密度,平均数为 m,标准差为 s。
$\mathbf{tden}(n,t)$	自由度为 n 的 t 分布密度。
$\mathbf{ttail}(n,t)$	自由度为 n 的反向累计(上端)t 分布。这一函数反求 $T > t$ 的概率。
$\mathbf{uniform}()$	伪随机数据发生器,获得区间 $[0,1)$ 内理论均匀分布的返回值。

在 $\mathbf{uniform}()$ 的括号内无参数。根据需要,我们可以控制这一伪随机数发生器的初始值,乃至整个系列的"随机"数。相应命令为 **set seed #**,其中#可以是从 0 到 $2^{31} - 1$ 之间的任意整数。省略 **set seed** 命令对应着 **set seed 123456789**。如果我们想在不同的 Stata 会话期间或一次会话的不同部分产生相同的随机数序列,可以设定相同的 **set seed** 值来做到这点。

Stata 还提供诸多日期函数、与日期相关的时间序列函数以及显示时间或日期变量的特殊格式。《用户指南》中提供了有关清单和细节,或者通过键入 **help dates and times** 来查询。下面提供了一些日期函数的例子,这些函数中所谓的"消逝天数"是指自 1960 年 1 月 1 日以来的天数。

$\mathbf{date}(s_1,s_2[,y])$	就 s_1 的消逝天数。s_1 实际上是个任意格式的表示日期的字符串变量。可以用月份表示,缩写为三个字母,或者用数字表示。也可以用年份表示,其中可以包含或不包含世纪;空格和标点也都允许。s_2 为月(M)、日(D)和年([##]Y)的任意组合,比如"MDY"(在引号中)——按照月、天和年出现在 s_1 中的顺序。如果 s_1 中的年份只有两位数,那么##给出了所属的世纪。
$\mathbf{mdy}(M,D,Y)$	对应日期 M,D,Y 的消逝天数。
$\mathbf{day}(e)$	对应消逝日期 e 为相应月份的第几天。
$\mathbf{month}(e)$	对应消逝日期 e 的月份。
$\mathbf{year}(e)$	对应消逝日期 e 的年份。
$\mathbf{dow}(e)$	对应消逝日期 e 为相应周中的第几天。
$\mathbf{doy}(e)$	对应消逝日期 e 为相应年份的第几天。
$\mathbf{week}(e)$	对应消逝日期 e 为相应年份的第几周。

另外,还有一些特殊函数也很有用,如下:

autocode($x,n,xmin,xmax$) 　　根据 x 值形成分类变量:将 x 的值域(即最小值 $xmin$ 至最大值 $xmax$)分成等距的 n 份,并求出各 x 值所在区间的上限。

cond(x,a,b) 　　当评价 x 值为"真"时返回 a 值,评价 x 值为"假"时返回 b 值,比如:

. generate y = cond(inc1 > inc2, inc1, inc2)

形成变量 y,其值取为 $inc1$ 与 $inc2$ 中的最大值(假定两者均无缺失值)。

sum(x) 　　返回 x 的移动合计,将缺失值作为 0 对待。

字符串函数,这里不再描述,用于处理和评价字符串变量。键入 **help string functions** 查看字符串变量的完整清单。参考手册和《用户指南》中给出了这些以及其他函数的示例和详细说明。

如果需要,多重函数、运算符和选择条件可以在一个命令中组合起来。以上描述的函数和代数运算也可以用于其他不创建或修改数据变量的工作。命令 **display** 执行单一计算并将结果显示在屏幕上。比如:

```
. display 2+3
5

. display log10(10^83)
83

. display invttail(120,.025) * 34.1/sqrt(975)
2.1622305
```

因此,**display** 可以作为屏幕显示的统计计算器来用。

与计算器不同,**display**,**generate** 和 **replace** 可以直接得到 Stata 的统计结果。比如,设想我们要依据数据集 *canada1.dta* 来对失业率进行概要描述:

```
. summarize unemp
```

Variable	Obs	Mean	Std. Dev.	Min	Max
unemp	11	12.10909	4.250048	7	19.6

在 **summarize** 之后,Stata 将平均数作为一个名为 r(mean) 的标量(scalar)临时保存下来。

```
. display r(mean)
12.109091
```

我们可以使用这一结果来创建一个变量 *unempDEV*,表示对平均数的离差(deviation)。

```
. gen unempDEV = unemp - r(mean)
(2 missing values generated)
. summ unemp unempDEV
```

Variable	Obs	Mean	Std. Dev.	Min	Max
unemp	11	12.10909	4.250048	7	19.6
unempDEV	11	4.33e-08	4.250048	-5.109091	7.49091

Stata 会在许多分析之后暂存一些结果,诸如 **summarize** 后的 r(mean)。这些

结果对随后的计算或编程极为有用。要想查看当前存取的名称和取值的完整清单,键入 **return list**。本例中,名为 r(N),r(sum_w),r(mean) 等的暂存取值描述了最近针对 *unempDEV* 的 **summarize** 结果。

```
. return list

scalars:
                 r(N) =  11
             r(sum_w) =  11
              r(mean) =  4.33488325639e-08
               r(Var) =  18.0629105746097
                r(sd) =  4.250048302620771
               r(min) = -5.109090805053711
               r(max) =  7.490909576416016
               r(sum) =  4.76837158203e-07
```

Stata 还提供了另一个创建变量的命令,**egen**(表示是对 **generate** 命令的扩展,即"extensions to generate"),它有自己的一系列用于完成 **generate** 命令无法轻易完成的函数。这些函数包括计算现有变量或变量表达式的总和、最大值、最小值、中位数、四分位距、标准化分值或移动平均数等,依据这些计算来创建新变量。比如,下述命令创建了一个名为 *zscore* 的新变量,它等于 *x* 的标准化(平均数为 0,方差为 1)分值:

```
. egen zscore = std(x)
```

再比如,下述命令创建了一个名为 *avg* 的新变量,它等于每一观测案例在 *x*,*y*,*z* 和 *w* 四个变量上的忽略了任何缺失值的行平均数。

```
. egen avg = rowmean(x,y,z,w)
```

为了创建一个名为 *total* 的新变量,它等于每一观测案例在 *x*,*y*,*z* 和 *w* 四个变量上的合计,并将四个变量中的缺失值视为零,键入:

```
. egen total = rowtotal(x,y,z,w)
```

下述命令创建一个名为 *xrank* 的新变量,它保持着与 *x* 取值相一致的排序:对于 *x* 取大值的观测案例,*xrank* =1;对于取第二大值的观测案例,*xrank* =2,如此等等。

```
. egen xrank = rank(x)
```

键入 **help egen** 可以得到 **egen** 函数的完整清单,或者查阅有更多举例的参考手册。

数值和字符串之间的格式转换

数据集 *canada3*.*dta* 包含一个字符串变量 *place*。它还包含一个已经添加了取值标签的分类变量 *type*。它们似乎都具有非数值的取值。

```
. use canada3, clear
(Canadian dataset 3)
```

```
. list place type
```

	place	type
1.	Canada	Nation
2.	Newfoundland	Province
3.	Prince Edward Island	Province
4.	Nova Scotia	Province
5.	New Brunswick	Province
6.	Quebec	Province
7.	Ontario	Province
8.	Manitoba	Province
9.	Saskatchewan	Province
10.	Alberta	Province
11.	British Columbia	Province
12.	Yukon	Territory
13.	Northwest Territories	Territory

其实,在标签背后,*type* 仍然是数值型变量,数据编辑器或浏览器中的蓝色字体表明了这点。点击该单元格将显示背后的数字,或者我们可以调用 **nolabel** 选项来 **list** 这些数字:

```
. list place type, nolabel
```

	place	type
1.	Canada	3
2.	Newfoundland	1
3.	Prince Edward Island	1
4.	Nova Scotia	1
5.	New Brunswick	1
6.	Quebec	1
7.	Ontario	1
8.	Manitoba	1
9.	Saskatchewan	1
10.	Alberta	1
11.	British Columbia	1
12.	Yukon	2
13.	Northwest Territories	2

字符串变量和添加了取值标签的数值型变量在进行分析时表现会不同。对于字符串变量而言,大多数统计运算和代数关系都不能应用,因此我们可能想要在数据中同时包括反映同一信息的字符串变量和添加了取值标签的数值型变量。**encode** 命令可以依据字符串变量创建一个添加了取值标签的数值型变量。数字 1 被赋给字符串按字母顺序排在第一位的那个,随后是 2,如此等等。下例依据字符串变量 *place* 创建了一个名为 *placenum* 的添加了取值标签的数值型变量:

```
. encode place, gen(placenum)
```

相反的转换也是可能的:**decode** 命令可以使用添加了取值标签的数值型变量的取值创建字符串变量。这里,我们根据数值型变量 *type* 创建字符串变量 *typestr*:

```
. decode type, gen(typestr)
```

把数据列出来就可以看到,新的数值型变量 *placenum* 和字符串变量 *typestr* 与原先的变量在显示上一样:

`. list place placenum type typestr`

		place	placenum	type	typestr
1.	Canada	Canada		Nation	Nation
2.	Newfoundland	Newfoundland		Province	Province
3.	Prince Edward Island	Prince Edward Island		Province	Province
4.	Nova Scotia	Nova Scotia		Province	Province
5.	New Brunswick	New Brunswick		Province	Province
6.	Quebec	Quebec		Province	Province
7.	Ontario	Ontario		Province	Province
8.	Manitoba	Manitoba		Province	Province
9.	Saskatchewan	Saskatchewan		Province	Province
10.	Alberta	Alberta		Province	Province
11.	British Columbia	British Columbia		Province	Province
12.	Yukon	Yukon		Territory	Territory
13.	Northwest Territories	Northwest Territories		Territory	Territory

但是，如果加上 **nolabel** 选项的话，差异便显现出来。Stata 基本上将 *placenum* 和 *type* 看做数字。

`. list place placenum type typestr, nolabel`

		place	placenum	type	typestr
1.	Canada		3	3	Nation
2.	Newfoundland		6	1	Province
3.	Prince Edward Island		10	1	Province
4.	Nova Scotia		8	1	Province
5.	New Brunswick		5	1	Province
6.	Quebec		11	1	Province
7.	Ontario		9	1	Province
8.	Manitoba		4	1	Province
9.	Saskatchewan		12	1	Province
10.	Alberta		1	1	Province
11.	British Columbia		2	1	Province
12.	Yukon		13	2	Territory
13.	Northwest Territories		7	2	Territory

诸如求平均数和标准差等大多数统计分析都只能应用于数值型变量。就计算的目的而言，它们的标签无关紧要。

`. summarize place placenum type typestr`

Variable	Obs	Mean	Std. Dev.	Min	Max
place	0				
placenum	13	7	3.89444	1	13
type	13	1.307692	.6304252	1	3
typestr	0				

我们偶尔会遇到字符串变量的取值全部或绝大部分都为数字的情况。为了将这些字符取值转换成与其相对应的数字，可以使用 **real** 函数。比如，在以下人为构造的数据集中，*siblings* 变量仍属于字符串变量，尽管它其实只有"4 或更多(4 or more)"这一种取值，可能不大容易用一个数字来表示。

`. describe siblings`

variable name	storage type	display format	value label	variable label
siblings	str9	%9s		Number of siblings (string)

```
. list
```

	siblings
1.	1
2.	3
3.	0
4.	2
5.	4 or more

```
. generate sibnum = real(siblings)
(1 missing value generated)
```

新变量 *sibnum* 属于数值型变量,当 *siblings* 为"4 或更多"时,其取值为缺失。

```
. list
```

	siblings	sibnum
1.	1	1
2.	3	3
3.	0	0
4.	2	2
5.	4 or more	.

destring 命令提供了将字符串变量转换成数值型变量的更灵活的方法。在上面的例子中,我们可以通过键入下述命令做到同样的事情:

· **destring** *sibling*, **generate**(*sibnum*) **force**

有关该命令和选项的信息,请见 **help destring**。

创建新的分类变量和定序变量

上一节说明了如何创建一个名为 *type* 的分类变量来对加拿大数据中的区域、省份和全国案例加以区分。用户可以采用许多其他方法来创建分类或定序变量。本节给出了一些示例。

type 变量包括三个类别:

```
. tabulate type
```

Province, territory or nation	Freq.	Percent	Cum.
Province	10	76.92	76.92
Territory	2	15.38	92.31
Nation	1	7.69	100.00
Total	13	100.00	

设想我们想要将 *type* 重新表达成一组编码为 1 或 0 的二分变量或"虚拟变量(dummy variables)"。如果加上 **generate** 选项的话,**tabulate** 可以自动创建虚拟变量。在下面的例子中,这得到了一组名为 *type1*,*type2* 和 *type3* 的变量,每一个变量代表 *type* 变量三类中的一类:

. tabulate *type*, generate(*type*)

Province, territory or nation	Freq.	Percent	Cum.
Province	10	76.92	76.92
Territory	2	15.38	92.31
Nation	1	7.69	100.00
Total	13	100.00	

. describe

```
Contains data from c:\data\canada3.dta
  obs:           13                          Canadian dataset 3
  vars:          10                          15 Apr 2008 18:23
  size:         689 (99.9% of memory free)
```

variable name	storage type	display format	value label	variable label
place	str21	%21s		Place name
pop	float	%9.0g		Population in 1000s, 1995
unemp	float	%9.0g		% 15+ population unemployed, 1995
mlife	float	%9.0g		Male life expectancy years
flife	float	%9.0g		Female life expectancy years
gap	float	%4.1f		Female-male life expectancy gap
type	byte	%9.0g	typelbl	Province, territory or nation
type1	byte	%8.0g		type==Province
type2	byte	%8.0g		type==Territory
type3	byte	%8.0g		type==Nation

```
Sorted by:
     Note:  dataset has changed since last saved
```

. list *place type type1-type3*

	place	type	type1	type2	type3
1.	Canada	Nation	0	0	1
2.	Newfoundland	Province	1	0	0
3.	Prince Edward Island	Province	1	0	0
4.	Nova Scotia	Province	1	0	0
5.	New Brunswick	Province	1	0	0
6.	Quebec	Province	1	0	0
7.	Ontario	Province	1	0	0
8.	Manitoba	Province	1	0	0
9.	Saskatchewan	Province	1	0	0
10.	Alberta	Province	1	0	0
11.	British Columbia	Province	1	0	0
12.	Yukon	Territory	0	1	0
13.	Northwest Territories	Territory	0	1	0

　　将分类变量的信息重新表达成一组虚拟变量并不会出现信息损失；本例中，*type1* 到 *type3* 共同准确地提供了与 *type* 本身同样多的信息。有时候，尽管会造成信息的大量损失，分析人员还是选择将测量型变量转换为分类或定序的格式。比如，*canada2.dta* 数据中的 *unemp* 变量提供了失业率测量。排除数据中的加拿大自身之后，我们看到 *unemp* 的分布在 7% 到 19.6% 之间，平均数为 12.26。

. summarize *unemp* if type != 3

Variable	Obs	Mean	Std. Dev.	Min	Max
unemp	10	12.26	4.44877	7	19.6

在这一意义上，数据中包含加拿大变成了一种干扰，因此我们将它清除：

```
. drop if type == 3
(1 observation deleted)
```

　　用两条命令来创建一个名为 *unemp2* 的虚拟变量：当 *unemp* 低于平均水平（12.26）时，令其等于 0；当 *unemp* 等于或高于平均水平时，令其等于 1；而当 *unemp* 为缺失值时，则令其也为缺失值。在读到第二条命令时，请记住 Stata 的排序和关系运算符将缺失值作为极大的数字对待。

```
. generate unemp2 = 0 if unemp < 12.26
(7 missing values generated)
. replace unemp2 = 1 if unemp >= 12.26 & unemp < .
(5 real changes made)
```

　　我们可能想就某个测量变量（measurement variable）的取值进行分组，从而创建一个有序的分类变量，即定序变量。**autocode** 函数（参见"使用函数"一节）提供了测量变量的自动分组功能。为了创建一个新的定序变量 *unemp3* ，使它将 *unemp* 从 5 到 20 的取值区间分成等宽的三组，请键入：

```
. generate unemp3 = autocode(unemp,3,5,20)
(2 missing values generated)
```

　　列出该数据，可以看到新的虚拟变量（*unemp2*）和定序变量（*unemp3*）是如何与原始测量变量 *unemp* 的取值相对应的。

```
. list place unemp unemp2 unemp3
```

	place	unemp	unemp2	unemp3
1.	Newfoundland	19.6	1	20
2.	Prince Edward Island	19.1	1	20
3.	Nova Scotia	13.9	1	15
4.	New Brunswick	13.8	1	15
5.	Quebec	13.2	1	15
6.	Ontario	9.3	0	10
7.	Manitoba	8.5	0	10
8.	Saskatchewan	7	0	10
9.	Alberta	8.4	0	10
10.	British Columbia	9.8	0	10
11.	Yukon	.	.	.
12.	Northwest Territories	.	.	.

标注变量下标

　　当 Stata 有数据在内存中时，它也定义了描述这些数据的系统变量。比如，_N 表示观测案例总数；_n 表示观测案例号；_n = 1 表示第一条观测案例；_n = 2 表示第二条观测案例，如此等等，直到最后一条观测案例（_n = _N）。如果我们键入如下命令，就会创建一个新变量 *caseID*，其值等于前面已经排序过的每一条观测案例的序号。

```
. generate caseID = _n
```

　　如果按其他方式对数据排序将会改变每一观测案例的_n 值，但是其 *caseID* 的取值将保持不变。因此，如果我们以不同方式对数据排序，以后再键入下述命令就能恢复原来的顺序：

. **sort** *caseID*

创建并保存数据集形成初期观测案例的唯一性顺序识别码能够大大便利以后的数据管理。

我们能够对变量名添加下标来指定独特的观测案例的号码。比如,数据集 *canada1.dta* 中的第 6 条观测案例(如果我们没有删除任何记录或者没有进行重新排序)是 Quebec。因此,*pop*[6]指的是 Quebec 的人口数,7 334.2 千人。

. **display** *pop[6]*
7334.2202

类似地,*pop*[12]便是 Yukon 的人口数。

. **display** *pop[12]*
30.1

当我们的数据构成一个序列时,加注下标和 _n 系统变量具有另外的好处。比如,如果我们以某支股票每天的股市价格作为名为 *price* 的变量,那么 *price* 或者等价的 *price*[_n]表示第 n 次观测或第 n 天的价格,*price*[_n-1]表示前一天的价格,而 *price*[_n+1]则表示后一天的价格。因此,我们可以定义一个新变量 *difprice*,它等于自前一天来的价格变化:

. **generate** *difprice = price - price[_n-1]*

有关时间序列分析的第 13 章会讨论这一主题上来。

导入其他程序的数据

前面几节介绍了如何使用数据编辑器录入和编辑数据。如果我们的原始数据保存在恰当编排格式的电子表格中的话,一个更简单的方法就是直接拷贝电子表格中的多列数据块,然后粘贴到 Stata 的数据编辑器中。这直接从电子表格粘贴需要很小心,有时甚至需要先做试验,因为 Stata 会依据每一列中的第一个取值来确定该列代表的是数值型变量还是字符串变量。如果一列中的第一个(顶部)取值是个数字,那么 Stata 会认为该列属于数值型变量;任何随后的非数值取值都被编码成"缺失"。相反,如果此列中的第一个取值属于非数值的(比如字符或者甚至诸如"1,500"等包含逗号的数值),那么 Stata 将其视为字符串变量,因此随后出现在该列中的任何数字都只被作为文本对待,而并非可以对其计算均值或相关系数的真正数字。数据编辑器或数据浏览器中的黑色(数值型)或红色(字符串)字体一目了然地显示了这种区分。

出于其他目的创建的电子表格可能包含标签、说明、行分隔符或我们并不想粘贴到 Stata 文件中的其他特性。在选择你复制的数据块之前,可能需要对电子表格进行细致的编辑。一个微妙的技巧是在电子数据表中数据的顶列上方插入一行变量名(单个的词)。当这些名称与数据的其他部分被粘贴到一个空白的数据编辑器中时,Stata 应当会自动将第一行看做变量名。

这些数据编辑器方法都快捷且简单,但是对于更大型数据而言,就得有专门工具来直接处理由其他程序创建的数据文件。这些文件大体上可分成两类:一种是原始数据的 ASCII(文本)文件,这类数据可以采用恰当的 Stata 命令读入到 Stata 中;另一种是系统文件,这类数据必须通过特定的第三方程序转换成 Stata 格式后 Stata 才能读入。

为了示范读入 ASCII 文件的方法,我们回到表 2.1 的加拿大数据。假如不是将这些数据直接键入 Stata 数据编辑器,而是先将它们键入到其他文字处理软件中,并且每个值之间至少空一格。如果字符串内包含空格,就必须加上双引号,比如"Prince Edward Island"。对于其他的字符型取值,引号可有可无。文字处理器可以将文档存为 ASCII(文本)格式文件,这种格式比一般文字处理软件的存取格式更简单,而且更为通用。因此,我们可以创建一个如下形式的名为 *canada.raw* 的 ASCII 文件:

```
"Canada"  29606.1  10.6  75.1  81.1
"Newfoundland"  575.4  19.6  73.9  79.8
"Prince Edward Island"  136.1  19.1  74.8  81.3
"Nova Scotia"  937.8  13.9  74.2  80.4
"New Brunswick"  760.1  13.8  74.8  80.6
"Quebec"  7334.2  13.2  74.5  81.2
"Ontario"  11100.3  9.3  75.5  81.1
"Manitoba"  1137.5  8.5  75  80.8
"Saskatchewan"  1015.6  7  75.2  81.8
"Alberta"  2747  8.4  75.5  81.4
"British Columbia"  3766  9.8  75.8  81.4
"Yukon"  30.1  .  71.3  80.4
"Northwest Territories"  65.8  .  70.2  78
```

注意,用英文句点而不是空格来标明 Yukon 和 Northwest 地区的缺失值。如果数据集原本应有五个变量,那么每一观测案例则必须正好有五个值(包括表示缺失值的句点)。

命令 **infile** 能够把诸如 *canada.raw* 这样的 ASCII 数据读入到内存中,这些数据值是由一个或多个空白符——空格、制表符、换行符(包括回车、换行或同时回车换行)——或英文逗号来分隔的。这个命令的基本格式为:

. **infile** *variable-list* **using** *filename.raw*

当全部为数值型变量时,变量清单可以省略,此时 Stata 会依次将变量命名为 *var1*, *var2*, *var3*, 等等。但是,我们通常可能想给每个变量取一个与众不同的名称。有时,我们还需要区别那些字符串变量。对于 *canada.raw*,**infile** 命令可以是:

. **infile str30** *place pop unemp mlife flife* **using** *canada.raw*, **clear**
(13 Observations read)

infile 的变量清单指定了变量在数据文件中出现的次序。**clear** 选项指定在读入新文件之前将内存中的所有当前数据删除。

如果数据中包含字符串变量,那么每一字符串变量名前面都要加上 **str#** 进行说明。比如,上述命令中的 **str30** 就是告诉 Stata 下一个命名变量(*place*)是一个长度为 30 个字符的字符串变量。实际上,没有任何一个加拿大的地区名称长度需要超过 21 个字符,但是我们不需要事先知道这点。通常为了方便,总是高估字符串变量的长度。因此,一旦数据已读入到内存中,使用 **compress** 来确保没有变量多占用了所需的空间。**compress** 命令会自动改变所有变量以达到最有效的内存占用存储类型。

. **compress**
place was **str30** now **str21**

. **describe**

```
Contains data
    obs:            13
    vars:            5
    size:          585 (99.9% of memory free)

              storage   display    value
variable name   type     format    label      variable label

place          str21    %21s
pop            float    %9.0g
unemp          float    %9.0g
mlife          float    %9.0g
flife          float    %9.0g

Sorted by:
    Note:   dataset has changed since last saved
```

现在,我们可以按如前所述的方法进一步给变量和数据加上标签。在任何情况下, **save canada0**(或 **save canada0, replace**)命令都将把 Stata 格式的新数据保存成名为 *canada0.dta* 的文件。最初的原始数据文件 *canada.raw* 仍然原封不动地保存在磁盘上。

如果我们的数据中包含了一些非数量值(比如,"男"和"女"),我们又想将其转换为带标签的数值型变量加以保存,那么增加 **automatic** 选项可以实现这一点。比如,我们可以用以下 **infile** 命令读入原始调查数据:

. **infile** *gender age income vote* **using** *survey.raw*, **automatic**

电子表格和数据库程序一般都写出每一行只有一条记录且采用制表符或英文逗号分隔的 ASCII 文件。为了将这种数据读入 Stata,需要使用 **insheet** 命令。其一般的语法和 **infile** 类似,同时带有告诉 Stata 这一数据的分隔符是制表符、逗号还是其他字符的选项。比如,假设数据是以制表符分隔,命令为:

. **insheet** *variable-list* **using** *filename.raw*, **tab**

或者,假设数据以逗号分隔,并且文件的第一行为变量名(也以逗号分隔),就键入:

. **insheet** *variable-list* **using** *filename.raw*, **comma names**

使用 **insheet** 命令时,我们不需要专门识别字符串变量。如果我们没有纳入变量清单并且数据文件的第一行也没有包含变量名,Stata 会自动指定变量名为 *var1*, *var2*, *var3* ,等等。如果 ASCII 文件中的一些取值并不是由 **insheet** 命令中指定的分隔符分隔的,数据读入就会出错。

其他统计软件创建的粗数据(raw data)文件可以是"固定列"格式的,其中各值之间根本不需要进行分隔,但是必须占事先确定的列位。**infile** 命令和更为专门的 **infix** 命令都允许 Stata 读取此类数据文件。要么在命令语法本身中,要么在一个以独立文件存在或者作为数据文件第一部分的"数据字典"中,我们必须准确地指定应当如何逐列读取这些数据。

这里有一个简单的例子。数据保存在一个名为 nfresour.raw 的 ASCII 文件中:

```
198624087641691000
198725247430001044
198825138637481086
198925358964371140
1990    8615731195
1991    7930001262
```

这些数据是关于加拿大纽芬兰省(Newfoundland)的自然资源产量的信息。四个变量占用了固定的列位置:1—4 列是年份(1986,…,1991);5—8 列为以千立方米度量的森林资源量(2 408,…,2 535,后两个值为缺失);9—14 列为以千美元度量的矿山资源量(764 169,…,793 000);15—18 列为相对于1986 年的消费者价格指数(1 000,…,1 262)。请注意,不同于采用空格或制表符作为分隔符的文件,在固定列位格式的数据中,空白表示缺失值,并且这一原始数据不含小数。为了把 *nfresour.raw* 读入到 Stata 中,我们指定每个变量所占的列位:

```
. infix year 1-4 wood 5-8 mines 9-14 CPI 15-18
    using nfresour.raw, clear
(6 observations read)

. list
```

	year	wood	mines	CPI
1.	1986	2408	764169	1000
2.	1987	2524	743000	1044
3.	1988	2513	863748	1086
4.	1989	2535	896437	1140
5.	1990	.	861573	1195
6.	1991	.	793000	1262

　　更为复杂的固定列位格式数据可能需要一个数据"字典"。数据字典可以简单明了,但是它们提供了许多可能的选择。键入 **help infiling** 查看这些命令的简要描述。更多的示例和解释,请咨询《用户指南》和参考手册。Stata 也可以加载、输出或者查看来自 ODBC(Open Database Connectivity)资源的数据,请参见 **help odbc**。

　　如果我们需要将数据从 Stata 输出到其他的非 ODBC 程序,那该怎么办?**outfile** 命令可将 ASCII 文件写到磁盘上。下述命令将创建一个名为 *canada6.raw* 的以空格为分隔符的 ASCII 文件,该文件包含了内存中的所有数据信息:

```
. outfile using canada6
```

　　上述的 **infile**,**insheet**,**infix** 和 **outfile** 命令都针对以 ASCII 文件保存的原始数据进行操作。另一个非常快捷的办法是从 Stata 数据浏览器中拷贝数据并直接将其粘贴到诸如 Excel 等电子数据表中。但是,最好的选择往往还是在不同的数据表、数据库或统计程序存储的特殊系统文件之间直接进行数据转换。有好几种第三方程序能够做这种翻译。比如,Stat/Transfer 可以在许多不同格式数据之间进行转换,包括 dBASE,Excel,FoxPro,Gauss,JMP,MATLAB,Minitab,OSIRIS,Paradox,S-Plus,SAS,SPSS,SYSTAT 和 Stata。即使容量为几百兆的大数据集也可以用该程序快速地加以转换或选取。此程序通过 Stata 公司(www.stata.com)或者从其生产者 Circle Systems (www.stattransfer.com)那里可以获得。对于在多程序环境中工作或需要与同事交换数据的分析人员而言,这种转换程序提供了不可或缺的工具。

　　Stata 的一个突出特性值得在此提及。保存在某一 Stata 平台(不论是 Windows,Macintosh,还是 Unix)上的 Stata 数据集都可以无需经过转换而由安装在任何其他平台上的 Stata 读取。

合并两个或多个 Stata 文件

　　我们可以采用两种一般方法来合并 Stata 数据集:**append**(附加)第二个包含其他观测案例的数据集;或者和其他包含新变量或取值的数据文件进行 **merge**(合并)。为保持与本章加拿大例子相一致,我们将使用有关纽芬兰省的数据来示范这些操作程序。文件 *newf1.dta* 记录了纽芬兰省从 1985 年到 1989 年的人口数。

```
. use newf1, clear
(Newfoundland 1985-89)

. describe

Contains data from c:\data\newf1.dta
  obs:             5                          Newfoundland 1985-89
  vars:            2                          19 Jan 2008 19:02
  size:           70 (99.9% of memory free)

              storage  display    value
variable name   type   format     label     variable label

year            int    %9.0g                 Year
pop             float  %9.0g                 Population

Sorted by:

. list

       year      pop

 1.    1985    580700
 2.    1986    580200
 3.    1987    568200
 4.    1988    568000
 5.    1989    570000
```

文件 *newf2.dta* 包含了随后某些年份的人口数和失业人数。

```
. use newf2
(Newfoundland 1990-95)

. describe

Contains data from c:\data\newf2.dta
  obs:             6                          Newfoundland 1990-95
  vars:            3                          19 Jan 2008 19:03
  size:          108 (99.9% of memory free)

              storage  display    value
variable name   type   format     label     variable label

year            int    %9.0g                 Year
pop             float  %9.0g                 Population
jobless         float  %9.0g                 Number of people unemployed

Sorted by:

. list

       year      pop    jobless

 1.    1990    573400    42000
 2.    1991    573500    45000
 3.    1992    575600    49000
 4.    1993    584400    49000
 5.    1994    582400    50000

 6.    1995    575449        .
```

为了合并这两个数据,考虑到 *newf2.dta* 已经读入内存中,我们使用 **append** 命令:

. **append using** *newf1*

. **list**

	year	pop	jobless
1.	1990	573400	42000
2.	1991	573500	45000
3.	1992	575600	49000
4.	1993	584400	49000
5.	1994	582400	50000
6.	1995	575449	.
7.	1985	580700	.
8.	1986	580200	.
9.	1987	568200	.
10.	1988	568000	.
11.	1989	570000	.

因为变量 *jobless* 出现在 *newf2* （1990 年到 1995 年）但没有出现在 *newf1* 中，因此合并后的数据中该变量从 1985 年到 1989 年各年份为缺失值。我们现在可以将这些观测案例按照时间先后排序并把该合并数据另存成名为 *newf3.dta* 的新文件：

. **sort** *year*
. **list**

	year	pop	jobless
1.	1985	580700	.
2.	1986	580200	.
3.	1987	568200	.
4.	1988	568000	.
5.	1989	570000	.
6.	1990	573400	42000
7.	1991	573500	45000
8.	1992	575600	49000
9.	1993	584400	49000
10.	1994	582400	50000
11.	1995	575449	.

. **save** *newf3*

通过将另一个包含新观测案例(行)的文件添加到一个文件的底部，**append** 可被看作是将该文件(也就是，内存中的数据集)加长。从最简单的形式上看，通过将另一个文件添加到一个文件的右边从而增加新变量(列)，**merge** 相当于将该文件"加宽"。比如，数据集 *newf4.dta* 进一步包含纽芬兰省的时间序列信息:1980 年到 1994 年期间的出生数和离婚数。因此其中有一些观测案例以及一个变量(*year*)和我们前面的数据集 *newf3.dta* 是共同的，但它还包含两个在 *newf3.dta* 中没有出现的新变量。

. **use** *newf4*
(Newfoundland 1980-94)
. **describe**

```
Contains data from c:\data\newf4.dta
  obs:            15                          Newfoundland 1980-94
  vars:            3                          19 Jan 2008 19:03
  size:          210 (99.9% of memory free)

              storage   display    value
variable name  type     format     label    variable label

year           int      %9.0g               Year
births         int      %9.0g               Number of births
divorces       int      %9.0g               Number of divorces

Sorted by:
```

`. list`

	year	births	divorces
1.	1980	10332	555
2.	1981	11310	569
3.	1982	9173	625
4.	1983	9630	711
5.	1984	8560	590
6.	1985	8080	561
7.	1986	8320	610
8.	1987	7656	1002
9.	1988	7396	884
10.	1989	7996	981
11.	1990	7354	973
12.	1991	6929	912
13.	1992	6689	867
14.	1993	6360	930
15.	1994	6295	933

我们想将 *newf3* 和 *newf4* 进行合并,并根据变量 *year* 对同一年份的观测案例进行匹配。为了做到这点,两个数据集都必须根据索引变量(index variable)或关键变量(key variable)(本例中为 *year*)进行排序。我们已经在保存 *newf3 .dta* 之前执行过命令 **sort year** 命令,因此现在只需对 *newf4 .dta* 做同样的事情。然后,指定 *year* 作为匹配时的关键变量,我们就可以合并这两个数据。

`. sort year`
`. merge year using newf3`
`. describe`

```
Contains data from c:\data\newf4.dta
  obs:            16                          Newfoundland 1980-94
  vars:            6                          19 Jan 2008 19:03
  size:          368 (99.9% of memory free)

              storage   display    value
variable name  type     format     label    variable label

year           int      %9.0g               Year
births         int      %9.0g               Number of births
divorces       int      %9.0g               Number of divorces
pop            float    %9.0g               Population
jobless        float    %9.0g               Number of people unemployed
_merge         byte     %8.0g

Sorted by:
```

```
. list
```

	year	births	divorces	pop	jobless	_merge
1.	1980	10332	555	.	.	1
2.	1981	11310	569	.	.	1
3.	1982	9173	625	.	.	1
4.	1983	9630	711	.	.	1
5.	1984	8560	590	.	.	1
6.	1985	8080	561	580700	.	3
7.	1986	8320	610	580200	.	3
8.	1987	7656	1002	568200	.	3
9.	1988	7396	884	568000	.	3
10.	1989	7996	981	570000	.	3
11.	1990	7354	973	573400	42000	3
12.	1991	6929	912	573500	45000	3
13.	1992	6689	867	575600	49000	3
14.	1993	6360	930	584400	49000	3
15.	1994	6295	933	582400	50000	3
16.	1995	.	.	575449	.	2

在本例中,我们只是用 **merge** 按观测案例的匹配将新变量添加到我们的数据中。在默认状态下,当两个数据集存在相同的变量时,"主(master)"数据(即内存中的文件)中的那些被保留下来,"调用(using)"数据中的那些则被忽略。但是,**merge** 命令有几个选项可以更改这一默认状态。以下命令将允许主数据中出现的缺失值由调用数据(这里为 *newf5.dta*)中相应的非缺失值进行替换:

. **merge** *year* **using** *newf5*, **update**

或者,用以下命令可使主数据中的任何取值如与调用数据存在不同时将由后者的非缺失值进行替换:

. **merge** *year* **using** *newf5*, **update replace**

关键变量的一些取值可以在两个数据集的任意一个中出现多次。比如,设想 1990 年在主数据中出现了两次,那么调用数据中 *year* 取值为 1990 年的观测案例将会与主数据中每一条 *year* 为 1990 年的观测案例进行匹配。用户可以利用这种能力来实现许多意图,比如,将每个病人的背景信息与其每次不同医生就诊的信息加以合并。尽管 **merge** 使得此类和许多其他的数据管理任务变得很简单,但是分析人员应当认真查看所得结果以确认该命令所得结果正是所想要的。

作为一种诊断辅助,**merge** 会自动创建一个名为_*merge* 的新变量。除非设定了 **update**,否则_*merge* 编码的含义如下:

1 观测案例只来自于主数据。
2 观测案例只来自于调用数据。
3 观测案例同时来自于主数据和调用数据(如果出现不同,忽略调用数据值)。

如果设定了 **update** 选项,_*merge* 编码会指示发生了什么:

1 观测案例只来自于主数据。
2 观测案例只来自于调用数据。
3 观测案例同时来自于主数据和调用数据,且主数据和调用数据相一致。
4 主数据中的缺失值被更新。
5 主数据与调用数据不一致(如果设定了 **replace** 选项,则主数据将被替换)。

一个重要的步骤是在每次 **merge** 操作之后都查看一下 _merge 的取值,确保情况正是我们所计划的。在执行另一 **merge** 操作之前,我们可以 **drop _merge** 以便执行新一次操作。

用一个 **merge** 命令来合并多个数据也是可能的。比如,如果 newf5.dta 到 newf8.dta 为四个数据集,每一个都根据变量 year 进行了排序,那么将这四个数据与主数据加以合并的命令如下:

. **merge** year using newf5 newf6 newf7 newf8, update replace

其他的 **merge** 选项还包括核对合并变量的取值是否唯一和指定保留哪些变量的能力。具体内容请键入 **help merge** 进行查询。合并和扩展数据也可以通过 **Data > Combine datasets** 菜单来实现。

数据的转置、变换或分拆

数据集创建起来之后,我们可能发现该数据的结构对于某些分析目的而言是错误的。很幸运,有几条命令方便了数据结构的改变。我们将使用加拿大五个东部省份近年来的人口增长数据(growth1.dta)来对此做示范。和前面的例子不同,这些数据中的省份名称由数值型变量(provinc2)表示,并对变量编制了最多 8 个字符的标签。

```
. use growth1, clear
(Eastern Canada growth)

. describe

Contains data from c:\data\growth1.dta
  obs:            5                          Eastern Canada growth
  vars:           5                          19 Jan 2008 19:09
  size:         125 (99.9% of memory free)

              storage  display   value
variable name   type    format   label    variable label

provinc2       byte    %8.0g     provinc2  Eastern Canadian province
grow92         float   %9.0g               Pop. gain in 1000s, 1991-92
grow93         float   %9.0g               Pop. gain in 1000s, 1992-93
grow94         float   %9.0g               Pop. gain in 1000s, 1993-94
grow95         float   %9.0g               Pop. gain in 1000s, 1994-95

Sorted by:


. list
```

	provinc2	grow92	grow93	grow94	grow95
1.	New Brun	10	2.5	2.2	2.4
2.	Newfound	4.5	.8	-3	-5.8
3.	Nova Sco	12.1	5.8	3.5	3.9
4.	Ontario	174.9	169.1	120.9	163.9
5.	Quebec	80.6	77.4	48.5	47.1

在这一数据中,每年的人口增长被分别作为变量加以存储。我们可以分析平均人口增长上的逐年变化。但是这一给定的数据结构却使 Stata 不能轻易地画出人口增长对年份的时间标绘图(time plot),也不能找出新布伦瑞克省(New Brunswick)和纽芬兰省的人口增长之间的相关关系。尽管这个数据已经包含了所有的必要信息,但是上述分析却要求不同的数据结构。

简单的数据结构重组涉及变量和观测案例的转置。实际上,就是使数据中的行变成列,反之亦然。这可以通过 **xpose** 命令来实现。这一命令要求必须加上 **clear** 选项,因为它总是会从内存中清除当前的数据。增加 **varname** 选项可在转置后的数据中创建一个附加的变量(被命名为_*varname*),用以包含作为字符串的原始变量名。

```
. xpose, clear varname
. describe

Contains data
  obs:            5
  vars:           6
  size:         180 (99.9% of memory free)
```

variable name	storage type	display format	value label	variable label
v1	float	%9.0g		
v2	float	%9.0g		
v3	float	%9.0g		
v4	float	%9.0g		
v5	float	%9.0g		
_varname	str8	%9s		

```
Sorted by:

. list
```

	v1	v2	v3	v4	v5	_varname
1.	1	2	3	4	5	provinc2
2.	10	4.5	12.1	174.9	80.6	grow92
3.	2.5	.8	5.8	169.1	77.4	grow93
4.	2.2	−3	3.5	120.9	48.5	grow94
5.	2.4	−5.8	3.9	163.9	47.1	grow95

在转置中变量取值标签会丢失,因此转置后数据中的省份只是由相应的数字来指示(1 = New Brunswick, 2 = Newfoundland, 等等)。每一列中第二到最后一个数值为该省的各年人口增量,以千人为单位。因此,变量 *v1* 第一行中的数值为省份识别码(1 就代表新布伦瑞克省(New Brunswick)),这个省从 1992 年到 1995 年的人口增长数分别在该变量的第二行到第五行。比如,通过键入 **correlate** 命令和 **in 2/5**(第二到第五条观测案例)这一选择条件,我们现在可以计算不同省份人口增长之间的相关了:

```
. correlate v1-v5 in 2/5
(obs=4)
```

	v1	v2	v3	v4	v5
v1	1.0000				
v2	0.8058	1.0000			
v3	0.9742	0.8978	1.0000		
v4	0.5070	0.4803	0.6204	1.0000	
v5	0.6526	0.9362	0.8049	0.6765	1.0000

最强的相关在临海的新布伦瑞克省(New Brunswick, 即 *v1*)和新斯科舍省(Nova Scotia, 即 *v3*)的增长之间:$r = 0.9742$。纽芬兰省(Newfoundland, 即 *v2*)和安大略省(Ontario, 即 *v4*)的人口增长之间的相关要弱得多:$r = 0.4803$。

更为复杂的数据结构转换可能需要借助 **reshape** 命令。该命令可以在被称作"宽(wide)"和"长(long)"的两种基本格式之间进行数据转换。数据集 *growth1.dta* 最初为宽格式。

```
. use growth1, clear
(Eastern Canada growth)

. list
```

```
    provinc2   grow92   grow93   grow94   grow95
1.  New Brun       10      2.5      2.2      2.4
2.  Newfound      4.5       .8       -3     -5.8
3.  Nova Sco     12.1      5.8      3.5      3.9
4.   Ontario    174.9    169.1    120.9    163.9
5.    Quebec     80.6     77.4     48.5     47.1
```

reshape 命令可将其转换成长格式。

```
. reshape long grow, i(provinc2) j(year)
(note: j = 92 93 94 95)

Data                               wide   ->   long

Number of obs.                        5   ->     20
Number of variables                   5   ->      3
j variable (4 values)                      ->   year
xij variables:
              grow92 grow93 ... grow95   ->   grow
```

列出该数据会显示其新外观。**list** 命令加上 **sepby**( )选项给我们一个输出表格,表中水平线分隔的是省份,而不是每五个观测案例(默认情况)。

```
. list, sepby(provinc2)

     provinc2   year   grow
1.   New Brun     92     10
2.   New Brun     93    2.5
3.   New Brun     94    2.2
4.   New Brun     95    2.4

5.   Newfound     92    4.5
6.   Newfound     93     .8
7.   Newfound     94     -3
8.   Newfound     95   -5.8

9.   Nova Sco     92   12.1
10.  Nova Sco     93    5.8
11.  Nova Sco     94    3.5
12.  Nova Sco     95    3.9

13.   Ontario     92  174.9
14.   Ontario     93  169.1
15.   Ontario     94  120.9
16.   Ontario     95  163.9

17.    Quebec     92   80.6
18.    Quebec     93   77.4
19.    Quebec     94   48.5
20.    Quebec     95   47.1
```

```
. label data "Eastern Canadian growth--long"
. label variable grow "Population growth in 1000s"
. save growth2
file c:\data\growth2.dta saved
```

上述 **reshape** 命令以表明我们要将数据转换成 **long**(长)格式开头。接着,它把即将创建的新变量命名为 *grow*。选项 *i*(*provinc2*)指定观测案例的识别码(**identifier**),或者是指定一个取值唯一从而能够标明逻辑观测的变量。在本例中,每个省份构成了一种逻辑观测。*j*(*year*)选项指定下属观测案例的识别码,或者是指定一个(在每一逻辑观测内)取值唯一从而能够标明下属观测案例的变量。这里,每一省份的下属观测案例是不同年份。

图 2.1 直观展示此长格式数据的结构。我们现在用一个 **graph** 命令便可以画出对新布伦瑞克、新斯科舍和纽芬兰 3 个省份(即 *provinc2* <4 的观测案例)的人口变化进

行比较的时间标绘图。以下的 **graph** 命令要求画出 *provinc2* < 4 那部分观测案例的 *grow*(作为 *y* 轴变量)对 *year*(*x* 轴)的连线图,同时设置水平线于 *y* = 0 处(人口零增长),并且对 *provinc2* 的每个取值分别画图。

```
. graph twoway connected grow year if provinc2 < 4 , yline(0)
    by(provinc2)
```

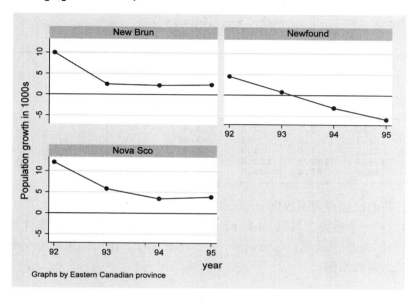

图 2.1

1990 年代早期渔业的衰落造成了这三个省的经济困难。新布伦瑞克省和新斯科舍省的人口增长显著减慢,而纽芬兰省(一个最依赖渔业的省份)实际上出现了人口缩减。

reshape 同样也能很好地反过来用于将数据从"长"格式转换成"宽"格式。数据集 *growth3 .dta* 作为长格式的一个示例。

```
. use growth3, clear
(Eastern Canadian growth--long)

. list, sepby(provinc2)
```

	provinc2	grow	year
1.	New Brun	10	92
2.	New Brun	2.5	93
3.	New Brun	2.2	94
4.	New Brun	2.4	95
5.	Newfound	4.5	92
6.	Newfound	.8	93
7.	Newfound	−3	94
8.	Newfound	−5.8	95
9.	Nova Sco	12.1	92
10.	Nova Sco	5.8	93
11.	Nova Sco	3.5	94
12.	Nova Sco	3.9	95
13.	Ontario	174.9	92
14.	Ontario	169.1	93
15.	Ontario	120.9	94
16.	Ontario	163.9	95
17.	Quebec	80.6	92
18.	Quebec	77.4	93
19.	Quebec	48.5	94
20.	Quebec	47.1	95

为了将该数据转换成宽格式,我们使用命令 **reshape wide**:

```
. reshape wide grow, i(provinc2) j(year)
(note: j = 92 93 94 95)
```

Data	long	->	wide
Number of obs.	20	->	5
Number of variables	3	->	5
j variable (4 values)	year	->	(dropped)
xij variables:			
	grow	->	grow92 grow93 ... grow95

```
. list
```

	provinc2	grow92	grow93	grow94	grow95
1.	New Brun	10	2.5	2.2	2.4
2.	Newfound	4.5	.8	-3	-5.8
3.	Nova Sco	12.1	5.8	3.5	3.9
4.	Ontario	174.9	169.1	120.9	163.9
5.	Quebec	80.6	77.4	48.5	47.1

通过这一步骤,我们已经重建了数据 *growth1.dta* 的结构。

改变数据结构的另一个重要工具是 **collapse** 命令,它可用于创建一些统计量(如平均数、中位数或合计)的汇总数据(aggregated dataset)。在长格式的 *growth3* 数据中,每个省有四条观测案例:

```
. use growth3, clear
(Eastern Canadian growth--long)

. list, sepby(provinc2)
```

	provinc2	grow	year
1.	New Brun	10	92
2.	New Brun	2.5	93
3.	New Brun	2.2	94
4.	New Brun	2.4	95
5.	Newfound	4.5	92
6.	Newfound	.8	93
7.	Newfound	-3	94
8.	Newfound	-5.8	95
9.	Nova Sco	12.1	92
10.	Nova Sco	5.8	93
11.	Nova Sco	3.5	94
12.	Nova Sco	3.9	95
13.	Ontario	174.9	92
14.	Ontario	169.1	93
15.	Ontario	120.9	94
16.	Ontario	163.9	95
17.	Quebec	80.6	92
18.	Quebec	77.4	93
19.	Quebec	48.5	94
20.	Quebec	47.1	95

我们可能想为每一省份汇总出不同年份的平均增长率。在分拆的数据中,每一观测将对应着 **by( )** 变量的一个取值。

```
. collapse (mean) grow, by(provinc2)
. list
```

```
      provinc2        grow

 1.   New Brun       4.275
 2.   Newfound   -.8750001
 3.   Nova Sco       6.325
 4.    Ontario       157.2
 5.     Quebec        63.4
```

举一个稍复杂的例子,假设我们有一个与 *growth3 .dta* 类似但还包含了变量出生数(*births*)、死亡数(*deaths*)和收入(*income*)的数据。我们想要按各省汇总出这些年的总出生数和总死亡数,以及平均收入(名为 *meaninc*)和中位收入(名为 *medinc*)的汇总数据集。如果我们不指定一个新变量的名称,比如像上例中的 *grow* 那样,或者像这里的 *births* 和 *deaths*,那么分拆后的变量名称将与原来完全一样。

```
. collapse (sum) births deaths (mean) meaninc = income
       (median) medinc = income, by(provinc2)
```

collapse 能够根据以下概要统计量来创建变量:

mean	平均数(默认情形,在未设定统计量的情况下使用)
median	中位数
p1	第 1 百分位数
p2	第 2 百分位数(如此等等,直到 p99)
sd	标准差
sum	合计
rawsum	忽略任意指定权数的合计
count	非缺失值的观测案例数
max	最大值
min	最小值
iqr	四分位距
first	第一个取值
last	最后一个取值
firstnm	第一个非缺失的取值
lastnm	最后一个非缺失的取值

使用作为其他分析的前缀起作用的灵活的 **statsby** 命令可以得到大量的统计量。比如,创建一个新数据集,其包含所有的描述加拿大每个省增长的 **summarize** 统计量:

```
. use growth3, clear
(Eastern Canadian growth--long)

. statsby, by(provinc2): summarize grow
(running summarize on estimation sample)

       command:   summarize grow
             N:   r(N)
         sum_w:   r(sum_w)
          mean:   r(mean)
           Var:   r(Var)
            sd:   r(sd)
           min:   r(min)
           max:   r(max)
           sum:   r(sum)
            by:   provinc2
```

```
Statsby groups
  ──────┼──── 1 ──── ┼ ──── 2 ── ┼ ── 3 ──── ┼ ──── 4 ── ┼ ──── 5
. . . . .

. describe

Contains data
  obs:              5                      statsby: summarize
  vars:             9
  size:           205 (99.9% of memory free)

                storage  display    value
variable name   type     format     label      variable label

provinc2        byte     %8.0g      provinc2   Eastern Canadian province
N               float    %9.0g                 r(N)
sum_w           float    %9.0g                 r(sum_w)
mean            float    %9.0g                 r(mean)
Var             float    %9.0g                 r(Var)
sd              float    %9.0g                 r(sd)
min             float    %9.0g                 r(min)
max             float    %9.0g                 r(max)
sum             float    %9.0g                 r(sum)

Sorted by:
    Note: dataset has changed since last saved
```

如果想一个数据集只包含每个省的平均增长,即类似于前面使用 **collapse** 命令创建得到的数据集,我们可以设定一个新变量名,如 *meangrow*,令其等于 r(mean) 结果:

```
. statsby meangrow = r(mean), by(provinc2): summarize grow
. describe

Contains data
  obs:              5                      statsby: summarize
  vars:             2
  size:            65 (99.9% of memory free)

                storage  display    value
variable name   type     format     label      variable label

provinc2        byte     %8.0g      provinc2   Eastern Canadian province
meangrow        float    %9.0g                 r(mean)

Sorted by:
    Note: dataset has changed since last saved
```

statsby 也可以将回归模型或其他分析所得结果编造成一个数据集。作为举例说明,以下命令通过对每个省就 *grow* 对 *year* 进行回归来估计时间趋势,并建立了一个包含每个省的斜率(变成了一个名为_b_year 的变量)、y 截距(名为_b_cons)及其标准误的新数据集。

```
. use growth3, clear
(Eastern Canadian growth--long)


. statsby _b _se, by(provinc2):  regress grow year
(running regress on estimation sample)

        command:  regress grow year
            by:  provinc2

Statsby groups
  ──────┼──── 1 ── ┼ ──── 2 ── ┼ ── 3 ── ┼ ──── 4 ── ┼ ──── 5
. . . . .

. describe
```

```
Contains data
    obs:           5                          statsby: regress
    vars:          5
    size:          125 (99.9% of memory free)

               storage  display        value
variable name  type     format         label    variable label

provinc2       byte     %8.0g          provinc2 Eastern Canadian province
_b_year        float    %9.0g                   _b[year]
_b_cons        float    %9.0g                   _b[_cons]
_se_year       float    %9.0g                   _se[year]
_se_cons       float    %9.0g                   _se[_cons]

Sorted by:
    Note:  dataset has changed since last saved
```

更多的信息和示例,请键入 **help statsby** 或查询《数据管理参考手册》(*Data Management Reference Manual*)。从菜单中选择:

Statistics > Other > Collect statistics for a command across a by list
得到与该命令相对应的对话框(dialog box)。

使用权数

Stata 接受四种加权(weighting)类型:

aweight   分析权数,用在加权最小二乘(WLS)回归以及类似的估计程序中。

fweight   频数权数,用以对重复观测案例计数。频数权数必须是整数。

iweight   重要性权数,但是"重要性"由用户自己界定。

pweight   概率或抽样权数,与一个观测案例根据抽样策略被选中的概率的倒数成比例。

对于各种分析类型而言,并不是所有的加权类型都适用。比如,我们不能对 **tabulate** 命令使用 **pweight**。要想有效地使用权数就需要我们清楚地知道在一项特定分析中进行加权的目的是什么。

当研究者提到"加权数据(weighted data)"时,他们经常指的是对初始非按比例或复杂抽样设计(这是调查的常见特性)进行补偿的方法。使用与"1/选中概率"成比例的概率权数,**pweight** 提供了一种对非按比例抽样进行调整的方法。使用概率权数对调查进行分析属于 Stata 的独特强项。第 14 章提供了示例和更多讨论。

在某些时候,"加权数据"可能意味着更简单的事情——一个汇总的数据集(aggregated dataset),它可能是根据一个或多个变量的频数表或交互表建构而成的,也可能根据基于许多个体观测案例的均值建构而成的。在这种情况下,我们使用 **fweight**。小数据集 *nfschool.dta* 包含对 1 381 名纽芬兰乡村高中生进行调查所得结果,以此来说明这一想法。

```
. describe

Contains data from c:\data\nfschool.dta
  obs:            6                          Newf.school/univer.(Seyfrit 93)
  vars:           3                          19 Jan 2008 19:53
  size:          72 (99.9% of memory free)
```

variable name	storage type	display format	value label	variable label
univers	byte	%8.0g	yes	Expect to attend university?
year	byte	%8.0g		What year of school now?
count	int	%8.0g		observed frequency

```
Sorted by:

. list, sep(3)
```

	univers	year	count
1.	no	10	210
2.	no	11	260
3.	no	12	274
4.	yes	10	224
5.	yes	11	235
6.	yes	12	178

乍一看,该数据集好像只有 6 个观测案例。当我们针对学生是否期望上大学(*univers*)和他们目前在高中就读的年级(*year*)建立交互表时,我们就得到了每一格有一个案例的交互表。

```
. tabulate univers year
```

Expect to attend university?	What year of school now?			Total
	10	11	12	
no	1	1	1	3
yes	1	1	1	3
Total	2	2	2	6

为了理解这些数据,我们需要应用频数权数。变量 *count* 给出了频数:有 210 名十年级学生表示不想读大学,有 260 名十一年级学生表示不想读大学,等等。设定 [**fweight** = *count*]可以取得一张显示了全部 1 381 名学生的应答交互表。

```
. tabulate univers year [fweight = count]
```

Expect to attend university?	What year of school now?			Total
	10	11	12	
no	210	260	274	744
yes	224	235	178	637
Total	434	495	452	1,381

进一步来分析,我们可以通过增加选项要求得到列的百分比(**col**)、不显示交互格频数(**nof**)和进行对独立性的卡方检验(**chi2**)。其结果揭示了一种统计性显著的关系($P = 0.001$)。想上大学的学生比例随着高中年级的升高而降低,十年级学生中的 52% 到十二年级学生中的仅 39%。

```
. tabulate univers year [fw = count], col nof chi2
```

Expect to attend university ?	What year of school now?			Total
	10	11	12	
no	48.39	52.53	60.62	53.87
yes	51.61	47.47	39.38	46.13
Total	100.00	100.00	100.00	100.00

```
          Pearson chi2(2) = 13.8967   Pr = 0.001
```

概率权数(**pweight**)将在第14章得到更多关注。此外,分析权数(**aweight**)在制图(第3章、第7章)和加权最小二乘法(第6章、第9章)情况下很有用。重要性权数(**iweight**)并没有固定的定义,但可应用于为特殊目的而编写的程序中。

生成随机数据和随机样本

伪随机数函数 **uniform( )** 集中体现了 Stata 生成随机数据或对现有数据进行随机抽样的能力。《基础参考手册》(各函数)提供了关于 32 比特伪随机数发生器的技术描述。如果目前内存中读入了数据,那么以下命令可生成一个名为 *randnum* 的新变量,对于数据中的每一案例,该变量显然是从区间[0,1]内随机抽取的16 位数值。

```
. generate randnum = uniform()
```

我们也可以从内存创建一个随机数据集。假如我们想创建一个包含 10 个随机数的新数据,首先需要将内存中的其他数据全部清除掉(如果有价值的话,请先用 **save** 命令保存它们),接下来设定新数据中想要的观测案例数。明确地设定"种子数"能使以后重新得到同样的"随机"结果。最后,生成我们的随机变量。

```
. clear
. set obs 10
obs was 0, now 10
. set seed 12345
. generate randnum = runiform()
. list
```

	randnum
1.	.309106
2.	.6852276
3.	.1277815
4.	.5617244
5.	.3134516
6.	.5047374
7.	.7232868
8.	.4176817
9.	.6768828
10.	.3657581

结合 Stata 的代数函数、统计函数和特殊函数,**uniform( )** 可以模拟由不同理论分布抽取数值。如果我们想要为新变量 *newvar* 从区间 [0,428) 内而不是从常用的区间[0,1)内抽取均匀分布(uniform distribution)的数值,我们就键入:

```
. generate newvar = 428 * uniform()
```

所取得的将仍然是16位的数值。也许,我们只想要1到428之间(含两端)的整数,那么键入:

```
. generate newvar = 1 + int(428 * uniform())
```

想要模拟1 000次投掷一个骰子的结果,键入:

```
. clear
. set obs 1000
obs was 0, now 1000
. generate roll = 1 + int(6 * uniform())
. tabulate roll
```

roll	Freq.	Percent	Cum.
1	170	17.00	17.00
2	167	16.70	33.70
3	149	14.90	48.60
4	171	17.10	65.70
5	166	16.60	82.30
6	177	17.70	100.00
Total	1,000	100.00	

理论上,我们可以预期出现1点的情形占16.67%,出现2点的情形占16.67%,如此等等,但是在任何一个抽取的样本中,比如,这1 000次掷骰子,其观测百分比将围绕其期望值随机波动。

也可以模拟1 000次同时掷两个骰子的结果,键入:

```
. generate dice = 2 + int(6 * uniform()) + int(6 * uniform())
. tabulate dice
```

dice	Freq.	Percent	Cum.
2	27	2.70	2.70
3	62	6.20	8.90
4	78	7.80	16.70
5	120	12.00	28.70
6	154	15.40	44.10
7	147	14.70	58.80
8	145	14.50	73.30
9	97	9.70	83.00
10	89	8.90	91.90
11	52	5.20	97.10
12	29	2.90	100.00
Total	1,000	100.00	

我们可以使用 _n 来生成一个人为制造的数据。以下命令创建一个包含5 000个观测案例的新数据,该数据只有一个取值从1到5 000的名为 index 的变量。

```
. set obs 5000
obs was 1000, now 5000
. generate index = _n
. summarize
```

Variable	Obs	Mean	Std. Dev.	Min	Max
roll	1000	3.527	1.732129	1	6
dice	1000	6.948	2.428414	2	12
index	5000	2500.5	1443.52	1	5000

也可以使用 **uniform( )** 生成服从正态(高斯)分布的变量。下述例子创建一个包含 2 000 个观测案例和 z 与 x 两个变量的数据,其中 z 来自于 $N(0,1)$ 分布的总体,x 来自于 $N(500,75)$ 分布的总体。

```
. clear
. set obs 2000
obs was 0, now 2000
. generate z = invnormal(uniform())
. generate x = 500 + 75*invnormal(uniform())
```

实际样本的平均数和标准差会略微不同于它们的理论值:

如果 z 服从正态分布,那么 $v = e^z$ 就服从对数正态分布(lognormal distribution)。根据标准正态分布的 z 可以生成一个服从对数正态分布的变量 v:

```
. summarize
```

Variable	obs	Mean	Std. Dev.	Min	Max
z	2000	.0270618	1.028202	−3.534935	3.095353
x	2000	500.2606	74.69936	256.2306	764.6201

```
. generate v = exp(invnormal(uniform()))
```

要想根据 $N(100,15)$ 分布生成一个服从对数正态分布的变量 w,键入命令:

```
. generate w = exp(100 + 15*invnormal(uniform()))
```

当然,取对数又将一个对数正态变量加以正态化(normalize)。

想要模拟从一个有平均数和标准差 $\mu = \sigma = 3$ 的指数分布(exponential distribution)总体中随机抽取的变量 y 的值,用:

```
. generate y = -3 * ln(uniform())
```

对于平均数和标准差为其他值的情况,用其他值替代 3 即可。

假如 $X1$ 服从自由度为 1 的卡方分布,它就与标准正态的平方完全一样:

```
. generate X1 = (invnormal(uniform())^2
```

根据类似的逻辑,要生成 $X2$ 服从自由度为 2 的卡方分布,用:

```
. generate X2 =(invnormal(uniform()))^2+(invnormal(uniform()))^2
```

其他的统计分布,包括 t 分布和 F 分布,也可以采用同样的方式进行模拟。此外,还有为 Stata 编好的程序可以生成服从二项(binomial)分布、泊松(Poisson)分布和逆高斯(inverse Gaussian)分布等的随机样本。

尽管 **invnormal(uniform( ))** 经过调整可用于形成有特定相关关系的正态随机变量(normal variates),但更简单的办法则是使用 **drawnorm** 命令。想要生成服从 $N(0,1)$ 分布的 5 000 个观测案例,可键入:

```
. clear
. drawnorm z, n(5000)
(obs 5000)
. summ
```

Variable	Obs	Mean	Std. Dev.	Min	Max
z	5000	.0232413	1.008863	−3.496124	3.907439

下面,我们将进一步创建三个变量。变量 *x1* 来自 N(0,1) 分布的总体,变量 *x2* 来自 N(100,15) 分布的总体,而变量 *x3* 则来自 N(500,75) 分布的总体,而且,我们限定这些变量之间具有以下的总体相关关系:

	x1	x2	x3
x1	1.0	0.4	-0.8
x2	0.4	1.0	0.0
x3	-0.8	0.0	1.0

创建此类数据的程序需要首先定义相关矩阵 *C*,然后在 `drawnorm` 命令中调用 *C*:

```
. mat C = (1, .4, -.8 \ .4, 1, 0 \ -.8, 0, 1)
. drawnorm x1 x2 x3, means(0,100,500) sds(1,15,75) corr(C)
. summarize x1-x3
```

Variable	Obs	Mean	Std. Dev.	Min	Max
x1	5000	-.0040733	1.011686	-3.933968	3.169514
x2	5000	100.1839	14.92045	41.14071	151.774
x3	5000	500.1485	75.64395	227.187	772.7881

```
. correlate x1-x3
(obs=5000)
```

	x1	x2	x3
x1	1.0000		
x2	0.4070	1.0000	
x3	-0.8034	-0.0115	1.0000

将样本变量的相关系数和平均数与前面给出的理论值进行对比。用这种方式生成的随机数据可以看作是从理论总体中抽取的样本。我们不应当期望样本的统计与理论总体的参数完全相等(本例中,*x3* 的平均数为 500,*x1* 与 *x2* 的相关为 0.4,*x1* 与 *x3* 的相关为 -0.8,等等)。人为制造的不存在或存在相关的数据集也可以通过如下菜单和对话框创建得到:

Statistics > Other > Draw a sample from a normal distribution

或

Statistics > Other > Create a dataset with specified correlation structure

命令 **sample** 可以利用 **uniform** 的随机数发生器来抽取内存数据的随机样本。比如,为了从原始数据中提取一个 10% 的随机样本,可键入:

```
. sample 10
```

当我们加上 **in** 或 **if** 限制条件时,**sample** 只应用于那些满足条件的观测案例。比如:

```
. sample 10 if age < 26
```

将保留那些年龄小于 26 岁的观测案例的 10% 样本,同时还会保留所有年龄大于等于 26 岁的原始观测案例。

我们也可以选择某一特定规模的随机样本。为了从内存中的原始数据中随机选取 90 个观测案例,可以键入:

```
. sample 90, count
```

第16章中关于自助法和蒙特卡罗模拟的部分进一步提供了随机抽样和随机变量生成的例子。

编制数据管理程序

　　大规模的数据管理常常包含重复性或容易出错的任务,因此最好通过编制专门Stata 程序来进行处理。高级编程可能变得技术性很强,但是我们也可以从编写只包含一系列 Stata 命令的简单程序开始,并将其存成一个 ASCII 文件。用户可以使用所喜欢的文字处理器或文本编辑器来创建 ASCII 文件,当然,这些编辑器应当能在 **File > Save As** 下的选项内提供"ASCII 文本文件"的文件类型。使用 Stata 的 Do 文件编辑器创建此类文本文件就更为简单,它通过点击 **Window > Do-file Editor** 或图标纽 来启动。此外,还可以通过键入命令 **doedit** 或在文件已经存在的情况下键入 **doedit *filename*** 来启动 Do 文件编辑器。**Review** 窗口中的命令可被选中并直接发送到 **Do** 文件编辑器中(点击右键获取此菜单选项)。这些命令也可以从诸如日志文件或结果窗口等其他来源处复制并粘贴到 **Do** 文件编辑器中。

　　使用 Do 文件编辑器的任一这些方式,我们可以创建一个名为 *canada.do* 的文件(其中包含了从名为 *canada.raw* 的原始数据文件读取数据的命令),然后为数据及其变量添加标签,压缩数据并将其存成 Stata 格式。如果我们逐步阅读该示例,会发现该文件中的命令与之前所见到的那些命令完全一样。

```
infile str30 place pop unemp mlife flife using canada.raw
label data "Canadian dataset 1"
label variable pop "Population in 1000s, 1995"
label variable unemp "% 15+ population unemployed, 1995"
label variable mlife "Male life expectancy years"
label variable flife "Female life expectancy years"
compress
save canada1, replace
```

　　一旦 *canada.do* 文件编写完成并加以保存,我们就可以通过从菜单中选择**File > Do** 并打开该文件或者只要简单键入以下命令来运行它:

```
. do canada
```

此类被称作"do 文件"的批模式程序常常保存成以 .do 作为扩展名的文件。更为精致的程序(由 do 文件或"自动的"ado 文件加以定义)可以保存于内存中,并可以再调用其他程序,这就创建出新的 Stata 命令,并为喜欢尝试各种探索的分析人员开启了可能性的世界。**Do** 文件编辑器还具有几个其他的有用功能。第 3 章描述了一种使用 do 文件来创建图表的简单方法。进一步的信息,请见《入门手册》(*Getting Started manual*)有关使用 Do 文件编辑器的说明。

　　Stata 通常把一条命令行的结尾视为该命令的结束。这在屏幕显示时是可行的,此时的命令行可以为任意长度,但是当我们将命令写入一个文本文件中时,这样就行不通了。这时可采用 **#delimit** 命令来解决命令行长度限制的问题,该命令可以设定一个英文分号作为一行命令结束的分隔符。在下述例子中,我们使用英文分号作为分隔符,接着键入两条很长的命令,都是直到分号出现才结束;最后再将分隔符重新设定回其常规

状态,即回车(cr):

```
#delimit ;
infile str30 place pop unemp mlife flife births deaths
    marriage medinc mededuc using newcan.raw;
order place pop births deaths marriage medinc mededuc
    unemp mlife flife;
#delimit cr
```

每当显示结果占满了结果窗口(Results window)时,Stata 通常会暂停,直到我们敲空格键或其他键(或点击按钮)才会继续。为了不出现暂停,我们可以要求 Stata 持续翻屏直到输出结果全部完成。将下述命令键入命令窗口(Command window)中或作为程序的一部分:

```
. set more off
```

其要求持续翻屏。当程序产生许多屏我们并不想看的输出结果,或者当结果被写入一个我们可以随后再查看的 log 文件时,这个命令就变得很方便。如果键入:

```
. set more on
```

则是要求重新回到在翻屏之前等待键盘输入的常规状态。

内存管理

当我们选择 **File** > **Open** 或键入 **use** 命令来打开一个数据集时,Stata 会将保存在磁盘上的文件读入到内存中。将数据载入内存可以使分析进行得更快,但是这只是在数据适合当前分配给 Stata 的内存空间时才可行。如果试图打开一个过大的数据,我们就会得到一条特定的错误信息,说"没有空间来加入更多观测(no room to add more observations)"或"没有空间来加入更多变量(no room to add more variables)",并且还提示了下一步的处理建议。比如,PUMS_1.dta 是一份取自 2000 年普查的包含 280 万人(约占美国人口的 1%)的公用小样本(Public Use Microsample,PUMS)数据。以其默认的设定,Stata 将无法打开如此之大的文件,而会报告一个错误信息,其中还包含相关命令的有用链接。

```
. use PUMS_1.dta
(1% PUMS sample, 2000)
no room to add more observations
    An attempt was made to increase the number of observations beyond what is
    currently possible.  You have the following alternatives:

    1.  Store your variables more efficiently; see help compress.  (Think of
        Stata's data area as the area of a rectangle; Stata can trade off width
        and length.)

    2.  Drop some variables or observations; see help drop.

    3.  Increase the amount of memory allocated to the data area using the set
        memory command; see help memory.
r(901);
```

对于 PUMS_1.dta,我们需要多大内存呢? 尽管不能打开这个文件,但我们可以 **describe** 它,键入:

```
. describe using PUMS_1.dta, short

Contains data                                       1% PUMS sample, 2000
  obs:        2,818,644                              20 Jan 2008 12:55
  vars:             107
  size:     518,630,496
Sorted by:
```

此数据集包含 107 个变量、2 818 644 个观测案例,容量超过 518 兆。对其进行分析就要求内存大于 518 兆。Small Stata 版本会对数据分配一个固定的内存量,并且这一限度不能更改。但是,Stata/IC,Stata/SE 和 Stata/MP 这些版本是灵活可变的。对于这些版本,在计算机的物理内存限制范围之内,我们可以使用 **set memory** 命令来增加 Stata 的内存分配量。想要将 700 兆的内存空间分配给数据,可以键入:

```
. set memory 700m
```

Current memory allocation

settable	current value	description	memory usage (1M = 1024k)
set maxvar	5000	max. variables allowed	1.909M
set memory	700M	max. data space	700.000M
set matsize	400	max. RHS vars in models	1.254M
			703.163M

要是数据已读入内存中,首先键入命令 **clear** 清除它们。要想使重设的内存分配"永久化",以至我们下次启动时还是这样分配,可以键入:

```
. set memory 700m, permanently
```

不过,大多数用户都不需要将其默认内存分配量设定到这么高。

在上面的例子中,*PUMS_1.dta* 是一个 500 兆的数据集,这并不适合于默认的内存分配量。要求一个 700 兆的内存分配量现在已经给予我们足够的空间来读入这些数据中的 280 万观测案例和 107 个变量。Stata 报告说,所分配内存的 29.3 % 仍未被使用。

```
. use PUMS_1.dta
. describe, short

Contains data from C:\data\PUMS_1.dta                1% PUMS sample, 2000
  obs:        2,818,644                              20 Jan 2008 12:55
  vars:             107
  size:     529,905,072 (29.3% of memory free)
Sorted by:
```

Stata 的分析方法需要占用内存空间,同时随着计算过程推进还会临时性地创建一些新变量,因此剩下的 29.3 % 的内存可能变得很关键。Stata 属于更快的统计程序之一:以一台性能一般的计算机来计算此 280 万个观测案例数据集中全部 107 个变量的均值和标准差所需时间不到 1 分钟。但是,对于更复杂的计算或制图,以台式机对一个很大规模数据集进行分析可能会觉得有点慢。一个替代策略是从大规模数据中抽取一个随机样本。比如,键入

```
. sample 1
```

从内存中的 *PUMS_1.dta* 抽取一个约 1 % 随机样本,将该数据集删减到更易于管理的

28 000 个观测案例。我们可以将这一更小的数据集另存为 *PUMS_01.dta*,然后用它来完成大部分的探索性工作。一旦确切地计划好了想要进行哪些分析以及如何重新编码或创建任何所需的新变量,可以从结果窗口复制这些有效命令,并将其编辑成一个将执行所有命令的 do 文件,同时将这些命令的执行结果记录在一个日志文件中。以样本数据集对 do 文件进行测试,然后将其应用于原始的完整数据集,这样一来期间还能出去喝杯咖啡呢。

将内存设置(**set memory**)到超过计算机可用物理内存也是可能的。此时,Stata 会使用实际上存在于磁盘存储器上的"虚拟内存"。尽管虚拟内存允许超过硬件限制,但是计算机运行会变得极慢。如果用户总是在超出计算机限制的情况下处理数据,那就意味着您可能很快就会认识到是时候去购买更多内存了。

请键入 **help limits** 查看 Stata 中的限制清单,有关于数据集大小的限制,也有包括矩阵大小、命令长度、名称长度和命令中的变量数等其他方面的限制。其中的一些限制可由用户自行调整。

3 制 图

　　作为对 Stata 分析结果含义以及综合其他分析的一种展示,图形出现在本书的每一章。分析性图形一直是 Stata 的强项,也是许多用户选择 Stata 而舍弃其他软件包的充分理由。使用命令或 **Graphics** 中的菜单选项可以很容易绘制引人注目且可发表的基本图形。那些想要更精致或更具创造性图形的用户将会发现他们的努力确实可以得到一系列工具和选项上的支持,这些功能在 600 页篇幅的《制图参考手册》(*Graphics Reference Manual*)中做了描述,并在《Stata 制图的视觉教程》(*A Visual Guide to Stata Graphics*)一书中以诸多示例进行了图解说明。

　　在本章简短的篇幅内,我们将采用示例制图而不是命令语法方式对基本制图到创造性制图的广泛内容进行介绍(请见《制图参考手册》或键入 **help graph** 查看命令语法的更多细节内容)。我们从七种基本图形开始:

histogram	直方图
graph twoway	双变量散点图(scatterplot)、曲线标绘图(line plot)和许多其他图形
graph matrix	散点图矩阵(scatterplot matrix)
graph box	箱线图(box plot)
graph pie	饼图(pie plot)
graph bar	条形图(bar plot)
graph dot	点图(dot plot)

这些基本类型中的每一种都包含许多选项。对于功能强大的 **twoway** 图形而言尤其如此。

　　诸如对称图(symmetry plot)、分位数标绘图(quantile plot)和分位-正态图(quantile-normal plot)等更专门的图形使我们可以查看变量分布的详细情况。本章给出了一些示例。有关的详细内容,请键入 **help graph other** 查看。

　　最后,本章结束时将讲解一些能够表达丰富数据并能用于发表的完备图形的有用技术。Stata 提供了为图形添加文本、叠并多个二维图、读取保存的图形并重新进行格式编辑以及将多个图形合而为一的工具。由于制图命令变得越来越复杂,简单的批程序(batch programs)(do 文件)可以有助于写出、修改和重新使用它们。图形编辑器是 Stata 10 的一个新特征,它可以添加箭头或文本甚至改变先前保存图形的设计。

　　图形选项的全部内容远远超出本书所能涵盖的范围,但是这些示例指出了其中的一些可能。稍后章节提供了进一步的说明。**Graphics** 菜单使我们可以通过鼠标点击的方式来使用大多数制图程序。以对话框和使用 **Submit** 按钮进行试验是了解有哪些可用的东西的一个极好方法,尤其是适用于 **twoway** 制图的诸多选项。

命令示范

. **histogram** *y*, **frequency**

   画出变量 *y* 的直方图,频数显示在纵轴(vertical axis)上。

. **histogram** *y*, **start(0) width(10) norm fraction**

   x 轴以 0 处为起点,画出变量 *y* 的直方图,条宽度为 10。根据样本平均数和标准差添加正态曲线,并在纵轴上显示出小数形式(fraction)的数据频率。

. **histogram** *y*, **by(***x*, **total) percent**

   在一幅图中,对 *x* 的每个取值画出 *y* 的各个直方图,同时画出样本整体的"总"直方图。百分比显示在纵轴上。

. **kdensity** *x*, **generate(***xpoints xdensity***) width(20) biweight**

   计算并画出 *x* 分布的内核密度(kernel density)估计值。创建出两个新变量:*xpoints* 为要估计密度的 *x* 的各点取值;*xdensity* 为相应的密度估计值。**width(20)** 以变量 *x* 的单位来指定内核的半宽(halfwidth of the kernel)。如果 **width( )** 未被指定,默认地会使用一个简单公式达到"最优"。本例中的 **biweight** 选项是为了调用双加权内核(biweight kernel),而不采用默认的 **epanechnikov**。

. **graph twoway scatter** *y x*

   显示 *y* 对 *x* 的基本双变量散点图。对于所有的 **twoway** 族命令而言,**graph** 是可有可无的;比如,我们可以键入 **twoway scatter** *y x*。

. **graph twoway lfit** *y x* || **scatter** *y x*

   通过叠并两幅 **twoway** 图形将 *y* 对 *x* 的线性回归加以图形化:即回归(线性拟合或 **lfit**)线图和 *y* 对 *x* 的散点图。如想要给该回归线添加 95% 置信区间带,可用 **lfitci** 取代 **lfit**。

. **graph twoway scatter** *y x*, **xlabel(0(10)100) ylabel(-3(1)6, horizontal)**

   建构 *y* 对 *x* 的散点图,并在 *x* 轴的 0,10,…,100 处加标签,在 *y* 轴的 -3,-2,…,6 处加标签,并且标签为水平放置而不是垂直放置(为默认状态)。

. **graph twoway scatter** *y x*, **mlabel(***country***)**

   建构 *y* 对 *x* 的散点图,并且数据点标注变量 *country* 的相应取值。

. **graph twoway scatter** *y x1*, **by(***x2***)**

   在一幅图中,对 *x2* 的每一取值画出 *y* 对 *x1* 的散点图。

. **graph twoway scatter** *y x1* **[fweight = ***population***]**, **msymbol(Oh)**

   画出 *y* 对 *x1* 的散点图。标记符号为中空的圆圈(**Oh**),其大小与频数权数变量 *population* 成比例。

. **graph twoway connected** *y time*

y 对 $time$ 的基本时间标绘图。显示的数据点由线段连接起来。要想显示线段而不出现数据点标志(marker),就用 **line** 来代替 **connected**:

. graph twoway line y $time$

. graph twoway line $y1$ $y2$ $time$

画出具有相同量度的两个 y 变量对名为 $time$ 的 x 变量的时间标绘图(本例中为曲线图)。

. graph twoway line $y1$ $time$, yaxis(1) || line $y2$ $time$, yaxis(2)

画出具有不同量度的两个变量的时间曲线,并将它们叠并在同一曲线标绘图内。**yaxis**(1)指定左边的 y 轴按 $y1$ 设置量度,而 **yaxis**(2)指定右边的 y 轴按 $y2$ 设置量度。

. graph matrix $x1$ $x2$ $x3$ $x4$ y

建构一个散点图矩阵,显示列出变量之间所有可能的散点图对。

. graph box $y1$ $y2$ $y3$

建构变量 $y1$,$y2$ 和 $y3$ 的箱线图。

. graph box y, over(x) yline(23)

对 x 的每一取值建构 y 的箱线图,并在 $y=23$ 处画一条水平线。

. graph pie a b c

画一个饼图,其中的每块表明了变量 a,b 和 c 的相对量。这些变量必须具有相似的单位。

. graph bar (sum) a b c

以条形图中并排的条显示变量 a,b 和 c 各自的合计。要想得到平均数而不是合计,键入 **graph bar**(mean)a b c。其他选项包括以条长度来表示每一变量的中位数、百分位数、计数或者其他统计量(与 **collapse** 有相同的选项)。

. graph bar (mean) a, over(x)

画出在变量 x 每一取值处显示变量 a 的平均数的条形图。

. graph bar (asis) a b c, over(x) stack

画出变量 a,b 和 c 的条形图,图中变量 a,b 和 c 的值("as is",意即"照原样")在变量 x 的每一取值处层叠起来。

. graph dot (median) y, over(x)

画出一个点图,沿着水平刻度在 x 每一取值水平所对应的 y 的中位数处打点。其他选项包括平均数、百分位数或者每个变量的计数。**graph dot** 支持与 **graph bar** 或 **collapse** 相同的统计量选项。

. qnorm y

画出一幅分位 – 正态标绘图(正态概率图),显示 y 的分位数与对应的正态分布的分位数。

. rchart $x1$ $x2$ $x3$ $x4$ $x5$, connect(l)

建构一幅质量控制的 R 图,图中画出了变量 *x1* 至 *x5* 的取值范围。键入 **help qc** 查看 Stata 提供的质量控制图的全部情况。这些图形也可以通过菜单得到:**Graphics > Quality control** 。

图形的选项,比如那些控制标题、标签和坐标轴上的记号标志等,在不同图形类型之间都是通用的,只要其合乎情理。而且,Stata 制图命令背后的逻辑在不同图形类型之间也是一致的。在将基本要件组合成图的过程中,这些共同的元素就是实现画图流畅性的关键。

直方图

直方图特有的命令 **histogram**,用于显示测量变量分布状况,是取得直方图最简单的方法。比如,我们回到 *states.dta*,该数据包含美国 50 个州加哥伦比亚特区的一些环境和教育方面的指标(数据来源:the League of Conservation Voters,1991;National Center for Education Statistics,1992,1993;World Resources Institute,1993)。

```
. use states
(U.S. states data 1990-91)

. describe

Contains data from c:\data\states.dta
  obs:            51                          U.S. states data 1990-91
  vars:           21                          14 Sep 2003 18:34
  size:        4,590 (99.9% of memory free)

               storage   display    value
variable name    type    format     label     variable label

state          str20     %20s                 State
region         byte      %9.0g      region    Geographical region
pop            float     %9.0g                1990 population
area           float     %9.0g                Land area, square miles
density        float     %7.2f                People per square mile
metro          float     %5.1f                Metropolitan area population, %
waste          float     %5.2f                Per capita solid waste, tons
energy         int       %8.0g                Per capita energy consumed, Btu
miles          float     %8.0g                Per capita miles/year, 1,000
toxic          float     %5.2f                Per capita toxics released, lbs
green          float     %5.2f                Per capita greenhouse gas, tons
house          byte      %8.0g                House '91 environ. voting, %
senate         byte      %8.0g                Senate '91 environ. voting, %
csat           int       %9.0g                Mean composite SAT score
vsat           int       %8.0g                Mean verbal SAT score
msat           int       %8.0g                Mean math SAT score
percent        byte      %9.0g                % HS graduates taking SAT
expense        int       %9.0g                Per pupil expenditures prim&sec
income         double    %10.0g               Median household income, $1,000
high           float     %9.0g                % adults HS diploma
college        float     %9.0g                % adults college degree

Sorted by:  state
```

图 3.1 显示了 *college* 的简单直方图,它描述了各州 25 岁以上人口中具有学士或更高学位的人口比例的分布。它可由以下命令得到:

```
. histogram college, frequency title("Figure 3.1")
```

图 3.1

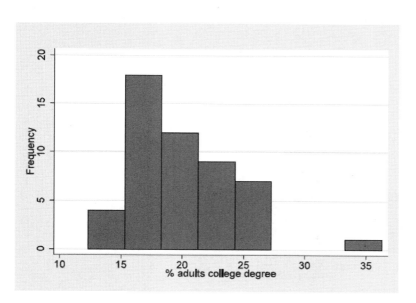

在 **Prefs** > **Graph Preferences** 菜单中,我们有若干适用于此图的默认颜色和底色的预设方案可以选择。用户也可定义自己的方案。本书中的例子应用 **s2mono**(单色,**monochrome**)方案,该方案下每一图形周边会有阴影边距(**shaded margins**)。**s1mono** 方案并无此类边距。尝试不同的单色和彩色方案有助于决定哪种方案特别适合某一特定目的。本章后面将会说明,在一种方案下制成并保存下来的图形随后可以重新读取并在另一种方案下再次保存。

图形命令的选项可按任意顺序排列在该命令的英文逗号之后。图 3.1 示范了两个选项:要求纵轴上显示频数(而不是默认的密度);要求将标题"Figure 3.1"置于图形上方。一旦图形显示在屏幕上,就可以通过菜单选项方便地完成图形的打印、保存或者将其剪切并粘贴到其他文字处理器等程序中去。

图 3.1 表明该分布呈正偏态,众数(mode)略高于 15,数值 35 附近存在一个特异值。很难更具体地去描述该图,因为图中的直方条和 x 轴的刻度并不对应。图 3.2 包含了(基于一些迅速实验所找出的恰当数值)的数项改进:

xlabel(12(2)34)	对 x 轴添加数值标签,取值从 12 到 34,间距为 2。
ylabel(0(2)12)	对 y 轴添加数值标签,取值从 0 到 12,间距为 2。
ytick(1(2)13)	显示 y 轴上的刻度,从 1 到 13,间距为 2。
start(12)	直方图的第一个直方条从 12 开始。
width(2)	每一个直方条的宽度为 2。

```
. histogram college, frequency title("Figure 3.2") xlabel(12(2)34)
     ylabel(0(2)12) ytick(1(2)13) start(12) width(2)
```

图 3.2 有助于我们更具体地描述该分布。比如,我们现在看到,成人中具有大学学历的百分比在 16 到 18 之间的州有 13 个。

其他有用的 **histogram** 选项包括:

图 3.2

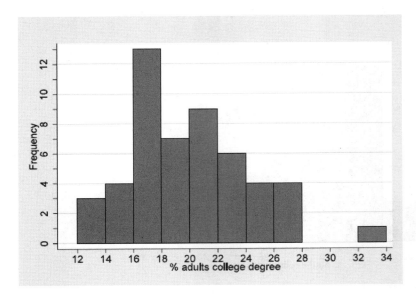

bin(#)	画出一个含 # 个直方条(条形)的直方图。我们要么指定 **bin(#)**,要么如图 3.2 中那样定义起始值 **start(#)** 和宽度 **width(#)**——但两者不能同时存在。
percent	在纵轴上显示百分比。因此,**ylabel** 和 **ytick** 指的是百分比取值。图 3.2 中还示范另一种可能选择,即频数 **frequency**。我们也可以要求显示数据的频率 **fraction**。默认状态下的直方图是显示密度 **density**,此时直方条按比例绘制,因此所有直方条的面积之和等于 1。
gap(#)	要求在直方条之间留出间隙。#是相对的,取值区间为 $0 \leqslant \# < 100$;通过试验来找到一个合适的值。
addlabels	要求标注直方条的高度。另一个选项 **addlabopts** 可以改变标签的外观。
discrete	设定离散数据,要求 x 的每个取值对应着一个直方条。
norm	基于样本平均数和标准差,在直方图上添加一条正态曲线。
kdensity	在直方图上添加内核密度(kernel-density)估计值。选项 **kdenopts** 可以改变密度的计算方法;有关细节请见 **help kdensity**。

还有一个绘制直方图的单独命令 **twoway histogram**,它允许纳入 **twoway** 族图形共同的其他选项。此处未展示这一命令,但可以通过键入 **help twoway histogram** 了解它。

对直方图或大多数其他图形,我们也可以不理会默认设定而对横轴和纵轴制定我们自己的标题。选项 **ytitle** 控制 y 轴的标题,而 **xtitle** 控制 x 轴的标题。图 3.3 示范了这些标题,并且采用了一些其他的直方图选项。请注意在基本图形(图 3.1)发展到更复杂图形(图 3.3)过程中的新增元素。这些是 Stata 图形建构的常规步骤:从简单开始,然后尝试性地在原有命令基础上增加选项,在 Review 窗口也能选用这些选项,直到最后得到一幅能最清楚地表达研究发现的图形。图 3.3 实际上过于复杂,画在这里仅仅是为了示范多种选项。

```
. histogram college, frequency title("Figure 3.3") ylabel(0(2)12)
    ytick(1(2)13) xlabel(12(2)34) start(12) width(2) addlabel
    norm gap(15)
```

图 3.3

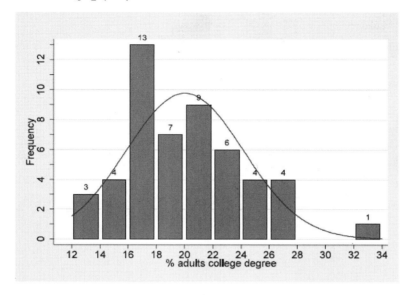

假如我们想看看 *college* 的分布是如何随着 *region* 而变化的。**by** 选项可以得到分别对应 *region* 每个取值的直方图。其他选项和画单个直方图时的作用相同。图 3.4 展示了一个例子，其中我们要求在纵轴上显示百分比，并将数据分成 8 个直方条。

```
. histogram college, by(region) percent bin(8)
```

图 3.4

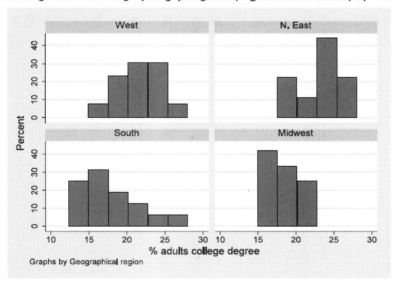

图 3.5 包括了一组四个地区的类似图形，同时也加入了第五个图来展示所有地区合并起来情况下的分布。

```
. histogram college, percent bin(8) by(region, total)
```

坐标轴的标签、刻度、标题以及 **by**(*varname*) 或 **by**(*varname,total*) 选项在其他 Stata 制图命令中也以类似方式起到作用。

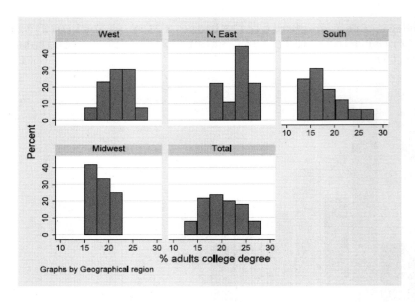

图 3.5

散 点 图

基本的散点图(scatterplot)可以通过一般形式的命令得到:

`. graph twoway scatter y x`

这里 y 是纵轴或 y 轴变量,x 是横轴或 x 轴变量(这一命令开头的 **graph** 部分是可有可无的)。比如,仍使用 *states.dta* 这一数据,我们可以画出 *waste*(人均固体废弃物)对 *metro*(大都市地区的人口比例)的散点图,结果显示在图 3.6。图 3.6 中的每一个点都代表着美国 50 个州(及华盛顿特区)的其中一个。

`. graph twoway scatter waste metro`

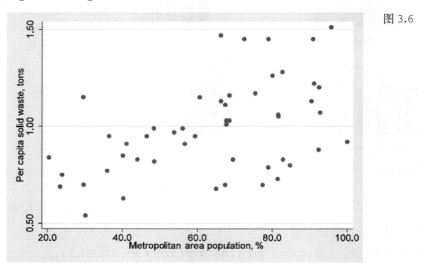

图 3.6

和直方图一样,我们也可以用 **xlabel,xtick,xtitle** 等来控制坐标轴标签、刻度或标题。散点图也允许对散点标志(**marker**)的形状、颜色、大小和其他属性进行控制。

图 3.6 使用了实心圆圈这一默认的标志。如果我们加入选项 **msymbol(circle)** 或者简写成 **msymbol(O)** 的形式的话,将得到同样的效果。**msymbol(diamond)** 或 **msymbol(D)** 将形成一幅以菱形标志散点的图,等等。下表列出了可选的形状。

msymbol( )	缩 写	描 述
circle	O	圆圈,实心
diamond	D	菱形,实心
triangle	T	三角,实心
square	S	方形,实心
plus	+	加号
x	X	大写字母 X
smcircle	o	小圆圈,实心
smdiamond	d	小菱形,实心
smsquare	s	小方形,实心
smtriangle	t	小三角,实心
smplus	smplus	小加号
smx	x	小写字母 x
circle_hollow	Oh	圆圈,空心
diamond_hollow	Dh	菱形,空心
triangle_hollow	Th	三角,空心
square_hollow	Sh	方形,空心
smcircle_hollow	oh	小圆圈,空心
smdiamond_hollow	dh	小菱形,空心
smtriangle_hollow	th	小三角,空心
smsquare_hollow	sh	小方形,空心
point	p	很小的点
none	i	不可见

mcolor 选项控制标志的颜色。比如,命令

. **graph twoway scatter** *waste metro*, **msymbol(S) mcolor(purple)**

将产生一个散点图,图中的散点标志为紫色大方形。请键入 **help colorstyle** 查询可选用的颜色的清单。

散点图还能做一件有趣的事,就是可以使标志的大小(即面积)与第三个变量的取值成比例,从而赋予数据点不同的视觉权重(visual weight)。比如,我们可以重画 *waste* 对 *metro* 的散点图,但使其标志的大小反映每个州的人口数(*pop*)。如图 3.7 所示,使用 **fweight[]** 或频数权数可以做到这点。空心圆圈的标志 **msymbol(Oh)** 则提供了一种更合适的外观。

频数权数对于其他一些图形类型也有用。加权可能是一个令人迷惑的复杂问题,因为"权数"来自不同类型,并且在不同情况下具有不同的含义。有关 Stata 中加权的概述,请键入 **help weight** 查询。

. **graph twoway scatter** *waste metro* [fweight = *pop*], **msymbol(Oh)**

图 3.7

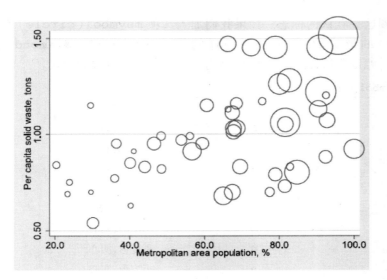

密度分布葵花图（density-distribution sunflower plot）提供了一种对高密度数据画散点图的替代选择。它们类似于散点图，但其中的一些单个数据点被葵花状记号所代替以表明该处的观测案例不只一个。图 3.8 展示了图 3.6 的葵花图版，图中一些花一样的记号（有四个"花瓣"的那些）代表了该处有最多为 4 个州级数据点。葵花图对有许多观测案例出现在相同坐标处的数据集是最有用的。在 **sunflower** 命令后面打印出来的表提供了有关每一朵花代表多少条观测案例的答案。花瓣（petal）的数目和花的灰度对应着数据的密度。

```
. sunflower waste metro

    Bin width         =     11.3714
    Bin height        =     .295096
    Bin aspect ratio  =     .0224739
    Max obs in a bin  =           4
    Light             =           3
    Dark              =          13
    X-center          =       67.55
    Y-center          =         .96
    Petal weight      =           1
```

flower type	petal weight	No. of petals	No. of flowers	estimated obs.	actual obs.
none				23	23
light	1	3	5	15	15
light	1	4	3	12	12
				50	50

常规散点图中的标志可以用标签来进行区分。比如，我们可能想对图 3.6 散点图中的散点加上州名。但是，50 个州的名称将会把该图变得看上去很混乱。如果只对西部这个区域似乎就更可行一些。用 **if** 选择条件来实现这一点，得到了如图 3.9 所示的结果。

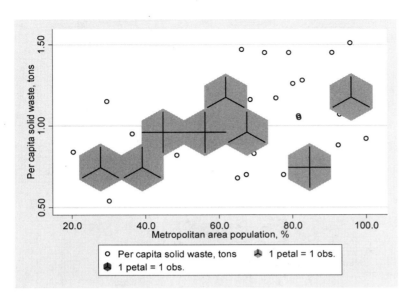

图 3.8

. graph twoway scatter *waste metro* if *region==1*, mlabel(*state*)

图 3.9

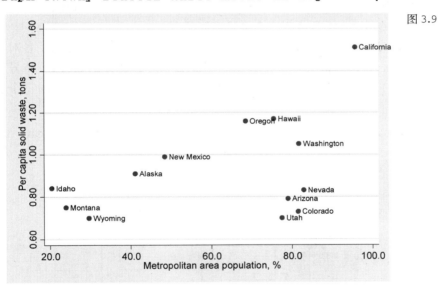

图 3.10 给出了每个区域的 *waste* 对 *metro* 的散点图。这两个变量之间的关系在南部(South)和中西部(Midwest)明显表现得比在西部(West)和东北部(N.East)要更陡,我们将在后面确认这一印象。本例中的 **ylabel** 和 **xlabel** 选项限定了 y 轴和 x 轴的标签采用不带小数的三位数(最多)的固定显示格式,这使它们在很小的分图中更易读。

. graph twoway scatter *waste metro*, by(*region*)
    ylabel(, format(%3.0f)) xlabel(, format(%3.0f))

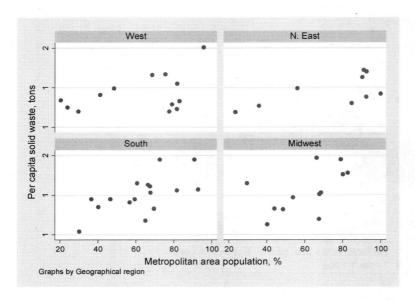

图 3.10

与图 3.10 一并给出的两行的 **graph** 命令实际上应当像其在命令窗口中一连续的行(不敲"Enter"键)那样被键入。但是,本书中,出于可读性的考虑,长命令看上去都被分成了两行或更多行。通过使用**#delimit** 命令,或键入 /// 来表明物理而非逻辑行尾处的延续,多行的命令在 do 文件或程序中也是可能的。

由 **graph matrix** 生成的散点图矩阵在多元分析中很有用。它们提供了各对变量交互关系的简洁展示,允许分析人员审视数据中可能影响统计建模的非线性、特异值或聚群(clustering)等问题的迹象。图 3.11 显示了 *states.dta* 数据中的三个变量的散点图矩阵。

. graph matrix *miles metro income waste*, half msymbol(oh)

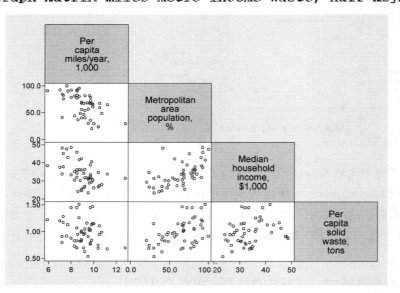

图 3.11

选项 **half** 指定图 3.11 应当只包括矩阵的下三角部分,因为上三角部分是与其对称的,所以对于许多研究目的而言都是多余的。选项 **msymbol(oh)** 要求对散点图采用我们想要的小空心圆圈作为标志。坐标轴的控制更为复杂,因为有多少变量就有多少坐标轴;键入 **help graph matrix** 查看具体细节。

当关注的变量中包含一个因变量或"结果"变量和数个自变量或"原因"变量时,最好将因变量列在 **graph matrix** 变量清单的最后。这样就会在矩阵底部一行中得到整齐的因变量对自变量(y vs.x)的组图。

曲线标绘图

机械地看,曲线标绘图就是其中的点由线段连接起来的散点图。和散点图一样,曲线标绘图的不同类型也属于 Stata 功能强大的 **graph twoway** 族命令。散点图中控制添加坐标轴标签和标志的选项对曲线标绘图同样起作用。更多的选项可以对曲线本身的特征进行控制。

与散点图相比,曲线标绘图往往有不同的用法。比如,和时间图一样,它们也可描述一个变量随时间而发生的变化。数据集 *cod.dta* 包含了时间序列数据(time – series data),反映出纽芬兰北部鳕鱼渔场的不幸经历。该渔场曾经是世界最丰饶的渔场之一,但由于过度捕捞和环境变化,在 1992 年就倒闭了。

```
Contains data from c:\data\cod.dta
  obs:            38                    Newfoundland's Northern Cod
                                          fishery, 1960-1997
  vars:           5                     4 Jul 2003 15:02
  size:           836 (99.9% of memory free)

              storage  display    value
variable name   type    format    label      variable label

year            int     %8.0g                 Year
cod             float   %8.0g                 Total landings, 1000t
canada          int     %8.0g                 Canadian landings, 1000t
TAC             int     %8.0g                 Total Allowable Catch, 1000t
biomass         float   %9.0g                 Estimated biomass, 1000t

sorted by:  year
```

一个展示加拿大捕捞量和总的鳕鱼捕捞量(*cod*)的简单时间标绘图可以通过画出这两个变量对年份(*year*)的曲线标绘图得到。图 3.12 做的就是这件事,该图显示,1960 年代晚期国际性过度捕捞的"高峰",以及随后加拿大在 1980 年代出现的长达 10 年的捕捞压力,最终导致 1992 年北部鳕鱼渔场的倒闭。

`. graph twoway line cod canada year`

图 3.12

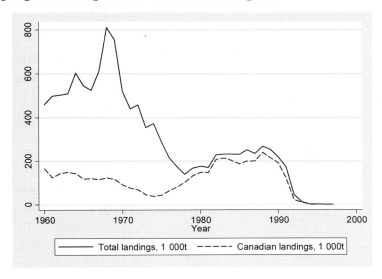

图 3.12 中,Stata 自动地为第一个提到的 y 变量 *cod* 选择了一条实线,而为第二个变量 *canada* 选择了虚线(在诸如 s2color 这一 Stata 的色彩方案中,则会选择不同的颜色)。底部的图例说明了这些线条的含义。我们可以通过重新安排图例和去除多余的 y 轴标题来改进此图,如图 3.13 所示。

```
. graph twoway line cod canada year, legend(label (1 "all nations")
        label(2 "Canada") position(2) ring(0) rows(2)) ytitle("")
```

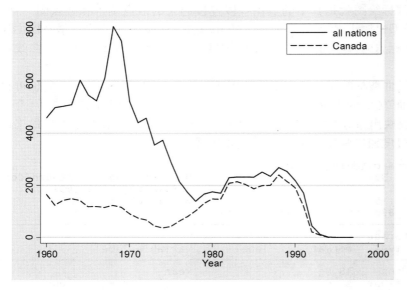

图 3.13

图 3.13 的 **legend** 选项可以分解如下。请注意,所有这些子选项都出现在 **legend** 后面的括号内。

label(1 ″all nations ″)	为第一个提到的 y 变量添加标签"all nations"
label(2 ″Canada ″)	为第二个提到的 y 变量添加标签"Canada"
position(2)	将图例放置在 2 点钟的位置上(右上角)
ring(0)	将图例放置在图中空白处
row(2)	将图例排列成两行

通过缩短图例标签并将其放置在图中的空白处,我们可以留下更多空间用于显示数据和创建更具吸引力和可读性的图形。**legend** 对其他带有图例的图形也起类似作用。键入 **help legend option** 查看许多子选项的清单。

图 3.12 和图 3.13 只是用线段将每个数据点连接起来。使用 **connect** 选项还可以有好几种其他的连接类型。比如,用 **connect(stairstep)** 或等价地用 **connect(J)** 将以阶梯形(先水平,然后垂直)的样式将各点连接起来。图 3.14 以 *cod.dta* 数据中被称作总允许捕获量(Total Allowable Catch)(*TAC*)的这一政府所设捕捞定额的阶梯形时间标绘图对此加以说明。

```
. graph twoway line TAC year, connect(stairstep)
```

其他的 **connect** 选项如下所列。默认的连线方式是直线,相当于选项 **connect(direct)** 或 **connect(l)**。更多内容,请参见 **help connectstyle**。

图 3.14

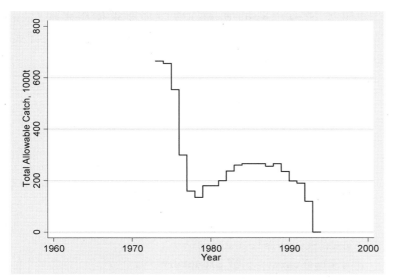

connect( )	缩　写	描　述
none	i	无连接
direct	l（字母"el"）	用直线连接
ascending	L	笔直线，但只适合 $x[i+1] > x[i]$ 的情况
stairstep	J	先水平，然后垂直
stepstair		先垂直，然后水平

图 3.15 重画了 *TAC* 的阶梯形标绘图，但是在坐标轴标签和标题上面做了一些改进。选项 **xtitle**("")要求 *x* 轴不添加标题（因为"年份"是显而易见的）。我们在 *x* 轴上以两年为间隔添加刻度标志，*y* 轴则以 100 为间隔添加标签，而且 *y* 轴的标签按照横向而不是（默认状态下的）纵向显示。

```
. graph twoway line TAC year, connect(stairstep)  xtitle("")
    xtick(1960(2)2000)  ytitle("Thousands of tons")
    ylabel(0(100)800, angle(horizontal)) xtitle("")
    clpattern(dash)
```

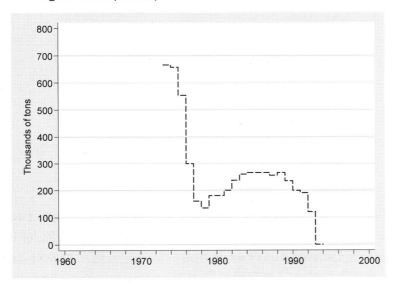
图 3.15

图 3.15 中,我们使用了 **clpattern(dash)** 选项来要求使用虚线(dashed line),而不是任由 Stata 决定线条样式(pattern)(实线、虚线等)。线条样式的可能选项如下表所列(也可参见 **help linepatternstyle**)。

clpattern( )	描　述
solid	实线(solid line)
dash	虚线(dashed line)
dot	点线(dotted line)
dash_dot	点划线(dash then dot)
shortdash	短划线(short dash)
shortdash_dot	短划点线(short dash followed by dot)
longdash	长划线(long dash)
longdash_dot	长划点线(long dash followed by dot)
blank	不可见的线(invisible line)
formula	比如,**clpattern**(– .)或 **clpattern**(– ..)

在我们转到其他的例子和类型之前,图 3.16 将本节讨论到的三个变量结合起来创建了一个单一图形,展示了北部鳕鱼渔场的悲剧。注意 **connect( )**、**clpattern( )** 和 **legend( )** 选项在涉及三个变量的情况下是如何发挥作用的。

```
. graph twoway line cod canada TAC year, connect(line line
     stairstep) clpattern(solid longdash dash) xtitle("")
     xtick(1960(2)2000) ytitle("Thousands of tons")
     ylabel(0(100)800, angle(horizontal))
     xtitle("") legend(label (1 "all nations") label(2 "Canada")
     label(3 "TAC") position(2) ring(0) rows(3))
```

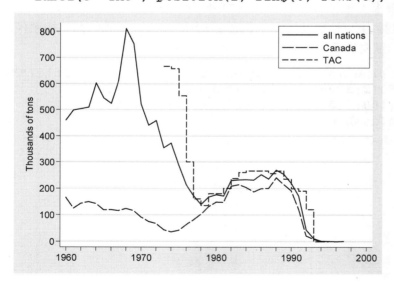

图 3.16

连线标绘图

在上节的曲线图中,数据点是不可见的,我们只看到连线。命令 **graph twoway connected** 创建连线标绘图(connected-line plot),图中的数据点由散点图记号加以标志。前面对 **graph twoway scatter** 描述过的标志记号选项以及对 **graph twoway line** 描述过的连线样式选项也都可以应用于 **graph twoway connected**。

图 3.17 展示了一个默认状态下的例子,取自 *cod.dta* 数据中测量单位面积鳕鱼数量的变量(*biomass*)的连线时间标绘图。

```
. graph twoway connected bio year
```

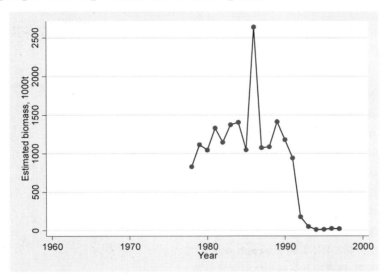

图 3.17

数据中只包含 1978 年到 1997 年的单位面积数量值,这导致图 3.17 出现大片空白。**if** 选择条件为我们限定年份取值范围提供了可能。图 3.18 做的就是这件事。它通过控制标志记号、线条样式、坐标轴和图例对图形进行了装饰。由于鳕鱼捕捞量和单位面积鳕鱼数量同时位于同一图形中,因此我们看到单位面积鳕鱼数量从 1980 年代晚期开始骤降,即这场危机的发生实际上比官方承认的要早好几年。图 3.17 也夸大了 1986 年时不可能高的单位面积鳕鱼数量估计值,这是个统计学上的野点子,它导致了官方对资源状态的过分自信(Haedrich & Hamliton,2000)。

```
. graph twoway connected bio cod year if year > 1977 & year < 1999,
    msymbol(T Oh) clpattern(dash solid) xlabel(1978(2)1996)
    xtick(1979(2)1997) ytitle("Thousands of tons") xtitle("")
    ylabel(0(500)2500, angle(horizontal))
    legend(label(1 "Estimated biomass") label(2 "Total landings")
    position(2) rows(2) ring(0))
```

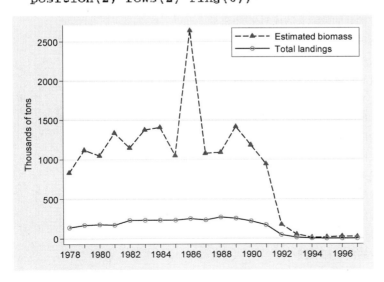

图 3.18

其他类型的二维标绘图

除了基本的曲线标绘图和散点图之外，**graph twoway** 命令还可以绘制许多其他类型的图形。下表列出了可能的情形。

graph twoway	描　述
scatter	散点图
line	曲线标绘图
connected	连线标绘图
scatteri	即时参数（immediate arguments）的散点图（数据在命令行中给定）
area	带区域着色的曲线标绘图
bar	二维条形图（不同于 **graph bar**）
spike	二维芒线图
dropline	垂线图（点向给定取值作垂直或水平的连线）
dot	二维点标绘图（不同于 **graph dot**）
rarea	全距图，将高端和低端值之间区域着色
rbar	在高端和低端值之间添加条形的全距图
rspike	在高端和低端值之间添加芒线的全距图
rcap	带有两端被戴帽的芒线的全距图
rcapsym	带有两端被加有记号的芒线的全距图
rscatter	带有散点标志的全距图
rline	带线条的全距图
rconnected	带线条和标志的全距图
pcspike	带芒线的成对坐标图（paired-coordinate plot）
pccapsym	带有两端被加有记号的芒线的成对坐标图
pcarrow	带箭头的成对坐标图
pcbarrow	带双箭头的成对坐标图
pcscatter	带记号的成对坐标图
pci	即时参数的带芒线的成对坐标图
pcarrowi	即时参数的带箭头的成对坐标图
tsline	时间序列标绘图
tsrline	时间序列全距图
mband	以直线段连接波段内 (x, y) 的交叉中位数
mspline	以立方样条曲线连接波段内 (x, y) 的交叉中位数
lowess	LOWESS（局部加权的散点图修匀）曲线
lfit	线性回归线
qfit	二次回归曲线
fpfit	分式多项式标绘图
lfitci	带置信区间的线性回归线
qfitci	带置信区间的二次回归曲线
fpfitci	带置信区间的分式多项式标绘图
function	函数的曲线标绘图

histogram	直方图
kdensity	内核密度标绘图
lpoly	局部多项式修匀标绘图
lpolyci	带置信区间的局部多项式修匀标绘图

控制线条样式、标志记号等的常用选项适用于所有的 **twoway** 命令。有关具体命令的更多信息,请键入 **help twoway mband** 或 **help twoway function** 等(使用上述名称中的任何一个)咨询。请注意,**graph twoway bar** 是不同于 **graph bar** 命令的。类似地,**graph twoway dot** 也不同于 **graph dot**。类似于散点图或曲线图,**twoway** 版的命令提供了一个测量型的 y 变量对另一个测量型的 x 变量制图的不同方法。但是,非 **twoway** 版的命令则提供了对一个或更多个测量型的 y 变量对一个或更多个 x 变量的不同类别的概要统计量(如平均数或中位数)制图的方法。**twoway** 版的命令因此是比较专门的,尽管(和所有的 **twoway** 图一样)它们可以和其他的 **twoway** 图形叠并在一起,以取得更复杂的图形效果。

正如本章稍后描述的那样,这些图形类别中的许多种都能通过叠并两幅或更多幅简单图形来构成复合图形,这是极为有用的。其他一些则产生精致的独立图形。比如,图 3.19 显示了一幅纽芬兰渔场鳕鱼捕获量的区域图。

. **graph twoway area** *cod canada year*, **ytitle("")**

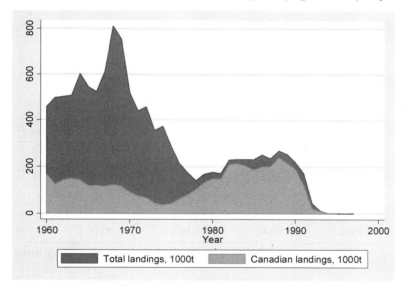

图 3.19

区域图中的着色(shading)和其他图形中的区域着色都可以通过选项 **bcolor** 进行控制。请键入 **help colorstyle** 查看可选的颜色,其中也包括灰度(gray scale)。最深的灰度(gs0)实际上就是黑色,最浅的灰度(gs16)是白色,其他灰度值位于这两者之间。比如,图 3.20 显示了图 3.19 的浅灰度版。

. **graph twoway area** *cod canada year*, **ytitle("") bcolor(gs12 gs14)**

异常的冷空气或海洋状况在纽芬兰渔场的灾难中起着次要的作用,这一灾难不仅波及北部鳕鱼渔场,还影响到其他物种和总量。比如,邻近的圣劳伦斯湾的主要鱼种在这一时期也出现了下降(Hamilton,Haedrich and Duncan,2004)。数据集 *gulf.dta* 描述了环境和北部湾鳕鱼捕捞量(原始数据取自 DFO,2003)。

图 3.20

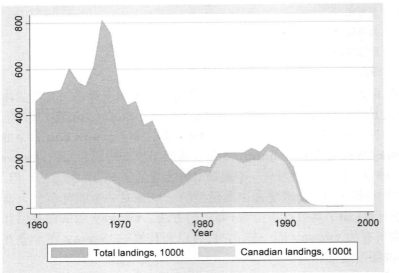

```
Contains data from c:\data\gulf.dta
  obs:            56                    Gulf of St. Lawrence environment
                                          and cod fishery
  vars:            7                    2 Feb 2008 14:22
  size:         1,568 (99.9% of memory free)

              storage   display    value
variable name   type    format     label    variable label

winter          int     %8.0g               winter
minarea         float   %9.0g               Minimum ice area, 1000 km^2
maxarea         float   %9.0g               Maximum ice area, 1000 km^2
mindays         byte    %8.0g               Minimum ice days
maxdays         byte    %8.0g               Maximum ice days
cil             float   %9.0g               Cold Intermediate Layer
                                              temperature minimum, C
cod             float   %9.0g               N. Gulf cod catch, 1000 tons

Sorted by:  winter
```

这些年间,年份冰面覆盖面积最大值的平均值为 173 017 平方千米。

```
. summarize maxarea
```

Variable	Obs	Mean	Std. Dev.	Min	Max
maxarea	38	173.0172	37.18623	47.8901	220.1905

图 3.21 使用这一均值(173 千)作为芒线图的基线(base),图中基线上下的芒线分别表示高于或低于平均冰面覆盖量。选项 **yline(173)** 在 173 处画了一条水平线。

```
. graph twoway spike maxarea winter if winter > 1963, base(173)
      yline(173) ylabel(40(20)220, angle(horizontal))
      xlabel(1965(5)2000)
      ytitle("Maximum ice area, 1000 km`=char(178)'")
```

图 3.21 中 **base( )** 的形式突出了 1980 年代晚期到 1990 年代早期这段时间中连续发生的异常严冬(最大冰面覆盖面积高于平均水平),而这段时间大约正是纽芬兰发生渔业危机的时候。我们也能看到 1980 年代早期及以前有一段温和的冬天,以及近年来回暖趋势的迹象。

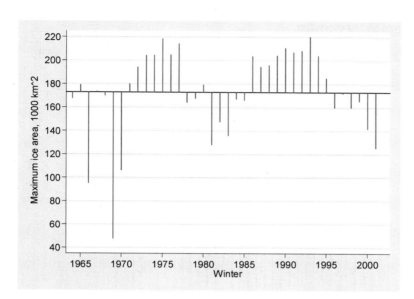

图 3.21

图 3.22 中,对同一数据以不同视角采用 `lowess` 回归对时间序列进行修匀。波段宽度选项 **bwidth**(**.4**)设定基于修匀数据点的曲线,这些数据点根据包含 40% 样本点的移动波段内的加权回归计算得到。如果缩小波段宽度,比如采用 **bwidth**(**.2**),即用 20% 的数据的波段宽度来修匀,将给我们一条更为参差不齐的的曲线,它修匀得更少因而更接近于原始数据。默认状态采用 **bwidth**(**.8**)这样更大的波段宽度,因此修匀的幅度更大。不管所选的波段宽度是多少,指向 x 取值任一极端值的修匀点都必须根据越来越窄的波段进行计算,因此将表现出更少的修匀。第 8 章包含更多有关 `lowess` 修匀的内容。

```
. graph twoway lowess maxarea winter if winter > 1963, bwidth(.4)
    yline(173) ylabel(40(20)220, angle(horizontal))
    xlabel(1965(5)2000)
```

图 3.22

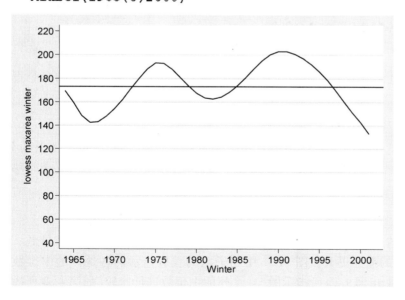

全距图使用条形(`bars`)、芒线(`spikes`)或着色区域(`shaded areas`)连接 x 每一水平处 y 值的高端与低端。每日股市价格常常采用这种方式得以画出。图 3.23 显示了以数据 *gulf.dta* 中冰面覆盖面积的最小值(*minarea*)和最大值(*maxarea*)这两个变量画出的两端戴帽的芒线全距图。

```
. graph twoway rcap minarea maxarea winter if winter > 1963,
    ylabel(0(20)220, angle(horizontal))
    ytitle("Ice area, 1000 km`=^2") xlabel(1965(5)2000)
```

图 3.23

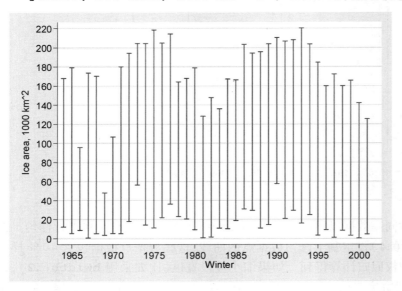

这些例子绝没有穷尽二维图的可能性。其他的应用贯穿于本书全书之中。在本章的稍后部分,我们将看到把若干二维图叠并成一个单一图形的例子。

箱线图

箱线图(box plot)直观地提供了有关中心、散布、对称和特异值的信息。想得到一幅单一的箱线图,请键入以下格式的命令:

```
. graph box y
```

如果几个不同变量具有大致相似的测量尺度,我们可以通过以下格式的命令直观地比较它们的分布:

```
. graph box w x y z
```

箱线图最为常见的应用之一就是比较一个变量在另一个变量不同类别上的分布。图 3.24 以数据集 *states.dta* 比较了美国四个地区各州之间的 *college*(大学毕业生比例)的分布。

```
. graph box college, over(region) yline(19.1)
```

具有大学学历的成年人比例的中位数在东北部地区最高而在南部地区最低。另一方面,南部各州之间的变异更大。图 3.24 中箱子内的线所指示的各地区的中位数可以直观地与由选项 **yline(19.1)** 所指示的 50 个州的中位数进行比较(如第 4 章所描述的那样,这一 50 个州的中位数可通过 **summarize college if region <.,detail** 命令得到)。上述 **if region <.** 选择条件把我们的分析限定在那些 *region* 没有缺失值的观测案例上,也就是说,除了华盛顿特区之外的所有地方。

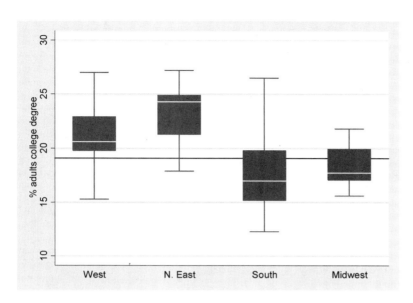

图 3.24

箱线图中的箱子从接近第 1 四分位数延展到第 3 四分位数,这段距离被称作四分位距(IQR,interquartile range)。因此,它大体包含了中间 50% 的数据。那些在第 1 或第 3 四分位数之外超过 1.5(IQR)处的观测案例被定义为特异值,它们在箱线图中被单独地一一画出。图 3.24 中的四个分布都没有出现特异值。Stata 的箱线图用与 **summarize,detail** 相同的方式来定义四分位数。这与针对字母取值显示计算得到"第四"的 **lv** 命令(第 4 章)并非相同的近似法。有关四分位数近似法及其在识别特异值中作用的更详细内容,请参见:Frigge,Hoaglin and Iglewicz(1989),Hamilton(1992b)。

许多选项控制着箱线图中箱子的外观、着色和细节,有关的清单,请见 **help graph box**。图 3.25 使用来自数据 *states.dta* 中的人均能源消费量(*energy*)示范了这些选项中的一部分,还采用了 **graph hbox** 的水平(horizontal)布局。选项 **over**(**region,sort(1)**)要求根据箱子对第一个提到的(本例是唯一的)y 变量上的中位数做升序排列。**intensity**(30)用以控制箱子中着色的亮度,这里的设定值比图 3.24 中默认状况要略微低一些(即更浅)。图 3.25 中有悖视觉习惯地以垂直线标志了总的中位数(320),因此要求采用了选项 **yline** 而不是 **xline**。

```
. graph hbox energy, over(region, sort(1)) yline(320)
        intensity(30) marker(1, mlabel(state) mlabpos(12))
```

图 3.25 中的能源箱线图不但说明了中位数之间的差异而且还表明存在着特异值——西部和南部地区四个极高消费量的州。选项 **marker**(**1,mlabel**(**state**) **mlabpos**(**12**))要求以 state 的取值来为第一个(此处只有一个)y 变量的标志符号添加标签,并将标签显示在这些标志的 12 点钟方位上。特异值是四个产油的州:怀俄明、阿拉斯加、德克萨斯和路易斯安娜。箱线图擅长于引起对特异值的注意,而它们在统计分析的其他步骤中则很容易被忽视(但能够带来麻烦)。

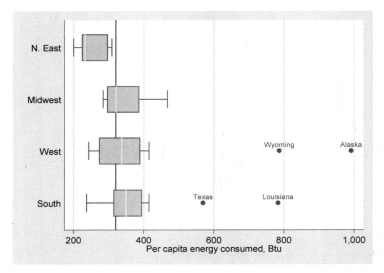

图 3.25

饼 图

尽管对分析工作所具有的价值往往更小,但饼图(pie chart)仍是"演示图形"中的流行工具。Stata 的基本饼图命令具有如下格式:

`. graph pie w x y z`

这里,变量 *w,x,y* 和 *z* 都是以相似的单位测量某事物的量(比如,全都以美元、小时或人为单位)。

有关阿拉斯加人口民族构成的数据集 *AKethnic.dta* 提供了一个例子。阿拉斯加的本地土著民族人口分成三个宽泛的文化或语言群体:阿留申族(Aleut)、印地安族(Indian)和爱斯基摩族(Eskimo)。取自 1990 年美国人口普查的民族变量 *aleut*,*indian*,*eskimo* 和 *nonnativ*(非土著)分别是每个群体的人口数。该数据只包含三条观测案例,代表着三种类型或规模的社区:即 10 000 及以上人口的城市、1 000 到 10 000 人口的城镇,以及少于 1 000 人的乡村。

```
Contains data from c:\data\AKethnic.dta
  obs:             3                        Alaska ethnicity 1990
  vars:            7                        6 Sep 2003 12:47
  size:           75 (99.9% of memory free)

              storage   display    value
variable name   type    format     label    variable label

comtype        byte     %8.0g     popcat   Community type (size)
pop            float    %9.0g              Population
n              int      %8.0g              number of communities
aleut          int      %8.0g              Aleut
indian         int      %8.0g              Indian
eskimo         int      %8.0g              Eskimo
nonnativ       float    %9.0g              Non-Native

Sorted by:
```

该州人口的大部分为非土著人,这一点可以从一个饼图(图 3.26)中清楚地看到。选项 **pie(3,explode)** 使第三个提到的变量 *eskimo* 从饼中"突出(exploded)"以示强调。为了和更小的土著人口相比较,选项 **pie(4,color(gs13))** 将第四个提到的变量 *nonnativ* 着色成浅灰色(本书中的示例只使用了灰度着色,但还有诸如 color(**blue**)或 color(**cranberry**)等许多其他的可能选择。请键入 **help colorstyle**

查询有关清单)。**plabel(3 percent,gap(20))**要求在距中心 20 个相对半径单位的位置处为 *eskimo*(第三个变量)扇区添加一个百分比标签。我们看到人口中约 8%是爱斯基摩人(因努皮雅特人或尤皮克人)。**legend** 选项要求将一个四行的方框(作为图例)放置在图中 11 点钟的空白处。

```
. graph pie aleut indian eskimo nonnativ, pie(3, explode)
        pie(4, color(gs13)) plabel(3 percent, gap(20))
        legend(position(11) rows(4) ring(0))
```

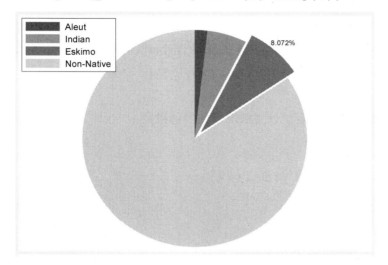

图 3.26

非土著人是图 3.26 中的人口主体,但是如果我们通过增加选项 **by(*comtype*)**对不同社区类型分别画出饼图的话,就会出现新的细节(图 3.27)。选项 **angle0()**设定饼中第一个扇区(slice)的角度(angle)。图 3.27 中第一扇区的角度被设定为 0 度(水平方向),标签在这一角度下更易读。图形显示出,尽管土著人只是阿拉斯加城市人口中的小部分,但是他们构成了乡村人口的大多数。尤其是爱斯基摩人占了村民中的较大部分,即所有村民人口的 35%,而且在一些地方甚至超过了 90%。这使得阿拉斯加乡村具有不同于阿拉斯加城市的特征。

```
. graph pie aleut indian eskimo nonnativ, pie(3, explode)
        pie(4, color(gs13)) plabel(3 percent, gap(8))
        legend(rows(1)) by(comtype) angle0(0)
```

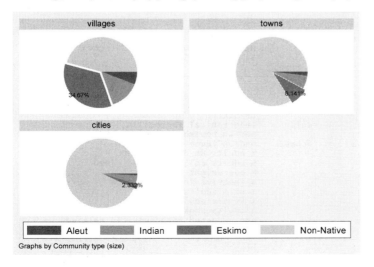

图 3.27

条形图

尽管条形图(bar chart)比箱线图包含更少的信息,但是它们仍然为比较平均数、中位数、合计数或计数等多种概要统计提供了简单而又多样化的展示。比如,要想得到显示 y 在 x 不同类别上的平均数的直方条,键入:

```
. graph bar (mean) y, over(x)
```

为了显示 $x2$ 的不同类别内又在 $x1$ 不同类别上的 y 的合计(sum)的水平方条,键入:

```
. graph hbar (sum) y, over(x1) over(x2)
```

条形图可以显示以下任何一个统计量:

mean	平均数(为未设定统计量情况下的默认设定)
median	中位数
p1	第一百分位数
p2	第二百分位数(等等,直到 **p99**)
sd	标准差
sum	合计数
rawsum	忽略随意设定权数的合计数
count	具有非缺失值的观测案例数
max	最大值
min	最小值
iqr	四分位距
first	第一个取值
last	最后一个取值
firstnm	第一个非缺失的取值
lastnm	最后一个非缺失的取值

可用的概要统计量清单和 **collapse** 命令(见第 2 章)对应的清单相同,也和包括 **graph dot**(见下一节)与 **table**(第 4 章)在内的某些其他命令对应的清单相同。

数据集 *statehealth.dta* 包含了美国各州的更多数据信息,它将来自 1990 年普查的社会经济指标和来自疾病控制中心(CDC,2003)的 1994—1998 年期间若干平均健康风险指标合并在一起。

```
Contains data from c:\data\statehealth.dta
  obs:            51                          Health indicators 1994-98 (CDC)
  vars:           12                          14 Sep 2003 18:46
  size:        3,519 (99.9% of memory free)

              storage   display    value
variable name   type    format     label      variable label

state          str20    %20s                  US State
region         byte     %9.0g      region      Geographical region
income         long     %10.0g                Median household income, 1990
income2        float    %11.0g     income2     Median income low or high
high           float    %9.0g                 % adults HS diploma, 1990
college        float    %9.0g                 % adults college degree, 1990
overweight     float    %9.0g                 % overweight
inactive       float    %9.0g                 % inactive in leisure time
smokeM         float    %9.0g                 % male adults smoking
smokeF         float    %9.0g                 % female adults smoking
smokeT         float    %9.0g                 % adults smoking
motor          float    %9.0g                 Age-adjusted motor-vehicle related
                                                deaths/100,000

Sorted by:  state
```

图 3.28 画出了四个地理区域(*region*)在非积极休闲(*inactive*)人口比例上的中位数。我们看到了明显的地理差异:非积极休闲率在南部地区最高(36%),西部地区最低(21%)。注意,纵轴被自动标注了"p 50 of inactive",即第 50 百分位数或中位数。选项 **blabel(bar)** 要求标注直方条的高度(20.9 等)。**bar(1,bcolor(gs(10)))** 设定第一个提到的 *y* 变量(*inactive*,这里只有一个变量)对应的条形应当填充中度浅灰色。

```
. graph bar (median) inactive, over(region) blabel(bar)
      bar(1, bcolor(gs10))
```

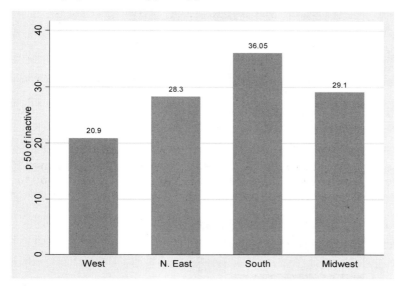

图 3.28

图 3.29 增加了另一个变量 *overweight*,并将直方条填充以更深的灰色。图 3.29 中的直方条标签为 **size(medium)**,即中等字号,这使得它们比图 3.28 中默认设定 **size(small)** 情况下的字号更大。**size( )** 子选项的其他可能选择还包括 **tiny**,**medsmall**,**medlarge** 或 **large** 等字号的标签。有关的完整变量清单,请见 **help textsizestyle**。图 3.29 显示体重超重流行程度的地区差异没有非积极休闲率上的差异明显,尽管这两个变量的中位数都是在南部和中西部最高。

```
. graph bar (median) inactive overweight, over(region)
      blabel(bar, size(medium))
      bar(1, bcolor(gs10)) bar(2, bcolor(gs7))
```

数据 *statehealth.dta* 中的风险指标包括每十万人口中的车祸死亡人数(*motor*)。图 3.30 先按地区将其进行分组,然后在地区内再按低收入和高收入(州户收入中位数是低于还是高于全国中位数)将各州进一步划分成不同子组(*subgroup*),表明车祸数量与财富存在着显著的相关。在每一地区内部,低收入的州呈现出更高的平均车祸死亡率。要是按同一收入类别之间的比较,车祸死亡率在南部地区较高,而在东北部地区较低。命令中两个 **over** 选项的顺序控制了它们在组织图形中的顺序。对于本例而言,我们选择了水平条形图(horizontal bar chart)或 **hbar**。在这种水平条形图中,**ytitle**,**yline** 等选项所指的都是横轴。**yline(17.2)** 以一条垂直线来标示总平均值(overall mean)。

图 3.29

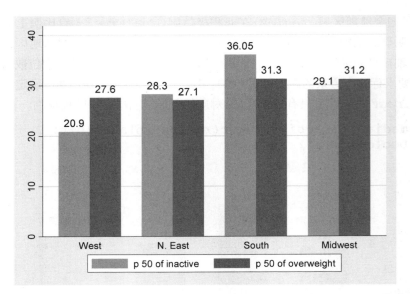

```
. graph hbar (mean) motor, over(income2) over(region) yline(17.2)
        ytitle("Mean motor-vehicle related fatalities/100,000")
```

图 3.30

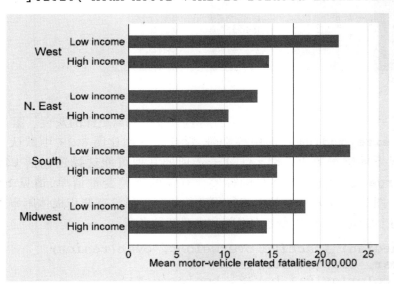

　　如图 3.31 所示，条形也可以层叠在一起。该图是根据阿拉斯加的民族数据（*AKethnic.dta*）绘制的，采用所有的默认设定按社区类型（乡村、城镇或城市）来展示人口的民族构成。

```
. graph bar (sum) nonnativ aleut indian eskimo, over(comtyp) stack
```

　　图 3.32 通过改进图例（legend）和坐标轴标签（axis labels）重画了该图。**over** 选项现在包括了子选项（suboptions），这些子选项重新添加社区类型标签，因此在横轴上提供了更多的信息。**legend** 选项定义了与直方条层叠的顺序相同的四行图例，并将其放置在图中 11 点钟的空白处。它还改进了图例标签。选项 **ytitle**，**ylabel** 以及 **ytick** 设定纵轴的格式。

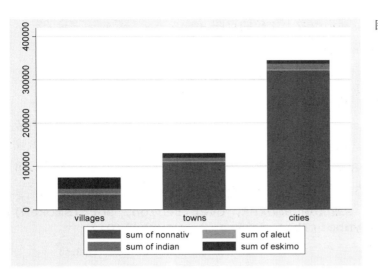

图 3.31

```
. graph bar (sum) nonnativ aleut indian eskimo,
    over(comtyp, relabel(1 "Villages <1,000" 2
        "Towns 1,000-10,000" 3 "Cities >10,000"))
    legend(rows(4) order(4 3 2 1) position(11) ring(0)
    label(1  "Non-native") label(2 "Aleut")
    label(3 "Indian") label(4 "Eskimo"))
    stack ytitle(Population)
    ylabel(0(100000)300000) ytick(50000(100000)350000)
```

图 3.32

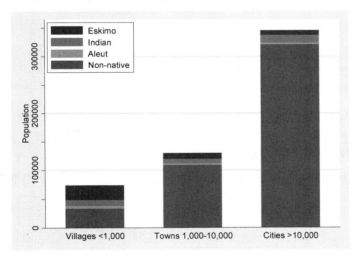

图 3.32 针对与图 3.27 中饼图相同的变量进行制图,但是它们的显示却完全不同。尽管饼图显示了每种社区类型内部民族的相对规模(百分比),但是条形图却显示的是它们的绝对规模。因此,图 3.32 告诉我们一些图 3.27 所不能反映的内容:阿拉斯加爱斯基摩人口中的大部分(尤皮克人和因努皮雅特人)都居住在乡村。

点 图

点图(dot plot)所服务的目的与条形图极为相同:直观地比较一个或更多测量型变量的概要统计。两类图形的组织和 Stata 选项大都类似,包括概要统计的选择在内。

要想看到变量 x, y, z 和 w 在中位数上比较的点图,键入:

. graph dot (median) *x y z w*

要想比较在 x 不同类别上 y 的平均数比较的点图,键入:

. graph dot (mean) *y*, over(*x*)

图 3.33 显示了数据 *statehealth.dta* 中按地区(*region*)划分的男性和女性吸烟率的一幅点图。**over** 选项包含了一个子选项 **sort**(*smokeM*),要求将地区按照其男性吸烟率 *smokeM* 的平均数的值从低到高进行排序。我们还设定用空心三角作为 *smokeM* 的标志记号、用实心圆圈作为 *somkeF* 的标志记号。

. graph dot (mean) *smokeM smokeF*, over(region, sort(smokeM))
        marker(1, msymbol(Th)) marker(2, msymbol(O))

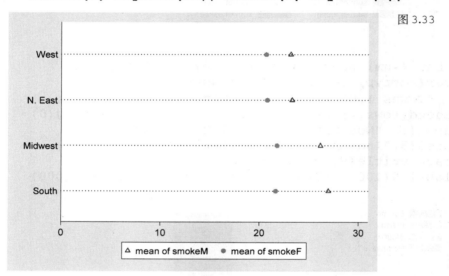

图 3.33

尽管图 3.33 只显示了八个平均数,但是它这样显示在某种程度上便利于若干种比较。我们看到:男性的吸烟率通常更高;就两性而言,都是南部和中西部的吸烟率更高;男性吸烟率的地区差异相对更大。条形图能够传达同样的信息,但是点图的一个优点就在于它的简洁性。点图(尤其是将行按所关注的统计量进行排序后,如图 3.33 中那样)即使是在有十几行或更多行的情况下仍然很易读。

对称图和分位数图

箱线图、条形图和点图概要描述了测量变量的分布,通过隐藏个体数据点来阐明整体模式。但是,对称图(symmetry plot)和分位数标绘图(quantile plot)则是在一个分布中包含了每个观测案例的数据点。它们比概要图形更难读,但是传递出更详细的信息。

图 3.34 呈现了美国 50 个州的人均能源消费量(取自数据 *states.dta*)的直方图。该分布包含了少数极高消费量的州,这些州恰好都产石油。一条叠加的正态(高斯)曲线表明 *energy* 的左尾小于正态分布,而右尾却大于正态分布——正偏态的定义。

. histogram energy, start(100) width(100) xlabel(0(100)1000)
        frequency norm

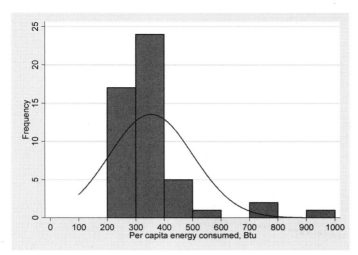

图 3.34

图 3.35 以对称图的形式描述了这一分布。它以第 i 个高于中位数的观测案例的（垂直）距离对第 i 个低于中位数的观测案例的距离制图。如果分布是对称的,那么所有的点都将位于对角线上。相反,我们看到的却是正偏态迹象:相对于低于中位数的距离,高于中位数的距离变得越来越大。

. symplot energy

图 3.35

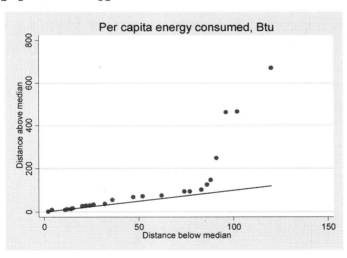

分位数(quantiles)是表示某一比例的数据位于其下的数值。比如,0.3 分位数就是其值高于 30% 的数据的取值(类似于第 30 百分位数)。如果我们将 n 个观测案例按升序排列,那么第 i 个值就构成了 $(i-0.5)/n$ 分位数。分位数标绘图自动计算位于每一数据值以下的观测案例比例有多少,并像图 3.36 中那样以图形方式显示这些结果。分位数标绘图为那些手头没有原始数据的人提供了一种图形参考。根据一个恰当添加标签的分位数标绘图,我们能够估计中位数(0.5 分位数)或四分位数(0.25 和 0.75 分位数)等序次统计量。四分位距(IQR)等于 0.25 和 0.75 这两个分位数取值之间的差。我们也可以看一个分位数标绘图来估计落入某个给定数值以下的观测案例的比例(fraction)。

. **quantile** *energy*

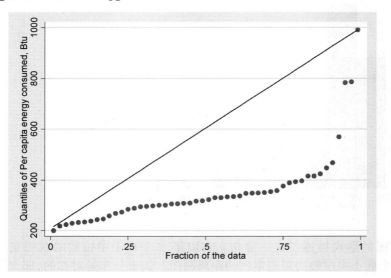

图 3.36

分位-正态图（quantile-normal plot），也被称作正态概率图（normal probability plot），将观测变量分布的分位数与一个具有相同平均数和标准差的理论正态分布的分位数进行比较。这种图可以就变量分布的每个部分对正态性的偏离进行直观的审察，从而有助于指引有关正态性假定的判断和寻找某种正态化转换的方法。图 3.37 是一幅关于变量 *energy* 的分位-正态图，它确认了我们之前已经注意到的严重正偏态分布。**grid** 选项要求标注两个分布的 0.05，0.10，0.25（第 1 四分位数），0.50（中位数），0.75（第 3 四分位数），0.90 和 0.95 百分位数的坐标刻度。其中，0.05，0.50 和 0.95 百分位数值显示在顶端和右手边的数轴上。

. **cnorm** *energy*, **grid**

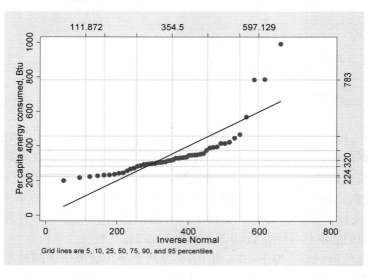

图 3.37

分位-分位图（quantile-quantile plot）类似分位-正态图，但它是在比较两个经验分布的分位数（经排序的数据点）而不是将一个经验分布与一个理论分布进行比较。图 3.38 显示了美国各州的学术能力测验（SAT）的平均数学成绩和平均语言成绩

（*states.dta*）的分位-分位图。如果两个分布相同，那么将看到点都将沿着对角线分布。然而，它们构成了一条大致与对角线平行的直线，表明这两个变量分布具有不同的平均数但具有相似的形状和标准差。

. **qqplot** *msat vsat*

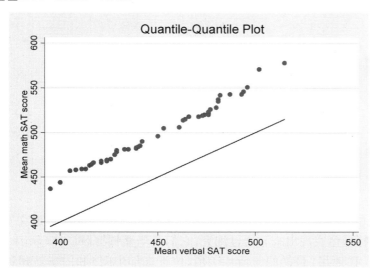

图 3.38

《图解回归》（*Regression with Graphics*）（Hamilton，1992a）介绍了如何解读基于分位数的图。Chambers 等（Chambers et al.，1983）提供了更多的内容。相关的 Stata 命令还包括 **pnorm**（标准正态概率图）、**pchi**（卡方概率图）和 **qchi**（分位卡方图）。

给图形添加文本

可以添加标题（title）、说明（caption）和注（note）以使得图形更具自我解释性。在默认情况下标题和副标题（subtitle）出现在图形的上方；注（比如，说明数据来源）和说明出现在下方。当然，这些默认设定可被忽略。键入 **help title options** 查看有关标题放置的更多信息，或者用 **help textbox options** 查看有关它们内容的细节。图 3.39 使用数据 *statehealth.dta* 来示范美国各州的吸烟流行率和大学毕业人口的比例的散点图，图中采用以上这四个选项的默认设置。还用选项 **yaxis(1 2)** 设置了图 3.39 中左右两侧的 y 轴标题，用 **xaxis(1 2)** 设置了顶部和底部 x 轴的标题。随后，用选项 **ytitle** 和 **xtitle** 中的子选项 **axis(2)** 设置了第二个轴标题。正如我们后面将看到的，y 轴的第二标题未必一定位于右边，x 轴的第二标题也未必一定位于顶部，但这些都是它们的默认位置。

```
. graph twoway scatter smokeT college, yaxis(1 2) xaxis(1 2)
    title("This is the TITLE") subtitle("This is the SUBTITLE")
    caption("This is the CAPTION") note("This is the NOTE")
    ytitle("Percent adults smoking")
    ytitle("This is Y AXIS 2", axis(2))
    xtitle("Percent adults with Bachelor's degrees or higher")
    xtitle("This is X AXIS 2", axis(2))
```

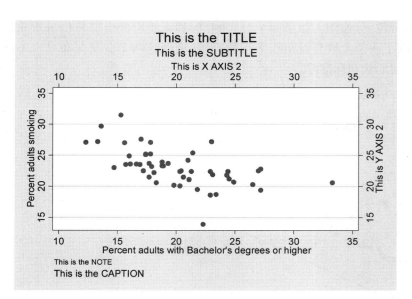

图 3.39

标题加在图形之外的文本框内。我们也可以在图形内部的指定位置添加文本框。在这一散点图中有几个特异值突现出来。通过细究,它们是华盛顿特区(*college* 的最大值,位于图中最右边)、犹他州(最低的 *somkeT* 值,位于底部中间)和内华达州(最高的 *smokeT* 值,位于上部左边)。正如图 3.40 表明的那样,文本框为我们提供了在图中说明这些观测案例的途径。选项 **text(15.5 22.5 "Utah")** 将文字"Utah"放置在散点图中 $y = 15.5$, $x = 22.5$ 的位置,直接位于犹他州数据点的上方。类似地,我们把文本"Nevada(内华达州)"放在 $y = 33.5$, $x = 15$ 的位置上,并在该州名字周围画一个方框(带有很小的边距,请见 **help marginstyle**)。用于解释的三行左对齐的文本被放在华盛顿特区数据点附近(其中每一行文字要分别以引号括起来)。依照这种方式,任何文本框或标题都可以有多行;我们分别以一组引号来设定每一行,然后设定对齐(justification)方式或其他子选项。"Nevada"文本框使用了默认的背景色,然而我们对"Washington DC"文本框则选择了白背景色(请见 **help textbox options** 和 **help colorstyle**)。

```
. graph twoway scatter smokeT college, yaxis(1 2) xaxis(1 2)
     title("This is the TITLE") subtitle("This is the SUBTITLE")
     caption("This is the CAPTION") note("This is the NOTE")
     ytitle("Percent adults smoking")
     ytitle("This is Y AXIS 2", axis(2))
     xtitle("Percent adults with Bachelor's degrees or higher")
     xtitle("This is X AXIS 2", axis(2))
     text(15.5 22.5 "Utah")
     text(33.5 15 "Nevada", box margin(small))
     text(24.5 32 "Washington DC" "is not actually" "a state",
         box justification(left) margin(small) bfcolor(white))
```

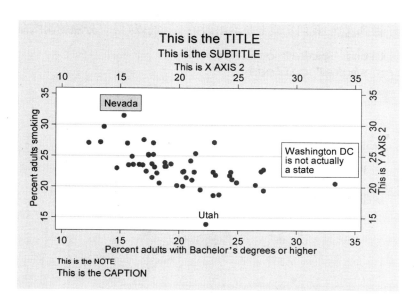

图 3.40

叠并多幅二维图

由功能强大的 **graph twoway** 图族得到的两幅或更多幅图可以被叠并为一幅统一的图,使其中一幅图置于另一幅图之上。第 1 章的图 1.1 给出了一个简单的例子。**twoway** 图族包括诸如 **lfit**(线性回归线)、**qfit**(二次回归曲线)等若干基于模型的类别,以及其他类型。这些图形本身仅提供了起码的信息。比如,图 3.41 描述了变量 *smokeT* 对 *college* 的线性回归线(取自数据集 *statehealth.dta*),图中包含条件平均数及其 95% 置信区间。

```
. graph twoway lfitci smokeT college
```

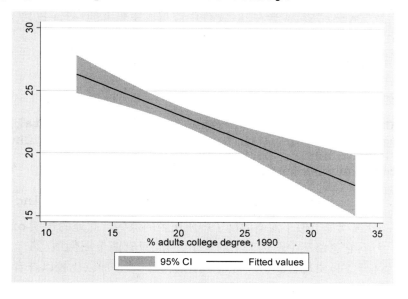

图 3.41

正如图 3.42 中所见,当我们将一幅散点图叠并到一幅回归线图之上后会得到信息更丰富的图形结果。为了做到这点,我们实质上是给出两条不同的以"‖"分隔的制图命令。

```
. graph twoway lfitci smokeT college
     ||    scatter smokeT college
```

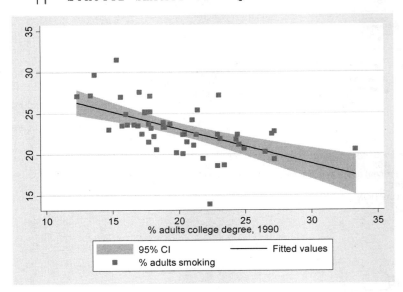

图 3.42

图 3.42 中,第二幅图(散点图)叠印着第一幅。这一顺序(order)对默认的线条类型(实心、虚线等)有效,也对每一幅子图(sub-plot)所使用的标志记号(方形、圆圈等)有效。更重要的是,它在置信区间上添加了散点,因此这些点仍然是可见的。用户可以试试看如果颠倒命令中两幅图的顺序,会有什么结果。

图 3.43 进一步采纳了这一想法,通过选项添加了坐标轴标签和图例对该图形加以改进。因为这些选项应用于图形整体而不只是其中的子图(subplot),因此这些选项被放在第二个分隔符‖之后的逗号后面。为了使其更易读,本书中包含叠并的长 **graph** 命令有时因印刷显示成包含更宽的间距(如下所示)。真实的命令在以交互方式键入过程应直到结束时才能敲"Enter"键,或者在 do 文件中应写成逻辑上的一行(比如,使用本章稍后提到的**#delimit**)。

```
. graph twoway lfitci smokeT college

     ||    scatter smokeT college

     ||  , xlabel(12(2)34) ylabel(14(2)32, angle(horizontal))
xtitle("Percent adults with Bachelor's degrees or higher")
ytitle("Percent adults smoking")
note("Data from CDC and US Census")
legend(order(2 1) label(1 "95% c.i.")
     label(2 "regression line") rows(3) position(1) ring(0))
```

图 3.43 中的大部分选项都类似于前面的例子中所用到的那些。此处的选项 **order** (**2 1**)做了一件新的事情:它忽略三个图例项中的一个,因此只有两个图例项(第 2 项回归线,然后是第 1 项置信区间)出现在图中。将这一图例和图 3.42 加以比较以查看其中的差别。尽管我们在图 3.43 中只列出了两个图例项,但是当所有三行图例都被保留时,用 **rows**(**3**)设定一个三行的图例格式仍然是必要的。

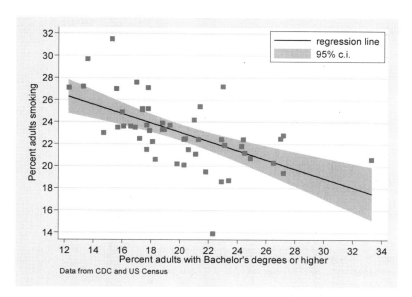

图 3.43

图 3.43 中叠并在一起的两幅独立图形(**lfitci** 和 **scatter**)共用相同的 y 和 x 刻度,因此两者使用唯一的一套坐标轴。当关注的变量具有不同的刻度时,我们需要分别标注坐标轴的刻度。

图 3.44 以叠并两幅曲线标绘图来举例说明这一点,该图是根据文件 *gulf.dta* 中的圣劳伦斯湾环境数据绘制而成。该图将圣劳伦斯湾寒冷的中间层最低平均水温摄氏度(*cil*)和以平方千米为单位的冬天最大冰面覆盖面积(*maxarea*)两幅时间序列图合并在一起。关于 *cil* 的图使用默认状态下位于左边的第一 y 轴,**yaxis(1)**。关于 *maxarea* 的图使用默认状态下位于右边的第二 y 轴,**yaxis(2)**。不同的 **ylabel**,**ytitle**,**yline** 和 **yscale** 选项每一个中都包括 **axis(1)** 或 **axis(2)** 子选项,以表明它们所指向的具体 y 轴。**ytitle** 引号内的那些空白提供了一种便捷方式将这些标题文字放置在靠近数字标签的地方(对于不同的方式,请见图 3.45)。包含"Northern Gulf fisheries decline and collapse"的文本框采用中等宽度边距;其他选择可见 **help marginstyle**。选项 **yscale(range( ))** 将使用经过试验找到的两个时间序列之间的最佳垂直间隔值来定义两个 y 轴的取值范围。

```
. graph twoway line cil winter,  yaxis(1)
    yscale(range(-1,3) axis(1))
    ytitle(" Degrees C                                ", axis(1))
    yline(0)  ylabel(-1(.5)1.5, axis(1) angle(horizontal) nogrid)
    text(1 1992 "Northern Gulf" "fisheries decline" "and collapse"
    , box margin(medium))

    || line maxarea winter,
    yaxis(2) ylabel(50(50)200, axis(2) angle(horizontal))
    yscale(range(-100,221) axis(2))
    ytitle("                         1000s of km`=char(178)'"
    , axis(2))
    yline(173.6, axis(2) lpattern(dot))

    || if winter > 1949,
    xtitle("")  xlabel(1950(10)2000) xtick(1950(2)2002)
    legend(position(11) ring(0) rows(2) order(2 1)
    label(1 "Max ice area") label(2 "Min CIL temp"))
    note("Source:  Hamilton, Haedrich and Duncan (2004); data from
    DFO (2003)")
```

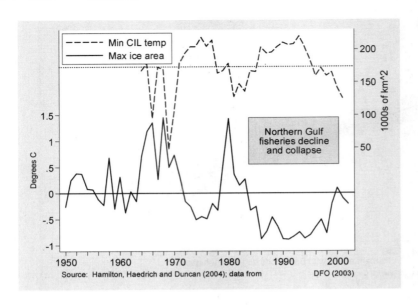

图 3.44

图 3.44 中位于右边的文本框在 1980 年代晚期和 1990 年代早期这段时期处做了标记,包括北部海湾鳕鱼在内的主要渔业在该时期都出现萧条或倒闭。正如该图显示的那样,渔业萧条是和记录中最持久的严寒和冰雪环境相符合的。

为了在同一图中放置鳕鱼捕捞量和温度与冰面覆盖面积,我们就需要三个独立的纵轴刻度。图 3.45 包含三幅叠并的图形:

connected maxarea winter

一幅 *maxarea* 对 *winter* 的连线标绘图,使用第三 *y* 轴(位于我们最终图形的最左边)。*y* 轴的量度范围是从 –300 到 +220,不带水平线栅格。它的标题是"Ice area, 1000 km²"。该标题被放在"西北"位置处,即 **placement(nw)**。

line cil winter

一幅 *cil* 对 *winter* 的曲线标绘图,使用第二 *y* 轴。*y* 的量度范围从 –4 到 +3,采用默认标签。

connected cod winter

一幅 *cod* 对 *winter* 的连线标绘图,使用第一 *y* 轴。标题位置为 **sw**。

将这三个成分图放在一起,得到图 3.45 的完整命令如下。对应着每一个层叠图的 *y* 轴范围都是通过试验找到的三个序列之间"恰当"的垂直间隔量而定的。应用于整个图形的选项还将分析限定在 1959 年以来的年份,并设定了图例和 x 轴标签,还要求加上了垂直的栅格线。

```
. graph twoway connected maxarea winter, yaxis(3)
     yscale(range(-300,220) axis(3))
     ylabel(50(50)200, nogrid axis(3))
     ytitle("Ice area, 1000 km`=char(178)'", axis(3) placement(nw))
     clpattern(dash)

     || line cil winter, yaxis(2) yscale(range(-4,3) axis(2))
     ylabel(, nogrid axis(2))
     ytitle("CIL temperature, `=char(176)'C", axis(2)) clpat(solid)

     || connected cod winter, yaxis(1)
     yscale(range(0,200) axis(1))
     ylabel(, nogrid axis(1))
     ytitle("Cod catch, 1000 tons", axis(1) placement(sw))

     || if winter > 1959,
     legend(ring(0) position(7) label(1 "Max ice area")
        label(2 "Min CIL temp") label(3 "Cod catch") rows(3))
     xtitle("") xlabel(1960(5)2000, grid)
```

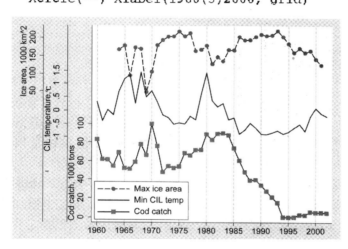

图 3.45

使用 Do 文件制图

　　像图 3.45 这样的复杂图形要求 graph 命令有许多行,每行都很长(尽管 Stata 将整个命令只作为一个逻辑行)。第 2 章中介绍过的 Do 文件有助于编写这类多行的命令。它们也使得易于保存这些命令以备将来再用,也许我们以后还需要对这个图形进行修改或重绘该图。

　　将下述命令键入到 Stata 的 Do 文件编辑器中并以文件名 *fig03_45.do* 存盘,它就成为绘制图 3.45 的一个新 do 文件。

```
#delimit ;
use gulf.dta, clear ;
graph twoway connected maxarea winter, yaxis(3)
    yscale(range(-300,220) axis(3)) ylabel(50(50)200, nogrid axis(3))
    ytitle("Ice area, 1000 km^2", axis(3) placement(nw))
    clpattern(dash)
    ||  line cil winter, yaxis(2) yscale(range(-4,3) axis(2))
    ylabel(, nogrid axis(2))
    ytitle("CIL temperature, degrees C", axis(2)) clpattern(solid)
    ||  connected cod winter, yaxis(1) yscale(range(0,200) axis(1))
    ylabel(, nogrid axis(1))
    ytitle("Cod catch, 1000 tons", axis(1) placement(sw))
    ||  if winter > 1959,
    legend(ring(0) position(7) label(1 "Max ice area")
        label(2 "Min CIL temp") label(3 "Cod catch") rows(3))
    xtitle("") xlabel(1960(5)2000, grid);
graph save Graph fig03_45.gph, replace;
graph export fig03_45.eps, as(eps) preview(on) replace;
#delimit cr
```

一旦这些命令被保存成 *fig03_45.do*，只需键入命令：

. do *fig03_45*

就会使该 do 文件得以执行，重新绘制该图形，并且将它保存成两种格式。

此 do 文件的第一行为：**#delimit** ；设定用英文分号（;）作为一行结束的分隔符。因此，Stata 此后直到遇到一个分号时，才会认为一行已经结束。第二行只是重新读入绘制图 3.45 所需的数据集（*gulf.dta*）；请注意结束本行的是分号。较长的 **graph twoway** 命令占用了本页中接下来的 15 行，但是 Stata 将这些行看作是以选项 **xtitle**( )后的分号才表示结束的一个逻辑行。

命令 **graph save Graph** 以 Stata 的.gph 格式保存此图（默认状态下，临时将其命名为"Graph"，正如在图形窗口中看到的那样）。通过在 **graph** 命令中增加诸如 **name**(**newgraph**)或 **name**(*fig03_45*)这样的一个选项，总是可以为图形指定我们自己的临时名称。在当前有若干个图形被显示并想保存或打印某个特定图形时，这些图形的临时名称就变得很重要。在制图过程中对图形指定一个临时名称并不会将该图保存到磁盘上。临时文件的名称和保存文件的名称无需相同。请键入 **help name option** 查看更多的讨论。

接下来，do 文件的 **graph export** 命令以封装后记格式（Encapsulated Postscript format）创建了同一图形的另一个版本，文件名 *fig04_45.eps* 中的扩展名.eps 表明了其格式。键入 **help graph export** 了解该命令的更多内容，它对于编写创建许多图形的程序或 do 文件尤为有用。

do 文件最后的**#delimit cr** 命令重新设定回车作为行结束的分隔符，以回到 Stata 的常规模式。尽管它在纸上是不可见的，**#delimit cr** 这一行自己必须以回车（敲 Enter 键）来结束，于是在 do 文件的结尾创建了最后的一个空白行。

读取与合并图形

通过 **graph use** 命令，任何保存为 Stata 中"活的（live）".gph 格式的图形随后都能读入到内存中来。比如，我们可以键入以下命令来读取图 3.45：

```
. graph use fig03_45
```

一旦图形进入内存中,它就被显示在屏幕上,并能被打印或者再次以不同的名称或格式加以保存。从先前以.gph 格式保存的图形,我们随后可以存成诸如后记(Encapsulated Postscript,扩展名为.eps)、便携网络图形(Portable Network Graphics,扩展名为.png)以及增强型视窗图元文件(Enhanced Windows metafile,扩展名为.emf)等其他格式的版本。我们也可以通过菜单或者直接在 **graph use** 命令中改变颜色方案(color scheme)。图形 *fig03_45.gph* 采用 s2 单色方案加以保存,但是我们可以通过键入以下命令来看看它用 s1 颜色方案会怎样。

```
. graph use fig03_45, scheme(s1color)
```

保存在磁盘上的图形也可以通过 **graph combine** 命令加以合并。这提供了一种将多个图形合并成同一图像的方式。为了举例说明,我们回到前面在图 3.45 中显示的圣劳伦斯湾数据。以下命令绘制三幅简单的时间标绘图(未显示),将它们以 *fig03_46a.gph*、*fig03_46b.gph* 和 *fig03_46c.gph* 的名称加以保存。子选项 **margin** (**medium**)设定每幅图中标题文本框的边距宽度。

```
. graph twoway line maxarea winter if winter > 1964, xtitle("")
     xlabel(1965(5)2000, grid) ylabel(50(50)200, nogrid)
     title("Maximum winter ice area", position(4) ring(0) box
        margin(medium))
     ytitle("1000 km^2") saving(fig03_46a)

. graph twoway line cil winter if winter > 1964, xtitle("")
     xlabel(1965(5)2000, grid) ylabel(-1(.5)1.5, nogrid)
     title("Minimum CIL temperature", position(1) ring(0) box
        margin(medium))
     ytitle("Degrees C") saving(fig03_46b)

. graph twoway line cod winter if winter > 1964,  xtitle("")
     xlabel(1965(5)2000, grid) ylabel(0(20)100, nogrid)
     title("Northern Gulf cod catch", position(1) ring(0) box
        margin(medium))
     ytitle("1000 tons") saving(fig03_46c)
```

为了合并这几幅图形,我们键入以下命令。因为三幅图具有相同的 x 量度,因此将这些图垂直排列成三行是较合理的。选项 **imargin** 设定图 3.46 中每幅图周围的"极小"边距。

```
. graph combine fig03_46a.gph fig03_46b.gph fig03_46c.gph,
     imargin(vsmall) rows(3)
```

Hamilton、Haedrich 和 Duncan(2004)在一篇文章中讲述了隐含在图 3.46 鳕鱼和气候数据以及与鳕鱼有关的渔夫歌谣背后的故事。图 3.47 给出了一幅更为精致的图形,该图使用 **graph combine** 将 13 个时间序列统一成四幅图,其中包含了一度以鳕鱼捕捞为生的纽芬兰北部半岛的人口数。

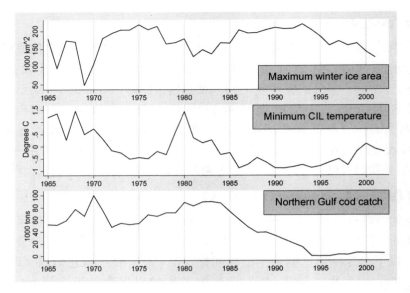

图 3.46

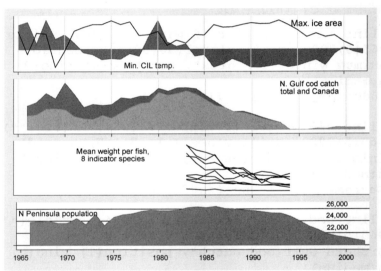

图 3.47

键入 **help graph combine** 查看有关这一命令的更多信息。选项控制还包括行数或列数、文本和标志的大小(否则会随着图形数量的增多而变得更小)以及各个图形之间的边距等细节。它们也可以设定二维图的 x 或 y 轴是否具有相同的刻度,或者对所有的成分指定一个共同的颜色方案。标题也能被加入到一幅合并的图形中,该图能被打印、保存、读取或者为了再次以通常的方式进行合并。

图形编辑器

到 10.0 这一版,Stata 在工具箱中增加了一个图形编辑器(**Graph Editor**)。通过亲自试验而不是阅读某本书可以更容易地了解其有用的特性。这里所展示的图形编辑器的一些应用示例应足以引导你入门。

自 2001 年以来,新罕布什尔大学的调查研究中心一直在以新罕布什尔州民意调查项目为名进行每年四次的公众舆论抽样调查。2001 年到 2007 年的民意调查重复涉及的一个问题是被访者对乔治·布什担任总统时所做的工作是否满意。数据集 *Granite1.dta* 收集了来自其中的 23 次民意调查的满意率(approval rating)(即说自己倾向于满意、有点满意或很满意的被访者所占的百分比)。对于每一个满意率,我们也计算了 95% 信度下的下限和上限。满意率和置信区间都反映了调查加权(survey weighting),即第 14 章所介绍的一种统计修正(statistical adjustment)。变量 *date* 为消逝的日期(即自 1960 年 1 月 1 日以来的天数),由于被格式化成 %dM/Y,因此它的数值型取值将带有诸如 October/2001 这样的标签(参见 **help dates and times**)。如第 13 章所介绍的那样,这一时间序列数据已被 **tsset data,daily**。

```
. use "Granite1.dta", clear
(Granite State Poll -- Pres. Bush)

. describe

Contains data from C:\data\Granite1.dta
  obs:            23                          Granite State Poll -- Pres. Bush
  vars:            4                          3 Feb 2008 08:36
  size:          506 (99.9% of memory free)

              storage  display    value
variable name   type   format     label    variable label

date            int    %dM/Y               Month/year of poll
bushapp         float  %3.1f               President Bush approval rating
conlow          float  %3.1f               Lower bound confidence interval
conhigh         float  %3.1f               Upper bound confidence interval

Sorted by:   date
```

23 次民意调查(每次都基于约 500 份访谈)横跨了布什总统任期的大部分时间。首次这一民意调查是在 9/11 恐怖袭击之后不久的 2001 年 10 月进行的。民意调查者在 2007 年 9 月之后转向与其他政治家有关的问题,因为争夺下一总统任期的竞选已开始。满意率从 9/11 袭击后的高达 90% 下降至 2007 年时的不到 30%。图 3.48 用一幅连线标绘图直观地展示了这些满意率,图中还叠并了一幅反映其置信区间的戴帽的全距条形图(capped range-bar plot)。

```
. graph twoway rcap conlow conhi date
      || connect bushapp date
      || , legend(off)
    ytitle("President Bush approval rating")
    xtitle("Month/year of poll")
```

在图形窗口中,选择 File > Start Graph Editor,或者点击图形编辑器图标 📊,界面将变成左边加入了一个工具工具栏(Tools Toolbar),右边呈现了一个对象浏览器(Object Browses)。工具工具栏包含用于选择图形不同部分的指针(pointer)工具以及用于来添加文本、添加线条、添加标志和编辑图形栅格的其他工具。对象浏览器呈现了一个层级结构的图形内容清单。某些项标注了个 + 号,点击此 + 号则会展开该清单,从而显示其中更低层的对象。要想选择图形中的对象,我们可以通过在其图像上点击指针或者通过点击对象浏览器中的名称(在复杂图形中,这往往更容易)来实现。

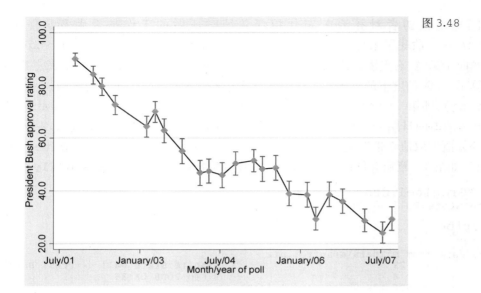

图 3.48

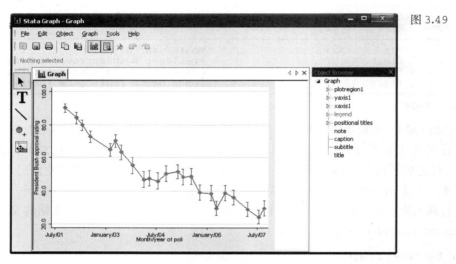

图 3.49

图 3.50 中,我们已使用对象浏览器在绘图区域内选择了 **plot2** ——*bushapp* 对 *year* 的连线图。**Plot2** 在对象浏览器和图形本身中均被突显出来。选择一个对象会打开恰好位于图形上方的内容工具栏(Contextual Toolbar),其中给出了与该对象的属性(properties)有关的信息。这时,我们看到 **plot2** 是一幅包含中等大小的标志、标志符号为菱形和中等宽度的线条的连线标绘图。如果点击内容工具栏上的 **More...**,我们可以看到用于对线条属性(比如实线、虚线、阶梯形)或标志属性(比如符号、颜色、大小)进行控制的更多选项。

我们可以使用图形编辑器来为此图添加一些历史性信息的说明,如图 3.51 中所看到的那样。为此,选中添加线条(**Add Line**)工具并从该图上方的内容工具栏中的选择 **Arrowhead:Tail**。然后将鼠标定位到想要添加箭头处,点击一下,并拖动鼠标来完成箭头的尾部。画好箭头后,使用添加文本(**Add Text**)工具进行定位,然后以期望的大小和颜色在标签中键入内容。

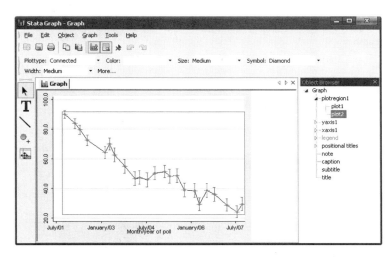

图 3.50

　　大体上,图形编辑器对可由初始 **graph** 命令加以控制的那些方面的图形特性进行修改。我们并不能做诸如移动图中个别数据点这样的事情,尽管我们可以在任何位置处添加或移动新的标志。但是,改变标志、线条、数轴标签或标题的属性是很容易做到的。我们也可以隐藏某个图中的对象,使它们不可见。当我们保存该图形时,在图形编辑器所作的任何改变就会变成永久性的。

图 3.51

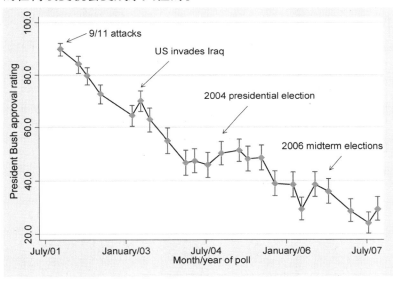

　　通过选择一个标绘图并改变其在内容工具栏中的 **plottype**(标绘图类型),我们可以实质性地改变一幅图的外观。图 3.52 显示了将 **plot1** 从 **plottype rcap**(戴帽全距条形)修改为 **rarea**(全距区域着色)并着以浅灰色(**gray10**)的结果。**Plot2** 已变成了中等粗的实线。

　　图 3.53 展示了另一变化,视觉上比图 3.52 更无吸引力但却更清楚地强调了一个事实:我们的数据来自 23 个分立的调查,而不是连续的测量。对于图 3.53,置信区间(confidence-limits)(**plot1**)的 **plottype** 已被改变成 **rbar**(全距条形),条形呈黑色、中粗。满意率(**plot2**)现在为 **plottype bar**,颜色为"**none**"和宽度为 50。这些替代设计的任何一个原本都可以在初始的 **graph** 命令中进行设定,但图形编辑器提供了图形被保存后将其加以改变或以不同外观进行试验的快捷方式。

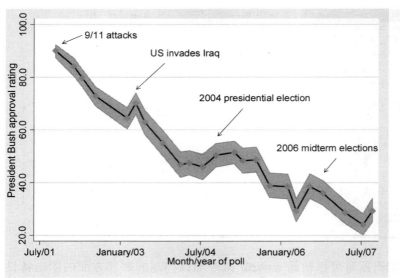

图 3.52

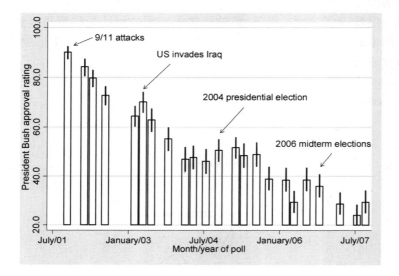

图 3.53

创造性制图

在其关于数据绘图的简练却富有影响的专著中,Edward Tufte(1990,1997,2001)提倡在设计清晰且富含信息的图形上面做出更多的努力。通过呈现大量极好或滑稽糟糕的示例,Tufte 展示了成功的图形如何让读者们可以进行自己的比较和对变量之间关系的细节进行考察。Stata 用户构成了这些建议的天然听众。Stata 提供了形象化展示复杂数据中所隐含模式的灵活工具,因为它允许在新图像中对基本标绘图加以改进或进行创造性重组。

Tufte 的主旨之一就是强调"小且多(small multiples)"的价值,即添加了多个比较维度的拇指甲般大小的图形。结合 **by**( )选项的 **graph** 命令可以令人满意地绘制这些图形。图 3.54 以新罕布什尔州怀特山脉的一个城镇及位于其南边 225 千米处的波士顿市这两个地方冬季雪层厚度的时间标绘图进行了示例说明(数据集 *whitemt1.*

dta)。两地每天的雪层厚度都进行了测量,这些数据涵盖了1997—1998 年到2005—2006 年期间9 个连续的冬季。变量 *dayseason* 计算了每个冬季自11 月1 日以来的天数。*mtdepth* 和 *bosdepth* 分别为怀特山脉和波士顿两处以厘米为单位的雪层厚度。变量 *season* 区分了1997—1998 年到2005—2006 年期间的各个冬季。下述命令设定了 *mtdepth* 和 *bosdepth* 对 *dayseason* 的一幅 **twoway area** 图:着以浅灰色和深灰色(**gs11** 和 **gs5**),依据 *season* 呈3×3 格局排列,同时在3 点钟位置处给出了一个单行内容的图例。

```
. graph twoway area mtdepth bosdepth dayseason
    if dayseason>29 & dayseason<160,
    bcolor(gs11 gs5) ytitle("Snow depth, cm")
    by(season, rows(3) note("") legend( position(3)))
    xlabel(30(30)150) ylabel(0(20)80)
    legend(cols(1) label(1 "White Mt") label(2 "Boston"))
```

图 3.54

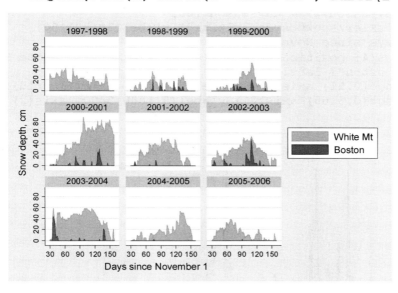

图 3.54 形象化地呈现了九个新英格兰冬季期间的日常状况,展示了雪层厚度如何在两个不同地方及两个不同时间尺度上变动。2000—2001 年和2003—2004 年清晰地突现出来,期间山脉区经历了大雪季,同时波士顿出现了数次重大暴风雪。1998—1999 年的雪层在山脉区要薄得多,是个地面上无雪的时期。

图 3.54 背后的数据被重新组织以研究天气和气候如何影响滑雪区的游客到访量(attendence)(Hamilton,Brown & Keim,2007)。随着近几十年来新英格兰的冬季气候变暖,少雪的冬季变得越来越常见。从环境或其他角度包括冬季娱乐来看,这一变暖令人烦恼。滑雪区不但能够体会到当地雪层状况的效应,也能体会到诸如波士顿这样有许多滑雪者居住的远距离城市的雪层状况的"后院效应(backyard effect)"。图 3.55 集中关注1999—2000 年这一季节(数据集 *whitemt2.dta*),起初具有与图3.54 右上角的标绘图相同的雪层厚度阴影区域(shadow mountains)。

图 3.55 将这些阴影区域(即 **twoway area** 标绘图)与一个 **line** 标绘图叠并在一起,此曲线标绘图显示了怀特山脉中靠近进行雪层厚度测量之处的一个滑雪区每天的滑雪者和单板滑雪者来访数。观测的游客数(*visits*)和以一个时间序列模型所得预测的游客数(*model*)均被画出来。第 13 章中介绍的此模型以某周期性起作用的因素以及山

脉和波士顿两地的天气和降雪情况作为函数来预测日常到访量。创建图 3.55 的 **graph** 命令以左手边的 y 轴表示以厘米为单位的雪层厚度(*mtdepth* 和 *bosdepth*),以右手边的 y 轴表示观测和预测的游客数量(*visits* 和 *model*)。

注意,通过仔细地对图 3.55 中两幅叠并标绘图的每一幅设定 **yscale(range( ))** 和 **ylabel( )** 选项,我们可以设法对齐它们的刻度,从而两者具有相同的栅格线。这并非对所有的数据都可行,但肯定可以提高涉及不同刻度 y 变量的图形的易读性。

```
. graph twoway area mtdepth bosdepth dayseason,  yaxis(1)
     ytitle("Snow depth, cm", axis(1)) bcolor(gs12 gs6)
     ylabel(0(10)60, axis(1))

     ||   line model visits dayseason, yaxis(2)
  lpattern(solid solid) lwidth(medthin medthick)
  ylabel(0(1)3, axis(2)) lcolor(gs1 gs0)

     ||   if dayseason>29 & dayseason<160,
  r2("Daily skier/snowboarder visits") xlabel(30(30)150)
  xtitle("Days since November 1")
  legend(rows(4) position(2) order(4 3 1 2) label(1 "White Mt")
  label(2 "Boston") label(3 "model") label(4 "attend"))
  yscale(range(0,51) axis(1)) ylabel(0(10)50, axis(1) grid)
  yscale(range(0,5100) axis(2)) ylabel(0(1000)5000, axis(2))
```

图 3.55

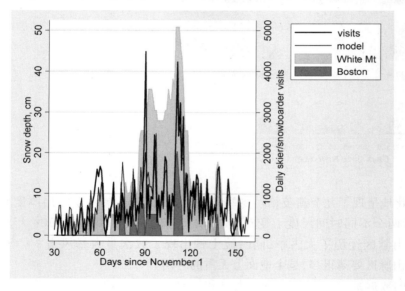

滑雪区游客数上最高的两个芒尖是学校放假的时期,碰巧与波士顿的降雪同时发生。"后院效应"的意义已为涉及两个滑雪区和许多季节的更为全面的分析所确证,见 Hamilton,Bronw 和 Keim(2007)。若采用图解法,从图 3.55 到像图 3.54 那样将滑雪生意与雪层状况一同展示的一组小型且多重的标绘图将是一个简单的步骤(此处未显示)。

被人口学家们广泛用来呈现人口年龄性别结构的人口金字塔(population pyramid)并不属于 Stata 的图形类型。但是,通过对 **graph hbar** 的略带创造性的应用,它们可由横向的条形图来创建。图 3.56 以一个 2006 年格陵兰岛人口中出生于当地的、占人口绝大多数的因纽特人的金字塔对其中的一种方式进行了示例说明(Hamilton & Rasmussen,2008)。每一年龄的女性人数由朝向中心右边的一个条形来标示,而相同年龄处的男性人数由朝向中心左边的一个条形来标示。这里所看到的 90 个单岁年龄组太多了而无法一一添加标签,因此它们是由每间隔 20 岁(0 ~19 岁,20 ~39 岁,等等)的灰色带(gray band)进行标示。比如,该图表明,2006 年时,出生于格陵兰岛的人口中有近 600 名 40 岁的男性和不到 500 名的女性,这反映了净迁出(net outmigration)上的性别差异(sex difference)。此金字塔上的中心凸起(central bulge)显示出由正处于 35 ~49 岁的成年人(出生在 1950 年代和 1960 年代)构成的一个"婴儿潮(baby boom)",更年轻队列的人口规模要比其小得多。我们也看到了一个由出生于 1980 年代和 1990 年代的孩子形成的对出生于第一次生育高峰时的成人的"回应潮(echo boom)"。10 ~14 岁包含了孩子中人数最多的队列。

图 3.56

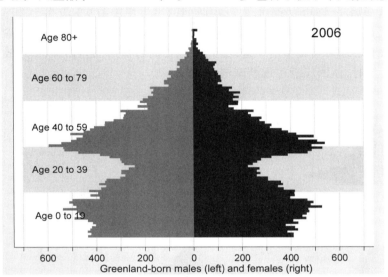

图 3.56 背后有若干诀窍。原始数据(greenpopl.dta)包含每一年龄处 males 和 females 的人数。为了将男性画在左边,我们创建一个新变量,使其等于男性人数的负数:

```
. gen negmales = -males
```

然后,基本的未加标签的金字塔可由如下命令来绘制:

```
. graph hbar (sum) negmales females if year==2006,
      over(age, descending gap(0) label(nolabel))
```

为了将灰色带放置在背景上以标示出 20 岁的年龄组,我们定义虚假变量(fake variable)maleGRAY 和 femGRAY 加上或减去 700 仅仅是为了填充到图形中:

```
. gen maleGRAY = -(700-males) if (age>=20 & age<40)
      | (age>=60 & age<80)
. gen femGRAY = 700-females if (age>=20 & age<40)
      | (age>=60 & age<80)
```

图 3.56 现在可以通过将 negmales,females,maleGRAY 和 femGRAY 堆叠到一幅横向条形图中来绘制,同时包含用于标注灰色带的文本。我们也将诸如以"600"表示 −600 这样的标签应用到 y 轴上,因此男性人数并未出现负值。

```
graph hbar (sum) negmales females maleGRAY femGRAY if year ==2006,
    over(age, descending gap(0) label(nolabel))
    ylabel(-600 "600" -400 "400" -200 "200" 0 200 400 600)
    ytick(-700(100)700, grid) legend(off) stack
    Ytitle("Greenland-born males (left) and females (right)")
    bar(1, color(gs8)) bar(2, color(gs3)) bar(3, color(gs14))
    bar(4, color(gs14)) text(550 97 "2006", size(large))
    text(-550 11 "Age 0 to 19")
    text(-550 33 "Age 20 to 39") text(-550 53 "Age 40 to 59")
    text(-550 76 "Age 60 to 79")  text(-550 95 "Age 80+")
```

通过展示 1977,1986,1996 和 2006 年各年相似年龄的金字塔,图 3.57 进一步采纳了这一思路。以这一顺序,你可以看到,大规模队列的出生伴随着 1950 年代和 1960 年代格陵兰岛人健康和生活条件的改善。这一婴儿潮在 1977 年金字塔中作为青少年出现。随着婴儿潮一代在 1986 年金字塔中进入到成人期,我们看到,他们的孩子形成了一个回应潮。到 2006 年时,该回应潮正逐渐减弱。

图 3.57

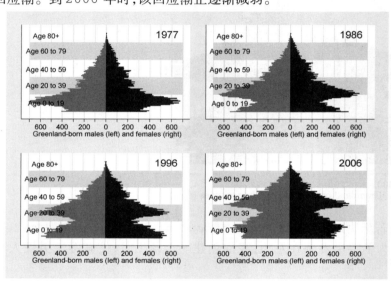

尽管图 3.57(使用单独的图像和 **graph combine** 建构得到)遵循了类似于图 3.54 的小型且多重的理念,但这些金字塔可以用一种更有意思的方式进行展示。为了进行现场演示,我使用 do 文件绘制了 1977 年到 2006 年期间的一组共 30 个年度金字塔。然后,这 30 个 Stata 图形(以 .emf 格式保存)被逐一粘贴到一张幻灯片上,同时设定每间隔 1 秒钟就自动切换,这就得到了一幅反映格陵兰岛人口变化的长达 30 秒钟的动画。另一幅动画展示了居住在格陵兰岛的非格陵兰岛人所构成人口在相同年份是如何变化的,这是一个有关联但却极为不同的人口学故事(Hamilton & Rasmussen,2008)。

图 3.58 更缺乏动态性,但它将五幅包含文本的简单标绘图合并起来构成了一幅同时具有插图和表格的某些属性的图像。所得的 Stata 图形描绘了居住于美国南部各农村县(rural counties)的不同民族群体从 1990 年到 2000 年间出现的人口变化(基于美国普查数据,由 Voss 等进行编辑(Voss et al.,2005);所做分析来自 Hamilton,2006b)。图 3.58 左侧是一幅 **twoway area** 图。为了体现反映人口变化的倾斜效果(ramped effect),针对每个民族群体画出的变量(popwbho,popwbh,等等)实际上代表着该群体的人口数与图形上位于其下方的其他人口的数量之和(数据集

southmig1.dta)。区域图本身未明显反映出来的其他重要信息由图例中对应着每一群体的两行标签加以传达。比如,读者通过图例可以看到,南部农村的西班牙裔人口在这十年中增长了 61%,从约 80 万人增加到 130 万人,同时读者自己也可以与其他人口进行视觉或数值比较。

```
. graph twoway area popwbho popwbh popwb popw year,
     legend(rows(4) position(3) symxsize(3)
     label(1 "Other, +50%" "0.3 to 0.5m")
     label(2 "Hispanic, +61%" "0.8 to 1.3m")
     label(3 "Black, +7%" "3.6 to 3.8m")
     label(4 "White, +6%" "14.9 to 15.7m"))
     xlabel(1990 2000) xtitle("")
     ylabel(0(5)20,angle(horizontal) grid)
     ytitle("Population in millions")
     title("Population growth 1990-2000")
```

图 3.58

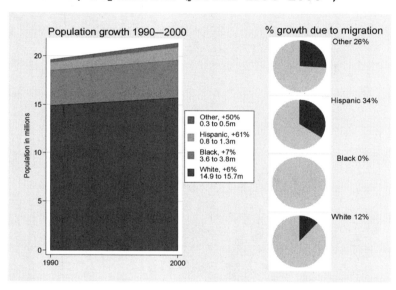

图 3.58 的右手部分由四幅饼图构成,展示了由于净迁入(net in-migration)所导致的人口增长百分比。每幅饼图均为分别使用数据集 *southmig2.dta* 绘制而成。比如,底部的饼图显示白人人口增长中的 12% 反映着净迁移。所画出的变量都是净迁移(*netmig_w*,为迁入人数减去迁出人数得到的总数)与其余由自然增长导致的人口增长(*nonmig_w*,为出生人数减去死亡人数得到的数值)。

```
. graph pie nonmig_w netmig_w,
     legend(off)  pie(1, color(gs5)) pie(2, color(gs13))
     title("White  12%    ", position(2))
```

每一幅单独的饼图均被以诸如 *pie_white.gph* 这样的文件名保存起来。在画出并保存好这四个饼图之后,可以使用 **graph combine** 将它们合并在一起。

```
. graph combine  pie_other.gph  pie_hisp.gph
     pie_black.gph  pie_white.gph,
     imargin(tiny) rows(4)
     title("% growth due to migration") fxsize(40)
```

选项 **fxsize(40)** 强制这一包含四幅饼图的图像只使用可利用宽度中的 40%。因此,当它们被与左手边的区域图合并起来得到图 3.58 时,这些饼图所占空间不到总宽度的一半。

本书中未展示的颜色可能是图形图像的一个很有用的元素。当信息被标以不同色彩时,图形会变得更好看,也往往更便于阅读。尽管彩色打印对于大多数书籍或研究性期刊而言仍然非常昂贵,不过印刷型期刊也越来越多地发行无需颜料的在线版本 (online version)。其他的在线出版物、打印型报告和幻灯片类的演示材料都可以充分利用色彩,因此分析人员可能想同时拥有其最佳图形的彩色和黑白版本。借助 **graph use** 命令和 **scheme**( )选项,我们可以将已保存的图形从单色方案修改成彩色方案(或者相反),比如,

. graph use *fig03_47.gph*, scheme(s2color)

作为替代办法,本章介绍的图形编辑器允许对先前已保存图像中的色彩、底纹、线条属性等进行更为细致的修改。色彩进一步扩展了以 Stata 进行创造性制图的能力。

4 概要统计及交互表

命令 **summarize** 可以对测量型变量做简单的描述性统计,比如计算变量的中位数、平均数及标准差。而 **tabstat** 命令则可以进行更加灵活的概要统计。对于定类或者定序变量,**tabulate** 命令可以获得频数分布表、交互表、分类检验以及进行关联度测量,此外,**tabulate** 也可以根据其他变量的类别创建有关平均数及标准差的一维或者二维表格。**table** 作为一般性的表格创建命令,可以创建多达七维的交互表,表中的单元格包含诸如频数、总和、平均数或者中位数等统计量。在本章的最后,我们将进一步探讨单变量的操作程序,包括正态性检验、变量转换以及展示探索性数据分析(EDA)。本章所涉及的大多数分析要么可以通过所列出来的命令来完成,要么通过如下的菜单选择来完成:Statistics > Summaries, tables & tests。

除了这些一般目的分析方法之外,Stata 还为流行病学家们提供许多满足特定意图的表格。这些虽然未在本章中加以介绍,但是读者可以通过键入 **help epitab** 查看相关的信息。Selvin(1996)介绍过这一主题。

命令示范

. **summarize** *y1 y2 y3*

对所列变量计算简单的概要统计量(平均数、标准差、最小值和最大值、观测案例数)。

. **summarize** *y1 y2 y3*, detail

获取详细的描述性统计,包括百分位数、中位数、平均数、标准差、方差、偏度、峰度等。

. **summarize** *y1* if *x1* > 3 & *x2* < .

只计算 *x1* 大于 3 且 *x2* 不是缺失值条件下的变量 *y1* 的概要统计量。

. **summarize** *y1* [fweight = *w*], detail

利用变量 *w* 作为加权变量进行频数加权,计算 *y1* 详细的概要统计量。

. **tabstat** *y1*, stats(mean sd skewness kurtosis n)

只计算变量 *y1* 的具体指定的概要统计量。

. **tabstat** *y1*, stats(min p5 p25 p50 p75 p95 max) by(*x1*)

按变量 *x1* 的每个类别,分别计算测量型变量 *y1* 的具体指定的概要统计量(最小值、第 5 百分位数、第 25 百分位数,等等)。

. **tabulate** *x1*

  显示变量 *x* 所有非缺失值的频数分布表。

. **tabulate** *x1*, **sort miss**

  显示 *x*1 所有值的频数分布,包括缺失值。按频数从大到小对行(变量值)进行排序。

. **tab1** *x1 x2 x3 x4*

  对所列变量分别创建频数分布表。

. **tabulate** *x1 x2*

  显示一个两变量交互表,其中 *x*1 为行变量,*x*2 为列变量。

. **tabulate** *x1 x2*, **chi2 nof column**

  创建一个交互表,并对两变量的独立性进行皮尔逊卡方(Pearson χ^2)检验。每一单元格内不再显示频数而是给出列百分比。

. **tabulate** *x1 x2*, **missing row all**

  创建一个交互表,在计算频数和百分比时把缺失值包括在内。同时,计算"所有"可用的统计量(皮尔逊卡方(Pearson χ^2)和似然比卡方(likelihood-ratio χ^2),Cramer 的 *V* 检验,Goodman 和 Kruskal 的 gamma 检验以及 Kendall 的 τ_b 检验)

. **tab2** *x1 x2 x3 x4*

  创建所列变量的所有可能的二维交互表。

. **tabulate** *x1*, **summ(y)**

  创建一个一维表,显示 *x*1 每个类别中变量 *y* 的均值、标准差及频数。

. **tabulate** *x1 x2*, **summ(y) means**

  创建一个二维表,显示 *x*1 和 *x*2 每一种组合下 *y* 的均值。

. **by** *x3*, **sort:** **tabulate** *x1 x2*, **exact**

  创建一个三维交互表,在 *x*3 的每一个取值下创建 *x*1(行)和 *x*2(列)的分表,并为每个分表计算费舍精确检验(Fisher 's exact test)。命令 **by varname, sort:** 几乎可以作为任何有意义的 Stata 命令的前缀发挥作用。如果数据已经根据变量名 *varname* 进行了排序,那么这里的 **sort** 选项就没有必要了。

. **table** *y x2 x3*, **by(x4 x5) contents(freq)**

  创建一个五维交互表,其中 *x*4 为大行 1、*x*5 为大行 2,*x*3 为大列,构成基础三维表,然后其中每个交互单元都是 *y*(行)和 *x*2(列)的二维交互表,每个单元格包含频数。

. **table** *x1 x2*, **contents(mean y1 median y2)**

  创建 *x*1(行)和 *x*2(列)的二维交互表,单元格包含 *y*1 的平均数和 *y*2 的中位数。

. **svy: tab** *y*, **percent ci**

  使用调查加权的数据(由 **svyset** 命令所宣称),获得变量 *y* 的一维百分比表以及

95 % 的置信区间。键入 **help svy tab** 可以查询更多的调查数据表选项。第 14 章对调查数据及其分析进行了介绍。

. **svy: tab** *y* *x*, **column percent**

使用调查加权的数据,获得一个行变量 *y* 对列变量 *x* 的二维交互表,并对其独立性进行调整的卡方检验。单元格中给出了加权的列百分比。

测量型变量的描述性统计

数据集 *VTtown.dta* 包含了美国佛蒙特州某镇居民的信息。例行的州检验发现,城镇的供水中有微量的有毒化学物质,随后很快对此做了一项调查。发现,几口私井处和公立学校附近的有毒化学物质浓度最高。忧心的市民召开了数次会议讨论这一问题的可能解决途径。

```
Contains data from c:\data\VTtown.dta
  obs:           153                      VT town survey (Hamilton 1985)
  vars:            7                      21 Jan 2008 09:32
  size:         2,295 (99.9% of memory free)

              storage   display    value
variable name   type    format     label      variable label

gender         byte     %8.0g      sexlbl     Respondent's gender
lived          byte     %8.0g                 Years lived in town
kids           byte     %8.0g      kidlbl     Have children <19 in town?
educ           byte     %8.0g                 Highest year school completed
meetings       byte     %8.0g      kidlbl     Attended meetings on pollution
contam         byte     %8.0g      contamlb   Believe own property/water
                                                contaminated
school         byte     %8.0g      close      School closing opinion

Sorted by:
```

要得到变量 *lived*(受访者在本镇所住年数)的平均值和标准差,键入:

. **summarize** *lived*

Variable	Obs	Mean	Std. Dev.	Min	Max
lived	153	19.26797	16.95466	1	81

这个表还给出了非缺失观测的数目以及变量的最小值和最大值。如果我们只键入 **summarize** 而未给出变量清单,那么我们将获得数据集中每一个数值型变量的平均数和标准差。

要想看到更详细的概要统计,键入:

. **summarize** *lived*, **detail**

```
                         Years lived in town
-------------------------------------------------------------
        Percentiles      Smallest
 1%           1              1
 5%           2              1
10%           3              1        Obs                 153
25%           5              1        Sum of Wgt.         153

50%          15                       Mean           19.26797
                          Largest     Std. Dev.      16.95466
75%          29             65
90%          42             65        Variance       287.4606
95%          55             68        Skewness       1.208804
99%          68             81        Kurtosis       4.025642
```

这个 **summarize, detail** 命令输出包括基本的统计量和以下各项指标：

百分位数（percentiles）：	特别是第 1 四分位数（quartile，即第 25 百分位数）、中位数（median，即第 50 百分位数）和第 3 四分位数（即第 75 百分位数）。因为许多样本数据不能均匀地进行四分或者以其他标准的比例进行划分，故这些百分位数为近似值。
四个最小值和四个最大值：	这些值通常可以显示出特异值。
权数和（sum of weights）：	**summarize** 命令允许用频次权数或 **fweight**。相关说明请见 **help weight**。
方差（variance）：	标准差（standard deviation）的平方（更恰当地说，标准差等于方差的平方根）。
偏度（skewness）：	不对称的方向和程度。一个完美对称分布的偏度值等于 0。正偏度（右边尾巴拖得较长）的偏度值大于 0；负偏度（左边尾巴拖得较长）的偏度值小于 0。
峰度（kurtosis）：	尾重（tail weight）。正态（normal）（高斯，Gaussian）分布是对称分布，其峰度值等于 3。若一个对称分布有比正态分布更长的尾巴（即呈尖峰状），则它的峰度值就大于 3。若峰度值小于 3，则表明比正态分布的尾巴更短。

tabstat 命令提供了对 **summarize** 的更灵活替代。我们可以只设定想知道的概要统计指标。例如：

```
. tabstat lived, stats(mean range skewness)
```

variable	mean	range	skewness
lived	19.26797	80	1.208804

加一个 **by**(*varname*) 选项，**tabstat** 便会创建一个表格，包括 *varname* 每个取值下的概要统计。下面这个例子包括 *gender* 每一类下变量 *lived* 的平均数、标准差、中位数、四分位距（interquartile range）以及非缺失观测值的数目。平均数和中位数都表明样本中的妇女居住本镇的平均时间比男性短好几年。需要注意的是中位数一栏被标为"p50"，意思是第 50 百分位数。

```
. tabstat lived, stats(mean sd median iqr n) by(gender)
```

Summary for variables: lived
    by categories of: gender (Respondent's gender)

gender	mean	sd	p50	iqr	N
male	23.48333	19.69125	19.5	28	60
female	16.54839	14.39468	13	19	93
Total	19.26797	16.95466	15	24	153

除了 **mean,median** 或 **iqr** 之外，**tabstat** 命令的 **stats**( ) 选项中其他可用的统计量与前面提到的命令 **collapse** 或 **graph bar** 所列的统计量相同（如 **count,sum,max,min, variance, sd** 以及 **p1** 至 **p99** 等百分位数）。其他的 **tabstat** 命令选项用来控制表格的格式和标签。键入 **help tabstat** 查看 tabstat 选项的完整清单。

summarize 或者 **tabstat** 命令取得的统计量对当前的样本进行了描述。我们也可能想对总体进行推断,比如创建变量 *lived* 平均数的 99% 置信区间:

```
. ci lived, level(99)
```

Variable	Obs	Mean	Std. Err.	[99% Conf. Interval]	
lived	153	19.26797	1.370703	15.69241	22.84354

基于这个样本,我们有 99% 的信心认为总体的平均值会落在 15.69 到 22.84 年这个区间内。在这里,我们用 **level**( ) 选项具体指定一个 99% 的置信区间。如果我们忽略这个选项,**ci** 命令会默认做出一个 95% 的置信区间。

使用其他选项可以使 **ci** 计算那些服从二项分布或者泊松分布的变量的精确置信区间。与 **ci** 相关的一个命令是 **cii** ,它可以直接根据概要统计量,比如我们可能会在发表的论文中碰到的那些,来计算正态分布、二项分布或者泊松分布的置信区间。它并不需要原始数据。可以键入 **help ci** 获取有关这两个命令的详细内容。

探测性数据分析

统计学家 John Tukey 发明了一整套用于探测性数据分析(exploratory data analysis,EDA)的工具,不用一些无关紧要的假定,用一种探测性的和怀疑的方式来分析数据(Tukey,1977;Hoaglin,Mosteller & Tukey,1983,1985)。我们在第 3 章介绍的箱线图就是 Tukey 最有名的发明之一。Tukey 的另一项发明是茎叶图,这是一种对数据值进行排序的图,每一观测数据值的首位数构成了"茎",随后各位数则构成了"叶"。

```
. stem lived

Stem-and-leaf plot for lived (Years lived in town)

   0*  |  11111112222233333333344444444
   0.  |  555555555555566666666777889999
   1*  |  00000011222233333334
   1.  |  55555567788899
   2*  |  0000001111112224444
   2.  |  56778899
   3*  |  00000124
   3.  |  5555666789
   4*  |  0012
   4.  |  59
   5*  |  00134
   5.  |  556
   6*  |
   6.  |  5558
   7*  |
   7.  |
   8*  |  1
```

在这里,**stem** 自动选择了一个双茎形式的茎叶图,其中 1* 表示首位数是 1 和第二位数是 0 到 4(也就是指那些已经在本镇住了 10 到 14 年的受访者)。1. 表示首位数是 1 和第二位数是 5 到 9(15 到 19 年)。我们可以用 **lines**( ) 选项控制每个首位数的列数。例如,在一个五茎形式的茎叶图中,1* 表示持有叶子 0 到 1,1t 表示持有叶子 2 到 3,1f 表示持有叶子 4 到 5,1s 表示持有叶子 6 到 7,1. 表示持有叶子 8 到 9。要获取这种五茎形式的茎叶图,键入:

```
. stem lived, lines(5)
```

键入 **help stem** 可以得到有关其他选项的信息。

字符数值表(**lv**)利用序次统计量来分解一个分布。

```
. lv lived
```

#	153		Years lived in town			spread	pseudosigma
M	77			15			
F	39	5		17	29	24	17.9731
E	20	3		21	39	36	15.86391
D	10.5	2		27	52	50	16.62351
C	5.5	1	30.75		60.5	59.5	16.26523
B	3	1		33	65	64	15.15955
A	2	1	34.5		68	67	14.59762
Z	1.5	1	37.75		74.5	73.5	15.14113
	1	1		41	81	80	15.32737
						# below	# above
inner fence		-31			65	0	5
outer fence		-67			101	0	0

M 表示中位数,**F** 表示"四分位数"(与 **summarize**, **detail** 和 **tabsum** 不同,它采用另一种近似方法来计算四分位数)。**E,D,C**……分别表示大约在 $1/8$, $1/16$, $1/32$……分割点之外的分布情况。第二列数给出了每个字符值的"深度"或者说是离最近极值的距离。在中央的方框内,中间的一列给出了"中间概要值",它们分别是两个字符值的平均值。如果中间概要值背离中位数,就像变量 *lived* 显示的那样,就告诉我们此变量分布越接近尾部的部分就越偏。"spread(差幅)"这一列表示每对字符值的差,比如 F 之间的差幅等于近似的四分位距。最后,右端一列的"pseudosigma(伪 σ)"估计了假定这些字符值描述的是高斯总体(Gaussian population)时的标准差应当是多少。F 行的伪 σ 有时又被称作"伪标准差(pseudo standard deviation,PSD)",它是针对对称分布的近似正态性问题提供的一种简易且抗特异值影响的检差。

1.比较平均数和中位数以诊断总体的偏态:

   平均数 > 中位数:正偏态

   平均数 = 中位数:对称

   平均数 < 中位数:负偏态

2.假如平均数和中位数相似,则表明对称,然后比较标准差和伪标准差 *PSD*,这有助于我们对尾部正态性进行评估:

   标准差 > PSD:比正态分布更重的尾(heavier-than-normal tail)

   标准差 = PSD:正态分布的尾(normal tail)

   标准差 < PSD:比正态分布更轻的尾(lighter-than-normal tail)

令 F_1 和 F_3 分别表示第 1 和第 3 四分位数(近似于第 25 百分位数和第 75 百分位数)。

那么,四分位距 IQR 等于 $F_3 - F_1$,同时 PSD = IQR $/1.349$ 。

命令 **lv** 也可以识别那些轻度和严重的特异值。当一个 x 的值处在内栅栏之外但还在外栅栏之内时,我们称之为"轻度特异值":

$$F_1 - 3IQR \leqslant x < F_1 - 1.5IQR \text{ 或者 } F_3 + 1.5IQR < x \leqslant F_3 + 3IQR$$

假如 x 的值处在外栅栏之外,那么它就是一个"严重的特异值":

$$x < F_1 - 3IQR \text{ 或者 } x > F_3 + 3IQR$$

lv 命令给出了这些分割点以及每类特异值的数目。外栅栏之外的严重特异值在正态总体中很少发生(大约为百万分之二)。蒙特卡罗模拟显示出,从规模为 15 至规模约为 20 000 的样本中,任何严重特异值的存在都足以成为在显著水平为 0.05 的条件下拒绝正态性假设的充分证据(Hamilton,1992b)。严重的特异值会给许多的统计技术带来问题。

summarize,**stem** 和 **lv** 都证实变量 *lived* 的样本分布呈正偏态,根本不像理论上的正态曲线。下一节将介绍更为正规的正态性检验以及能减少变量偏态的数据转换。

正态性检验和数据转换

许多的统计程序只有在变量服从正态分布时才能工作得最好。上一节我们所介绍的检验近似正态性的探索性方法扩展了在第 3 章所介绍的图形工具(直方图、箱线图以及分位-正态图)。有一种更为正式的偏度-峰度检验,它利用命令 **summarize,detail** 显示的偏度和峰度统计值来检验虚无假设,即手头的样本来自于一个正态分布总体。

```
. sktest lived
```

	Skewness/Kurtosis tests for Normality			joint
Variable	Pr(Skewness)	Pr(Kurtosis)	adj chi2(2)	Prob>chi2
lived	0.000	0.028	24.79	0.0000

这里,**sktest** 拒绝了正态性假设:变量 *lived* 无论是在偏度($P \approx 0.000$)还是在峰度($P = 0.028$),抑或是把两者结合起来考虑($P \approx 0.000\ 0$)都表现出显著的非正态。Stata 只显示保留三位或者四位小数的概率,"0.000 0"实际上意味着 $P < 0.000\ 05$。

其他的正态性检验包括 Shapiro-Wilk 的 W 检验(**swilk**)以及 Shapiro-Francia 的 W' 检验(**sfrancia**)。键入 **help sktest** 查看这些选项。

数据的非线性转换,比如取平方根和求对数,经常被用于改变分布的形态,其目标是使那些偏态分布更加对称,乃至也许更接近于正态。转换也可能有助于将变量之间的关系线性化(第 8 章)。表 4.1 展示了一种被称作"幂阶梯(ladder of powers)"(Tukey,1977)的级数(progression),它为选择合适的转换以改变分布的形态提供了指引。变量 *lived* 呈现出轻度的正偏态,因此它的平方根可能会更加对称。我们可以通过键入下列命令创建一个新变量,使之等于变量 *lived* 的平方根:

```
. generate srlived = lived^.5
```

我们也可以用 **sqrt(***lived***)** 来代替 *lived* **^.5** ,两者作用完全相同。

对数是另外一种可以减少正偏态的转换。要想创建一个新变量,使它等于变量 *lived* 的自然对数(底为 e),键入:

```
. generate loglived = ln(lived)
```

在幂阶梯方法及诸如 Box-Cox 等相关的转换方法中,对数其实是取代了"0"次方的位置,它们对于分布形态的影响介于 0.5 次方(即平方根)和 -0.5 次方(即平方根倒数)转换之间。

表 4.1　幂阶梯

转换（Stata 输出标签 ）	公　式	效　果
立方（cube）	$new = old\hat{\ }3$	减少严重负偏态
平方（square）	$new = old\hat{\ }2$	减少轻度负偏态
原始（raw ）	old	没有变化（原始数据）
平方根（square-root）	$new = old\hat{\ }.5$	减少轻度正偏态
自然对数 $\log_e$（log$_e$）	$new = ln(old)$	减少正偏态
（或 $\log_{10}$）（（or log$_{10}$））	$new = log_{10}(old)$	
平方根负倒数（negative reciprocal root ）	$new = -(old\hat{\ }-.5)$	减少严重正偏态
负倒数（negative reciprocal）	$new = -(old\hat{\ }-1)$	减少非常严重正偏态
平方负倒数（negative reciprocal square）	$new = -(old\hat{\ }-2)$	同上
立方负倒数（negative reciprocal cube）	$new = -(old\hat{\ }-3)$	同上

　　在乘方次数小于零的情况下，我们取结果的负数以便保留了原本的顺序，即原变量（old）的值越大，其转变后新变量（new）的值也就越大，反之亦然。当原变量本身包含负值或零时，在进行转换之前必须先加上一个常数。例如，假如变量 $arrests$ 测量的是一个人曾经被逮捕的次数（很多人为 0 次），那么一种比较合适的对数转换可能是：

. **generate** *logarrest* = ln(*arrests* + 1)

　　ladder 命令把幂阶梯和 **sktest** 的正态性检验结合在一起。它对阶梯上的每一种幂进行尝试并报告其结果是否显著地非正态。我们可以利用取自于数据集 *states.dta* 具有严重偏态的变量 *energy*（表示人均能源消耗）来加以展示。

. **ladder** *energy*

Transformation	formula	chi2(2)	P(chi2)
cubic	energy^3	53.74	0.000
square	energy^2	45.53	0.000
identity	energy	33.25	0.000
square root	sqrt(energy)	25.03	0.000
log	log(energy)	15.88	0.000
1/(square root)	1/sqrt(energy)	7.36	0.025
inverse	1/energy	1.32	0.517
1/square	1/(energy^2)	4.13	0.127
1/cubic	1/(energy^3)	11.56	0.003

　　从结果看，倒数（逆）转换 $1/energy$（或 $energy^{-1}$）最接近于正态分布。其他的大部分转换（包括原始数据）都是显著地非正态。由命令 **gladder** 得到的图 4.1 通过将每一种转换的直方图与正态曲线加以比较直观地支持了这个结论。

. **gladder** *energy*

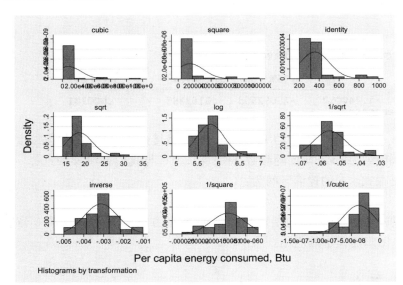

图 4.1

图 4.2 显示了一组与这些幂阶梯转换相对应的分位-正态图,它们是通过"四分位阶梯"命令 **qladder** 取得的(键入 **help ladder** 可以获得有关 **ladder**,**gladder** 和 **qladder** 的信息)。在这个例子中,为了使这些小图更易读,我们可以使用选项 **scale**(**1.25**)按 25% 比例来放大标签和标志。坐标轴标签(将会难以辨认且堆挤在一起)可以由选项 **ylabel**(**none**) **xlabel**(**none**)将其取消。

. **qladder** *energy*, scale(1.25) ylabel(none) xlabel(none)

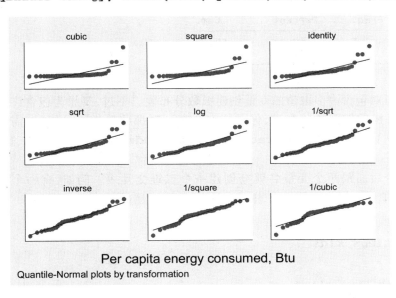

图 4.2

一项被称作 Box-Cox 转换的替代技术提供了各转换之间更为精细的渐变并自动地在各转换之间做出选择(这对于分析者来说是更不费力了,但并不总是一件好事)。命令 **bcskew0** 会找出 Box-Cox 转换的 λ 值:

$$y^{(\lambda)} = \{y^{\lambda} - 1\}/\lambda \qquad 当 \lambda > 0 或 \lambda < 0$$

或者

$$y^{(\lambda)} = \ln(y) \qquad 当 \lambda = 0$$

这样便使 $y^{(\lambda)}$ 具有近似于 0 的偏度。将其应用于变量 *energy*,我们得到转换变量 *benergy*:

```
. bcskew0 benergy = energy, level(95)
```

Transform	L	[95% Conf. Interval]	Skewness
(energy^L-1)/L	-1.246052	-2.052503 -.6163383	.000281

(1 missing value generated)

就是说,*benergy* $=(energy^{-1246} -1)/(-1.246)$ 是最接近于对称(正如由偏度统计量所定义的那样)的转换。Box-Cox 的参数 $\lambda = -1.246$ 与我们幂阶梯的选择 -1 次方之间的差别并不是很大。λ 的置信区间为:

$$-2\,052\,5 < \lambda < -0.616\,3$$

它使我们拒绝其他的一些可能转换,包括对数($\lambda = 0$)或平方根($\lambda = 0.5$)。第 8 章会介绍 Box-Cox 方法在回归建模中的应用。

频数表和二维交互表

上面介绍的方法适用于测量型变量。定类变量则需要其他的方法,比如频数表。回到前面所用的调查数据 *VTtown.dta*,通过对定类变量 *meetings* 制表,我们可以取得参加有关污染问题会议的受访者比例:

```
. tabulate meetings
```

Attended meetings on pollution	Freq.	Percent	Cum.
no	106	69.28	69.28
yes	47	30.72	100.00
Total	153	100.00	

tabulate 可以对包含许多取值的变量创建频数分布表。不过,要想为包含许多取值的变量创建一个易操控的频数分布表,你可能先会想到对那些值进行分组,这需要用到 **generate** 命令以及它的选项 **recode** 或 **autocode**(见第 2 章或 **help generate**)。

tabulate 命令后面跟两个变量名就会创建一个二维交互表。例如,有一个根据 *kids*(受访者是否有 19 岁以下的孩子住在本城镇)所创建的关于 *meetings* 的交互表:

```
. tabulate meetings kids
```

Attended meetings on pollution	Have children <19 in town?		Total
	no	yes	
no	52	54	106
yes	11	36	47
Total	63	90	153

上表中,第一个列出的变量构成了表的行,第二个变量则构成了表的列。我们看到这

153 名受访者中只有 11 人既没有 19 岁以下的孩子住在本城镇,同时又参加了会议。

tabulate 有许多对创建二维表非常有用的选项,包括:

cell	显示每个单元格的总百分比。
chi2	对行变量和列变量独立的假设进行皮尔逊卡方检验。
column	显示每个单元格的列百分比。
exact	独立性假设的费舍精确检验。当表中有些单元格的期望频数很少时,此检验优于 **chi2**。但是在很大的表格中,这种检验经常运行太慢而不实用。
expected	显示独立性假定下二维表每个单元格内的期望频数。
gamma	Goodman 和 Kruskal 的 γ(伽马)及其渐进标准误差(ASE)。它基于同序对(concordant pairs)和异序对(discordant pairs)的数量(忽略同位秩(ties))测量定序变量之间的关联。$-1 \leqslant \gamma \leqslant 1$。
generate(new)	创造一组名为 *new* 1, *new* 2 等的虚拟变量来代表被列表变量的取值。
lrchi2	对独立性假设的似然比卡方检验。如果表格包含有任何的空单元格,就得不到结果。
missing	把"missing(即缺失值)"也作为表的一行和(或)一列。
nofreq	不显示单元格频数。
nolabel	显示数值而不是添加了标签的数值变量的取值标签。
row	显示每个单元格的行百分比。
taub	输出 Kendall 的 τ_b(tau-b)及其渐近标准误(ASE)。它测量定序变量之间的关联。**taub** 虽然与 **gamma** 类似,但是它对同位秩进行了一个修正。$-1 \leqslant \tau_b \leqslant 1$。
V	Cramer 的 V(注意是大写)是一个适用于名义变量的关联度测量指标。2×2 表中,$-1 \leqslant V \leqslant 1$。更大的表中,$0 \leqslant V \leqslant 1$。

tabulate 也可以把频次和变量名保存为矩阵。键入 **help tabulate twoway** 可以获得选项及其语法的一个完整清单。

要想对 *meetings* 和 *kids* 的交互表只给出列百分比(因为列变量 *kids* 是我们这里的自变量)并进行卡方检验,可键入:

`. tabulate meetings kids, column chi2`

```
Key

frequency
column percentage
```

Attended meetings on pollution	Have children <19 in town?		Total
	no	yes	
no	52 82.54	54 60.00	106 69.28
yes	11 17.46	36 40.00	47 30.72
Total	63 100.00	90 100.00	153 100.00

Pearson chi2(1) = 8.8464　Pr = 0.003

从结果看,有孩子的受访者中有 40% 参加了会议,而没有孩子的受访者中只有大约 17% 的人参加了会议。这一关联在统计上显著($P = 0.003$)。

偶尔我们可能需要在没有获得原始数据的情况下对已发表的表格重新进行分析。有一个专门的命令 **tabi** (意为"直接(immediate)"制表)可以完成这项工作。在命令行上键入单元格频数,行之间用" \ "隔开。这里,我们示范在无需任何数据集的情况下 **tabi** 如何能够直接根据四个单元格频数来再现前面的卡方分析:

. **tabi 52 54 \ 11 36, column chi2**

```
┌─────────────────────┐
│ Key                 │
│    frequency        │
│ column percentage   │
└─────────────────────┘
```

	col		
row	1	2	Total
1	52	54	106
	82.54	60.00	69.28
2	11	36	47
	17.46	40.00	30.72
Total	63	90	153
	100.00	100.00	100.00

Pearson chi2(1) = 8.8464   Pr = 0.003

不同于 **tabulate** 命令,**tabi** 并不需要或引用内存中的任何数据。不过通过增加 **replace** 选项,我们可以要求 **tabi** 用新的交互表来替换内存中的任何数据。在统计量的选项(**chi2**,**exact**,**nofreq**,等等)上, **tabi** 与 **tabulate** 完全一样。参见 **help tabulate twoway**。

多表和多维交互表

对于调查和其他大型数据集,我们有时需要许多不同变量的频数分布。这时,我们可以分别做每个变量的频数分布,比如先键入 **tabulate** *meetings*,然后键入 **tabulate** *gender*,最后键入 **tabulate** *kids*。除了这种方法之外,我们可以用另一个简单的专门命令 **tab1**:

. **tab1** *meetings gender kids*

或者,要对此数据集内从 *gender* 直到 *school* 的每个变量创建频数表(一次最多可纳入 30 个变量),键入:

. **tab1** *gender-school*

同样,**tab2** 可以同时创建多个二维表。例如,下面的命令对所列出变量的每一个二维组合进行交互列表:

. **tab2** *meetings gender kids*

tab1 和 **tab2** 提供与 **tabulate** 相同的选项。

要创建多维列联表,一种可能方法是使用 **tabulate** 加上一个 **by** 前缀。比如,下面是一个 *meetings* 与 *kids* 和 *contam*(受访者认为他或她的财产或水受到污染)的

三维交互表,并对 *contam* 每一取值水平内 *meetings* 和 *kids* 的独立性进行卡方检验:

```
. by contam, sort: tabulate meetings kids, nofreq col chi2
```

-> contam = no

Attended meetings on pollution	Have children <19 in town?		
	no	yes	Total
no	91.30	68.75	78.18
yes	8.70	31.25	21.82
Total	100.00	100.00	100.00

Pearson chi2(1) = 7.9814   Pr = 0.005

-> contam = yes

Attended meetings on pollution	Have children <19 in town?		
	no	yes	Total
no	58.82	38.46	46.51
yes	41.18	61.54	53.49
Total	100.00	100.00	100.00

Pearson chi2(1) = 1.7131   Pr = 0.191

在受污染和未受污染的两个群体中,为父母者都更有可能参加会议。不过,只有在更大的未受污染群体中,这一"父母身份效应"才是在统计上显著的。由于多维列联表把数据区分成数个更小的子样本,因此这些子样本的规模对显著性检验的结果具有很大的影响。

这种方法可以扩展到更加复杂的交互表。要想创建一个 *gender*, *contam*, *meetings* 与 *kids* 之间的四维交互表,同时对每个 *meetings* 和 *kids* 的分表进行卡方检验(结果没有列出),键入命令:

```
. by gender contam, sort:  tabulate meetings kids, column chi2
```

如果我们不需要百分比或者统计检验,还有一种更好的创建多维列联表的方法,就是利用 Stata 的一般性制表命令 **table**。这个通用命令有许多选项,这里只示范其中的几个。要创建 *meetings* 的简单的频数分布表,键入:

```
. table meetings, contents(freq)
```

Attended meetings on pollution	Freq.
no	106
yes	47

要创建一个二维频数表或交互表,键入:

. table *meetings kids*, contents(freq)

Attended meetings on pollution	Have children <19 in town?	
	no	yes
no	52	54
yes	11	36

如果我们设定又一个分类变量，它就会创建一个三维列联表的"大列（supercolumns）"。

. table *meetings kids contam*, contents(freq)

Attended meetings on pollution	Believe own property/water contaminated and Have children <19 in town?			
	no		yes	
	no	yes	no	yes
no	42	44	10	10
yes	4	20	7	16

更加复杂的表则需要 **by**( ) 选项，它允许多达四维的"大行（supperrow）"变量。因此，**table** 可以创建多达七维的列联表：一行、一列、一大列以及多达四个大行。下面是一个四维的例子：

. table *meetings kids contam*, contents(freq) by(*gender*)

Respondent's gender and Attended meetings on pollution	Believe own property/water contaminated and Have children <19 in town?			
	no		yes	
	no	yes	no	yes
male				
no	18	18	3	3
yes	2	7	3	6
female				
no	24	26	7	7
yes	2	13	4	10

table 的 **contents**( ) 选项设定表格单元格要包含什么统计量：

contents(**freq**)	频数
contents(**mean varname**)	*varname* 的平均数
contents(**sd varname**)	*varname* 的标准差
contents(**sum varname**)	*varname* 的总和
contents(**rawsum varname**)	忽略任意设定权数的总和
contents(**count varname**)	*varname* 的非缺失观测案例的计数
contents(**n varname**)	等同于 **count**
contents(**max varname**)	*varname* 的最大值

contents(min varname)　　　　　　*varname* 的最小值

contents(median varname)　　　　*varname* 的中位数

contents(iqr varname)　　　　　　*varname* 的四分位距

contents(p1 varname)　　　　　　*varname* 的第 1 百分位数

下一节将具体示范另外几个这种选项。

平均数、中位数以及其他概要统计量的列表

tabulate 能够很容易地创建分类变量每一类别的平均数和标准差的列表。比如，要列出 *meetings* 每一类别内 *lived* 的平均值，键入：

. **tabulate** *meetings*, summ(*lived*)

Attended meetings on pollution	Summary of Years lived in town Mean	Std. Dev.	Freq.
no	21.509434	17.743809	106
yes	14.212766	13.911109	47
Total	19.267974	16.954663	153

从结果看，参加会议的人看来大都是相对新的迁入者，平均在本地住了 14.2 年，而那些不参加会议的人则在本地平均住了 21.5 年。我们也可以用 **tabulate** 创建一个平均值的二维表，键入：

. **tabulate** *meetings kids*, sum(*lived*) means

Means of Years lived in town

Attended meetings on pollution	Have children <19 in town? no	yes	Total
no	28.307692	14.962963	21.509434
yes	23.363636	11.416667	14.212766
Total	27.444444	13.544444	19.267974

在参加会议的人当中，无论是做父母的人还是没做父母的人，在本地住的时间都相对比较短。因此，前面表中提到的新/老住户的区分真实地反映了这样一个事实：孩子还小的父母更可能参加会议。

上面用到的 **means** 选项要求只包括平均数的表。否则，我们将得到一个很庞大的表格，它包括平均数、标准差以及每个单元的频数。第 5 章介绍了对与分组平均数有关的假设进行统计检验的内容。

虽然 **table** 不能进行统计检验，但是它能很好地创建多达七维的包含平均数、标准差、总和、中位数或者其他统计量（参见上一节中的选项清单）的表格。这里有一个一维表格，它给出了 *meetings* 每个类别下 *lived* 的平均值。

```
. table meetings, contents(mean lived)
```

Attended meetings on pollution	mean(lived)
no	21.5094
yes	14.2128

平均值的二维表格是一个直接扩展：

```
. table meetings kids, contents(mean lived)
```

Attended meetings on pollution	Have children <19 in town? no	yes
no	28.3077	14.963
yes	23.3636	11.4167

表中的单元格也可以包含一个以上的统计量。假设我们想做一个二维表格,同时包含变量 *lived* 的平均数和中位数：

```
. table meetings kids, contents(mean lived median lived)
```

Attended meetings on pollution	Have children <19 in town? no	yes
no	28.3077	14.963
	27.5	12.5
yes	23.3636	11.4167
	21	6

上表内的中位数验证了我们前面根据平均数获得的结论:参加会议的人,无论是具有父母身份的人还是不具有父母身份的人,都比那些不参加会议的人在本镇居住的时间短。每个单元格内的中位数都小于平均数,这反映出变量 *lived* 是正偏态(平均数被几个居住时间很长的受访者拉大了)。**table** 能在单元格内显示两个或者更多个不同变量的平均数、中位数、总和或其他概要统计量。

使用频数权数

summarize,tabulate,table 以及其他相关命令都可以和标示重复观测数目的频数权数(frequency weight)一起使用。例如,文件 *sextab2.dta* 包含了得自英国性行为调查的一些结果(Johnson et al.,1992)。显然,它包含 48 个观测:

```
Contains data from c:\data\sextab2.dta
  obs:            48                          British sex survey (Johnson 92)
  vars:            4                          21 Jan 2008 12:44
  size:          624 (99.9% of memory free)

              storage  display    value
variable name   type   format     label      variable label

age             byte   %8.0g      age        Age
gender          byte   %8.0g      gender     Gender
lifepart        byte   %8.0g      partners   # heterosex partners lifetime
count           int    %8.0g                 Number of individuals

Sorted by:  age  lifepart  gender
```

变量 count 表明了具有每一特征组合的个体数,因此这个小数据集实际上包含了来自 18 000 多名受访者的信息。例如,有 405 个受访者是年龄为 16 到 24 岁的男性,他们报告说到目前为止还没有异性伴侣。

. list in 1/5

	age	gender	lifepart	count
1.	16-24	male	none	405
2.	16-24	female	none	465
3.	16-24	male	one	323
4.	16-24	female	one	606
5.	16-24	male	two	194

我们可以用 count 作为频数权数来创建 lifepart 和 gender 的交互表:

. tabulate lifepart gender [fweight = count]

# heterosex partners lifetime	Gender male	female	Total
none	544	586	1,130
one	1,734	4,146	5,880
two	887	1,777	2,664
3-4	1,542	1,908	3,450
5-9	1,630	1,364	2,994
10+	2,048	708	2,756
Total	8,385	10,489	18,874

通常的 **tabulate** 选项也能处理频数权数。下面是同样的表,但它给出了列百分比而非频数:

. tabulate lifepart gender [fweight = count], column nof

# heterosex partners lifetime	Gender male	female	Total
none	6.49	5.59	5.99
one	20.68	39.53	31.15
two	10.58	16.94	14.11
3-4	18.39	18.19	18.28
5-9	19.44	13.00	15.86
10+	24.42	6.75	14.60
Total	100.00	100.00	100.00

抽样或概率权数不能与 **tabulate** 命令一同使用。第 14 章将会展示一些使用 **svy：tabulate** 命令的例子，这个命令是专门为概率加权的调查数据而设计的。

频数权数的一个不同应用可以通过 **summarize** 来说明。文件 *college1 .dta* 是从《巴伦袖珍入学指南》(*Barron's Compact Guide to Colleges*, 1992）当中随机抽取的一个样本，它包含了 11 所美国大学的信息：

```
Contains data from c:\data\college1.dta
  obs:             11                      Colleges sample 1 (Barron's 92)
  vars:             5                      11 Jul 2003 18:05
  size:           473 (99.9% of memory free)

              storage  display    value
variable name   type    format    label      variable label
school        str28    %28s                 College or university
enroll        int      %8.0g                Full-time students 1991
pctmale       byte     %8.0g                Percent male 1991
msat          int      %8.0g                Average math SAT
vsat          int      %8.0g                Average verbal SAT

sorted by:
```

变量中包含了 *msat*，它是 11 所学校中每所学校的平均数学学习能力测验成绩（mean math Scholastic Aptitude Test score）。

```
. list school enroll msat
```

	school	enroll	msat
1.	Brown University	5550	680
2.	U. Scranton	3821	554
3.	U. North Carolina/Asheville	2035	540
4.	Claremont College	849	660
5.	DePaul University	6197	547
6.	Thomas Aquinas College	201	570
7.	Davidson College	1543	640
8.	U. Michigan/Dearborn	3541	485
9.	Mass. College of Art	961	482
10.	Oberlin College	2765	640
11.	American University	5228	587

通过键入以下命令，我们可以很容易地取得这 11 所学校的 *msat* 的平均数：

```
. summarize msat
```

Variable	Obs	Mean	Std. Dev.	Min	Max
msat	11	580.4545	67.63189	482	680

这个表给每个学校的平均数学 SAT 成绩同样的权数。然而，迪保罗大学（DePaul University）的学生数是托玛斯·阿奎那斯学院（Thomas Aquinas College）的 30 倍。为了把在校学生数考虑在内，我们可能用 *enroll* 进行加权：

```
. summarize msat [fweight = enroll]
```

Variable	Obs	Mean	Std. Dev.	Min	Max
msat	32691	583.064	63.10665	482	680

与未加权的平均数不同，用在校学生数进行加权后获得的平均数等于这些大学 32 691 名学生（假定他们都参加了 SAT）的平均数。然而，需要注意的是，对标准差、最

小值或最大值却并不能这样说。除了平均数之外,大部分个体层次的统计量并不能简单地通过对已经汇总的数据进行加权来计算。因此,我们需要谨慎地使用权数。虽然它们可能在某个特定的分析中是有意义的,但是当需要做许多不同种类的分析时,权数对于作为整体的数据集来说却很少是有意义的。

5 方差分析和其他比较方法

方差分析(analysis of variance，ANOVA)包含关于平均数差异假设检验的一整套方法。它的应用范围广泛，既有比较 x 各个类别的 y 平均数这样的简单分析，也有涉及多个分类型和测量型的 x 变量这样更为复杂的情形。针对单个平均数(单样本)或者配对平均数(两个样本)的 t 检验是方差分析的基本形式。

基于秩的"非参数(nonparametric)"检验，包括符号(sign)检验、Mann-Whitney 秩和检验以及 Kruskal-Wallis 秩和检验，采取了另一种途径来比较多个分布。这些检验对变量的测度、分布形态和散布情况做了较弱的假定。因而，比起方差分析及其他"参数(parametric)"检验来说，它们在更宽松的条件下仍然有效。谨慎的分析者有时会同时使用参数检验和非参数检验，并检查二者是否指向类似的结论。当参数检验和非参数检验结果不一致的时候，就需要进一步探究。

anova 是本书将要介绍的第一种 Stata 模型拟合命令。和其他命令一样，它具有相当大的灵活性，包含了很多种模型。anova 可以拟合单因素(one-way)和多因素(N-way)的方差分析，也可以拟合平衡设计或非平衡设计的以及具有缺失单元值设计的协方差分析(analysis of covariance，ANCOVA)。它还可以拟合因子型(factorial)，嵌套型(nested)，混合型(mixed)的设计或者重复测量设计(repeated-measures designs)。在执行 anova 命令后，后续的 predict 命令可以计算预测值、不同类型的残差、各种标准误以及诊断性(diagnostic)统计量。另一个后续命令 test 用来获得用户指定的虚无假设检验结果。predict 和 test 命令与其他 Stata 模型拟合命令的工作方式很相似，如 regress 等(第 6 章)。

通过下面的菜单选项，可以完成本章描述的大部分操作：

Statistics > Summaries, tables, & tests > Classical tests of hypotheses

经典假设检验

Statistics > Summaries, tables, & tests > Nonparametric tests of hypotheses

非参数检验

Statistics > Linear Model and related > ANOVA/MANOVA 方差分析与多元方差分析

Statistics > Postestimation > Predictions, residuals, etc. 取得预测值、残差等

Graphics > Twoway graph (scatter, line, etc.) 二维图形(散点图、线图等)

命令示范

. anova *y x1 x2*

执行双因素方差分析,检验 *y* 平均数在 *x1* 和 *x2* 两个分类变量的所有类别之间的差别。

. anova *y x1 x2 x1*x2*

执行双因素因子方差分析,包括两个分类变量的主效应以及 *x1* 与 *x2* 之间的交互效应(*x1 * x2*)。

. anova *y x1 x2 x3 x1*x2 x1*x3 x2*x3 x1*x2*x3*

执行三因素因子方差分析,三阶交互效应(*x1 * x2 * x3*)、二阶交互效应和主效应都包括在内。

· anova *reading curriculum / teacher|curriculum /*

拟合嵌套模型,用以检验三种类型课程对学生阅读能力(*reading*)的影响。教师变量 *teacher* 嵌套在课程变量 *curriculum* 里面(**teacher |curriculum**),因为每一门课程都指派了几位不同的老师任教。《基础参考手册》(*Base Reference Manual*)提供了其他嵌套方差分析的例子,包括分块设计(split-plot design)。

. anova *headache subject medication,* repeated(*medication*)

拟合重复测量的方差分析模型,检验三类头疼药(*medication*)对受试者不同程度头疼(*headache*)的疗效。样本由 20 个经常头疼的受试者构成。在这个研究中,每一个受试者在不同时间分别服用这三种头疼药。

. anova *y x1 x2 x3 x4 x2*x3,* continuous(*x3 x4*) regress

执行四个自变量的协方差分析,其中两个自变量(*x1* 和 *x2*)是分类变量,另外两个自变量(*x3* 和 *x4*)是测量型变量。交互效应(*x2 * x3*)也包括在里面,结果以回归表形式输出,而不是默认的方差分析表。

. kwallis *y,* by(*x*)

执行 Kruskal-Wallis 方法来检验 *y* 是否在 *x* 的 *k* 个类别($k > 2$)上有同样的秩分布。

. oneway *y x*

执行单因素方差分析,检验在 *x* 不同类别上 *y* 的平均数是否存在差异。也可以用命令 **anova *y x*** 来完成同样的分析,但输出的表格不同。

. oneway *y x,* tabulate scheffe

执行单因素方差分析,输出中包括样本平均数表和 Scheffé 多重比较检验(Scheffé multiple-comparison test)的结果。

. ranksum *y,* by(*x*)

执行 Wilcoxon 秩和检验(Wilcoxon rank-sum test)(也称 Mann-Whitney

的 U 检验),虚无假设为 y 在二分变量 x 的每个类别上具有同样的秩分布。如果我们假定两个秩分布具有相同的形态,这也可看作是检验 y 的两个中位数是否相等。

. serrbar _ymean se x_, scale(2)

根据平均数的数据构建一个标准误条形图(standard-error-bar plot)。变量 _ymean_ 代表 y 的分组平均数,_se_ 代表标准误,x 则是分类变量 x 的取值。**scale(2)** 要求条形从每个平均数开始扩展至 ±2 倍标准误(默认设置为 ±1 倍)。

. signrank _y1_ = _y2_

执行 Wilcoxon 配对符号秩检验(Wilcoxon matched-pairs sign-rank test)以验证 _y1_ 和 _y2_ 的秩分布相同。也能用于检验 _y1_ 的中位数是否等于某一常数,比如 23.4,那么键入命令 **signrank _y1_ =23.4** 即可。

. signtest _y1_ = _y2_

检验 _y1_ 和 _y2_ 的中位数是否相等(假定为配对数据,也就是说,两个变量都是测量同一观察样本)。键入 **signtest _y1_ =5** 将执行符号检验,此处的虚无假设为 _y1_ 的中位数等于 5。

. ttest _y_ = 5

执行单样本 t 检验,虚无假设为 y 的总体平均数等于 5。

. ttest _y1_ = _y2_

执行单样本(配对差异)t 检验,虚无假设为 _y1_ 和 _y2_ 的总体平均数相等。这条命令的默认形式假定数据是配对的。对于非配对数据(_y1_ 和 _y2_ 分别从两个独立样本中测量),须加上选项 **unpaired**。

. ttest _y_, by(x) unequal

执行两样本 t 检验,虚无假设为:对 x 的两类来说,y 的总体平均数都相等。这里不用假定各总体具有同样的方差(如果没有 **unequal** 选项,则 **ttest** 假定同方差)。

单样本检验

单样本 t 检验有表面上看似不同的两种应用:

①检验一个样本平均数 $\bar{y}$ 是否显著地不同于某一假设值 μ_0。

②检验基于同一组观察案例测量所得的两个变量 _y1_ 和 _y2_ 的平均数是否显著地相互不同。这等价于检验由 _y1_ 减去 _y2_ 所得"差值(difference score)"变量的平均数是否等于零。

虽然第二项应用涉及两个而不是一个变量的信息,但这两项应用实质上使用同一个公式。

writing.dta 中的数据是收集来用于评估一门基于文字处理的大学写作课的(Nash and Schwartz,1987)。在学生修习这门课的前后都收集了一些测量指标,比如定时写作中完成的句子数。研究者想知道选课以后的测量指标是否有所提高。

```
Contains data from c:\data\writing.dta
  obs:            24                    Nash and Schwartz (1987)
  vars:            9                    21 Jan 2008 14:17
  size:          408 (99.9% of memory free)
```

variable name	storage type	display format	value label	variable label
id	byte	%8.0g	slbl	Student ID
preS	byte	%8.0g		# of sentences (pre-test)
preP	byte	%8.0g		# of paragraphs (pre-test)
preC	byte	%8.0g		Coherence scale 0-2 (pre-test)
preE	byte	%8.0g		Evidence scale 0-6 (pre-test)
postS	byte	%8.0g		# of sentences (post-test)
postP	byte	%8.0g		# of paragraphs (post-test)
postC	byte	%8.0g		Coherence scale 0-2 (post-test)
postE	byte	%8.0g		Evidence scale 0-6 (post-test)

```
Sorted by:
```

假定我们知道学生在前些年平均能够完成 10 个句子。在检查数据 *writing.dta* 描述的学生是否通过这门课有进步之前,我们希望知道他们在课程开始时是否和早期学生在本质上相似。换句话说,他们的前测(*preS*)平均数是否显著地不同于早期学生的平均数(10)。要进行单样本的 t 检验,虚无假设为 $H_0: \mu = 10$,键入命令:

```
. ttest preS = 10
```

One-sample t test

Variable	Obs	Mean	Std. Err.	Std. Dev.	[95% Conf. Interval]
preS	24	10.79167	.9402034	4.606037	8.846708 12.73663

```
    mean = mean(preS)                                    t =   0.8420
Ho: mean = 10                         degrees of freedom =       23

   Ha: mean < 10              Ha: mean != 10              Ha: mean > 10
 Pr(T < t) = 0.7958      Pr(|T| > |t|) = 0.4084      Pr(T > t) = 0.2042
```

所标注的 $\Pr(T < t)$ 意味着"H_0 为真的情况下,一个 t 分布值小于实际观测 t 值的概率",也就是指单侧检验概率。双侧检验概率则表示为 $\Pr(|T| > |t|) = 0.408\,4$,它代表的是获得较大 t 的绝对值的概率。因为这一概率比较高,我们没有理由拒绝虚无假设 $H_0: \mu = 10$。请注意,**ttest** 自动提供了平均数的 95% 置信区间,这一置信区间包含了虚无假设值 10。我们也可以获得其他水平的置信区间,比如说 90%,只要在命令后加上选项 **level(90)** 即可。

对于非参数型检验,比如说符号检验,采用二项分布来检验关于某一中位数的假设。例如,我们可以检验前测值(*preS*)的中位数是否等于 10。**signtest** 的结果同样告诉我们,没有理由拒绝虚无假设。

```
. signtest preS = 10
```

Sign test

sign	observed	expected
positive	12	11
negative	10	11
zero	2	2
all	24	24

```
One-sided tests:
  Ho: median of preS - 10 = 0 vs.
  Ha: median of preS - 10 > 0
      Pr(#positive >= 12) =
         Binomial(n = 22, x >= 12, p = 0.5) =  0.4159

  Ho: median of preS - 10 = 0 vs.
  Ha: median of preS - 10 < 0
      Pr(#negative >= 10) =
         Binomial(n = 22, x >= 10, p = 0.5) =  0.7383

Two-sided test:
  Ho: median of preS - 10 = 0 vs.
  Ha: median of preS - 10 != 0
      Pr(#positive >= 12 or #negative >= 12) =
         min(1, 2*Binomial(n = 22, x >= 12, p = 0.5)) =  0.8318
```

与 **ttest** 相似，**signtest** 也包含右侧概率、左侧概率和双侧概率。但与 **ttest** 使用对称的 t 分布不同，**sightest** 使用的二项分布具有不同的左侧和右侧概率。本例中，仅有双侧概率有意义，因为我们检验的是数据 *writing.dta* 中的学生是否"不同"于中位数等于 10 这一虚无假设。

接下来，我们可以通过对"课程前后完成的平均句子数（即 *preS* 和 *postS* 的平均数）相等"这一虚无假设进行检验来对学生在课程中的进步情况进行检验。命令 **ttest** 可以实现这一目的，结果发现存在显著的进步。

. **ttest** *postS = preS*

Paired t test

Variable	Obs	Mean	Std. Err.	Std. Dev.	[95% Conf. Interval]	
postS	24	26.375	1.693779	8.297787	22.87115	29.87885
preS	24	10.79167	.9402034	4.606037	8.846708	12.73663
diff	24	15.58333	1.383019	6.775382	12.72234	18.44433

```
     mean(diff) = mean(postS - preS)                         t =  11.2676
Ho: mean(diff) = 0                            degrees of freedom =       23

Ha: mean(diff) < 0            Ha: mean(diff) != 0             Ha: mean(diff) > 0
Pr(T < t) = 1.0000        Pr(|T| > |t|) = 0.0000          Pr(T > t) = 0.0000
```

由于我们期望的不仅仅是 *preS* 和 *postS* 之间的"差异"，而是要"进步"，因此单侧检验才是恰当的。结果显示的右侧概率四舍五入后等于 0。学生的平均句子完成数确实有了显著提高。基于这一样本，我们有 95% 的把握认为这一完成数增加了 12.7 到 18.4 句。

t 检验通常假定变量服从围绕其组均值的正态分布。这一假定通常不是十分关键，因为这些检验都比较稳健（robust）。但是，当非正态性涉及严重的特异值，或者说出现在小样本中时，我们可能要采用中位数而不是平均数，并使用不要求正态性的非参数检验，这样会更可靠。例如，Wilcoxon 符号秩检验仅假定分布是对称和连续的。对这样的数据采用符号秩检验，可以获得实质上和 **ttest** 相同的结论，即学生的句子完成数显著提高了。由于两种检验在结论上一致，我们可以更加有把握地作出该陈述。

```
. signrank postS = preS
```

Wilcoxon signed-rank test

sign	obs	sum ranks	expected
positive	24	300	150
negative	0	0	150
zero	0	0	0
all	24	300	300

```
unadjusted variance      1225.00
adjustment for ties        -1.63
adjustment for zeros        0.00

adjusted variance        1223.38

Ho: postS = preS
           z =    4.289
   Prob > |z| =   0.0000
```

两样本检验

本章其余部分的例子来自于 Ward 和 Ault(1990)对在校大学生的一项抽样调查（*student2.dta*）。

```
Contains data from c:\data\student2.dta
  obs:           243                    Student survey (Ward 1990)
  vars:           19                    21 Jan 2008 15:51
  size:         7,533 (99.9% of memory free)
```

variable name	storage type	display format	value label	variable label
id	int	%8.0g		Student ID
year	byte	%9.0g	year	Year in college
age	byte	%8.0g		Age at last birthday
gender	byte	%9.0g	s	Gender (male)
major	byte	%8.0g		Student major
relig	byte	%8.0g	v4	Religious preference
drink	byte	%9.0g		33-point drinking scale
gpa	float	%9.0g		Grade Point Average
grades	byte	%8.0g	grades	Guessed grades this semester
belong	byte	%8.0g	belong	Belong to fraternity/sorority
live	byte	%8.0g	v10	Where do you live?
miles	byte	%8.0g		How many miles from campus?
study	byte	%8.0g		Avg. hours/week studying
athlete	byte	%8.0g	yes	Are you a varsity athlete?
employed	byte	%8.0g	yes	Are you employed?
allnight	byte	%8.0g	allnight	How often study all night?
ditch	byte	%8.0g	times	How many class/month ditched?
hsdrink	byte	%9.0g		High school drinking scale
aggress	byte	%9.0g		Aggressive behavior scale

```
sorted by:  year
```

大约有19%的学生参加了男生联谊会或女生联谊会：

```
. tabulate belong
```

Belong to fraternity/ sorority	Freq.	Percent	Cum.
member	47	19.34	19.34
nonmember	196	80.66	100.00
Total	243	100.00	

另一个变量 *drink* 用一个33分的量尺来测量学生喝酒频度和量度。校园传闻可

能让人猜测大学生联谊会成员在饮酒行为上不同于其他学生。箱线图比较了 *drink* 的中位数在会员和非会员之间的差别,而条形图则比较了这一变量的平均数,两种结论都与这种传闻是一致的。图 5.1 把这两种图叠并成一个图形。

```
. graph box drink, over(belong) ylabel(0(5)35) saving(fig05_01a)
. graph bar (mean) drink, over(belong) ylabel(0(5)35)
     saving(fig05_01b)
. graph combine fig05_01a.gph fig05_01b.gph, col(2) iscale(1.05)
```

图 5.1

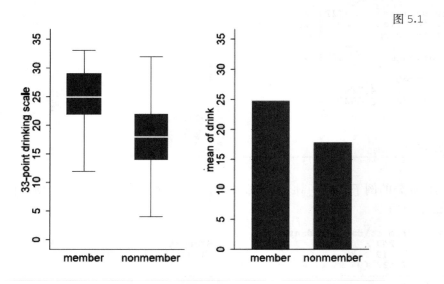

前面用于单样本和配对差异检验的 **ttest** 命令也可以用于两样本检验。在此应用中,其一般语法是 **ttest** *measurement*, **by**(*categorical*)。例如:

. **ttest** *drink*, **by**(*belong*)

Two-sample t test with equal variances

Group	Obs	Mean	Std. Err.	Std. Dev.	[95% Conf. Interval]	
member	47	24.7234	.7124518	4.884323	23.28931	26.1575
nonmembe	196	17.7602	.4575013	6.405018	16.85792	18.66249
combined	243	19.107	.431224	6.722117	18.25756	19.95643
diff		6.9632	.9978608		4.997558	8.928842

```
    diff = mean(member) - mean(nonmembe)                        t =   6.9781
Ho: diff = 0                                 degrees of freedom =      241

    Ha: diff < 0                Ha: diff != 0                   Ha: diff > 0
Pr(T < t) = 1.0000       Pr(|T| > |t|) = 0.0000          Pr(T > t) = 0.0000
```

正如输出结果所注明的,t 检验基于等方差假定。不过,大学生联谊会成员样本的标准差看起来要更小一些。这意味着,比起非会员,他们在所报告的饮酒行为上更为相似。要想不假定等方差来执行类似的检验,就在命令后加上选项 **unequal** 即可:

. **ttest** *drink*, **by**(*belong*) **unequal**

Two-sample t test with unequal variances

Group	Obs	Mean	Std. Err.	Std. Dev.	[95% Conf. Interval]	
member	47	24.7234	.7124518	4.884323	23.28931	26.1575
nonmembe	196	17.7602	.4575013	6.405018	16.85792	18.66249
combined	243	19.107	.431224	6.722117	18.25756	19.95643
diff		6.9632	.8466965		5.280627	8.645773

```
    diff = mean(member) - mean(nonmembe)                    t =    8.2240
Ho: diff = 0                        Satterthwaite's degrees of freedom =     88.22

    Ha: diff < 0                  Ha: diff != 0                    Ha: diff > 0
Pr(T < t) = 1.0000         Pr(|T| > |t|) = 0.0000         Pr(T > t) = 0.0000
```

对不等方差的校正并没有改变会员和非会员显著不同这一基本结论。我们可以进一步采用 Mann-Whitney 的 U 统计量非参数检验来检查这一结论,这一检验也称作 Wilcoxon 秩和检验。秩和检验假定秩分布具有相似的形状,下页中的秩和检验结果表明我们可以拒绝不同总体中位数相等的假设。

. **ranksum** *drink*, **by**(*belong*)

Two-sample Wilcoxon rank-sum (Mann-Whitney) test

belong	obs	rank sum	expected
member	47	8535	5734
nonmember	196	21111	23912
combined	243	29646	29646

```
unadjusted variance       187310.67
adjustment for ties         -472.30
                         _____
adjusted variance         186838.36

Ho: drink(belong==member) = drink(belong==nonmember)
            z =    6.480
         Prob > |z| =    0.0000
```

单因素方差分析

方差分析(ANOVA)提供比 t 检验更一般的方法来检验平均数之间的差异。最简单的例子是单因素(one-way)方差分析,它检验 y 的平均数是否在 x 的多个类别上都相等。单因素方差分析可以用 **oneway** 命令来执行,其一般形式是 **oneway measurement categorical**[1]。例如,

---

1 其中,*measurement* 代表测量型变量名,即 y;*categorical* 代表分类变量名,即 x。——译者注

. oneway *drink belong*, tabulate

Belong to fraternity/ sorority	Summary of 33-point drinking scale Mean	Std. Dev.	Freq.
member	24.723404	4.8843233	47
nonmember	17.760204	6.4050179	196
Total	19.106996	6.7221166	243

Source	Analysis of Variance SS	df	MS	F	Prob > F
Between groups	1838.08426	1	1838.08426	48.69	0.0000
Within groups	9097.13385	241	37.7474433		
Total	10935.2181	242	45.1868517		

Bartlett's test for equal variances: chi2(1) =   4.8378 Prob>chi2 = 0.028

选项 **tabulate** 除了得到方差分析表之外,还得到一个平均数和标准差的表。使用二分变量 x 的单因素方差分析等价于两样本 t 检验,其 F 统计值等于相应 t 统计量的平方。**oneway** 提供了更多的选项,运行也更快,但是它缺乏放松等方差假定的 **unequal** 选项。

但是,**oneway** 运用 Bartlett 的卡方来正式地检验等方差假定。较低的 Bartlett 概率意味着方差分析中的等方差假定并不合理,在这种情况下,我们不应相信方差分析的 F 值检验结果。在上面的 **oneway *drink belong*** 示例中,Bartlett 的 $P = 0.028$,于是令人质疑这一方差分析的有效性。

单因素方差分析的真正价值并不在于两样本的比较,而是对于三个或者更多平均数的比较。例如,我们可以对大学生饮酒行为平均数随着在校年数不同而变化的情况进行检验:

. oneway *drink year*, tabulate scheffe

Year in college	Summary of 33-point drinking scale Mean	Std. Dev.	Freq.
Freshman	18.975	6.9226033	40
Sophomore	21.169231	6.5444853	65
Junior	19.453333	6.2866081	75
Senior	16.650794	6.6409257	63
Total	19.106996	6.7221166	243

Source	Analysis of Variance SS	df	MS	F	Prob > F
Between groups	666.200518	3	222.066839	5.17	0.0018
Within groups	10269.0176	239	42.9666008		
Total	10935.2181	242	45.1868517		

Bartlett's test for equal variances: chi2(3) =   0.5103 Prob>chi2 = 0.917

Comparison of 33-point drinking scale by Year in college
(Scheffe)

Row Mean-Col Mean	Freshman	Sophomor	Junior
Sophomor	2.19423 0.429		
Junior	.478333 0.987	-1.7159 0.498	
Senior	-2.32421 0.382	-4.51844 0.002	-2.80254 0.103

我们可以拒绝平均数相等的假设（$P = 0.001\ 8$），但不能拒绝等方差假定（$P = 0.917$）。后者对于方差分析的有效性来说是个"好消息"。

图 5.2 中的箱线图支持了这一结论，在每一个类别中都显示出相似的变化。这个图把独立的箱线图和点图叠并在一起，显示出中位数之间和平均数之间的差异遵从同样的模式。

```
. graph hbox drink, over(year) ylabel(0(5)35) saving(fig05_02a)

. graph dot (mean) drink, over(year) ylabel(0(5)35, grid)
      marker(1, msymbol(Sh)) saving(fig05_02b)

. graph combine fig05_02a.gph fig05_02b.gph, row(2) iscale(1.05)
```

图 5.2

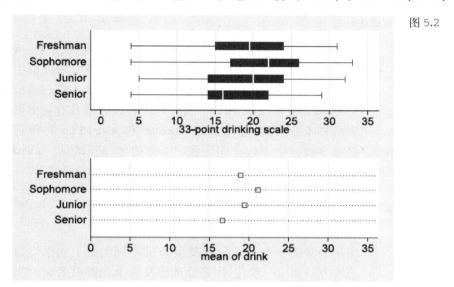

选项 **scheffe**（Scheffé 多重比较检验）生成了一个表来显示在每一对平均数之间的差异。一年级学生平均数等于 18.975，二年级学生平均数等于 21.169 23，因此二年级和一年级学生之间的差值为 21.169 23 − 18.975 = 2.194 23，统计上并非有别于 0（$P = 0.429$）。表中 6 组对比中，只有四年级学生（Senior）和二年级学生（Sophomor）之间的差别是显著的（$P = 0.002$），这一差别为 16.650 8 − 21.169 2 = − 4.518 4。因而，我们关于这四个组平均数不同的总体结论主要来自于四年级学生（最轻度的饮酒者）和二年级学生（最重度的饮酒者）之间的对比。

oneway 提供了三种多重比较选项：**scheffe**，**bonferroni** 以及 **sidak**（有关的定义参见《基础参考手册》）。虽然 Scheffé 检验有时不够灵敏，但在大多数情况下都有效。

Kruskal-Wallis 检验（**kwallis**）是对两样本秩和检验在 K 个样本下的一般化，提供了一种代替单因素方差分析的非参数检验方法。它可以对不同总体的中位数相等的虚无假设进行检验。

. kwallis *drink*, by(*year*)

Kruskal-Wallis equality-of-populations rank test

year	Obs	Rank Sum
Freshman	40	4914.00
Sophomore	65	9341.50
Junior	75	9300.50
Senior	63	6090.00

chi-squared = 14.453 with 3 d.f.
probability = 0.0023

chi-squared with ties = 14.490 with 3 d.f.
probability = 0.0023

　　kwallis 的这些分析结果（$P = 0.002\ 3$）和我们用 **oneway** 发现的结果一致，即 *drink* 这一变量会因在校年数不同而差异显著。如果我们有理由怀疑方差分析的等方差假定或正态性假定，或者我们怀疑特异值会带来问题，那么 Kruskal-Wallis 检验通常要比方差分析更为可靠。**kwallis** 和 **ranksum** 一样，对于各组内部具有相似形态的秩分布假定更弱。当应用于两样本分析时，理论上，**ranksum** 和 **kwallis** 将得到相似的结果，但实际应用中，这只有在数据中不包含同位秩（tie）时才是正确的。**ranksum** 包含了一种处理同位秩的精确办法，这使得它在处理两样本问题时更为合适。

双因素和多因素方差分析

　　单因素方差分析检查测量型变量 y 在另一分类变量 x 的不同类别上的平均数如何变动。多因素方差分析将这种方法加以一般化，用来处理涉及两个或者更多 x 分类变量的情况。例如，我们可能不但考虑饮酒行为如何随着联谊会成员身份而变化，而且也考虑它如何随着性别而变化。我们先从查看平均数的双因素表来着手：

. table *belong gender*, contents(mean *drink*) row col

Belong to fraternity/sorority	Gender (male) Female	Male	Total
member	22.44444	26.13793	24.7234
nonmember	16.51724	19.5625	17.7602
Total	17.31343	21.31193	19.107

　　在这个样本中，男性似乎比女性饮酒要多，会员似乎比非会员饮酒要多。男性和女性中会员-非会员之间的差别是类似的。Stata 的多因素方差分析命令 **anova** 能够对平均数之间的显著差异可归诸于属于联谊会、性别以及这两者之间的交互作用（记为 *belong * gender*）进行检验。

. anova *drink belong gender belong*gender*

		Number of obs = Root MSE	243 = 5.96592		R-squared Adj R-squared	= =	0.2221 0.2123

Source	Partial SS	df	MS	F	Prob > F
Model	2428.67237	3	809.557456	22.75	0.0000
belong	1406.2366	1	1406.2366	39.51	0.0000
gender	408.520097	1	408.520097	11.48	0.0008
belong*gender	3.78016612	1	3.78016612	0.11	0.7448
Residual	8506.54574	239	35.5922416		
Total	10935.2181	242	45.1868517		

在这个"双因素因子方差分析"的例子中,输出结果表明 *belong* 的主效应($P =$ 0.000 0)和 *gender* 的主效应($P = 0.000\ 8$)都是显著的,但它们的交互对模型贡献甚少($P = 0.744\ 8$)。这一交互并不显著地区别于 0,因此我们可能更愿意拟合一个不含交互项的更简单模型(结果未显示):

. anova *drink belong gender*

要在 **anova** 中纳入任何一项交互,只需指定用 * 号连接的各个变量名称。除非各 x 的每种取值组合中的观察案例数完全一样(即一种被称作"平衡数据"的情形),否则很难在一个包含交互效应的模型中对主效应进行解释。然而,这并不是意味着此类模型中的主效应不重要。正如在后面的章节中所示,回归分析可能有助于理解复杂的方差分析结果。

协方差分析

协方差分析(analysis of covariance, ANCOVA)扩展了多因素方差分析,使之涵盖了混合有分类变量和连续变量的情况。我们通过在 **anova** 命令中指明哪些变量是连续的来实现这一点。例如,当我们将 *gpa*(大学平均等级分)纳入自变量中,我们发现它也与饮酒行为有关。

. anova **drink belong gender gpa, continuous(gpa)**

		Number of obs = Root MSE	218 = 5.68939		R-squared Adj R-squared	= =	0.2970 0.2872

Source	Partial SS	df	MS	F	Prob > F
Model	2927.03087	3	975.676958	30.14	0.0000
belong	1489.31999	1	1489.31999	46.01	0.0000
gender	405.137843	1	405.137843	12.52	0.0005
gpa	407.0089	1	407.0089	12.57	0.0005
Residual	6926.99206	214	32.3691218		
Total	9854.02294	217	45.4102439		

从这一分析中我们知道,当我们控制了 *belong* 和 *gender* 的时候,*drink* 和 *gpa* 之间还存在着显著性的关系。但除了用于统计显著性的 F 检验之外,方差分析或协方差分析并不提供变量之间如何联系的很多描述性信息。回归分析(regression)凭借其清晰的模型和参数估计,在描述方面做得更好。因为方差分析和协方差分析可以算是回归分析的特例,我们也可以用回归分析的形式来重新表达它们。如果我们在 **anova** 命

令中加上 **regress** 选项,Stata 将自动完成这一过程。例如,我们可能希望看到回归的输出内容以理解下列协方差分析结果。

```
. anova drink belong gender belong*gender gpa, continuous(gpa)
    regress
```

Source	SS	df	MS			
Model	2933.45823	4	733.364558			
Residual	6920.5647	213	32.4909141			
Total	9854.02294	217	45.4102439			

```
Number of obs =      218
F( 4,   213) =    22.57
Prob > F      =   0.0000
R-squared     =   0.2977
Adj R-squared =   0.2845
Root MSE      =   5.7001
```

drink		Coef.	Std. Err.	t	P>|t|	[95% Conf. Interval]
_cons		27.47676	2.439962	11.26	0.000	22.6672 32.28633
belong						
	1	6.925384	1.286774	5.38	0.000	4.388942 9.461826
	2	(dropped)				
gender						
	1	-2.629057	.8917152	-2.95	0.004	-4.386774 -.8713407
	2	(dropped)				
gpa		-3.054633	.8593498	-3.55	0.000	-4.748552 -1.360713
belong*gender						
	1 1	-.8656158	1.946211	-0.44	0.657	-4.701916 2.970685
	1 2	(dropped)				
	2 1	(dropped)				
	2 2	(dropped)				

加入 **regress** 选项,我们得到回归表格形式的 **anova** 输出结果。顶部是标准的方差分析表,给出了相同的整体 F 检验和 R^2。底部部分则描述了如下的回归分析:

我们构建了一个单独的虚拟变量(dummy variable){0,1},来表示每个 x 变量的每一个类别,但序次最高的类别被剔除。交互项(如果出现在变量列表中)则通过这些虚拟变量之间每一种可能组合的乘积来构建。将 y 对所有在命令行中指定的虚拟变量、交互项以及连续变量进行回归分析。

因此,前面的示例相当于对 $drink$ 进行四个 x 变量的回归分析:

(1)虚拟变量,编码为 1 = 联谊会成员,0 = 其他情况(非会员作为 $belong$ 最高序次的类别被删除了);

(2)虚拟变量,编码为 1 = 女性,0 = 其他情况(男性作为 $gender$ 最高序次的类别被删除了);

(3)连续变量,gpa;

(4)交互项,编码为 1 = 女性联谊会会员,0 = 其他情况。

这里要把单个虚拟变量的回归系数理解为它对 y 的预测值或者条件平均数的效应。例如,$gender$ 的第一个类别(女性)的系数等于 -2.629 057。这告诉我们,那些具有同样平均等级分(gpa)和相同会员身份的女性平均饮酒测量水平大约比同样情况的男性低 2.63 个百分点。并且我们还知道,对那些具有相同性别和相同会员身份的学生来说,gpa 每增长 1 分,平均饮酒测量值下降 3.056 433。请注意,我们还得到了每个系数的置信区间和单项 t 检验结果,**anova, regress** 这一命令输出结果中所包含的信息比起单独的方差分析表要丰富得多。

预测值和误差条形图

在运行 **anova** 后,后续命令 **predict** 可以计算出预测值、残差、标准误以及各种诊断统计量。这些统计量的应用之一是用误差条形图(error-bar chart)来画出模型的预测情况。举一个简单的例子,让我们回到 *drink* 对 *year* 的单因素方差分析。

. anova *drink year*

| | Number of obs = | 243 | | R-squared | = | 0.0609 |
| | Root MSE | = 6.55489 | | Adj R-squared = | | 0.0491 |

Source	Partial SS	df	MS	F	Prob > F
Model	666.200518	3	222.066839	5.17	0.0018
year	666.200518	3	222.066839	5.17	0.0018
Residual	10269.0176	239	42.9666008		
Total	10935.2181	242	45.1868517		

为了根据最近的 **anova** 运行结果来计算预测值,键入 **predict**,后面接上新变量的名称:

```
. predict drinkmean
(option xb assumed; fitted values)
. label variable drinkmean "Mean drinking scale"
. predict SEdrink, stdp
```

使用 **stdp** 选项,**predict** 将计算预测平均数的标准误。使用这些新的变量,我们应用 **serrbar** 命令来创建一个误差条形图。选项 **scale(2)** 告诉 **serrbar** 画出一个正负 2 倍标准误的条形图,即:

$$drinkmean\ -2 \times SEdrink$$

到

$$drinkmean\ +2 \times SEdrink$$

在 **serrbar** 命令中,最先列出的变量应该是平均数或称 y 变量;接下来列出的是标准误或者标准差(取决于你想显示哪一种);第三个列出的变量用来定义 x 轴。**serrbar** 中的 **addplot( )** 选项可以指定第二个图,并使其叠并显示在标准误的条形图上。图 5.3 中,我们叠并显示了一个折线图,它用实线段将 *drinkmean* 的各个取值连接起来。

```
. serrbar drinkmean SEdrink year, scale(2)
    addplot(line drinkmean year, clpattern(solid)) legend(off)
```

图 5.3

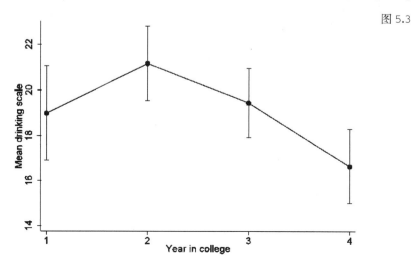

对一个双因素因子方差分析来说,误差条形图可以帮助我们将主效应和交互效应可视化。虽然常用的误差条形图命令 **serrbar** 经过努力可以达到这一目的,但使用 **graph twoway** 这类命令来制图显得更加灵活,下面我们进行示范。首先,我们执行方差分析,获得组平均数(即预测值)和它们的标准误,接下来创建新变量,令其值等于组平均数加上或者减去两倍的标准误。这个例子用来检测学生的攻击性行为(*aggress*)、性别(*gender*)和在校年数(*year*)之间的关系。性别、在校年数以及它们之间的交互效应统计上都是显著的。

```
. anova aggress gender year gender*year
```

| | | | Number of obs = | 243 | R-squared | = | 0.2503 |
| | | | Root MSE | = 1.45652 | Adj R-squared | = | 0.2280 |

Source	Partial SS	df	MS	F	Prob > F
Model	166.482503	7	23.7832147	11.21	0.0000
gender	94.3505972	1	94.3505972	44.47	0.0000
year	19.0404045	3	6.34680149	2.99	0.0317
gender*year	24.1029759	3	8.03432529	3.79	0.0111
Residual	498.538073	235	2.12143861		
Total	665.020576	242	2.74801891		

```
. predict aggmean
. label variable aggmean "Mean aggressive behavior scale"
. predict SEagg, stdp
. gen agghigh = aggmean + 2 * SEagg
. gen agglow = aggmean - 2 * SEagg

. graph twoway connected aggmean year
    ||   rcap agghigh agglow year
    ||   , by(gender, legend(off) note(""))
   ytitle("Mean aggressive behavior scale")
```

通过叠并两对图得到了图 5.4 中的误差条形图。第一对是女生和男生的连线图,它把 *aggress* 的组平均数(用 **predict** 来计算,并存为变量 *aggmean*)连接起来。第二对是女生和男生的戴帽芒线图(**twoway rcap**),图中以垂直的芒线将变量 *agghigh*(*aggress* 的组平均数加上两个标准误)和 *agglow*(*aggress* 的组平均数减去两个

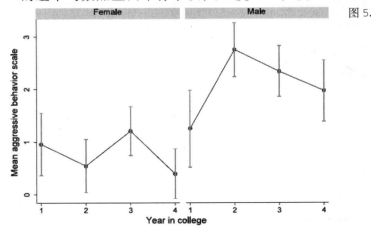

图 5.4

标准误）连接起来。选项 **by**(*gender*)用来得到女生和男生的分图。为了在一幅使用 **by**( )选项的图中不显示图例和注释，**legend**(**off**)和 **note**("")必须作为子选项出现在 **by**( )中。

最后输出的误差条形图显示，女性在攻击行为测量上的平均数在大学四年中都是在相对低的水平上波动。男性的平均数则始终更高，并且在二年级达到顶峰，这一点和前面看到的饮酒行为的模式相似（图 5.2 和图 5.3）。因此，*aggress* 和 *year* 之间的关系在男性和女性之间是不同的。这幅图有助于我们理解和解释显著的交互效应。

predict 在回归分析（**regress**）和方差分析（**anova**）中的作用方式完全一样，这是因为这两种方法采用了共同的数学框架。第 6 章中列出了 **predict** 命令的其他选项，第 7 章中则给出了更多使用这些选项的例子。这些选项包括可用来对与误差分布有关的假定进行检验的残差，也包括就单个观测案例对模型结果的影响进行测量的一套诊断统计量（比如杠杆作用、Cook 的 *D* 以及 *DFBETA*）。条件效应标绘图（第 7 章）提供了一种图形方法，用来辅助解释更为复杂的回归、方差分析或协方差分析模型。

6 线性回归分析

Stata 提供了范围异常宽的回归程序。键入命令 **help regress** 可以看到这些应用的部分清单。本章介绍 **regress** 及其相关命令,它们完成各种简单和多元(multiple)常规最小二乘法(ordinary least squares,OLS)回归。其后续命令 **predict** 可以计算预测值、残差以及诸如杠杆作用或者 Cook 的 *D* 之类的诊断统计量。另一后续命令 **test** 检验用户设定的假设。**regress** 可以完成包括加权最小二乘法回归和两阶段最小二乘法在内的其他分析。涉及虚拟变量、交互效应、多项式和逐步变量筛选的回归分析在本章中也简要地有所提及,同时对残差分析给予了初步介绍。

通过下面的菜单选择可以实现绝大部分讨论到的操作:

Statistics > Linear model and related > Linear regression　　　　　线性回归

Statistics > Linear model and related > Regression diagnostics　　　回归诊断

Statistics > Postestimation > Predictions, residuals, etc　取得预测值、残差等

Graphics > Twoway graphs (scatter, line, etc.)　　二维图(散点图、线图等)

Statistics > Longitudinal/panel data　　　　　　　　　　纵贯及面板数据

命令示范

. **regress** *y x*

执行 *y* 对单个预测变量 *x* 的常规最小二乘法(OLS)回归。

. **regress** *y x* if *ethnic* == 3 & *income* > 50 & income < .

执行 *y* 对 *x* 的回归,但只使用 *ethnic* 等于 3 并且 *income* 大于 50(但不含缺失值)的数据子集。

. **predict** *yhat*

创建一个新变量(此处任意命名为 *yhat*),令其等于最近回归所得到的预测值。

. **predict** *e*, resid

创建一个新变量(此处任意命名为 *e*),并令其等于最近回归所得到的残差。

. **graph twoway lfit** *y x* || **scatter** *y x*

画出 *y* 相对于 *x* 的散点图(scatterplot),并加入简单回归线(**lfit**,即线性拟合)。

. **graph twoway mspline** *yhat x* **||　scatter** *y x*

在 *y* 对 *x* 的散点图上加画简单回归线,并(用修匀的立方样条曲线)将回归预测值(本例中变量名为 *yhat*)连接起来。

注意:在 Stata 中画回归直线或者曲线时有很多选择。它们包括 **twoway** 制图类型的 **mspline**(如上所示),**mband**,**line**,**lfit**,**lfitci**,**qfit** 和 **qfitci**,并且每一种都有其自身的优点和不同选项。通常,我们将直线或者曲线和散点图组合(叠并)起来。如果像上面的示例那样,散点图在我们的 **graph twoway** 命令中排在第二位,散点将打印在回归线的上层。如果在命令中先写散点图命令,那么回归线将打印在散点的上层。在本章和后面章节中的示例阐明了这些不同的可能性。

. **rvfplot**

自动采用最近的回归分析结果画出残差对拟合值(即预测值)的标绘图(residual versus fitted plot)。

. **graph twoway scatter** *e yhat,* **yline(0)**

用变量 *e* 和 *yhat* 画出残差对预测值的标绘图(residual versus predicted values plot)。

. **regress** *y x1 x2 x3*

执行 *y* 对 *x1*,*x2*,*x3* 这三个预测变量的多元回归。

. **regress** *y x1 x2 x3,* **vce(robust)**

计算标准误的稳健(Huber/White)估计值。详情参见《用户指南》(*User's Guide*)。**vce(robust)** 选项在其他许多模型拟合命令中也同样起作用。

. **regress** *y x1 x2 x3,* **beta**

执行多元回归,并且将标准化回归系数(又称"β 权数(beta weights)")包含在输出表中。

. **correlate** *x1 x2 x3 y*

显示皮尔逊相关矩阵(matrix of Pearson correlation),使用的数据仅包括那些在所有指定变量均无缺失值的观测案例。如果加上 **covariance** 选项,将输出方差协方差矩阵而不是相关矩阵。

. **pwcorr** *x1 x2 x3 y,* **sig star(.05)**

显示皮尔逊相关矩阵,采用配对删除(pairwise deletion)的方法去掉缺失值,并显示对每个相关系数的虚无假设 $H_0: \rho = 0$ 进行 t 检验得到的概率。每一个统计显著($P < 0.05$)的相关用"$*$"标注。

`. graph matrix x1 x2 x3 y, half`

画散点图矩阵。由于变量列表相同,这一示例产生的矩阵和前面的 **pwcorr** 命令产生的相关矩阵具有同样的排列方式。因变量 y 列在最后面,这使得最底部的一行形成一系列 y 对 x 之间的标绘图。

`test x1 x2`

执行 F 检验,虚无假设为:在最近的回归模型中,$x1$ 和 $x2$ 的系数都等于零。

`. xi:   regress y x1 x2 i.catvar*x2`

执行对 y 的"扩展交互效应"回归,预测变量为 $x1$,$x2$ 和一套自动生成并代表分类变量 $catva$ 各类别的虚拟变量以及一套交互项,交互项等于这些虚拟变量和测量型变量 $x2$ 的乘积。通过 **help xi** 可获得更多细节。

`. stepwise, pr(.05):   regress y x1 x2 x3`

执行反向剔除的逐步回归,直到所有保留的预测变量都在 0.05 水平上显著。所有列表上的预测变量都进入第一次迭代,此后每一步迭代去掉 P 值最高的预测变量,直到所有保留下来的预测变量的概率值在"保留概率"以下为止,这就是 **pr(.05)** 选项的意义。其他选项允许正向纳入法或者层次选择(hierarchical selection)。**stepwise** 前缀在其他模型拟合命令中也同样适用。键入 **help stepwise** 可以得到一个清单。

`. regress y x1 x2 x3 [aweight = w]`

执行 y 对 $x1$,$x2$ 和 $x3$ 的加权最小二乘回归(WLS)。变量 w 代表分析性权数(analytical weight),这种加权相当于我们将每一个变量和常数都乘以 w 的平方根,然后执行常规回归。当 y 变量和 x 变量为平均数、比率或者比例并且 w 是组成每一汇总观察(比如城市或学校)的个体数量时,分析性权数常被用来校正异方差性(heteroskedasticity)。当 y 和 x 为个体层次变量而权数表示重复的观测案例数时,则应该采用频数权数 [**fweight = w**]。如果权数反映着诸如非比例抽样等设计因子(design factors)的话,请参见 **help survey**(第 14 章)。

`. regress y1 y2 x (x z)`
`. regress y2 y1 z (x z)`

使用工具变量 x 和 z 估计 $y1$ 和 $y2$ 之间的互为因果作用,第一部分命令设定结构方程:

$$y1 = \alpha_0 + \alpha_1 y2 + \alpha_2 x + \in_1$$
$$y2 = \beta_0 + \beta_1 y1 + \beta_2 z + \in_2$$

命令中的括号包含了在所有结构方程中的外生(exogenous)变量。在这个例子中,**regress** 使用两阶段最小二乘法(two-stage least squares,2SLS)进行分析。

回归表

文件 $states.dta$ 包含了美国各州以及哥伦比亚地区的教育数据:

```
. describe state csat expense percent income high college region
```

| | storage | display | value | |
variable name	type	format	label	variable label
state	str20	%20s		State
csat	int	%9.0g		Mean composite SAT score
expense	int	%9.0g		Per pupil expenditures prim&sec
percent	byte	%9.0g		% HS graduates taking SAT
income	double	%10.0g		Median household income, $1,000
high	float	%9.0g		% adults HS diploma
college	float	%9.0g		% adults college degree
region	byte	%9.0g	region	Geographical region

政治领导人偶尔使用学术能力测试(Scholastic Aptitude Test,SAT)的平均分数对美国各州教育体系进行有针对性的评价。例如,有人提出教育支出多的州是否SAT成绩也较高的问题。我们可以通过对平均综合 SAT 成绩(csat)对学生人均支出(expense)进行回归。恰当的 Stata 命令的形式为 **regress y x**,其中 y 是被预测的变量或者因变量,而 x 则是预测变量或自变量。

```
. regress csat expense
```

Source	SS	df	MS		Number of obs	=	51
					F(1, 49)	=	13.61
Model	48708.3001	1	48708.3001		Prob > F	=	0.0006
Residual	175306.21	49	3577.67775		R-squared	=	0.2174
					Adj R-squared	=	0.2015
Total	224014.51	50	4480.2902		Root MSE	=	59.814

csat	Coef.	Std. Err.	t	P>|t|	[95% Conf. Interval]	
expense	-.0222756	.0060371	-3.69	0.001	-.0344077	-.0101436
_cons	1060.732	32.7009	32.44	0.000	995.0175	1126.447

这一回归结果颇为令人意外:一个州的教育开支越多,该州学生的平均 SAT 成绩反而越低。虽然在此时因果解释为时尚早,但回归表确实传递了 csat 和 expense 之间的线性统计关系。基于表顶部左边的离差平方和,表顶部的右边给出了整体 F 检验结果。F 检验用来评估关于模型中所有 x 变量(此处只有一个 x 变量,expense)的系数都等于 0 的虚无假设。F 统计量等于 13.61,其自由度为 1 和 49,很容易地导致拒绝这一虚无假设($P = 0.000\ 6$)。Prob > F 指的是,在虚无假设为真的情况下,我们从这样一个总体中随机抽取样本时"出现较大 F 值的可能性"。

在右上方,我们还看到确定系数(coefficient of determination),$R^2 = 0.217\ 4$。学生人均支出解释了州际平均综合 SAT 成绩差异的 22%,调整的 R^2,$R_a^2 = 0.201\ 5$,考虑了相对于数据复杂性而言的模型复杂性。

回归表的下半部分给出了拟合模型本身。我们在第一栏看到回归系数(斜率和 y 的截距),由此得到预测方程:

$$预测的\ csat = 1\ 060.732 - 0.022\ 275\ 6 expense$$

第二栏列出了系数的估计标准误。它们可用来计算每一回归系数的 t 检验(第3—4栏)和置信区间(第5—6栏)。t 统计量(系数除以其各自的标准误)对总体中相应系数等于 0 的虚无假设进行检验。在 α = 0.05 的显著水平上,我们可以拒绝与 expense 的系数($P = 0.001$)和 y 截距("0.000",实际上意味着 $P < 0.000\ 5$)有关的虚无假设。Stata 的建模命令通常会输出 95% 的置信区间,但我们可以通过指定 **level()** 选项来要求其他水平的置信区间,如下所示:

. **regress** *csat expense*, **level(99)**

在拟合回归模型后,我们通过键入不含变量的 **regress** 来重新显示这一结果。键入 **regress**,**level(90)** 也会重复这一结果,不过这时将显示 90% 的置信区间。

由于本例中的这些数据并不代表从美国各州的某一更大总体中抽取的一个随机样本,因此假设检验和置信区间都不具备其通常意义。本章对其讨论不过是出于示范的目的。

_cons 这一项代表回归常数,通常被设为 1(因此 _cons 的系数等于 y 的截距)。除非我们告诉 Stata 不要常数项,否则它将自动纳入一个常数。选项 **nocons** 将使 Stata 取消常数项,并执行通过原点的回归。例如,

. **regress** *y x*, **nocons**

或者

. **regress** *y x1 x2 x3*, **nocons**

在某些高级应用中,用户可能需要指定自己所设的常数项。如果"自变量"包括用户提供的常数(例如,名为 c),那就采用 **hascons** 选项来代替 **nocons**:

. **regress** *y c x*, **hascons**

在这种情况下使用 **nocons** 会得到误导性的 F 检验和 R^2。更多关于 **hascons** 的内容请参考《基础参考手册》(*Base Reference Manual*),或者 **help regress**。

多元回归

多元回归允许我们在考虑到其他一些预测变量的同时估计 *expense* 是如何预测 *csat* 的。我们可以简单地通过将这些自变量列在命令中来引入 *csat* 的其他预测变量。

. **regress** *csat expense percent income high college*

Source	SS	df	MS		
Model	184663.309	5	36932.6617		
Residual	39351.2012	45	874.471137		
Total	224014.51	50	4480.2902		

Number of obs = 51
F(5, 45) = 42.23
Prob > F = 0.0000
R-squared = 0.8243
Adj R-squared = 0.8048
Root MSE = 29.571

csat	Coef.	Std. Err.	t	P>|t|	Beta
expense	.0033528	.0044709	0.75	0.457	.070185
percent	-2.618177	.2538491	-10.31	0.000	-1.024538
income	.1055853	1.166094	0.09	0.928	.0101321
high	1.630841	.992247	1.64	0.107	.1361672
college	2.030894	1.660118	1.22	0.228	.1263952
_cons	851.5649	59.29228	14.36	0.000	.

由此得到多元回归方程:

$$预测的\ csat = 851.56 + 0.003\,35expense - 2.618percent + 0.000\,1income +$$
$$1.63high + 2.03college$$

控制其他四个变量削弱了 *expense* 的影响,由 −0.022 3 变为 0.003 35,这一系数不再在统计上显著地区别于 0。在先前的简单回归中所发现的 *expense* 和 *csat* 之间令人意外的负向关系显然是虚假的,可以被其他预测变量所解释。

只有 *percent*(参加 SAT 考试的高中毕业生比例)的系数在 0.05 的水平上显著。

我们可以按照如下方式理解这一"四阶偏回归系数（fourth-order partial regression coefficient）"（之所以这样说是因为它的计算针对四个其他自变量做过调整）：

$b_2 = -2.618$：在 $expense$，$income$，$high$ 和 $college$ 保持不变的情况下，参加 SAT 考试的高中毕业生比例每增加 1 个百分点，预测的 SAT 平均分数下降 2.618 分。

总的来说，模型中的五个变量解释了 80% 的平均综合 SAT 成绩的方差（$R_a^2 = 0.8048$）。相比之下，我们早期用 $expense$ 作为唯一预测变量的简单回归仅仅解释了 $csat$ 方差的 20%。

如果要得到某一回归的标准化回归系数（"beta 权数"），加上选项 **beta** 即可。标准化回归系数是我们在一个所有变量都被转化为标准分（平均数为 0，标准差为 1）后的回归中所看到的系数。

. regress *csat expense percent income high college*, beta

Source	SS	df	MS
Model	184663.309	5	36932.6617
Residual	39351.2012	45	874.471137
Total	224014.51	50	4480.2902

Number of obs = 51
F(5, 45) = 42.23
Prob > F = 0.0000
R-squared = 0.8243
Adj R-squared = 0.8048
Root MSE = 29.571

csat	Coef.	Std. Err.	t	P>|t|	Beta
expense	.0033528	.0044709	0.75	0.457	.070185
percent	-2.618177	.2538491	-10.31	0.000	-1.024538
income	.1055853	1.166094	0.09	0.928	.0101321
high	1.630841	.992247	1.64	0.107	.1361672
college	2.030894	1.660118	1.22	0.228	.1263952
_cons	851.5649	59.29228	14.36	0.000	.

标准化的回归方程为：

$$预测的\ csat^* = 0.07expense^* - 1.0245percent^* + 0.01income^* +$$
$$0.136high^* + 0.126college^*$$

其中，$csat^*$，$expense^*$ 等为这些变量的标准分形式。我们可以按以下方式来解释 $percent$ 的标准化系数：

$b_2^* = -1.0245$：在 $expense$，$income$，$high$ 和 $college$ 不变条件下，参加 SAT 考试的高中毕业生比例（$percent$）的每一标准差单位的提高将导致 SAT 平均分数预测值上 1.0245 个标准差单位的下降。

这个回归的 F 检验和 t 检验、R^2 和其他方面其实都保持不变。

预测值及残差

在任一回归分析之后，命令 **predict** 可以获得预测值、残差和其他的案例统计量。假设我们已经对综合 SAT 成绩就其影响最强的单个解释变量进行了回归：

. regress *csat percent*

现在，创建一个叫 $yhat$ 的新变量来存放从回归中得到预测的 y 值。

. predict *yhat*
. label variable *yhat* "Predicted mean SAT score"

通过 **resid** 选项，我们还可以创建另一个新变量来存放残差，这里取名为 e：

```
. predict e, resid
. label variable e "Residual"
```

我们也可以改用两条 **generate** 命令获得同样的 y 预测值以及残差。

```
. generate yhat0 = _b[_cons] + _b[percent]*percent
. generate e0 = csat - yhat0
```

Stata 会暂时"记住"回归系数和最近回归产生的其他信息。因此，_b[*varname*] 就是指自变量 *varname* 的回归系数。_b[_con] 则是指常数项的系数(通常，就是指 y 的截距)。这些暂存值在编程和一些高级应用中十分有用，但作为最重要的目的，**predict** 免去了我们用"手工"方式创建 *yhat0* 和 *e0* 。

残差包含了模型在哪里拟合较差的信息，因而对诊断分析或者排除故障的分析很重要。这样的分析可以从对残差的排序和检查开始。当我们高估了观察值就会出现负的残差。也就是说，当我们基于参加测试的学生比例去预测时，有些州的实际平均综合 SAT 成绩就会低于我们的预测值。为了列出残差最低的五个州，键入命令：

```
. sort e
. list state percent csat yhat e in 1/5
```

	state	percent	csat	yhat	e
1.	South Carolina	58	832	894.3333	-62.3333
2.	West Virginia	17	926	986.0953	-60.09526
3.	North Carolina	57	844	896.5714	-52.5714
4.	Texas	44	874	925.6666	-51.66666
5.	Nevada	25	919	968.1905	-49.19049

残差最低的四个州都属于南方的州，表明我们可以在一定程度上通过考虑地区因素来改进我们的模型，更好地理解平均 SAT 成绩的差异。

当实际的 y 值高于预测值的时候会出现正的残差。因为数据已经按 e 排序，为了列出最高的五个残差，我们加上选择条件 **in -5 / l**，选择条件中"-5"表示倒数第 5 个观察值，英文字母"el"(注意这里不是数字"1")表示最后一个(last)观察值。选择条件 **in 47 / l** 或者 **in 47 / 51** 可以完成同样的事情。

```
. list state percent csat yhat e in -5/l
```

	state	percent	csat	yhat	e
47.	Massachusetts	79	896	847.3333	48.66673
48.	Connecticut	81	897	842.8571	54.14292
49.	North Dakota	6	1073	1010.714	62.28567
50.	New Hampshire	75	921	856.2856	64.71434
51.	Iowa	5	1093	1012.952	80.04758

predict 也可以从最近拟合的模型中导出其他统计量。下面是一些可以在 **anova** 或者 **regress** 后使用的 **predict** 选项。

```
. predict new
```
y 的预测值。**predict new, xb** 意味着做同样的事情(**Xb** 表示 **X** 向量乘以 b，其实就是 y 预测值向量)。

```
. predict new, cooksd
```
Cook 的 D 影响统计量。

```
. predict new, covratio
```
COVRATIO 影响统计量，指每个观察值对估计值的方差协方差矩阵的影响。

. predict *DFx1* , dfbeta(*x1*)	*DFBETA* 统计量测量每个观测值对自变量 *x1* 的系数的影响。
. predict *new*, dfits	*DFITS* 影响统计量。
. predict *new*, hat	帽子矩阵(hat matrix)的对角线元素(用 **leverage** 代替 **hat** 也行)。
. predict *new*, resid	残差。
. predict *new*, rstandard	标准化残差。
. predict *new*, rstudent	学生化(studentized)(刀切法)残差。
. predict *new*, stdf	单个 y 预测值的标准误,有时叫做预报标准误或者预测值标准误。
. predict *new*, stdp	预测的 y 平均数的标准误。
. predict *new*, stdr	残差的标准误。
. predict *new*, welsch	Welsch 氏距离(Welsch's distance)影响统计量。

更多的选项还包括预测概率和期望值;键入 **help regress** 可以得到清单。所有的 **predict** 选项都创建案例统计量,并形成新变量(就像预测值和残差),并且样本中的每个观察案例都有这些变量的取值。

使用 **predict** 命令时,用户可以用一个自己选择的新变量名代替上述命令中的变量 *new*。例如,要获得 Cook 的 D 影响统计量值,键入:

. predict D, cooksd

或者通过键入如下命令,可以获得杠杆作用(帽子矩阵的对角线元素):

. predict h, hat

predict 所创建变量的名称(例如 $yhat, e, D, h$)是任意的,并由用户指定。正如 Stata 命令的其他元素,我们可以用最小数目的字母缩写这些选项来使其唯一性地辨认。例如,

· predict e, resid

可以被简写为

. pre e, re

回归的基本图形

这一节介绍一些基本图形,用户可以用它们来展示一个回归模型或者检查其拟合的情况。第 7 章会介绍更多专门的图形,它们主要用来辅助回归后的诊断工作。

在简单回归中,预测值处在由回归方程所定义的一条直线上。通过描绘出这些预测值并将它们连接起来,我们可以让这条直线显示出来。命令 **lfit**(线性拟合)会自动地画出一条简单回归线。

. graph twoway lfit *csat percent*

通常,像图 6.1 那样在回归直线图上叠并一幅散点图会更有意思。

```
. graph twoway lfit csat percent
    || scatter csat percent
    || , ytitle("Mean composite SAT score") legend(off)
```

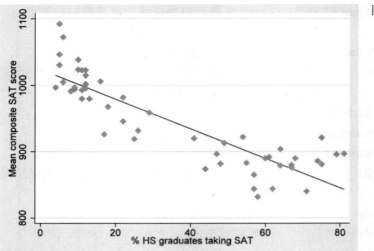

图 6.1

我们可以用"手工"的办法画出图 6.1,用回归后生成的预测值($yhat$)和如下的命令形式即可:

```
. graph twoway mspline yhat percent, bands(50)
    ||   scatter csat percent
    ||   , legend(off) ytitle("Mean composite SAT score")
```

第二种方法需要做更多工作,但它为一些高级应用提供了更大的灵活性,比如说条件效应和非线性回归的标绘图。这种方法直接和预测值打交道,使得分析人员和数据以及回归模型正在做的事情保持更紧密的联系。当应用于线性预测值的时候,**graph twoway mspline**(拟合 50 个交叉中位数的立方样条曲线)将简单地画出一条直线,但当应用于非线性预测值的时候,也能同样很好地画出一条平滑的曲线来。

残差对预测值标绘图提供了有用的诊断工具(图 6.2)。在任意回归分析之后(还有其他模型,例如方差分析),我们可以自动画出残差对拟合值(预测值)标绘图,只需键入:

```
. rvfplot, yline(0)
```

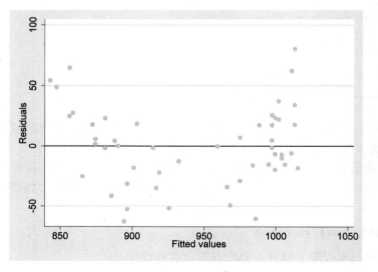

图 6.2

画出图 6.2 的"手工"替代办法是:

```
. graph twoway scatter e yhat, yline(0)
```

　　图 6.2 显示出我们目前的模型从整体上给出了数据的明显分布模式。在一开始，残差或者说预测误差看起来大部分是正值（由于预测过高），接下来大部分是负值，然后又是大部分为正值。后面的各节将要寻求一个更好地拟合数据的模型。

　　predict 可以为预测值创建两种标准误，它们有不同的应用。有时候可以通过"置信区间"和"预测区间"这样的名字来区别这些应用。在这样的区分背景下，置信区间表达了我们在给定 x 值（或者说在多元回归中给定 x 值的组合）下估计 y 条件平均数的不确定性。这种用途的标准误通过如下语句获得：

`. predict SE, stdp`

选择一个恰当的 t 值。自由度为 49，为了得到 95% 的置信区间，我们应该使用 $t =$ 2.01，这可以通过查询 t 分布表或者直接询问 Stata：

```
. display invttail(49,.05/2)
2.0095752
```

于是，可以用以下命令计算出置信区间的下限：

`. generate low1 = yhat - 2.01*SE`

而置信区间上限为：

`. generate high1 = yhat + 2.01*SE`

　　简单回归中的置信区间带形状像沙漏，在 x 的平均数处最窄。我们可以像下面这样叠并多个 twoway 命令来作图：

```
• graph twoway mspline low1 percent, clpattern(dash) bands(50)
    ||    mspline high1 percent, clpattern(dash) bands(50)
    ||    mspline yhat percent, clpattern(solid) bands(50)
    ||    scatter csat percent
    ||    , legend(off) ytitle("Mean composite SAT score")
```

阴影区域图（shaded-area range plots）（参见 **help twoway_rarea**）提供了不同的办法来画这样的图，它将 *low1* 和 *high1* 之间的区域涂上阴影。此外，**lfitci** 可以自动完成这个任务，并且完成区间带的计算，参见图 6.3。注意 **stdp** 选项，它要求显示条件平均数的置信区间带（这实际上是默认设定）。

```
• graph twoway lfitci csat percent, stdp
    ||    scatter csat percent, msymbol(O)
    ||    , ytitle("Mean composite SAT score")  legend(off)
    title("Confidence bands for conditional means (stdp)")
```

图 6.3

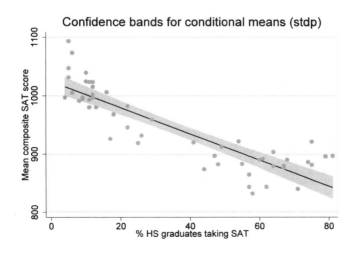

第二种类型的回归预测置信区间有时候被称为"预测区间"。它代表的是我们对用已知 x 值去估计未知 y 值的不确定性。这种情况下的标准误通过键入如下命令获得:

. **predict** *SEyhat*, **stdf**

图 6.4 使用带有 **stdf** 选项的 **lfitci** 命令绘制这种预测区间带。像图 6.4 中那样预测个体观测案例的 y 值内在地包含了更大的不确定性,因而相对于估计 y 的条件平均数(图 6.3)而言,其得到的置信区间带更宽。在两个例子中,最窄的波段都位于 x 的平均数处。

. **graph twoway lfitci** *csat percent*, **stdf**
    || **scatter** *csat percent*, **msymbol(O)**
    || , **ytitle("Mean composite SAT score") legend(off)**
    title("Confidence bands for individual-case predictions (stdf)")

图 6.4

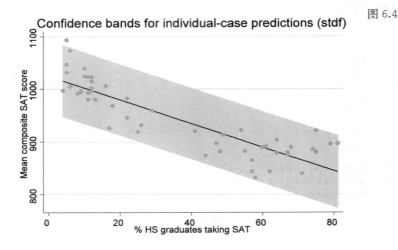

就像常规最小二乘回归中采用其他置信区间和虚无假设检验一样,刚才介绍的标准误和置信区间也有赖于独立同分布误差的假定。图 6.2 已经对这一假定提出了质疑,因此图 6.3 和图 6.4 中的结果或许会有误导性。

相 关

命令 **correlate** 会得到变量之间的皮尔逊积距相关(Pearson product-moment correlation)。

. **correlate** *csat expense percent income high college*
(obs=51)

	csat	expense	percent	income	high	college
csat	1.0000					
expense	-0.4663	1.0000				
percent	-0.8758	0.6509	1.0000			
income	-0.4713	0.6784	0.6733	1.0000		
high	0.0858	0.3133	0.1413	0.5099	1.0000	
college	-0.3729	0.6400	0.6091	0.7234	0.5319	1.0000

correlate 仅仅使用在命令中列出的所有变量上都没有缺失值的那部分数据子集(对于这些特定变量,这一点并不要紧,因为所有观测案例都没有缺失值)。在这方面,**correlate** 命令和 **regress** 比较相似,如果给定同样的变量清单,它们将使用同样的

数据子集。但是,未用过回归或其他多元分析技术的分析人员可能想基于每一变量对的所有可获得观测案例来计算相关系数。命令 **pwcorr**(成对相关(pairwise correlation))可以完成这一任务,并提供 t 检验概率来检验每一项相关等于零的虚无假设。本例中,**star(.05)** 选项要求用星号(*)来分别标记每一个在 $\alpha = 0.05$ 水平上显著的相关。

. **pwcorr** *csat expense percent income high college*, sig star(.05)

	csat	expense	percent	income	high	college
csat	1.0000					
expense	-0.4663*	1.0000				
	0.0006					
percent	-0.8758*	0.6509*	1.0000			
	0.0000	0.0000				
income	-0.4713*	0.6784*	0.6733*	1.0000		
	0.0005	0.0000	0.0000			
high	0.0858	0.3133*	0.1413	0.5099*	1.0000	
	0.5495	0.0252	0.3226	0.0001		
college	-0.3729*	0.6400*	0.6091*	0.7234*	0.5319*	1.0000
	0.0070	0.0000	0.0000	0.0000	0.0001	

不过,回忆一下,那就是如果我们从所有变量之间确实为 0 相关的总体中抽取许多随机样本,约有 5% 的样本相关仍将会在 0.05 水平"统计显著"。如果分析人员通过查看诸如 **pwcorr** 矩阵中那样的许多单个假设检验来确认有一小部分系数在 0.05 水平上显著的话,那么他们由此犯第一类错误的风险要远高于 0.05。这一问题被称为"多重比较谬误(multiple comparison fallacy)"。**pwcorr** 命令提供的 Bonferroni 检验和 Šidák 检验这两种方法将多重比较纳入考虑来调整显著性水平。其中,Šidák 方法更为准确。显著性检验概率根据比较的数目进行了相应调整。

. **pwcorr** *csat expense percent income high college*, sidak sig star(.05)

	csat	expense	percent	income	high	college
csat	1.0000					
expense	-0.4663*	1.0000				
	0.0084					
percent	-0.8758*	0.6509*	1.0000			
	0.0000	0.0000				
income	-0.4713*	0.6784*	0.6733*	1.0000		
	0.0072	0.0000	0.0000			
high	0.0858	0.3133	0.1413	0.5099*	1.0000	
	1.0000	0.3180	0.9971	0.0020		
college	-0.3729	0.6400*	0.6091*	0.7234*	0.5319*	1.0000
	0.1004	0.0000	0.0000	0.0000	0.0009	

将上表中的检验概率和前面 **pwcorr** 结果中的概率相比较,可以知道出现了多大程度的调整。通常,我们纳入相关分析的变量越多,调整后的概率超过原来概率就越多。涉及的公式请参见《基础参考手册》对 **oneway** 的讨论。

correlate 自身提供了几个重要的选项,加上 **covariance** 选项将产生一个方差协方差矩阵而不是相关矩阵。

```
. correlate w x y z, covariance
```

在回归分析后键入下面的命令将显示估计系数之间的相关矩阵,这有时可用于诊断多元共线性(见第 7 章):

```
. correlate, _coef
```

下列命令将显示估计系数的方差协方差矩阵,标准误可由此推导得到:

```
. correlate, _coef covariance
```

皮尔逊相关系数测量一条 OLS 回归线对一对变量拟合得有多好。因此,这类相关具有和 OLS 同样的假定和弱点,并且和 OLS 一样,在没有查看相应的散点图之前通常不宜进行解释。散点图矩阵提供了完成这一任务的快捷方法,它使用和相关矩阵同样的结构。图 6.5 显示了对应先前给出的 **pwcorr** 矩阵的散点图矩阵。这里仅画出了矩阵的下三角部分,并且用加号作为散点标志。这里,我们去掉了 y 轴和 x 轴的标签以保持图形的整洁。

```
. graph matrix csat expense percent income high college,
      half msymbol(+) maxis(ylabel(none) xlabel(none))
```

图 6.5

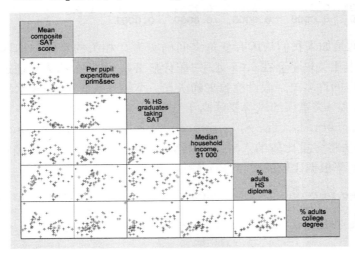

要想根据已被删除掉缺失值的全部观测案例来得到与 **correlate** 相关矩阵相对应的散点图矩阵,就需要对命令增加限制条件。如果所有的变量都有缺失值,我们可以用一个"非缺失"选项(! missing)来排除它们:

```
. graph matrix csat expense percent income high college if
      !missing(csat, expense, income, high, college)
```

为了减少出现混淆和错误的可能性,很值得创建一个新数据集并仅仅保存那些没有缺失值的观察案例:

```
. keep if !missing(csat, expense, income, high, college)
. save nmvstate
```

在上述例子中,我们直接以一个新名称来保存简化后的数据,以避免不小心覆盖了旧的更完整的数据集和丢失其中的信息。另一个可以选择的办法是使用 **drop** 代替 **keep** 来删除缺失值。选项 **missing** 用来对所列出的任一变量的观察值是否存在缺失的情况进行评价,如果缺失,就赋值为 1,否则为 0。

```
. drop if missing(csat, expense, income, high, college) == 1
. save nmvstate
```

除了皮尔逊相关之外,Stata 还可以计算几种基于序次(rank-based)的等级相关系数。它们可以用来测量定序变量之间的关联(association),或者作为测量型变量的皮尔逊相关的一种抗特异值的替代指标。为了得到 *csat* 和 *expense* 之间的斯比尔曼序次相关,这等价于如果这些变量被转换成序次情况下的皮尔逊相关,可键入:

```
. spearman csat expense

 Number of obs =        51
Spearman's rho =    -0.4282

Test of Ho: csat and expense are independent
     Prob > |t| =      0.0017
```

这些数据的 Kendall 的 τ_a(读作 tau-a)和 τ_b(读作 tau-b)的序次相关也可以很容易地得到,尽管对它们的计算在使用更大数据集时会变慢:

```
. ktau csat expense

  Number of obs =        51
Kendall's tau-a =    -0.2925
Kendall's tau-b =    -0.2932
Kendall's score =       -373
    SE of score =    123.095    (corrected for ties)

Test of Ho: csat and expense are independent
     Prob > |z| =      0.0025    (continuity corrected)
```

为了进行对比,这里提供了皮尔逊相关系数及其(未经调整的)P 值:

```
. pwcorr csat expense, sig

              |    csat   expense
--------------+------------------
         csat |  1.0000
              |
      expense | -0.4663   1.0000
              |  0.0006
```

本例中,**spearman** 值(-0.428 2)和 **pwcorr** 值(-0.466 3)都显示比 **ktau** 值(-0.292 5或 -0.293 2)相关程度更高。这三者在拒绝没有关联这一虚无假设上是一致的。

假设检验

在 **regress** 输出表中有两种类型的假设检验,与采用其他常见的假设检验一样,它们都是基于这样一个假定,即所分析样本中的观测案例是从一个无限大的总体中随机并且独立地被抽取出来的。

1.整体 F 检验:回归表右上部的 F 统计量评价这样的虚无假设,即在总体中,模型中所有 x 变量的回归系数都等于 0。

2.单个 t 检验:回归表的第三栏和第四栏包含了单个回归系数的 t 检验。它们评估的虚无假设是:在总体中,每一个特定的 x 变量的系数等于 0。

t 检验概率是双侧概率。对单侧检验,只要把 P 值除以 2 即可。

除了这些标准的 F 检验和 t 检验,*Stata* 也可以对用户指定的假设进行 F 检验。**test** 命令指回诸如 **anova** 或 **regress** 等最近拟合的模型。例如,下述回归得到的单个 t 检验指出,成人中至少具有高中文凭的比例(*high*)和具有大学文凭的比例(*college*)都对综合 SAT 分数没有显著的单独影响。

. regress *csat expense percent income high college*

但是,从理论上看,两个因素都反映州人口的受教育水平,并且出于某种目的,我们可能想对两者的影响同时为零这一虚无假设进行检验。为了实现这一点,我们先在命令之前加上 **quietly** 来重复这一多元回归,因为我们并不需要再次看到全部的输出结果。然后使用 **test** 命令:

. quietly regress *csat expense percent income high college*
. test *high college*

```
( 1)  high = 0
( 2)  college = 0

      F(  2,    45) =     3.32
            Prob > F =    0.0451
```

和单个虚无假设不同,可以合理地地拒绝关于 *high* 和 *college* 的系数同时等于零的这个联合假设($P = 0.045\,1$)。当我们有几个概念上相关联的预测变量,或者由于多元共线性(第 7 章)导致单个系数估计似乎不可靠时,这种关于系数子集的检验就非常有用了。

test 能够复制整体的 F 检验:

. test *expense percent income high college*

test 还能复制出单个系数检验,如(略举一二):

. test *expense*
. test *percent*
. test *income*

test 的应用在高级任务中更加有用,这些应用包括如下方面:

1. 检验某一系数是否等于指定的常数。例如,检验 *income* 的系数等于 1 这一虚无假设($H_0: \beta_3 = 1$),而不是通常情况下关于其等于 0 的虚无假设($H_0: \beta_3 = 0$),键入:

. test *income* = 1

2. 检验两个系数是否相等。例如,下面的命令评价虚无假设($H_0: \beta_4 = \beta_5$):

. test *high* = *college*

3. 最后,**test** 还能接受某些代数表达式。我们可以要求检验 $H_0: \beta_3 = (\beta_4 + \beta_5)/100$ 这样一个虚无假设:

. test *income* = (*high* + *college*)/100

更多的信息和示例请参考 **help test**。

虚拟变量

分类变量被表示成一个或者多个"虚拟变量(dummy variable)",它们都是取值为$\{0,1\}$之一的二分变量。这时，它们可以成为回归中的预测变量。例如，我们有理由猜想在州平均 SAT 成绩中存在地区差异。如果我们添加 **gen**(创建, **genarate** 的缩写)选项，命令 **tabulate** 为列表中分类变量的每一类别创建一个虚拟变量。下面，我们对四个类别的变量 *region* 来创建四个虚拟变量。这些虚拟变量取名为 *reg1*, *reg2*, *reg3* 和 *reg4*。对西部州来说，虚拟变量 *reg1* 等于 1，其他州则等于 0；对东北部州来说，*reg2* 等于 1，其他州则等于 0；如此等等。

```
. tabulate region, gen(reg)
```

Geographica l region	Freq.	Percent	Cum.
West	13	26.00	26.00
N. East	9	18.00	44.00
South	16	32.00	76.00
Midwest	12	24.00	100.00
Total	50	100.00	

```
. describe reg1-reg4
```

variable name	storage type	display format	value label	variable label
reg1	byte	%8.0g		region==West
reg2	byte	%8.0g		region==N. East
reg3	byte	%8.0g		region==South
reg4	byte	%8.0g		region==Midwest

```
. tabulate reg1
```

region==Wes t	Freq.	Percent	Cum.
0	37	74.00	74.00
1	13	26.00	100.00
Total	50	100.00	

```
. tabulate reg2
```

region==N. East	Freq.	Percent	Cum.
0	41	82.00	82.00
1	9	18.00	100.00
Total	50	100.00	

将 *csat* 对一个虚拟变量 *reg2*(东北部)进行回归等价于执行在 *reg2* 各类别上 *csat* 平均数是否相同的两样本 *t* 检验。也就是在问：东北部州的 *csat* 平均数是否和美国其他州一样？

```
. regress csat reg2
```

Source	SS	df	MS		Number of obs =	50
					F(1, 48) =	9.50
Model	35191.4017	1	35191.4017		Prob > F =	0.0034
Residual	177769.978	48	3703.54121		R-squared =	0.1652
					Adj R-squared =	0.1479
Total	212961.38	49	4346.15061		Root MSE =	60.857

csat	Coef.	Std. Err.	t	P>|t|	[95% Conf. Interval]	
reg2	-69.0542	22.40167	-3.08	0.003	-114.0958	-24.01262
_cons	958.6098	9.504224	100.86	0.000	939.5002	977.7193

虚拟变量回归系数的 t 统计量($t = -3.08, P = 0.003$)表明存在显著差异。根据这一回归,东北部各州的平均 SAT 成绩要低 69.054 2 分(因为 $b = -69.054\ 2$)。我们根据简单的 t 检验也得到完全相同的结果($t = 3.08, P = 0.003$),它还显示出东北部各州的平均数为 889.555 6,而所有其他州的平均数为 958.609 8,两者之间的差异为 69.054 2。

```
. ttest csat, by(reg2)
```

Two-sample t test with equal variances

Group	Obs	Mean	Std. Err.	Std. Dev.	[95% Conf. Interval]	
0	41	958.6098	10.36563	66.37239	937.66	979.5595
1	9	889.5556	4.652094	13.95628	878.8278	900.2833
combined	50	946.18	9.323251	65.92534	927.4442	964.9158
diff		69.0542	22.40167		24.01262	114.0958

```
    diff = mean(0) - mean(1)                              t =      3.0825
Ho: diff = 0                              degrees of freedom =         48

    Ha: diff < 0              Ha: diff != 0              Ha: diff > 0
Pr(T < t) = 0.9983       Pr(|T| > |t|) = 0.0034       Pr(T > t) = 0.0017
```

然而,一旦我们控制了参加考试学生的比例这一变量时,这一结论就被证明是虚假的。为此,我们以 $csat$ 对 $reg2$ 和 $percent$ 进行多元回归。

```
. regress csat reg2 percent
```

Source	SS	df	MS		
Model	174664.983	2	87332.4916		
Residual	38296.3969	47	814.816955		
Total	212961.38	49	4346.15061		

```
Number of obs =       50
F( 2,     47) =   107.18
Prob > F      =   0.0000
R-squared     =   0.8202
Adj R-squared =   0.8125
Root MSE      =   28.545
```

csat	Coef.	Std. Err.	t	P>|t|	[95% Conf. Interval]	
reg2	57.52437	14.28326	4.03	0.000	28.79015	86.25858
percent	-2.793009	.2134796	-13.08	0.000	-3.222475	-2.363544
_cons	1033.749	7.270285	142.19	0.000	1019.123	1048.374

现在,东北部地区变量 $reg2$ 有了统计上显著的正回归系数($b = 57.524\ 37$, $P < 0.000\ 5$)。这说明早先取得的负向关系是误导性的。虽然东北部各州的平均 SAT 值确实要低一些,但它们之所以低,**是因为在东北部地区有更高比例的学生参加了这一测试**。在许多其他地区的州,只有更少更"精英"的群体参加这一测试,他们通常还不到高中高年级学生的 20%;在这些州中,另一项替代性测试 ACT 更为流行。然而,在东北部各州中,大部分学生(64% 到 81%)都参加 SAT 测试。一旦我们对参加测试比例上的差异加以调整,东北部各州的 SAT 分数实际上反而更高一些。

代入虚拟变量的值 0 和 1 来写出回归方程有助于理解虚拟变量回归结果。对东北部各州来说,回归方程为:

$$\text{预测的 } csat = 1\ 033.7 + 57.5 reg2 - 2.8 percent$$
$$= 1\ 033.7 + 57.5 \times 1 - 2.8 percent$$
$$= 1\ 091.2 - 2.8 percent$$

对其他州,其预测的 $csat$ 值在任一给定的 $percent$ 水平上都低 57.5 分:

$$\text{预测的 } csat = 1\ 033.7 + 57.5 \times 0 - 2.8 percent$$
$$= 1\ 033.7 - 2.8 percent$$

诸如这类模型中的虚拟变量被称为"截距虚拟变量(intercept dummy variable)"，因为它们描述了 y 截距或者常数上的变化。

根据一个具有 k 个类别的分类变量，我们可以定义 k 个虚拟变量，但其中有一个虚拟变量将会是冗余的。例如，一旦我们知道某个州在西部、东北部和中部这三个虚拟变量上的取值，我们就已经能够猜到它在南部这一虚拟变量上的取值。正因为如此，只有 $k-1$ 个虚拟变量(在这个关于 $region$ 的例子中是 3 个)可以被纳入回归。如果我们试图包括所有可能的虚拟变量，Stata 将会自动除去其中一个，否则将会因为多元共线性而导致无法得到唯一解。

```
. regress csat reg1 reg2 reg3 reg4 percent
```

Source	SS	df	MS		Number of obs =	50
					F(4, 45) =	64.61
Model	181378.099	4	45344.5247		Prob > F =	0.0000
Residual	31583.2811	45	701.850691		R-squared =	0.8517
					Adj R-squared =	0.8385
Total	212961.38	49	4346.15061		Root MSE =	26.492

csat	Coef.	Std. Err.	t	P>|t|	[95% Conf. Interval]	
reg1	-23.77315	11.12578	-2.14	0.038	-46.18162	-1.364676
reg2	25.79985	16.96365	1.52	0.135	-8.366694	59.96639
reg3	-33.29951	10.85443	-3.07	0.004	-55.16146	-11.43757
reg4	(dropped)					
percent	-2.546058	.2140196	-11.90	0.000	-2.977116	-2.115001
_cons	1047.638	8.273625	126.62	0.000	1030.974	1064.302

不管我们(或者 Stata)选择省略哪一个虚拟变量，模型的拟合情况(包括 R^2、F 检验、预测以及残差)实质上仍保持不变。但是，系数解释要根据被省略的那个类别来进行。本例中，中西部虚拟变量($reg4$)被省略了。$reg1$，$reg2$ 以及 $reg3$ 的回归系数告诉我们，在任一给定的 $percent$ 水平上，预测的平均 SAT 分数大致如下：

西部($reg1$ = 1)比中西部低 23.8 分；

东北部($reg2$ = 1)比中西部高 25.8 分；

南部($reg3$ = 1)比中西部低 33.3 分。

以此来看，西部和南部都显著地低于中西部，但东北部并不是这样。

另一个替代性命令 **areg** 拟合同样的模型，但它并不需要先创建虚拟变量。相反，它能"吸收"一个 k 个类别变量的效应，例如 $region$。模型拟合、对吸收变量(absorbed variable)的 F 检验和所得结果的其他关键方面都和我们通过明确设立虚拟变量时获得的结果完全一样。但是，要注意的是，**areg** 并不提供单个虚拟变量的系数估计值。

```
. areg csat percent, absorb(region)
```

Linear regression, absorbing indicators

		Number of obs =	50
		F(1, 45) =	141.52
		Prob > F =	0.0000
		R-squared =	0.8517
		Adj R-squared =	0.8385
		Root MSE =	26.492

csat	Coef.	Std. Err.	t	P>|t|	[95% Conf. Interval]	
percent	-2.546058	.2140196	-11.90	0.000	-2.977116	-2.115001
_cons	1035.445	8.38689	123.46	0.000	1018.553	1052.337
region		F(3, 45) =	9.465	0.000	(4 categories)	

虽然 **areg** 的输出信息比带有明确虚拟变量的回归要少,但它有两个优点。首先,它加快了探索进程,因为很快就可以对一个虚拟变量是否值得研究作出反馈。其次,当我们所关心的变量有许多取值时,为每一取值创建虚拟变量对特定 Stata 配置来说,可能会导致变量太多或者模型过大。于是,**areg** 可以按照通常的数据限制和矩阵规模来工作。

然而,明确的虚拟变量也有其他优点,包括可以在模型中纳入交互效应。被称作"斜率虚拟变量(slope dummy variables)"的交互项可以通过将虚拟变量乘以测量型变量来形成。例如,为了把东北部相对其他区域这个地区因素和 *percent* 的交互相应纳入模型,我们创建了一个斜率虚拟变量,取名 *reg2perc*。

```
. generate reg2perc = reg2 * percent
(1 missing value generated)
. save states_new.dta
```

最后的 **save** 命令用一个新名称为我们保留了这些数据的修改版本,因此,所产生的虚拟变量在本章的后面可以再次被使用。新变量 *reg2 perc* 对于东北部的州来说等于 *percent*,而对于其他州来说等于 0。我们可以把这个交互项加入到回归预测变量中:

```
. regress csat reg2 percent reg2perc
```

Source	SS	df	MS		Number of obs =	50
					F(3, 46) =	82.27
Model	179506.19	3	59835.3968		Prob > F =	0.0000
Residual	33455.1897	46	727.286733		R-squared =	0.8429
					Adj R-squared =	0.8327
Total	212961.38	49	4346.15061		Root MSE =	26.968

csat	Coef.	Std. Err.	t	P>|t|	[95% Conf. Interval]	
reg2	-241.3574	116.6278	-2.07	0.044	-476.1171	-6.597818
percent	-2.858829	.2032947	-14.06	0.000	-3.26804	-2.449618
reg2perc	4.179666	1.620009	2.58	0.013	.9187559	7.440576
_cons	1035.519	6.902898	150.01	0.000	1021.624	1049.414

交互项统计上是显著的($t = 2.58$, $P = 0.013$)。由于这一分析同时包括截距虚拟变量(*reg2*)和斜率虚拟变量(*reg2 perc*),值得我们写出这些方程。对东北部各州的回归方程大致为:

$$\text{预测的 } csat = 1\,035.5 - 241.4\,reg2 - 2.9\,percent + 4.2\,reg2\,perc$$
$$= 1\,035.5 - 241.4 \times 1 - 2.9\,percent + 4.2 \times 1 \times percent$$
$$= 794.1 + 1.3\,percent$$

对其他州则为:

$$\text{预测的 } csat = 1\,035.5 - 241.4 \times 0 - 2.9\,percent + 4.2 \times 0 \times percent$$
$$= 1\,035.5 - 2.9\,percent$$

交互项意味某一变量变化带来的效应将依赖于其他变量的取值。从这一回归来看,它显示了 *percent* 在东北部的州中具有一个相对较弱的正影响,然而对其他州而言,它的影响要更强一些,并且是负的。

为了将一个斜率和截距虚拟变量回归的结果可视化,我们有几种作图的选择。甚至不用拟合模型,我们就可以像下面这样用 **lfit** 来完成这项工作,结果如图 6.6 中所示。

```
. label define reg2 0 "other regions" 1 "Northeast"
. label values reg2 reg2
. graph twoway lfit csat percent
    || scatter csat percent
    || , by(reg2, legend(off) note(""))
    ytitle("Mean composite SAT score")
```

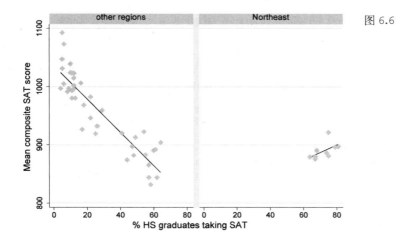

图 6.6

或者，我们可以先拟合模型，再计算预测值，最后使用这些值来绘制一幅更为精致的图，就像图 6.7 那样。两条 **mspline** 命令中的 **bands(50)** 选项设定了基于 50 个垂直波段的中位数样条，这些波段足以涵盖该数据的范围。

```
. quietly regress csat reg2 percent reg2perc
. predict yhat1
. graph twoway scatter csat percent if reg2 == 0
    || mspline yhat1 percent if reg2 == 0, clpattern(solid)
    bands(50)
    || scatter csat percent if reg2 == 1, msymbol(Sh)
    || mspline yhat1 percent if reg2 == 1, clpattern(solid)
    bands(50)
    || , ytitle("Composite mean SAT score")
    legend(order(1 3) label(1 "other regions")
    label(3 "Northeast states") position(12) ring(0))
```

图 6.7

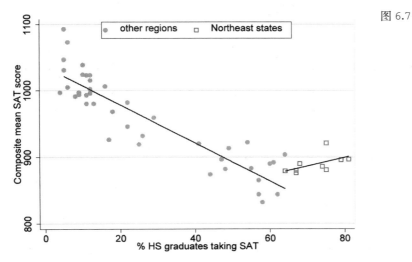

图 6.7 涉及 4 个叠并:两幅散点图(东北部州和其他州的 *csat* 对 *percent* 的散点图)和两个中位数样条标绘图(连接预测值 *yhat1* ,对东北部州以及其他州的 *percent* 作图)。选项 **msymbol(Sh)** 要求将东北部州标记为中空的四方形。**ytitle** 和 **legend** 选项简化了 *y* 轴标题和图例。如果按照它们的默认设定,二者都会显得拥挤不堪且看不清楚。

图 6.6 和图 6.7 都显示出在东北部州和其他州之间存在显著差别,这些差别被我们的交互效应捕获到了。这进一步引起了还存在哪些其他地区差异的问题。图 6.8 通过用不同的标志按 4 个地区分别画 *csat* 对 *percent* 的散点分布图对这一问题进行了探究。在此图中,中西部除了一个州(印第安那,Indiana)外其他都位于图的左边,并且看起来具有其独特的陡峭、负向的地域模式。南部州的异质性最强。

```
. graph twoway scatter csat percent if reg1 ==1
     ||   scatter csat percent if reg2 ==1, msymbol(Sh)
     ||   scatter csat percent if reg3 == 1, msymbol(T)
     ||   scatter csat percent if reg4 == 1, msymbol(+)
     ||  , legend(position(1) ring(0) label(1 "West")
         label(2 "Northeast") label(3 "South") label(4 "Midwest"))
```

图 6.8

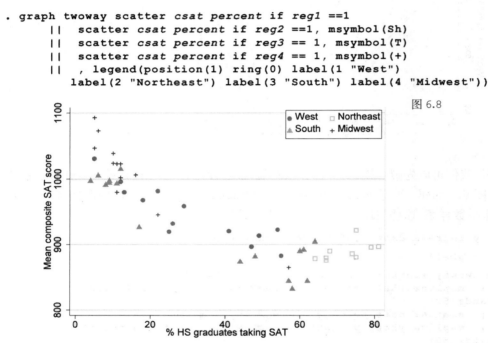

分类变量的自动标识和交互项

命令 **xi** (即扩展交互(expand interactions))简化了把多个多分类变量扩展为成套的虚拟变量和交互变量,并把它们用作回归或者其他模型的预测变量这一工作。例如,在数据集 *student2 .dta* (曾在第 5 章中介绍过)中,变量 *year* 有 4 个类别,代表大学生入学年数(一年级、二年级,等等)。我们可以自动生成一套由三个虚拟变量组成的变量组,只需键入:

```
. xi, prefix(ind) i.year
```

这三个新的虚拟变量被命名为 *indyear_2* , *indyear_3* 和 *indyear_4* 。**prefix()** 选项用来设定这些变量名的前缀。如果我们只是简单键入

```
. xi i.year
```

而不给出任何 **prefix()** 选项,那么新的虚拟变量将被命名为 *_Iyear_2* , *_Iyear_3*

和 _Iyear_4（并且，如果任何先前以这些名称计算的变量都将被覆盖）。要是键入

. **drop** _I*

则会采用通配符 * 来删除所有名字以 _I 开头的变量。

    xi 在创建虚拟变量时默认地省略分类变量的最小值，但是这可以加以控制。键入命令

. **char** _dta[omit] prevalent

将导致此后的 **xi** 命令自动省略最普遍的类别（注意所用的是方括号）。**char _dta[ ]** 中的选择和数据存储在一起的。要想恢复默认设置，键入：

. **char** _dta[omit]

键入

. **char** year[omit] 3

将省略 year3 这一类。要恢复默认设置，键入：

. **char** year[omit]

    xi 还可以创建涉及两个分类变量的交互项，或者是涉及一个分类变量和一个测量型变量的交互项。例如，我们可以创立 year 和 gender 的交互项，只需键入：

. **xi i.year*i.gender**

根据 year 的四个类别和 gender 的两个类别，**xi** 命令创建 7 个新变量，即 4 个虚拟变量以及 3 个交互项。因为它们的名字都以 _I 开头，我们可以使用通配符 _I* 以命令 **describe** 来描述这些变量：

. **describe** _I*

variable name	storage type	display format	value label	variable label
_Iyear_2	byte	%8.0g		year==2
_Iyear_3	byte	%8.0g		year==3
_Iyear_4	byte	%8.0g		year==4
_Igender_1	byte	%8.0g		gender==1
_IyeaXgen_2_1	byte	%8.0g		year==2 & gender==1
_IyeaXgen_3_1	byte	%8.0g		year==3 & gender==1
_IyeaXgen_4_1	byte	%8.0g		year==4 & gender==1

    要创建分类变量 year 和测量型变量 drink（33 级饮酒行为量表）之间的交互项，只需键入：

. **xi i.year*drink**

于是出现了 6 个新变量：3 个虚拟变量来代表 year，3 个交互项来代表每一个 year 虚拟变量乘以 drink。例如，对一个大学二年级学生来说，_Iyear2 = 1，并且 _IyeaXdrink_2 = 1 × drink = drink。[1] 对一个三年级学生来说，_Iyear_2 = 0，并且 _IyeaXdrink_2 = 0 × drink = 0；同样地，_Iyear_3 = 1，有 _IyeaXdrink_3 = 1 × drink = drink；如此等等。

---

1 这个交互项名称中的 year 被 Stata 将字母 r 自动删截掉了，其中的 X 代表乘号。——译者注

```
. describe _Iyea*
```

variable name	storage type	display format	value label	variable label
_Iyear_2	byte	%8.0g		year==2
_Iyear_3	byte	%8.0g		year==3
_Iyear_4	byte	%8.0g		year==4
_IyeaXdrink_2	byte	%8.0g		(year==2)*drink
_IyeaXdrink_3	byte	%8.0g		(year==3)*drink
_IyeaXdrink_4	byte	%8.0g		(year==4)*drink

xi 的真正方便之处在于它在回归或其他模型拟合命令中自动创建虚拟变量和交互项的能力。因此,上面所显示的明确创建虚拟变量的过程并非是必须的。例如,以变量 *gpa*(学生的大学平均等级分)对 *drink* 和 *year* 的一组虚拟变量进行回归,只要简单地键入:

```
. xi:  regress gpa drink i.year
```

这一命令按以上描述的规则自动创建必要的虚拟变量。同样,以 *gpa* 对 *drink*,*year* 以及 *drink* 和 *year* 之间的交互项进行回归(其主效应也将自动包含在内),键入:

```
. xi:   regress gpa i.year*drink
```

i.year	_Iyear_1-4	(naturally coded; _Iyear_1 omitted)
i.year*drink	_IyeaXdrink_#	(coded as above)

Source	SS	df	MS		
Model	5.08865901	7	.726951288	Number of obs =	218
Residual	40.6630801	210	.193633715	F(7, 210) =	3.75
				Prob > F =	0.0007
				R-squared =	0.1112
				Adj R-squared =	0.0816
Total	45.7517391	217	.210837507	Root MSE =	.44004

gpa	Coef.	Std. Err.	t	P>|t|	[95% Conf. Interval]	
_Iyear_2	-.5839268	.314782	-1.86	0.065	-1.204464	.0366107
_Iyear_3	-.2859424	.3044178	-0.94	0.349	-.8860487	.3141639
_Iyear_4	-.2203783	.2939595	-0.75	0.454	-.799868	.3591114
drink	-.0285369	.0140402	-2.03	0.043	-.0562146	-.0008591
_IyeaXdrin~2	.0199977	.0164436	1.22	0.225	-.0124179	.0524133
_IyeaXdrin~3	.0108977	.016348	0.67	0.506	-.0213297	.043125
_IyeaXdrin~4	.0104239	.016369	0.64	0.525	-.0218446	.0426925
_cons	3.432132	.2523984	13.60	0.000	2.934572	3.929691

命令 **xi**:还能够以同样的方式应用于诸如 **logistic**(第 10 章)等其他模型拟合程序之前。通常,它允许我们不用首先创建实际的虚拟变量或交互项就将如下的预测(右手边)变量包括进来。

i.catvar 　　　　创建 $j-1$ 个虚拟变量来代表 *catvar* 的 j 个类别。

i.carvar1 ∗ **i.**catvar2 　　创建 $j-1$ 个虚拟变量来代表 *catvar1* 的 j 个类别;根据 *catvar2* 的 k 个类别创建 $k-1$ 个虚拟变量;并创立 $(j-1)(k-1)$ 个交互项(即虚拟变量 × 虚拟变量)。

i.catvar ∗ measvar 　　创建 $j-1$ 个虚拟变量来代表 *catvar* 的 j 个类别,同时创建 $j-1$ 个变量来表示分类变量和测量变量之间的交互作用(即虚拟变量 × *measvar*)。

在任一 **xi** 命令之后,新变量仍保留在数据中。

逐步回归

由于我们前面将区域虚拟变量加入到 *states.dta* 中的州层次数据(且你可能已经将它存为 *states_new.dta*),我们就有了 *csat* 的许多可能的预测变量。这会得到一个过于复杂的模型,其中的若干系数统计上并不显著地有别于零。

```
. regress csat expense percent income college high reg1 reg2
    reg2perc reg3
```

Source	SS	df	MS			
Model	195420.517	9	21713.3908	Number of obs =		50
Residual	17540.863	40	438.521576	F(9, 40) =		49.51
				Prob > F	=	0.0000
				R-squared	=	0.9176
Total	212961.38	49	4346.15061	Adj R-squared =		0.8991
				Root MSE	=	20.941

csat	Coef.	Std. Err.	t	P>|t|	[95% Conf. Interval]	
expense	-.0022508	.0041333	-0.54	0.589	-.0106046	.006103
percent	-2.93786	.2302596	-12.76	0.000	-3.403232	-2.472488
income	-.4919133	1.025469	-0.48	0.634	-2.564464	1.580638
college	3.900087	1.719409	2.27	0.029	.4250318	7.375142
high	2.175542	1.171767	1.86	0.071	-.192688	4.543771
reg1	-33.78456	9.302983	-3.63	0.001	-52.58659	-14.98253
reg2	-143.5149	101.1244	-1.42	0.164	-347.8949	60.86509
reg2perc	2.506616	1.404483	1.78	0.082	-.3319506	5.345183
reg3	-8.799205	12.54658	-0.70	0.487	-34.15679	16.55838
_cons	839.2209	76.35942	10.99	0.000	684.8927	993.549

现在,我们试图来简化此模型,首先剔除具有最高 t 概率的预测变量($income$, P = 0.634),接着重新拟合模型以决定是否再剔除其他的变量。通过这种反向淘汰的过程,我们找出一个更加简约的模型,即一个既更简单而又拟合得几乎同样好的模型。理想情况下,在保留或淘汰某些变量的过程中,应该既注重其统计结果又注重其实际或理论意义。

对心情急切的分析人员来说,逐步法提供了自动化模型选择过程的办法。它们依照某一预先设立的统计标准,要么是从复杂模型中删除预测变量,要么是往一个简单的模型增加预测变量。逐步法并不能考虑它们所作选择的实际或者理论意义,也不能通过大量的问题诊断工作来对每一步所得模型中可能的不足进行评估。它们在很多情况下会由于过度拟合而得到严重有偏的模型。不过,尽管有这些众所周知的不足,但是逐步法满足了某些实际需求并得到了广泛使用。

为了完成自动的反向淘汰,我们键入 **regress** 命令及 **stepwise** 这一前缀。下面的例子纳入了我们所有可能的预测变量以及用来保留它们所需的最大 P 值。将保留概率(P-to-retain)设为 **pr(.05)** 可以确保仅有那些系数在 0.05 水平上显著不等于 0 的自变量被保留在模型中。

```
. stepwise, pr(.05): regress csat expense percent income college
    high reg1 reg2 reg2perc reg3
```

```
                        begin with full model
p = 0.6341 >= 0.0500    removing income
p = 0.5273 >= 0.0500    removing reg3
p = 0.4215 >= 0.0500    removing expense
p = 0.2107 >= 0.0500    removing reg2
```

Source	SS	df	MS			
Model	194185.761	5	38837.1521	Number of obs =		50
Residual	18775.6194	44	426.718624	F(5, 44) =		91.01
				Prob > F	=	0.0000
				R-squared	=	0.9118
Total	212961.38	49	4346.15061	Adj R-squared =		0.9018
				Root MSE	=	20.657

csat	Coef.	Std. Err.	t	P>|t|	[95% Conf. Interval]	
reg1	-30.59218	8.479395	-3.61	0.001	-47.68128	-13.50308
percent	-3.119155	.1804553	-17.28	0.000	-3.482839	-2.755471
reg2perc	.5833272	.1545969	3.77	0.000	.2717577	.8948967
college	3.995495	1.359331	2.94	0.005	1.255944	6.735046
high	2.231294	.8178968	2.73	0.009	.5829312	3.879657
_cons	806.672	49.98744	16.14	0.000	705.9289	907.4151

　　stepwise 首先剔除 *income*，接下来是 *reg3* ，然后为 *expense*，最后是 *reg2* ，才取得了最终模型。与原先的模型相比，虽然最终模型少了 4 个系数，但它具有几乎同样的 R^2（0.911 8 相对于 0.917 6）和更高的 R_a^2（0.901 8 相对于 0.899 1）。

　　如果我们采用诸如 **pe(.05)** 这样的纳入 P 值（P-to-enter）而不是保留 P 值 **pr(.05)**，那么 **stepwise** 将执行正向纳入（forward inclusion）（即以一个"空"模型或截距模型开始）而不是反向剔除。其他的逐步法选项还包括层级选择（hierarchical selection）以及在模型中锁定某些预测变量。例如，下面的命令设定第一项（*x1*）应该被锁定在模型中，因此它并不可能被剔除：

`. stepwise, pr(.05) lockterm1: regress y x1 x2 x3`

下面的命令要求正向纳入任何在 0.10 水平上显著的预测变量，但是将变量 *x4* ，*x5* 和 *x6* 则作为一个整体来处理，它们要么一起被纳入要么一起被排除：

`. stepwise, pe(.10):  regress y x1 x2 x3 (x4 x5 x6)`

下面的命令要求调用层级反向剔除，并以 $P = 0.20$ 作为标准。

`. stepwise, pr(.20) hier:  regress y x1 x2 x3 (x4 x5 x6) x7`

选项 **hier** 设定各变量按序排列，首先考虑移除最后一项（*x7*），如果没有被移除，则停止下来。如果 *x7* 被移除，接下来考虑移除倒数第二项（*x4 x5 x6*），如此等等。

　　在许多其他模型命令中，包括 **glm**，**logit**，**nbreg** 和 **qreg**，**stepwise** 前缀以相似的方式起作用。键入 **help stepwise** 查看完整的清单以及其他有关选项和原理的详细信息。

多项式回归

　　在本章前面，图 6.1 和图 6.2 揭示出平均综合 SAT 成绩（*csat*）与高中高年级学生参加测试比例（*percent*）之间存在明显的曲线关系。图 6.6 示范了一种对 *percent* 取值较大时 SAT 成绩转向升高进行建模的方法：这是东北部州特有的一个现象。那个交互项模型拟合得相当不错（$R_a^2 = 0.832\ 7$）。但是图 6.9 所显示的交互项模型的残差对预测值标绘图仍然显示出存在一些问题。残差似乎在高预测值和低预测值两处都呈现出增加的趋势。

`. quietly regress csat reg2 percent reg2perc`
`. rvfplot, yline(0)`

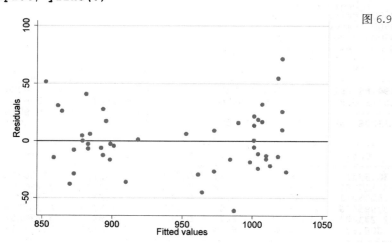

图 6.9

　　第 8 章介绍了多种处理曲线和非线性回归的技术。这里,"曲线回归(curvilinear regression)"指的是那些包括了对 y 变量或者 x 变量的非线性转换的本质上仍是线性 OLS 的回归(例如 **regress**)。虽然曲线回归根据原始数据进行了曲线模型的拟合,但模型对转换变量还仍是线性关系(在第 8 章中也讨论到的非线性回归则会应用非最小二乘法来拟合不能通过转换达到线性化的模型)。

　　有一种被称为多项式回归(polynomial regression)的简单非线性回归,通常能够成功拟合 U 形或者倒 U 形曲线。它同时纳入一个独立的变量以及它的平方项(必要时还可以包括更高次的项)作为预测变量。因为 $csat$ 与 $percent$ 的关系略微呈 U 形,所以我们创建一个新变量,并使其等于 $percent$ 的平方,然后把 $percent$ 和 $percent^2$ 都作为 $csat$ 的预测变量。图 6.10 画出了所得到的曲线。

```
. generate percent2 = percent^2
. regress csat percent percent2
```

Source	SS	df	MS
Model	193721.829	2	96860.9146
Residual	30292.6806	48	631.097513
Total	224014.51	50	4480.2902

Number of obs = 51
F(2, 48) = 153.48
Prob > F = 0.0000
R-squared = 0.8648
Adj R-squared = 0.8591
Root MSE = 25.122

csat	Coef.	Std. Err.	t	P>|t|	[95% Conf. Interval]
percent	-6.111993	.6715406	-9.10	0.000	-7.462216 -4.76177
percent2	.0495819	.0084179	5.89	0.000	.0326566 .0665072
_cons	1065.921	9.285379	114.80	0.000	1047.252 1084.591

```
. predict yhat2
(option xb assumed; fitted values)

. graph twoway mspline yhat2 percent, bands(50)
     || scatter csat percent
     || , legend(off) ytitle("Mean composite SAT score")
```

图 6.10

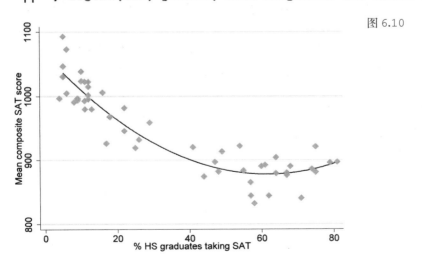

　　如果我们仅仅想看到该图,其实并不需要进行回归分析,还有一种达到这一目的更快捷的办法。命令 **graph twoway qfit** 可以拟合一个二次(二阶多项式)回归模型;**qfitci** 还会画出置信区间带。例如,一条和图 6.10 相似的曲线可以通过键入以下命令

得到:

```
. graph twoway qfit csat percent
     || scatter csat percent
```

图 6.10 中的多项式模型拟合数据的情况比起图 6.6 中的交互项模型要稍微好一点
(R_a^2 = 0.859 1 相对于 0.832 7)。因为曲线模式在残差对预测值标绘图 (图 6.11) 中现
在更不明显,因此与此多项式模型有关的通常的独立同分布误差假定也似乎更合理。

```
. quietly regress csat percent percent2
. rvfplot, yline(0)
```

图 6.11

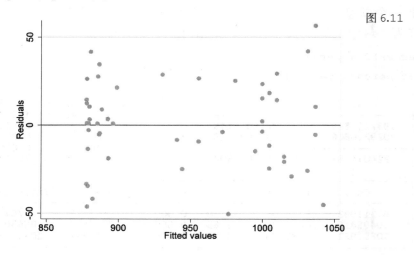

在图 6.7 和图 6.10 中,我们对 SAT 成绩在学生参加率较高水平时的上扬现象就有
了两种可选模型。这时,统计学的证据似乎更倾向于多项式模型。但对严肃的研究来
说,我们在两个拟合情况相似的模型之间进行选择的时候,应该同时考虑实际意义和统
计意义。哪一个模型看起来更有用,或者更有意义? 如果两个都有用,那么,哪一个回归
模型对测试分在学生参加率较高取值时的上扬问题提出了更有实际意义的解释或者和
真实情况更为一致?

虽然多项式回归可以紧密地拟合了样本数据,但它也有重要的统计学上的不足。不
同幂次的 x 项互相之间可能高度相关,从而导致多元共线性。此外,多项式回归比较倾
向于追随那些 x 取值特大或特小的异常案例,因此一小部分数据点便可以对结果施加不
成比例的影响。因为这两个原因,多项式回归的结果有时候可能会因样本而异,对某个
数据拟合得很好的模型在推广到其他数据时则会变得很糟糕。第 7 章将使用一些对潜
在的问题进行检查的工具再次讨论这个例子。

7 回归诊断

数据给了我们不信任所得分析结果的理由吗？我们能够找到更好的方式来设定模型或估计其参数吗？细致的诊断(diagnostics)工作,检查潜在的问题和评价关键假定的合理性,构成了现代数据分析中至关重要的步骤。我们拟合一个初始模型,然后仔细查看结果中可能存在问题的迹象或模型需要改进的方面。前面各章所介绍的诸如散点图、箱线图、正态性检验或者只是排序和列出数据等很多这种一般性方法都有助于发现并修正所存在的问题。Stata 也提供了一个专门为此目的而设计的诊断技术工具箱。

自相关作为常常使时间序列数据回归变复杂的因素并未在本章中涉及。第 13 章的时间序列分析对包括 Durbin-Watson 检验、自相关图、滞后运算和时间序列回归技术等 Stata 的时间序列分析程序库做了介绍。

回归诊断程序可在下面一些菜单选项下找到:

Statistics > Linear model and related > Regression diagnostics　　　回归诊断
Statistics > Postestimation　　　　　　　　　　　　　　事后估计
Graphics > Regression diagnostic plots　　　　　　　回归诊断标绘图

命令示范

本节例举说明的一些命令都假定读者已经先使用 **anova** 或 **regress** 拟合得到了一个模型。命令的结果就是回指该模型。这些后续命令(followup commands)有三种基本类型。键入 **help regress postestimation** 或 **help diagnostic plots** 查看完整清单以及对特定命令加以详细描述的链接。

1.**predict** 选项,用于创建包含诸如预测值、残差、标准误和影响统计量(influence statistics)等案例统计量信息的新变量。

2.对诸如异方差性(heteroskedasticity)、多元共线性(multicollinearity)或设定错误(specification error)等统计问题进行诊断检查。

3.诊断标绘图,如附加变量或杠杆作用图、残差对拟合值图、残差对自变量图以及成分对残差图等。

predict 选项:

. **predict** *new*, **cooksd**

创建一个取值等于 Cook 的距离(Cook's distance)D 统计量的新变量,概要描述每个观测案例在多大程度上影响着拟合模型。

. **predict** *new*, **covratio**

创建一个取值等于 Belsley、Kuh 和 Welsch 提出的 *COVRATIO* 统计量的新变量。*COVRATIO* 统计量测量第 *i* 个案例对估计系数的方差协方差矩阵的影响。

. predict *DFx1*, dfbeta(*x1*)

创建 *DFBETA* 案例统计量,该统计量测量了每个观测案例会对预测变量 *x1* 的系数产生多大影响。要想对模型中所有预测变量创建完整的一套 *DFBETA*,只要键入 **dfbeta** 即可,无需任何说明。

. predict *new*, dfits

创建 *DFITS* 案例统计量,该统计量概要描述每个观测案例对拟合模型的影响(类似于 Cook 的距离 *D* 和 Welsch 的 *W* 统计量)。

诊断检验:

. estat hettest

执行 Cook 和 Weisberg 的异方差性检验。如果我们有理由怀疑异方差分布是特定预测变量 *x1* 的函数,就可以通过键入 **estat hettest *x1*** 把焦点集中在该预测变量上。键入 **help regress postestimation** 可查看 **regress** 后可用的选项清单。其他建模方法有不同的事后估计选择。

. estat ovtest, rhs

执行针对遗漏变量的 Ramsey 回归设定错误检验(*RESET*)。选项 **rhs** 要求使用右手边变量的幂,而不是预测值 *y* 的幂(默认)。

. estat vif

计算用于检验多元共线性的方差膨胀因子(variance inflation factors)。

. estat dwatson

计算时间序列(**tsset**)数据中一阶自相关的 Durbin-Watson 检验。第 13 章给出该命令和其他时间序列程序的示例。

诊断标绘图:

. acprplot *x1*, mspline msopts(bands(7))

在对非线性关系进行检查时,建构一幅扩展分量加残差标绘图(augmented component-plus-residual plot,也称作扩展偏残差(partial residual)标绘图)常常比 **cprplot**(分量加残差图)更佳。选项 **mspline msopts(bands(7))** 要求用线段(line segments)将七个垂直波段的交叉中位数连接起来。作为替代,我们可以通过选项 **lowless lsopts(bwidth(.5))** 要求一条波段宽度为 0.5 的 lowess 修匀曲线。

. avplot *x1*

建构一幅附加变量标绘图(added-variable plot,也称作偏回归(partial-regression)或杠杆作用(leverage)图),显示按其他 *x* 变量来调整的 *y* 和 *x1* 之间的关系。此类标绘图有助于发现特异值和影响案例。

. avplots

根据最近的 **anova** 或 **regress** 结果,画出所有的附加变量标绘图,并将它们显示在一幅图中。

. cprplot *x1*

　　建构一幅分量加残差的标绘图(component-plus-residual plot,也称作偏残差标绘图),显示 y 和预测变量 $x1$ 之间调整的关系。此类标绘图有助于检查数据的非线性关系。

. **lvr2plot**

　　建构一幅杠杆作用对残差平方的标绘图(leverage-versus-squared-residual plot,也称作 L-R 标绘图)。

. **rvfplot**

　　画出残差对 y 拟合(预测)值的标绘图(the residuals versus the fitted values of y)。

. **rvpplot x1**

　　画出预测变量 $x1$ 每一取值上的残差。

SAT 分数的重新回归

　　诊断技术一直被当作"回归批评"工具,因为它们有助于我们对回归模型存在的可能不足和可以改进的方面进行检查。本着这一精神,我们现在重新回到第 6 章中美国各州学术能力测验(SAT)的回归(*states.dta*)。一个包含三个预测变量的模型解释了州平均 SAT 分数方差的大约 92 %。预测变量包括 *percent*(参加测试的高中毕业生的比例)、*percent2*(*percent* 的平方)和 *high*(成人中取得高中文凭的比例)。

. **generate percent2 = percent^2**

. **regress csat percent percent2 high**

Source	SS	df	MS
Model	207225.103	3	69075.0343
Residual	16789.4069	47	357.221424
Total	224014.51	50	4480.2902

Number of obs =	51
F(3, 47) =	193.37
Prob > F =	0.0000
R-squared =	0.9251
Adj R-squared =	0.9203
Root MSE =	18.9

csat	Coef.	Std. Err.	t	P>|t|	[95% Conf. Interval]	
percent	-6.520312	.5095805	-12.80	0.000	-7.545455	-5.495168
percent2	.0536555	.0063678	8.43	0.000	.0408452	.0664659
high	2.986509	.4857502	6.15	0.000	2.009305	3.963712
_cons	844.8207	36.63387	23.06	0.000	771.1228	918.5185

回归方程为:

　　预测的 $csat = 844.82 - 6.52 percent + 0.05 percent2 + 2.99 high$

　　图 7.1 中的散点图矩阵描述了这四个变量之间的相互关系。如第 6 章所提到的那样,平方项 *percent2* 为我们的回归模型拟合 *csat* 和 *percent* 之间可见的曲线关系提供了可能。

. **graph matrix percent percent2 high csat, half msymbol(+)**

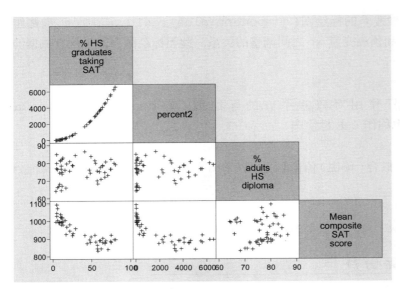

图 7.1

数个回归后续假设检验可对模型设定(model specification)进行检查。遗漏变量检验(omitted-variables test)**estat ovtest** 本质上是 y 对 x 变量以及 y 预测值(先将 $\hat{y}$ 进行标准化使其均值为 0 和方差为 1)的二次幂、三次幂和四次幂进行回归。然后对所有三个 $\hat{y}$ 的幂的系数等于零的虚无假设进行 F 检验。如果我们拒绝该虚无假设,那么进一步纳入多项式项来改进模型。就 $csat$ 回归而言,我们不必拒绝虚无假设。

```
. estat ovtest

Ramsey RESET test using powers of the fitted values of csat
        Ho:  model has no omitted variables
                F(3, 44) =        1.48
                Prob > F =      0.2319
```

异方差性检验(heteroskedasticity test)**estat hettest** 通过检查标准化残差的平方是否与 $\hat{y}$ 存在线性相关来检查误差方差相等的假定(参见 Cook 和 Weisberg(1994)的讨论与示例)。就本例中 $csat$ 回归的结果而言,我们应该拒绝相同方差的虚无假设。

```
. estat hettest

Breusch-Pagan / Cook-Weisberg test for heteroskedasticity
        Ho: Constant variance
        Variables: fitted values of csat

        chi2(1)    =       4.86
        Prob > chi2 =     0.0274
```

"显著的"异方差性意味着我们的标准误和假设检验可能是无效的。下一节中的图 7.2 显示了为什么会出现这一结果。

诊断标绘图

第 6 章已示范过在运行 **regress** 之后用后续命令 **predict** 创建新变量来保存残差和预测值。为了取得我们就 $csat$ 对 $percent$,$percent2$ 和 $high$ 进行回归所得的这些取值,我们键入两条命令:

```
. predict yhat3
. predict e3, resid
```

通过键入 **graph twoway scatter** *e3* *yhat*, **yline(0)**,名为 *e3* (残差)和 *yhat3* (预测值)的新变量可显示在残差对预测值的标绘图中。命令 **rvfplot** (残差 对预测值,**residual-versus-fitted**)只用简单的一步也可得到此类标绘图。图 7.2 中包含位于 0 值处(残差平均数)的水平线,这有助于我们查看此类标绘图。

. **rvfplot, yline(0)**

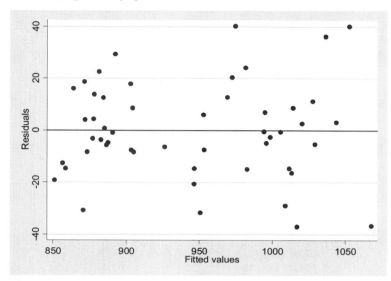

图 7.2

图 7.2 显示了残差围绕在 0 周围对称地分布(对称意味着与正态误差假定相一致), 并且没有证据表明存在特异值或曲线关系。但是,残差的离散度对于超过平均水平的 *y* 预测值的情形似乎略微更大,这就是为什么前面的 **estat hettest** 会拒绝等方差的假 设的原因所在。

残差对拟合值的标绘图只是一种对回归残差的图形概观。为了更详细的研究,我们 可以通过一系列"残差对预测变量"的命令分别画出残差对每一预测变量的标绘图。为 了画出残差对预测变量 *high* 的标绘图(未显示),请键入:

. **rvpplot** *high*

第 3 章中描述过的单变量图形也可应用于残差分析。比如,我们可以使用箱线图来 查看残差体现的特异值或偏态问题,或者使用分位正态标绘图对正态误差假定进行 评价。

附加变量标绘图(added-variable plots)是极有价值的诊断工具,它有好几种 不同的名称,包括偏回归杠杆作用标绘图(partial-regression leverage plots)、调整的偏残差标绘图(adjusted partial residual plots)或者调整的变 量标绘图(adjusted variable plots)。它们描绘了对其他 *x* 变量效应进行调整基 础上的 *y* 和某个 *x* 变量之间的关系。如果我们就 *y* 对 *x2* 和 *x3* 进行回归,并同样就 *x1* 对 *x2* 和 *x3* 进行回归,然后取得每一回归的残差并且在一幅散点图中画出这些残 差,我们将得到对 *x2* 和 *x3* 进行调整基础上的 *y* 和 *x1* 之间关系的附加变量标绘图。 命令 **avplot** 会自动执行必要的计算。比如,我们可以画出预测变量 *high* 的调整变量 标绘图,仅仅需要键入:

. **avplot** *high*

为了进一步加快处理过程,我们可以键入 **avplots** 以获得一组完整的上述回归中每一预测变量的附加变量标绘图。图 7.3 显示了就 *csat* 对 *percent*,*percent2* 和 *high* 进行回归所得的结果。附加变量标绘图中的直线具有和对应的偏回归系数相等的斜率。比如,图 7.3 左下图直线的斜率等于 2.99,它就是 *high* 的系数。

. **avplots**

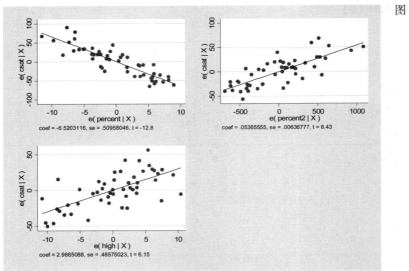

图 7.3

附加变量标绘图有助于发现对回归模型具有不等比例影响的观测案例。在只有一个 *x* 变量的简单回归中,常规的散点图足以达到这一目的。但是在多元回归中,这种影响的迹象变得更为复杂。在数个 *x* 变量上具有异常取值组合的一个观测案例可能具有很高的杠杆作用,即更可能对回归造成影响,尽管其单独的 *x* 的取值本身并不太异常。高杠杆作用的观测案例在附加变量标绘图中显示为在水平方向上远离其他数据的点。但是,我们并没有在图 7.3 中看到此类问题。

如果存在特异值的话,我们可以在附加变量标绘图中的观测案例标志上再添加标签来识别它们是哪些观测案例。正如散点图一样,这可以使用 **mlabel( )** 选项来实现。图 7.4 示范了以州的名称(即字符串变量 *state* 的取值)作为标签。尽管这些标签在数据点分布密集的地方相互重叠,但是个别的特异值仍然能被看出。

. **avplot** *high*, **mlabel(state)**

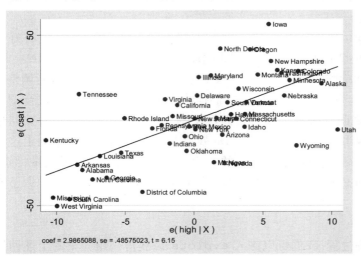

图 7.4

　　由 **cprplot x1** 形式的命令得到的分量加残差标绘图（component-plus-residual plots）采取另一种方式对多元回归进行作图。变量 *x1* 的分量加残差标绘图画出了在 *x1* 的取值上每一观测案例的残差及其基于 *x1* 进行预测的分量：

$$e_t + b_1 x1_t$$

此类标绘图可能有助于检验非线性关系并暗示替代的函数形式。扩展分量加残差标绘图（augmented component-plus-residual plot）（Mallows，1986）要更好些，尽管两种类型常常似乎都是非决定性的。图 7.5 展示了 *csat* 对 *percent，percent2* 和 *high* 进行回归的扩展分量加残差标绘图。

. acprplot *high*, lowess

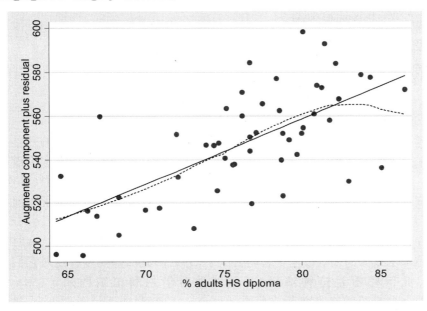

图 7.5

　　图 7.5 中的直线对应着回归模型。曲线是基于 0.5 的默认波段宽度或一半数据所进行的 lowess 修匀。曲线在右端的下降可作为一种 lowess 假象而忽略它，因为在接近右端时只有少量案例决定其位置（参见第 8 章）。如果 lowess 曲线在靠近中部的地方显示出系统地偏离线性回归模型的弯曲模式，那么我们将有理由怀疑模型的适当性。但是，图 7.5 中分量加残差中位数（component-plus-residuals medians）紧靠回归模型。于是，该图增强了前面我们根据图 7.2 所得到的结论，即当前的回归模型充分解释了原始数据中所有可见的非线性关系（图 7.1），残差中没留下什么明显的非线性关系迹象。

　　正如其名称所意味的那样，杠杆作用对残差平方的标绘图（leverage-versus-squared-residuals plot）以杠杆作用（即帽子矩阵对角线元素，hat matrix diagonals）对残差的平方作图。图 7.6 展示了就 *csat* 回归的此种图。为了识别个别的特异值，我们以 *state* 的取值在标志上添加标签。选项 **mlabsize(medsmall)** 要求使用"中小（medium small）"字号，这比默认的"小"字号稍大一点（其他选择的清单，请见 **help testsizestyle**）。尽管州名中的大部分在图 7.6 的左下角混杂在一起，但是少数特异值却得以凸显。

. **lvr2plot, mlabel(state) mlabsize(medsmall)**

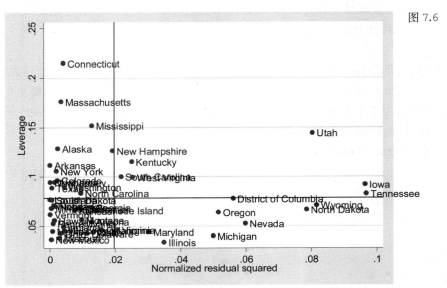

图 7.6

杠杆作用对残差平方标绘图中的直线标示了平均杠杆作用(水平线)和平均的残差平方(垂直线)。杠杆作用告诉我们,基于其 x 取值的特定组合,一个观测案例有多大潜力对回归造成影响。x 的极端取值或异常的组合会导致一个观测案例具有很大的杠杆作用。残差平方较大则表明一个观测案例的 y 值与回归模型预测值极为不同。尽管康涅狄格州、马萨诸塞州和密西西比州(Connecticut, Massachusetts and Mississippi)具有最大的潜在杠杆作用,但是模型对它们的拟合相对较好(这未必是好事。有时候高杠杆作用案例施加了太大的影响以至于它们支配了回归,因此回归模型肯定对它们拟合得很好。然而,此例并不是这种情况)。尽管爱荷华州和田纳西州(Iowa and Tennessee)拟合得差,但是它们的潜在影响却很小。犹他州(Utah)凸现出来,是一个不但拟合得很差,而且还具有潜在影响的观测案例。我们可以仅列出该州来取得它的值。因为 *state* 是一个字符串变量,所以我们要用英文双引号将"Utah"括起来。

. **list *csat yhat3 percent high e3* if *state* == "Utah"**

	csat	yhat3	percent	high	e3
45.	1031	1067.712	5	85.1	-36.71239

犹他州的学生中只有5%参加了学术能力测验,同时该州成年人有85.1%为高中毕业。这是一种接近两个 x 变量极端值的异常组合,成为了该州杠杆作用的来源,并导致我们的模型预测出该州学生的平均 SAT 分数比实际平均分数高出36.7分。为了准确看到这一观测案例产生了多大的影响,我们可以使用 Stata 的"不等于"限定条件 !=将**Utah**案例排除后再重新进行回归。

. **regress** *csat percent percent2 high if state != "Utah"*

Source	SS	df	MS
Model	201097.423	3	67032.4744
Residual	15214.0968	46	330.741235
Total	216311.52	49	4414.52082

Number of obs = 50
F(3,   46) = 202.67
Prob > F   = 0.0000
R-squared   = 0.9297
Adj R-squared = 0.9251
Root MSE   = 18.186

csat	Coef.	Std. Err.	t	P>|t|	[95% Conf. Interval]	
percent	-6.778706	.5044217	-13.44	0.000	-7.794054	-5.763357
percent2	.0563562	.0062509	9.02	0.000	.0437738	.0689387
high	3.281765	.4865854	6.74	0.000	2.302319	4.26121
_cons	827.1159	36.17138	22.87	0.000	754.3067	899.9252

在样本规模等于 51（而不是 51）的回归中，由于我们删除了一条拟合差（ill-fit）的观测案例，所以所有三个系数略微加强。但是，大体结论并未变化。

Chambers 等（1983）以及 Cook 和 Weisberg（1994）提供了数据分析的诊断标绘图和其他图形方法的更具体的例子和解释。

诊断案例统计量

在运行 **regress** 或 **anova** 后，我们可以通过如第 6 章或以下对话框列出 **predict** 命令获得多种诊断统计量：

Statistics > Postestimation > Predictions, residuals, etc.
由 **predict** 创建的变量为案例统计量（case statistics），意味着它们对于数据中的每一观测案例都有数值。诊断工作通常从计算预测值和残差开始。

其他 **predict** 得到的统计量之间在目的上有一些重叠的地方。许多统计量都试图对每一观测案例在多大程度上影响回归结果进行测量。但是，"影响回归结果"可能指的是不同的事情：比如，对 y 的截距的影响、对特定斜率系数的影响、对所有斜率系数的影响或者是对估计标准误的影响。因此，我们有多种用于测量影响的案例统计量可供选用。

标准化和学生化残差（standardized and studentized residuals）（**rstandard** 和 **rstudent**）有助于识别残差中的特异值，即一些特别背离回归模型的观测案例。学生化残差具有最为简单明了的解释。它们对应着 t 统计量，即要是在回归中纳入一个用 1 表示该条观测案例而用 0 表示所有其他观测案例的虚拟变量时所得到的 t 值。因此，它们检验的是某个特殊观测案例是否显著地改变了 y 的截距。

帽子矩阵对角线元素（hat matrix diagonals）（**hat**）测量了杠杆作用，表明影响回归系数的潜力。当其 x 的取值（或取值的组合）异常时，观测案例会具有高的杠杆作用。

几个其他的统计量测量了对系数的实际影响。*DFBETA* 表明，如果将观测案例 i 从回归中删除，那么 $x1$ 的系数将变化多少个标准误。对于单个预测变量 $x1$，这可以通过两种方式中的任意一种得到：通过选项 **predict** 的 **dfbeta**（*x1*）或者通过命令 **dfbeta**。

与 *DFBETA* 不同，Cook 的 D 距离（**cooksd**）、Welsch 距离（**welsch**）和 *DFITS* 指标（**dfits**）都概要描述了观测案例 i 对整体回归模型产生了多大影响。换句话说，就是

观测案例 i 对整套预测值产生了多大影响。$COVRATIO$ 测量了第 i 个观测案例对估计标准误的影响。下面,我们对所有三个预测变量创建包括 $DFBETA$ 在内的整套诊断统计量。请注意,**predict** 会自动地为其创建的变量添加标签,但是 **dfbeta** 不能做到这点。我们从重复最初的回归开始,以确保这些回归后续诊断参照的是恰当的($n = 51$)模型。

```
. quietly regress csat percent percent2 high
. predict standard, rstandard
. predict student, rstudent
. predict h, hat
. predict D, cooksd
. predict DFITS, dfits
. predict W, welsch
. predict COVRATIO, covratio
. dfbeta
              DFpercent:   DFbeta(percent)
              DFpercent2:  DFbeta(percent2)
                 DFhigh:   DFbeta(high)
```

```
. describe standard - DFhigh
```

variable name	storage type	display format	value label	variable label
standard	float	%9.0g		Standardized residuals
student	float	%9.0g		Studentized residuals
h	float	%9.0g		Leverage
D	float	%9.0g		Cook's D
DFITS	float	%9.0g		Dfits
W	float	%9.0g		Welsch distance
COVRATIO	float	%9.0g		Covratio
DFpercent	float	%9.0g		Dfbeta percent
DFpercent2	float	%9.0g		Dfbeta percent2
DFhigh	float	%9.0g		Dfbeta high

```
. summarize standard - DFhigh
```

Variable	Obs	Mean	Std. Dev.	Min	Max
standard	51	-.0031359	1.010579	-2.099976	2.233379
student	51	-.00162	1.032723	-2.182423	2.336977
h	51	.0784314	.0373011	.0336437	.2151227
D	51	.0219941	.0364003	.0000135	.1860992
DFITS	51	-.0107348	.3064762	-.896658	.7444486
W	51	-.089723	2.278704	-6.854601	5.52468
COVRATIO	51	1.092452	.1316834	.7607449	1.360136
DFpercent	51	.000938	.1498813	-.5067295	.5269799
DFpercent2	51	-.0010659	.1370372	-.440771	.4253958
DFhigh	51	-.0012204	.1747835	-.6316988	.3414851

summarize 为我们显示了每个统计量的最小值和最大值,因此我们可以迅速检查是否有哪一个统计量大到足以引起我们的注意。比如,一些特殊表格可用于确定学生化残差($student$)绝对值最大的观测案例是否构成一个显著的特异值。一个简单却保守的替代办法可能是使用 Bonferroni 不等式和 t 分布表:如果绝对值 $|t|$ 在 α/n 水平显著,那么 $|student|$ 的最大值就会在 α 水平显著。本例中,$|student|$ 的最大值等于 2.337(Iowa,即爱荷华州),并且 n 为 51。由于爱荷华州在 $\alpha = 0.05$ 水平成为一个显著的特异值(即导致截距显著变化),因此 $t = 2.337$ 必定在 $0.05/51$ 水平显著:

```
. display .05/51
.00098039
```

在给定自由度 $df = n - K - 1 = 51 - 3 - 1 = 47$ 的情况下,Stata 的 **ttail( )** 函数可近似计算出 $|t| > 2.337$ 的概率为:

```
. display 2*ttail(47, 2.337)
.02375138
```

所得 P 值($P = 0.0238$)没有低于 $\alpha/n = 0.00098$,因此爱荷华州并不是在 $\alpha = 0.05$ 水平显著的特异值。

学生化残差测量了第 i 个观测案例对 y 的截距的影响。Cook 的 D、$DFITS$ 和 **Welsch** 距离都测量了第 i 个观测案例对模型中所有系数(或者换句话说,对所有 n 个 y 预测值)的影响。为了列出由 Cook 的 D 测量出的 5 个具有最大影响的观测案例,键入:

```
. sort D
. list state yhat3 e3 D DFITS W in -5/l
```

	state	yhat3	e3	D	DFITS	W
47.	North Dakota	1036.696	36.30439	.0705921	.5493086	4.020527
48.	Wyoming	1017.005	-37.00463	.0789454	-.5820746	-4.270465
49.	Tennessee	974.6981	40.30194	.111718	.6992343	5.162398
50.	Iowa	1052.78	40.22015	.1265392	.7444486	5.52468
51.	Utah	1067.712	-36.71239	.1860992	-.896658	-6.854601

选择条件 **in -5 /l**(注意是小写字母"l")告诉 Stata 只列出从最后一个观测案例开始的倒数 5 个观测案例。图 7.7 展示了一种以图形方式显示影响的方式:通过使用"分析权数(analytical weight)"选项[**aweight = D**],残差对预测值标绘图中的记号大小将与 Cook 的 D 取值成比例。具有较大正负残差和较高 $csat$ 预测值的五条观测案例凸显出来。

```
. graph twoway scatter e3 yhat4 [aweight = D], msymbol(oh) yline(0)
```

图 7.7

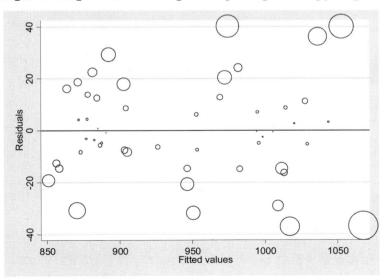

尽管具有不同的统计原理,但是 Cook 的 D、Welsch 距离和 $DFITS$ 是密切关联的。实践中它们往往将同样的观测案例标记为影响案例。图 7.8 以当前的例子展示了它们的相似之处。

. **graph matrix** _D W DFITS_, **half**

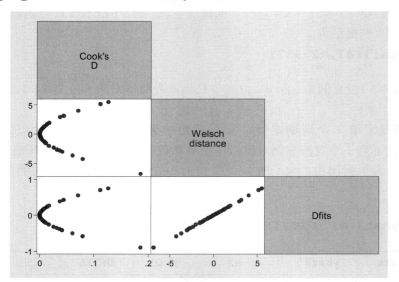

图 7.8

DFBETA 表明每一观测案例对每一回归系数有多大的影响。执行回归之后键入 **dfbeta** 会自动对每一预测变量创建 _DFBETA_。在本例中,它们被命名为 _DFpercent_ (即对预测变量 _percent_ 的 _DFBETA_)、_DFpercent2_ 和 _DFhigh_。图 7.9 采用箱线图画出了它们的分布。

. **graph box DFpercent DFpercent2 DFhigh, legend(cols(3))**
    marker(1, mlabel(state)) marker(2, mlabel(state))
    marker(3, mlabel(state))

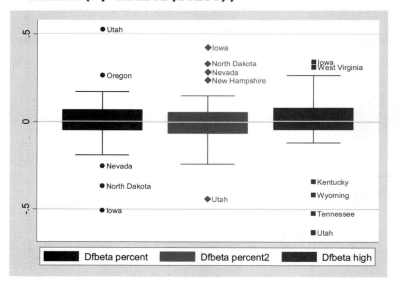

图 7.9

从左到右,图 7.9 依次显示了针对 _percent_,_percent2_ 和 _high_ 的 _DFBETA_ 的分布(如果着色,我们就更容易区分它们)。每一幅图中的极端值都属于爱荷华州(Iowa)和犹他州(Utah),它们两者还具有最大的 Cook 的 D 值。比如犹他州的 _DFhigh_ = -0.63。这告诉我们,犹他州会导致 _high_ 的回归系数比排除该案例时低 0.63 个标准误。类似地,*DFpercent* = 0.53 表明,在犹他州存在的情况下,*percent* 的回归系数比排除该案例时高 0.53 个标准误(因为 *percent* 的回归系数是负的,"更高"意味着更接近于 0)。因此,犹他州弱化了 *high* 和 *percent* 两者表面上的影响。

　　了解特殊观测案例在多大程度上影响着一个回归的最直接的方式就是在排除那些观测案例的情况下重新进行回归。比如,我们可以排除所有造成各个系数半个标准误(即 *DFBETA* 的绝对值大于等于 0.5)变化的那些州:

```
. regress csat percent percent2 high if abs(DFpercent) < .5 &
        abs(DFpercent2) < .5 & abs(DFhigh) < .5
```

Source	SS	df	MS		
Model	175366.782	3	58455.5939	Number of obs =	48
Residual	11937.1351	44	271.298525	F(3, 44) =	215.47
				Prob > F =	0.0000
				R-squared =	0.9363
Total	187303.917	47	3985.18972	Adj R-squared =	0.9319
				Root MSE =	16.471

csat	Coef.	Std. Err.	t	P>|t|	[95% Conf. Interval]	
percent	-6.510868	.4700719	-13.85	0.000	-7.458235	-5.5635
percent2	.0538131	.005779	9.31	0.000	.0421664	.0654599
high	3.35664	.4577103	7.33	0.000	2.434186	4.279095
_cons	815.0279	33.93199	24.02	0.000	746.6424	883.4133

　　仔细查看会发现这一回归表中(基于 $n = 48$)不同于前面所看到的 $n = 51$ 或 $n = 50$ 表中对应部分。但是,我们的主要结论仍然没有改变,即平均的州 SAT 分数可很好地由高中毕业的成年人比例和参加测验的学生比例来非线性地预测。

　　尽管诊断统计量将注意力放在具有很大影响的观测案例(influential observations)上面,但是它们并没有告诉我们是否应当排除那些观测案例的问题。那要求在仔细评估数据和研究背景的基础来做实际决定。本例中,我们没有任何实际理由去排除任何一个州,即使是具有最大影响的州也没有根本性地改变我们的结论。

　　采用任何关于"特异值"的固定定义,我们都更可能在较大样本中发现更多的"特异值"。由于这个原因,依据样本规模调整的分界点(cutoff)有时被推荐用来识别异常案例。在基于 n 个观测案例拟合一个具有 K 个系数(包含常数项)的回归模型之后,我们可以更密切地关注那些下列任何一个表达式为真的观测案例:

杠杆作用(leverage h) $> 2K/n$

Cook 的 D 统计量(Cook's D) $> 4/n$

DFITS 统计量(*DFITS*) $> 2\sqrt{K/n}$

Welsch 的 W 距离(Welsch's W) $> 3\sqrt{K}$

DFBETA 统计量(*DFBETA*) $> 2/\sqrt{n}$

COVRATIO 统计量 $|COVRATIO - 1| \geq 3K/n$

这些分界点背后的原理和更一般的诊断统计量可以参见 Cook 和 Weisberg(1982,1994),Belsley、Kuh 和 Welsch(1980)或者 Fox(1991)。

多元共线性

　　如果预测变量之间存在完全多元共线性(perfect multicollinearity),回归方程就没有唯一解(unique solutions)。这时,Stata 会向我们提出警告并将干扰预测变量(offending predictors)之一排除掉。较高但不是完全的多元共线性的情况会导致更难以捉摸的问题。当我们加入一个与模型中已有 x 变量存在高度相关的新的 x 变量时,可能存在问题的征兆如下:

    1.标准误变得很大,而对应的 t 统计量却更小。

    2.系数的数值和符号出乎意料的变化。

    3.R^2 虽然很大但回归系数却并不显著。

多元回归试图估计每个 x 变量的独立影响。但是,如果 x 变量中的一个或更多个变量并不具有多少独立变异,那么能支持这样做的信息就很少。以上列出的征兆提示我们,系数估计会变得很不可靠,同时样本或模型中的细微变化就可能彻底改变这些系数估计值。要进一步解决问题就需要确定多元共线性是否真的成为了问题,如果是,又应当如何进行处理。

检查变量之间的相关矩阵未必能够察觉或消除多元共线性。更确定性的评估办法可能是就每一 x 对所有其他 x 变量进行回归,然后我们根据这一回归计算出 $1 - R^2$ 来查看第一个 x 变量的方差中相对其他 x 变量独立的比例是多少。在 **regress** 之后,Stata 将结果 R^2 保存成一个名为 e(r2)标量(scalar)——键入 **ereturn list** 查看被保存估计结果的完整清单。使用 e(r2),我们就可以完成该计算,如下:

```
. quietly regress high percent percent2
. display 1 - e(r2)
.96942331
```

我们看到,*high* 的方差中有大约 97 % 独立于 *percent* 和 *percent2* 。但是,类似的计算发现 *percent* 方差只有 4 % 独立于其他两个预测变量。

```
. quietly regress percent high percent2
. display 1 - e(r2)
.04010307
```

这一关于 *percent* 和 *percent2* 的结果并不令人惊讶。在多项式回归(polynomial regression)或包含交互项的回归中,一些 x 变量可能是直接根据其他 x 变量计算得到。尽管它们的关系严格地讲是非线性的,但是常常又是很接近于线性的,从而造成多元共线性问题。

对于方差膨胀因子(variance inflation factor),回归后续命令 **estat vif** 可以类似地进行自动计算。这能迅速对多元共线性做简捷的检查:

```
. quietly regress csat percent percent2 high
. estat vif
```

Variable	VIF	1/VIF
percent	24.94	0.040103
percent2	24.78	0.040354
high	1.03	0.969423
Mean VIF	16.92	

位于 **estat vif** 输出表右边的 1/VIF 一列给出了 $1 - R^2$ 的数值,它根据每一 x 对其他 x 变量进行回归计算得到,这一点可将 *high*(0.969 423)或 *percent*(0.040 103)的值与我们前面 **display** 的计算值一比较就能看出。也就是说,1/VIF(或 $1 - R^2$)告诉我们某个 x 变量的方差独立于所有其他 x 变量的比例是多少。要是比例小,比如 *percent* 和 *percent2* 的 0.04(4 % 的独立变异),就表明可能存在问题。

一些分析人员对 1/VIF 的值设定了一个被称作容忍度(*tolerance*)的最低水平,并自动排除那些低于他们的容忍度标准的预测变量。

位于此表中间的 VIF 列反映了由于该预测变量的纳入所带来的其他变量系数的方差(及标准误)增加的程度。我们看到,*high* 实际上对其他变量没有影响,但是 *percent* 和 *percent2* 对彼此方差的影响很大。VIF 的值提供了系数方差增加的指示,但它并不是对系数方差增加的直接测量。下述命令通过显示 *percent2* 在纳入和不纳入模型时 *percent* 系数的标准误估计值来直接展示了这一影响。

```
. quietly regress csat percent percent2 high
. display _se[percent]
.50958046
. quietly regress csat percent high
. display _se[percent]
.16162193
```

当 *percent2* 纳入模型时,*percent* 的标准误是未纳入 *percent2* 时的 3 倍:

$$0.509\,580\,46\,/0.161\,621\,93 = 3.152\,916\,6$$

这相当于系数方差上的 10 倍增加。

方差膨胀多少才算太大? Chatterjee,Hadi 和 Price(2000)建议用以下条件作为多元共线性存在的判断标准:

1.最大的 VIF 大于 10;或者

2.平均的 VIF 大于 1。

由于我们最大的 VIF 接近 25,同时平均的 VIF 几乎达到了 17,因此 *csat* 回归明显地满足这两条标准。问题很棘手,还能做些什么呢,这就是下一个需要考虑的问题。

因为 *percent* 和 *percent2* 紧密相关,因此我们不能像单独估计任一预测变量的作用时那样精确地估计出它们的独立效应。这就是为什么当我们将 *csat* 对 *percent* 和 *high* 的回归与 *csat* 对 *percent*,*percent2* 和 *high* 的多项式回归比较时发现 *percent* 系数的标准误增加了三倍的原因。尽管这有失精确,但是我们仍然可以将所有的系数与零区分开来。而且,多项式回归获得了一个更好的预测模型。考虑到这些原因,这一回归中的多元共线性未必引起了大问题,或者要求某种解决办法。我们可以简单地接受它,就如同其他可接受模型也会有自己的特征一样。

如果需要予以解决时,一个被称作"对中(centering)"的简单窍门常常可以成功地减少多项式或交互效应模型中的多元共线性。对中就是在创建多项式或乘积项之前将 *x* 变量值减去其平均数。减去平均数导致创建的新变量以零为中心分布,并且该新变量与其值的平方项的相关会大大削弱。所得回归具有与未对中情形下相同的拟合(同样的 R^2、整体 F 检验、预测值,等等)。通过减少多元共线性,对中常常(但并不总是)得到更精确的系数估计值,即具有更小的标准误。下面的命令创建名为 *Cpercent* 的 *percent* 的对中形式,然后得到名为 *Cpercent2* 的 *Cpercent* 取值的平方。

```
. summarize percent
```

Variable	Obs	Mean	Std. Dev.	Min	Max
percent	51	35.76471	26.19281	4	81

```
. generate Cpercent = percent - r(mean)
. generate Cpercent2 = Cpercent ^2
. correlate Cpercent Cpercent2 percent percent2 high csat
(obs=51)
```

	Cpercent	Cperce~2	percent	percent2	high	csat
Cpercent	1.0000					
Cpercent2	0.3791	1.0000				
percent	1.0000	0.3791	1.0000			
percent2	0.9794	0.5582	0.9794	1.0000		
high	0.1413	-0.0417	0.1413	0.1176	1.0000	
csat	-0.8758	-0.0428	-0.8758	-0.7946	0.0858	1.0000

尽管 *percent* 和 *percent2* 相互之间几乎完全相关($r = 0.979\,4$),但是对中的 *Cpercent* 和 *Cpercent2* 却仅为中度相关($r = 0.379\,1$)。另外,*percent* 和 *Cpercent* 的相关系数等于1,因为对中只是一种线性转换。但是,涉及 *Cpercent2* 的相关系数与那些涉及 *percent2* 的相关系数很不一样。图 7.10 展示的散点图有助于直接观察这些相关和转换效果。

. **graph matrix** *Cpercent Cpercent2 percent percent2 high csat*,
　　half msymbol(+)

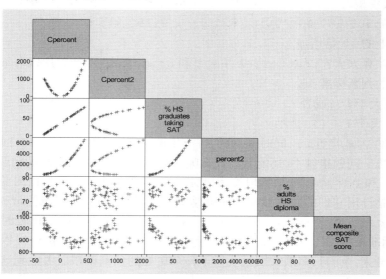

图 7.10

对中之后,模型的 R^2、整体 F 检验、预测值和许多其他方面应当都未改变。最值得注意的差异在于对中变量的系数和标准误。

. **regress** *csat Cpercent Cpercent2 high*

Source	SS	df	MS
Model	207225.103	3	69075.0343
Residual	16789.407	47	357.221426
Total	224014.51	50	4480.2902

Number of obs = 51
F(3, 47) = 193.37
Prob > F = 0.0000
R-squared = 0.9251
Adj R-squared = 0.9203
Root MSE = 18.9

csat	Coef.	Std. Err.	t	P>|t|	[95% Conf. Interval]	
Cpercent	-2.682362	.1119085	-23.97	0.000	-2.907493	-2.457231
Cpercent2	.0536555	.0063678	8.43	0.000	.0408452	.0664659
high	2.986509	.4857502	6.15	0.000	2.009305	3.963712
_cons	680.2552	37.82329	17.99	0.000	604.1646	756.3458

在本例中,当 *Cpercent2* 被纳入到模型时,*Cpercent* 系数的标准误实际上更低 ($0.111\,908\,5$ 相对于 $0.161\,621\,93$)。相应地,t 统计值更大。因此,看起来对中确实改善了系数估计值的精度。现在 VIF 表看起来问题不大了:与未对中回归时 *percent*

和 *percent2* 只有 4% 的独立变异相比,现在三个预测变量中的每一个都超过了 80%。

. **estat vif**

Variable	VIF	1/VIF
Cpercent	1.20	0.831528
Cpercent2	1.18	0.846991
high	1.03	0.969423
Mean VIF	1.14	

有时可用另一个检查多元共线性的诊断方法,就是检查估计系数(不是变量)之间的相关矩阵。要得到该矩阵,可在 **regress ,anova** 或其他模型拟合程序之后键入:

. **correlate, _coef**

	Cpercent	Cperce~2	high	_cons
Cpercent	1.0000			
Cpercent2	-0.3893	1.0000		
high	-0.1700	0.1040	1.0000	
_cons	0.2105	-0.2151	-0.9912	1.0000

预测变量的系数对(pairs of coefficients)之间的高度相关表明,可能存在共线性问题。通过加上选项 **covariance**,我们可以查看系数的方差协方差矩阵,标准误就是据此推出的。

. **correlate, _coef covariance**

	Cpercent	Cperce~2	high	_cons
Cpercent	.012524			
Cpercent2	-.000277	.000041		
high	-.009239	.000322	.235953	
_cons	.891126	-.051817	-18.2105	1430.6

8 拟合曲线

基础的回归和相关方法都假定存在线性关系(linear relationships)。在有限的取值范围内,线性模型提供了对许多真实现象的合理而简单的近似。但是分析人员也许会碰到线性近似过于简单的情况,这就需要非线性(nonlinear)的替代办法。本章介绍了三种针对非线性或曲线(curvilinear)关系进行建模的主要方法:

1. 非参数方法(nonparametric methods),包括波段回归(band regression)和 lowess 修匀(lowess smoothing)。

2. 转换变量(transformed variables)的线性回归("曲线回归(curvilinear regression)"),包括 Box-Cox 方法。

3. 非线性回归(nonlinear regression)。

非参数回归适宜作为一种探索性工具,因为它能在不要求分析人员事先设定某一特殊模型的情况下直观地概要描述数据的模式。转换变量将诸如 OLS 回归(**regress**)等线性参数模型的用途扩展到包含曲线关系的情况。但是,非线性回归则属于另一种不同类别的方法,它可以对内在非线性模型(intrinsically nonlinear models)的参数进行估计。

下列菜单选择涵盖了本章讨论的大部分操作。最后的非线性回归主题则需要采用命令方式来做。

Graphics > Twoway graph(scatter, line, etc.)　绘制二维标绘图(散点图、线图等)
Statistics > Nonparametric analysis > Lowess smoothing　进行 lowess 修匀
Data > Create or change variables > Create new variable　进行变量转换
Statistics > Linear regression and related　进行线性回归及有关分析

命令示范

. **boxcox y x1 x2 x3, model(lhs)**

假定 $y^{(\lambda)}$ 是 $x1$, $x2$ 和 $x3$ 加上高斯等方差误差(Gaussian constant-variance errors)的线性函数的情况下,找到一种适合于对 y 进行 Box-Cox 转换的参数 λ (lambda)的最大似然估计值(maximum-likelihood estimates)。**model(lhs)** 选项限定是对左手边(left-hand-side)的变量 y 做转换。其他选项可以根据相同或不同的参数对右手边的变量(x)进行转换,也可以对模型的更多细节加以控制。请键入 **help boxcox** 查看命令语法和选项的完整清单。《基础参考手册》提供了技术细节。

. **graph twoway mband y x, bands(10)　||　scatter y x**

画出 y 对 x 的散点图,并用线段将 10 个等宽垂直波段内的交叉中位数(crossmedians），即点（x 的中位数，y 的中位数）连接起来。这是"波段回归"的一种形式。键入 **mspline** 代替本命令中的 **mband** 将得到由修匀的立方样条曲线（smooth cubic spline curve）而不是线段连接起来的交叉中位数。

. **graph twoway lowess *y x*, bwidth(.4) || scatter *y x***

画出一条 lowess 修匀曲线（lowess-smoothed curve），并加上 y 对 x 的散点图。lowess 计算采用 0.4 波段宽度（bandwidth）（即 40% 的数据）。为了计算修匀的数值并将其作为新变量保存下来，请使用相关的命令 **lowess**。

. **lowess *y x*, bwidth(.3) gen(*newvar*)**

在 y 对 x 的散点图上采用 0.3 波段宽度（30% 的数据）画出一条 lowess 修匀曲线。这条曲线的预测值被存成一个名为 *newvar* 的变量。**lowess** 命令提供了比 **graph twoway lowess** 更多的选项，包括拟合方法和保存预测值的能力。详情请见 **help lowess**。

. **nl (*y1* = {b1=1}*{b2=1}^*x*)**

使用迭代非线性最小二乘法（iterative nonlinear least squares）拟合一个 2 参数指数增长模型（2-parameter exponential growth model），$y = b_1 b_2^x$。待估的两个参数和及他们的初始值（1）由大括号括起。不再在命令行中写出我们的模型，而是通过调用 Stata 提供的一个常见模型或写一个新程序来定义我们自己的模型，这样一来，我们可以节省时间。2 参数指数模型恰好是这些常见模型之一，由一个名为 **exp2** 的现有程序加以定义。因此，我们可以通过只键入 **nl exp2：*y x*, init(b1 1 b2 2)** 来完成与上述命令相同的事情。在 **nl** 之后，使用 **predict** 能得到预测值或残差。

. **nl log4: *y x*, init(b0 5 b1 25 b2 .1 b3 50)**

拟合一个 4 参数的 logistic 增长模型（**log4**），其形式为

$$y = b_0 + b_1 / (1 + exp(-b_2(x - b_3)))$$

设定迭代估计过程的初始参数值为 $b_0 = 5, b_1 = 25, b_2 = 0.1$ 和 $b_3 = 50$。类似于 **exp2**，**log4** 也是 Stata 提供的非线性模型之一。

. **regress *lny x1 sqrtx2 invx3***

使用变量 *lny*, *x1*, *sqrtx2* 和 *invx3* 进行曲线回归。这些变量事先通过对原始变量 $y, x2$ 和 $x3$ 进行非线性转换得到，所用命令如下：

. **generate *lny* = ln(*y*)**
. **generate *sqrtx2* = sqrt(*x2*)**
. **generate *invx3* = 1/*x3***

和本例中一样，当 y 变量被进行转换之后，由 **predict *yhat*** 得到的预测值或者由 **predict *e*, resid** 得到的残差也将具有被转换的单位（transformed units）。出于制图或其他目的，我们可能想将预测值或残差返回到原始数据单位上，请使用取逆转换（inverse transformations），比如：

. **replace *yhat* = exp(*yhat*)**

波段回归

非参数回归方法通常不形成一个明确的回归方程。它们基本上是展示 y 和 x 之间关系(可能是非线性的)的图形工具。Stata 可以在任何散点图或散点图矩阵之上画出波段回归这一简单的非参数回归类型。为了举例说明这点,考虑取自 MacKenzie (1990)的清醒认识冷战的数据(*missile.dta*)。观测案例是 1958—1990 年期间由美国和苏联在其军备竞赛过程中部署的 48 种远程核导弹:

```
Contains data from c:\data\missile.dta
  obs:            48                    Missiles (MacKenzie 1990)
  vars:            6                    18 May 2008 18:39
  size:        1,584 (99.9% of memory free)

              storage   display    value
variable name   type    format     label    variable label

missile        str15    %15s                Missile
country        byte     %8.0g      soviet   US or Soviet missile?
year           int      %8.0g               Year of first deployment
type           byte     %8.0g      type     ICBM or submarine-launched?
range          int      %8.0g               Range in nautical miles
CEP            float    %9.0g               Circular Error Probable (miles)

Sorted by:  country  year
```

missile.dta 中的变量包括一种被称作"圆概率误差(Circular Error Probable,*CEP*)"的准确性测量(accuracy measure)。*CEP* 代表一个圆圈的半径,中心是导弹弹着点,50%的弹头都应当落在这个范围内。双方的科学家都致力于逐年改善导弹的准确性(见图 8.1)。

```
. graph twoway mband CEP year, bands(8)
        ||    scatter CEP year
        ||    , ytitle("Circular Error Probable, miles") legend(off)
```

图 8.1

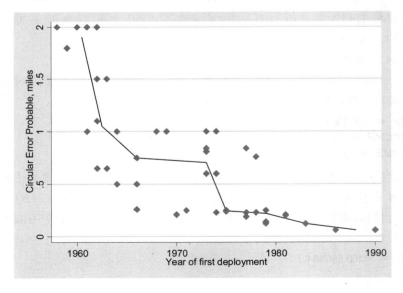

图 8.1 显示 *CEP* 随着时间推移而下降(准确性上升)。选项 **bands(8)** 设定 **graph twoway mband** 将散点图划分成 8 个等宽的垂直波段并使用线段将每一波段内的(x 中位数,y 中位数)点连接起来。这条曲线描绘了 *CEP* 的中位数如何随着年份 *year* 而变化。

　　非参数回归并不要求分析人员事先设定关系的函数形式。相反,它允许我们以"开放的心态"对数据进行探索。这一过程常常会揭示出一些令人感兴趣的结果,比如,当我们分别观察美国和苏联导弹准确性的变化趋势时(图 8.2)。下述命令中的 **by**(*country*)选项对每一个国家形成单独的标绘图,每幅图都将波段回归曲线和散点图叠并在一起。在 **by**( )选项内是控制图例(legend)和注释(note)的子选项(suboptions)。

```
. graph twoway mband CEP year, bands(8)
        ||   scatter CEP year
        ||   , ytitle("Circular Error Probable, miles")
        by(country, legend(off) note(""))
```

图 8.2

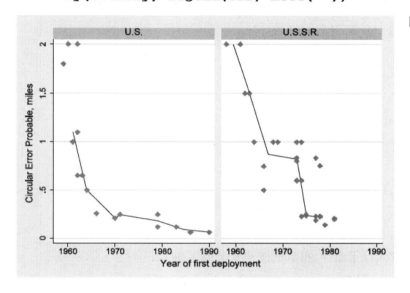

　　图 8.2 中两条曲线的形状大为不同。美国的导弹在 1960 年代就已经比较准确,可以替换成更小的弹头。一个适合于先前只承载一个大弹头的同样大小的导弹可以装载三个或更多的小弹头。苏联导弹的准确性改进得较慢,在 1960 年代晚期到 1970 年代初期这段时期内明显地出现停滞,因此落后于美国对手大约 10 年。为了弥补准确性上的不足,苏联的策略侧重于装载高当量弹头的更大火箭。非参数回归能够辅助此类定性描述,或者作为拟合随后提到的那些参数模型的准备工作。

　　我们可以通过图形叠并将 **mband**(或 **mspline**)的波段回归曲线标绘图添加到任何散点图上。波段回归的简洁性使它成为一个便利的探索性工具,但是它还有一个值得注意的不足,即波段在 x 取值的不同区间都具有同样的宽度,尽管其中的一些波段包含很少的观测案例,甚至不包含观测案例。比如,对于服从正态分布的 x 变量而言,数据密度(data density)在接近极值时会下降。因此,波段回归曲线的左端点或者右端点(它们往往决定着曲线的外观)常常只反映少量数据点。下一节将描述一种更为成熟、计算密集型的方法。

lowess 修匀

　　lowess 和 **graph twoway lowess** 可实现一种被称作 lowess 修匀(locally weighted scatterplot smoothing 的缩写,即局部加权散点图修匀)的非参数回归

形式。由于具有可对拟合过程的细节进行控制的选项，**lowess** 命令总的来说更为专业也更为强大。**graph twoway lowess** 具有简洁的优点，并遵循 **graph twoway** 这一族命令的习惯语法。下面的例子使用 **graph twoway lowess** 只对美国的导弹（*country* ==0）画出 *CEP* 对 *year* 的标绘图。

```
. graph twoway lowess CEP year if country == 0, bwidth(.4)
        ||    scatter CEP year
        ||    , legend(off) ytitle("Circular Error Probable, miles")
```

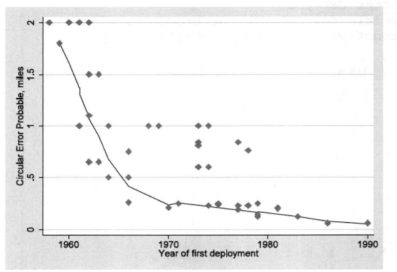

图 8.3

如果我们改为键入以下命令，得到的图非常类似于图 8.2：

```
. lowess CEP year if country == 0, bwidth(.4)
```

和图 8.2 一样，图 8.3 显示美国导弹准确性在 1960 年代期间得到迅速改进，而在 1970 年代和 1980 年代则以更缓慢的速度发展着。这里得到了 *CEP* 的 lowess 修匀值，名为 *lsCEP*。选项 **bwidth(.4)** 设定 lowess 的波段宽度，即用于对每一点进行修匀的样本比例（fraction of sample）。默认设置是 **bwidth(.8)**。波段宽度越接近 1，修匀的程度越高。

n 个观测案例的 lowess 预测（修匀）y 值由 n 个加权回归得到。设 k 表示波段总宽度的一半，并被平截成一个整数。对于每一 y_i，修匀值 y_i^s 通过只涉及那些位于从 $i = max(1, i - k)$ 到 $i = \min(i + k, n)$ 区间内的观测案例的加权回归得到。根据一个局部加权函数（tricube），这一区间内的第 j 个观测案例的权数为 w_j：

$$w_j = (1 - |u_j|^3)^3$$

这里，

$$u_j = \frac{(x_i - x_j)}{\Delta}$$

Δ 代表同一区间内 x_i 与其最近的观测案例之间的距离。当 $x_i = x_j$ 时，权数等于 1；但是在区间的边界处，权数下降到零。有关 lowess 方法的更详细的讨论和举例请见 Chambers 等（1983）或 Cleveland(1993)。

lowess 选项包括以下这些：

mean　　　　　用于移动平均数法修匀（running-mean smoothing）。默认选项为移

	动线最小二乘法修匀(running-line least squares smoothing)。
noweight	未加权的修匀(unweighted smoothing)。默认选项为 Cleveland 局部加权函数(tricube weighting function)。
bwidth( )	设定波段宽度。除了接近端点处采用更小的非对中的波段之外,约有 bwidth × n 个观测案例的对中子集(centered subsets)被用于修匀。默认选项为 **bwidth(.8)**。
logit	将修匀值做 logit 转换。
adjust	调整修匀值的平均数,使其等于原始 y 变量的平均数;像 **logit** 一样,**adjust** 对二分类的 y 很有用。
gen(newvar)	创建包含 y 的修匀值的新变量。
nograph	抑止图形显示。
addplot( )	将其他图形添加到已有图形中;见 **help addplot option**。
lineopts( )	影响修匀线(smoothed line)的再现;参见 **help cline options**。

由于要求进行 n 个加权回归,所以 lowess 修匀在大样本情况下运行较慢。

除了修匀散点图之外,**lowess** 也可用于探索性的时间序列修匀。文件 *ice.dta* 包含取自格陵兰冰原(GISP2)项目的结果,对该项目的描述可见于 Mayewski, Holdsworth 等(1993)和 Mayewski, Meeker 等(1993)。研究者们提取并用化学方法分析了代表超过 100 000 年气候史的冰芯。*ice.dta* 还包含了一小部分这种信息:测出的非海硫酸盐(*non-sea salt sulfate*)浓度和一个自公元 1500 年以来的"极地环流强度(Polar Circulation Intensity)"指数(*PCI*)。

```
Contains data from c:\data\ice.dta
  obs:          271                    Greenland ice (Mayewski 1995)
  vars:           3                    18 May 2008 18:39
  size:       7,046 (99.9% of memory free)

              storage  display    value
variable name  type    format     label     variable label

year           int     %ty                  Year
sulfate        double  %10.0g               SO4 ion concentration, ppb
PCI            double  %6.0g                Polar Circulation Intensity

Sorted by:  year
```

为了保留取自这 271 个点的时间序列的更多详情,我们采用只占样本 5% 的相对狭窄的波段宽度进行修匀。图 8.4 画出了这一结果。修匀曲线已被画得更粗以便从视觉上将其与原始数据区分开来(有关线条宽度的其他选择,请键入 **help linewidthstyle**)。

```
. graph twoway lowess sulfate year, bwidth(.05) clwidth(thick)
    || line sulfate year, clpattern(solid)
    || , ytitle("SO4 ion concentration, ppb")
    legend(label(1 "lowess smoothed") label(2 "raw data"))
```

主要来自火山或燃烧诸如煤和石油等化石燃料的非海硫酸盐(SO_4)在被排入到大气中之后到达了格陵兰冰原。不论是图 8.4 中的修匀曲线还是原始曲线都传递出这一信息。修匀曲线显示出从 1500 年到 1800 年代早期,平均数在摆动之中略有提升。1900 年以后,化石燃料促使修匀曲线明显提高,1929 年(大萧条)之后和 1970 年代早期(混杂着 1970 年美国清洁空气法案、1973 年阿拉伯石油禁运以及随后油价上涨等影响)出现了暂时性下降。原始数据中的大多数尖锋已被识别出是因为冰岛的 Hekla (1970)或阿拉斯加的 Katmai(1912)等世界著名火山的爆发。

图 8.4

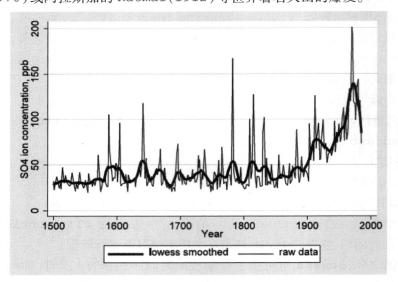

在对时间序列数据进行过修匀之后,分别对平滑序列和波动(残差)序列进行研究往往是很有用的。下述命令创建了两个新变量:lowess 修匀的硫酸盐取值(*smooth*)和原始数据减去修匀值计算出的残差或波动值(*rough*)。

```
. lowess sulfate year, bwidth(.05) gen(smooth)
. label variable smooth "SO4 ion concentration (smoothed)"
. gen rough = sulfate - smooth
. label variable rough "SO4 ion concentration (rough)"
```

通过 **text**( )选项标注图形然后加以合并,图 8.5 以成对标绘图的形式对 *smooth* 和 *rough* 两条时间序列进行了比较。

```
. graph twoway line smooth year, ylabel(0(50)150)  xtitle("")
    ytitle("Smoothed") text(20 1540 "Renaissance")
    text(20 1900 "Industrialization")
    text(90 1860 "Great Depression 1929")
    text(150 1935 "Oil Embargo 1973") saving(fig08_05a, replace)

. graph twoway line rough year, ylabel(0(50)150) xtitle("")
    ytitle("Rough") text(75 1630 "Awu 1640",
        orientation(vertical))
    text(120 1770 "Laki 1783", orientation(vertical))
    text(90 1805 "Tambora 1815", orientation(vertical))
    text(65 1902 "Katmai 1912", orientation(vertical))
    text(80 1960 "Hekla 1970", orientation(vertical))
    yline(0) saving(fig08_05b, replace)

. graph combine fig08_05a.gph fig08_05b.gph, rows(2)
```

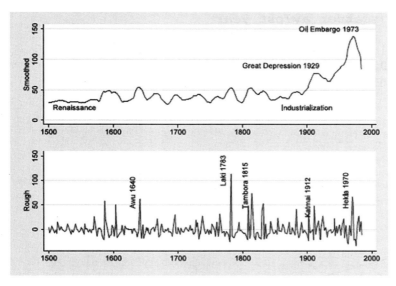

图 8.5

转换变量回归 - 1

通过对一个或更多变量作非线性转换,然后将转换变量纳入到线性回归中,我们就可以简单地对基础数据拟合一个曲线模型。第 6 章和第 7 章曾经给过一个这方面的多项式回归例子,即将预测变量 x 取了二次幂(并可能更高)同时作为预测变量。取对数也常常在很多领域中使用。其他常见的转换还包括第 4 章中介绍过的幂阶梯(ladder of powers)和 Box-Cox 转换。

包含 1916 年到 1986 年之间美国龙卷风信息的数据集 *tornado.dta*(来源:Council on Environmental Quality, 1988)提供了一个简单的实例。

```
Contains data from c:\data\tornado.dta
  obs:           71                     U.S. tornados 1916-1986 (Council
                                          on Env. Quality 1988)
  vars:           4                     18 May 2008 18:40
  size:       1,278 (99.9% of memory free)

              storage  display    value
variable name   type    format    label    variable label

year            int     %8.0g               Year
tornado         int     %8.0g               Number of tornados
lives           int     %8.0g               Number of lives lost
avlost          float   %9.0g               Average lives lost/tornado

Sorted by:  year
```

由于预报和监测龙卷风的能力不断提高,因而认定的龙卷风数量(*tornado*)也在增加,甚至包括那些危害很小的龙卷风,但是这一时期内由此丧生的数量(*lives*)在减少。因此,每年一场龙卷风的平均丧生数(*avlost*)随着时间推移在减少,但是线性回归(图 8.6)未能很好地描述这一趋势。起初,散点下降得比回归线更快,然后在 1950 年代中期保持稳定。在后期,回归线竟然预测出后期的丧生人数为负值。此外,早期的平均丧生人数呈现出比晚期更大的变异,这表现出存在异方差性。

```
. graph twoway scatter avlost year
    || lfit avlost year, clpattern(solid)
    || , ytitle("Average number of lives lost")
    xlabel(1920(10)1990)
    xtitle("") legend(off) ylabel(0(1)7) yline(0)
```

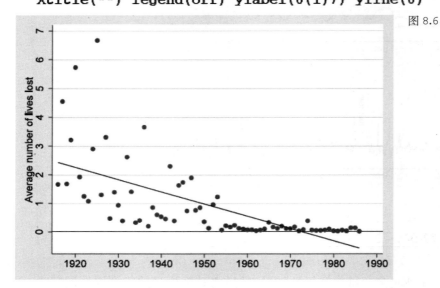

图 8.6

如果我们换成对平均丧生人数的对数进行回归的话,关系就成了线性的,同时异方差性也会消失(图 8.7)。

```
. generate loglost = ln(avlost)

. label variable loglost "ln(avlost)"

. regress loglost year
```

Source	SS	df	MS		
Model	115.895325	1	115.895325	Number of obs =	71
Residual	43.8807356	69	.63595269	F(1, 69) =	182.24
				Prob > F =	0.0000
				R-squared =	0.7254
				Adj R-squared =	0.7214
Total	159.77606	70	2.28251515	Root MSE =	.79747

loglost	Coef.	Std. Err.	t	P>|t|	[95% Conf. Interval]	
year	-.0623418	.004618	-13.50	0.000	-.0715545	-.053129
_cons	120.5645	9.010312	13.38	0.000	102.5894	138.5395

```
. predict yhat2
(option xb assumed; fitted values)

. label variable yhat2 "ln(avlost) = 120.56 - .06year"

. label variable loglost "ln(avlost)"

. graph twoway scatter loglost year
    || mspline yhat2 year, clpattern(solid) bands(50)
    || , ytitle("Natural log(average lives lost)")
    xlabel(1920(10)1990) xtitle("") legend(off) ylabel(-4(1)2)
    yline(0)
```

图 8.7

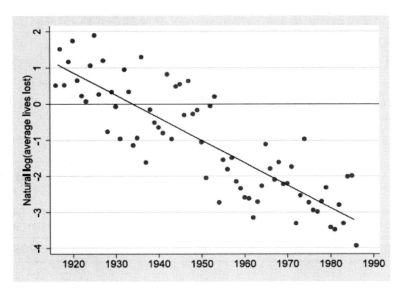

回归模型近似地为:

预测的 $\ln(avlost) = 120.56 - 0.06year$

因为我们是就丧生数量的对数对 $year$ 进行回归,因此模型预测值也是以对数单位(logarithmic units)进行测量的。通过逆转换(inverse transformation)将这些预测值返回到其自然单位(丧生人数),这里就是对 $yhat2$ 取 e 的指数幂:

```
. replace yhat2 = exp(yhat2)
(71 real changes made)
```

画出这些经逆转换的预测值,呈现出曲线回归模型(图 8.8),该模型是我们通过对转换的 y 变量进行线性回归得到的。将图 8.7 和图 8.8 与图 8.6 进行比较会发现转换是如何使分析变得既简单又接近实际。

```
. graph twoway scatter avlost year
     ||   mspline yhat2 year, clpattern(solid) bands(50)
     ||   , ytitle("Average number of lives lost") xlabel(1920(10)1990)
     xtitle("") legend(off) ylabel(0(1)7) yline(0)
```

图 8.8

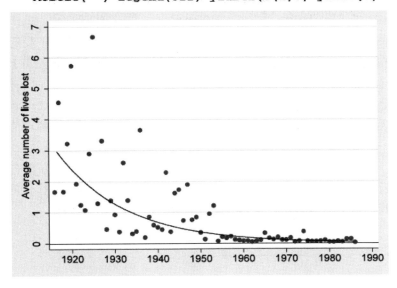

　　boxcox 命令使用最大似然方法来拟合经 Box-Cox 转换的曲线模型(第 4 章介绍过)。对龙卷风数据拟合因变量经过 Box-Cox 转换(**model(lhs)** 设定针对左手边的变量做转换)的模型,我们会得到非常类似于图 8.7 和图 8.8 对应模型的结果。下述命令中的 **nolog** 选项并不影响模型,只是要求不显示每次拟合迭代过程后的对数似然值。

```
. boxcox avlost year, model(lhs) nolog
Fitting comparison model

Fitting full model
```

```
                                    Number of obs    =        71
                                    LR chi2(1)       =     92.28
Log likelihood = -7.7185533         Prob > chi2      =     0.000
```

avlost	Coef.	Std. Err.	z	P>|z|	[95% Conf. Interval]
/theta	-.0560959	.0646727	-0.87	0.386	-.182852 .0706602

Estimates of scale-variant parameters

	Coef.
Notrans	
year	-.0661891
_cons	127.9713
/sigma	.8301177

Test HO:	Restricted log likelihood	LR statistic chi2	P-value Prob > chi2
theta = -1	-84.928791	154.42	0.000
theta = 0	-8.0941678	0.75	0.386
theta = 1	-101.50385	187.57	0.000

　　boxcox 输出结果显示 theta = -0.056 ,作为对 *avlost* 进行转换的最优 Box-Cox 参数,以便将其与 *year* 之间的关系线性化。因此,左手边的转换为:

$$avlost^{(-0.056)} = \frac{(avlost^{(-0.056)} - 1)}{(-0.056)}$$

以诸如 -0.056 这样一个接近零的参数进行 Box-Cox 转换得到的结果类似于我们前面"手工"对该变量所作的自然对数转换。因此,一点也不奇怪,**boxcox** 回归模型有:

$$预测的\ avlost^{(-0.056)} = 127.97 - 0.07\ year$$

类似于前面图 8.7 和图 8.8 中画出的模型(预测的 ln(*avlost*) =120.56 -0.06*year*)。**boxcox** 程序假定误差为正态、独立和同分布。然而,它在选择转换方法时并不考虑使残差正态化。

　　boxcox 可以拟合几种不同的模型,包括以不同于 y 变量转换的参数对方程右边的一些或全部自变量进行转换的多元回归。它不能针对每个预测变量分别采用不同的转换。为了做到这点,我们在下一节将回过头来介绍一种"手工"曲线回归方法。

转换变量回归 - 2

　　对于多元回归的例子,我们将使用数据集 *nations.dta*(取自 World Bank,

1987;World Resources Institute, 1993)中有关109 个国家生活状况的数据。

```
Contains data from c:\data\nations.dta
  obs:            109                   Data on 109 nations, ca. 1985
  vars:            15                   2 Jan 2008 13:31
  size:         4,578 (99.9% of memory free)

              storage   display    value
variable name   type     format    label    variable label

country         str8     %9s                Country
pop             float    %9.0g              1985 population in millions
birth           byte     %8.0g              Crude birth rate/1000 people
death           byte     %8.0g              Crude death rate/1000 people
chldmort        byte     %8.0g              Child (1-4 yr) mortality 1985
infmort         int      %8.0g              Infant (<1 yr) mortality 1985
life            byte     %8.0g              Life expectancy at birth 1985
food            int      %8.0g              Per capita daily calories 1985
energy          int      %8.0g              Per cap energy consumed, kg oil
gnpcap          int      %8.0g              Per capita GNP 1985
gnpgro          float    %9.0g              Annual GNP growth % 65-85
urban           byte     %8.0g              % population urban 1985
school1         int      %8.0g              Primary enrollment % age-group
school2         int      %8.0g              Secondary enroll % age-group
school3         byte     %8.0g              Higher ed. enroll % age-group
```

　　从图 8.9 中的散点图矩阵可以清楚地看到,出生率(*birth*)、人均国民生产总值(*gnpcap*)和儿童死亡率(*chldmort*)之间的关系并不是线性的。*gnpcap* 和 *chldmort* 的偏态分布也呈现出可能存在杠杆作用和类似影响问题。

. graph matrix *gnpcap chldmort birth*, half

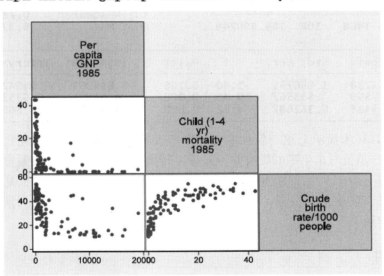

图 8.9

　　幂阶梯转换(ladder-of-powers transformations)的试验显示出,*gnpcap* 的对数和 *chldmort* 的平方根要比相应原始变量具有更为对称的分布、更少的特异值或潜在的杠杆作用点。更重要地是,这些转换大大消除了非线性关系,通过对比图 8.9 中的原始数据散点图和图 8.10 中其转换变量的散点图就能看到。

. generate *loggnp* = log10(*gnpcap*)
. label variable *loggnp* "Log-10 of per cap GNP"
. generate *srmort* = sqrt(*chldmort*)
. label variable *srmort* "Square root child mortality"
. graph matrix *loggnp srmort birth*, half

图 8.10

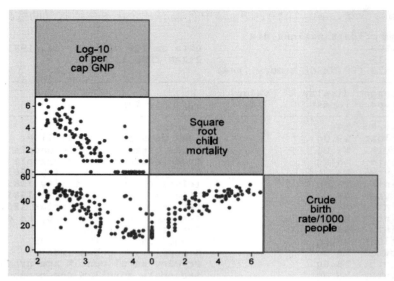

我们现在可以使用这些转换变量进行线性回归:

```
. regress birth loggnp srmort
```

Source	SS	df	MS		Number of obs =	109
					F(2, 106) =	198.06
Model	15837.9603	2	7918.98016		Prob > F =	0.0000
Residual	4238.18646	106	39.9828911		R-squared =	0.7889
					Adj R-squared =	0.7849
Total	20076.1468	108	185.890248		Root MSE =	6.3232

birth	Coef.	Std. Err.	t	P>|t|	[95% Conf. Interval]	
loggnp	-2.353738	1.686255	-1.40	0.166	-5.696903	.9894259
srmort	5.577359	.533567	10.45	0.000	4.51951	6.635207
_cons	26.19488	6.362687	4.12	0.000	13.58024	38.80953

不同于原始数据的回归(未显示),这一转换变量的回归表明:一旦我们对儿童死亡率加以控制,人均国民生产总值对出生率的影响并不显著。转换变量回归拟合得略微更好一些: $R_a^2 = 0.7849$ 而不是 0.6715(我们这里之可以对跨模型的 R_a^2 进行比较只是因为两个模型都有相同的未转换的 y 变量)。杠杆作用标绘图将证实,转换已经大大削减了原始数据回归中的曲线关系。

条件效应标绘图

条件效应标绘图(conditional effect plots)描绘了在其他 x 变量保持在诸如平均数、中位数、四分位数或极端值等任意数值上不变时按某一 x 变量函数的 y 的预测值。此类标绘图有助于对转换变量回归结果进行解释。

继续前面的例子,我们可以计算在 *srmort* 保持在其平均数(2.49)不变时按 *loggnp* 的函数的出生率预测值:

```
. generate yhat1 = _b[_cons] + _b[loggnp]*loggnp + _b[srmort]*2.49
. label variable yhat1 "birth = f(gnpcap | srmort = 2.49)"
```

命令中的 _b[*varname*] 这一项指的是最近一次回归的系数 *varname* 的回归系数。而 _b[_cons] 为 y 的截距。作为替代,我们可以使用 **adjust**:

. **adjust** *srmort* = **2.49, generate(***yhat1***)**

为了得到一个条件效应标绘图,画出 *yhat1* (尽管此处不需要,但是如果需要可进行逆转换)对转换的 *x* 变量的图形(图 8.11)。因为条件效应标绘图不显示数据散点,因此添加诸如位于 *x* 变量的第 10 和第 90 百分位点这样的参照线(reference lines)可能会很有用,如图 8.11 所示。

. **graph twoway line** *yhat1 gnpcap*, **sort xlabel(,grid)**
    xline(230 10890) saving(*fig08_11***)**

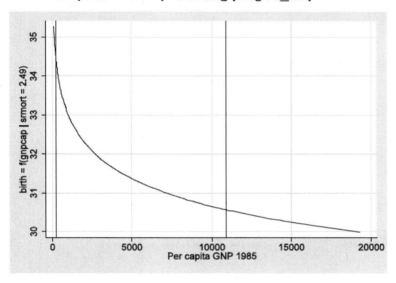

图 8.11

类似地,图 8.12 描绘了 *loggnp* 保持在其平均数(3.09)时按 *srmort* 的函数的预测出生率:

. **generate** *yhat2* = **_b[_cons] + _b[***loggnp***]*3.09 + _b[***srmort***]*srmort**

或者等价地,我们通过一个 **adjust** 命令得到相同的预测值:

. **adjust** *loggnp* = **3.09, generate(***yhat2***)**

. **label variable** *yhat2* **"birth = f(chldmort | loggnp = 3.09)"**
. **graph twoway line** *yhat2 chldmort*, **sort xlabel(,grid)**
    xline(0 27) saving(*fig08_12***)**

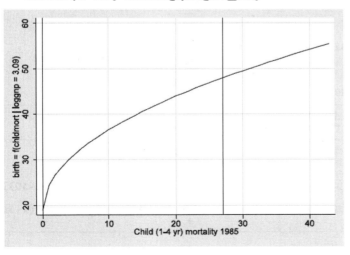

图 8.12

　　我们如何才能对不同 x 变量效应的强度进行比较呢？标准化回归系数（beta 权数）有时候被用于这一目的，但是它们所采用的专门化"强度"定义又很容易令人误解。一种更有实际意义的比较可能来自于查看基于相同 y 的刻度画成的条件效应标绘图。这可以通过使用 **graph combine** 并设定共同的 y 轴刻度来轻松实现，就像图 8.13 那样。预测值曲线经过的垂直距离，尤其是 x 取值中间 80％的区间内（位于第 10 和第 90 百分位点处的两条线之间）的距离，提供了一种效应幅度的直观比较。

```
. graph combine fig08_11.gph fig08_12.gph, ycommon cols(2)
      scale(1.25)
```

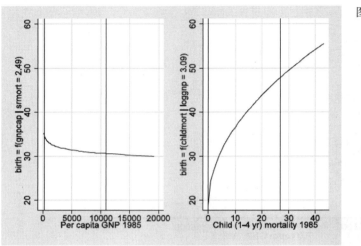

图 8.13

　　如图 8.13 中那样，将几个条件效应标绘图合并成一幅具有共同纵轴刻度的图像，可以对不同效应的强度进行迅速直观的比较。图 8.13 清楚地反映出，儿童死亡率对出生率的影响要强大得多，而单独的标绘图（图 8.11 和图 8.12）却做不到这点。

非线性回归 －1

　　变量转换通过使用熟悉的内在（intrinsically）线性模型技术使得拟合一些曲线关系成为可能。但是，内在非线性模型需要不同类型的拟合技术。命令 **nl** 使用迭代最小二乘法（iterative least squares）进行非线性回归（nonlinear regression）。本节使用一个简单例子的数据集 *nonlin.dta* 对此加以介绍：

```
Contains data from c:\data\nonlin.dta
  obs:           100              Nonlinear model examples
                                  (artificial data)
  vars:            5              18 May 2008 18:40
  size:        2,500 (99.9% of memory free)

              storage  display   value
variable name  type    format    label    variable label

x             byte     %9.0g              Independent variable
y1            float    %9.0g              y1 = 10 * 1.03^x + e
y2            float    %9.0g              y2 = 10 * (1 - .95^x) + e
y3            float    %9.0g              y3 = 5 + 25/(1+exp(-.1*(x-50))) +
                                          e
y4            float    %9.0g              y4 = 5 + 25*exp(-exp(-.1*(x-50)))
                                          + e

Sorted by:  x
```

nonlin.dta 数据是人工构造的,其中 y 变量被定义成 x 的多种非线性函数加上随机高斯误差(random Gaussian errors)。比如,$y1$ 表示指数增长过程 $y1 = 10 \times 1.03^x$。根据该数据估计这些参数,nl 得到 $y1 = 11.20 \times 1.03^x$,它相当接近真实模型。

```
. nl (y1 = {b1=1}*{b2=1}^x)
(obs = 100)

Iteration 0:    residual SS =    419135.4
Iteration 1:    residual SS =    416152.4
Iteration 2:    residual SS =    409107.7
Iteration 3:    residual SS =    348535.9
Iteration 4:    residual SS =    31488.48
Iteration 5:    residual SS =    27849.49
Iteration 6:    residual SS =    26139.18
Iteration 7:    residual SS =    26138.29
Iteration 8:    residual SS =    26138.29
Iteration 9:    residual SS =    26138.29
```

Source	SS	df	MS
Model	667018.255	2	333509.128
Residual	26138.2933	98	266.717278
Total	693156.549	100	6931.56549

Number of obs = 100
R-squared = 0.9623
Adj R-squared = 0.9615
Root MSE = 16.33148
Res. dev. = 840.3864

y1	Coef.	Std. Err.	t	P>|t|	[95% Conf. Interval]	
/b1	11.20416	1.146683	9.77	0.000	8.928602	13.47971
/b2	1.028838	.0012404	829.41	0.000	1.026376	1.031299

predict 命令获得由 nl 估计得到的非线性模型的预测值和残差。图 8.14 画出了前例中的预测值,表明模型和数据之间紧密拟合($R^2 = 0.96$)。

```
. predict yhat1
(option yhat assumed; fitted values)
. graph twoway scatter y1 x
        || line yhat1 x, sort lpattern(solid)
        || , legend(off) ytitle("y1 = 10 * 1.03^x + e") xtitle("x")
```

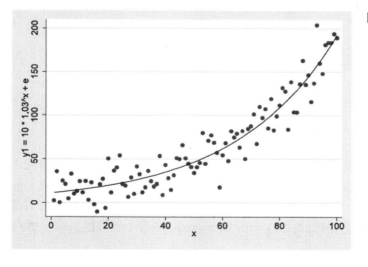

图 8.14

不想在 nl 命令中写出该模型,我们可以键入:

```
. nl exp2: y1 x
```

此命令中的 exp2 调用名为 nlexp2 .ado 的简单程序来设定 2 参数指数增长函

数。Stata 提供了数个此类程序,定义了下列函数:

exp3   3 参数的指数函数:$y = b_0 + b_1 b_2^x$

exp2   2 参数的指数函数:$y = b_1 b_2^x$

exp2a   2 参数的负指数函数:$y = b_1(1 - b_2^x)$

log4   4 参数的 logistic 函数,b_0 为初始水平、$(b_0 + b_1)$ 为渐近上限:
$$y = b_0 + b_1 / (1 + \exp(-b_2(x - b_3)))$$

log3   3 参数的 logistic 函数,0 为初始水平、b_1 为渐近上限:
$$y = b_1 / (1 + \exp(-b_2(x - b_3)))$$

gom4   4 参数的 Gompertz 函数,b_0 为初始水平、$(b_0 + b_1)$ 为渐近上限:
$$y = b_0 + b_1 \exp(-\exp(-b_2(x - b_3)))$$

gom3   3 参数的 Gompertz 函数,0 为初始水平、b_1 为渐近上限:
$$y = b_1 \exp(-\exp(-b_2(x - b_3)))$$

用户可以进一步编写自己的 nl 函数(nl*function*)程序,参考 nlexp3.ado,nlgom4.ado 或上面提到的其他例子。**help nl** 描述许多设定和估计模型的更多选项。

nonlin.dta 包含了与 **exp2**(*y1*),**exp2a**(*y2*),**log4**(*y3*)和 **gom4**(*y4*)函数对应的例子。图 8.15 显示了使用 **nl** 对取自这些数据的 *y2*,*y3* 和 *y4* 进行拟合得到的曲线。

图 8.15

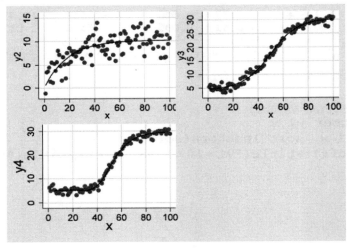

非线性回归 - 2

我们的第二个例子用到了观测数据(observational data),并示范研究中有帮助的一些步骤。数据集 *lichen.dta* 涉及对挪威极地斯瓦尔巴群岛苔藓(lichen)生长的测量(取自 Werner,1990)。这些生长缓慢的共生体常常被用来断定岩石遗迹和其他沉积物的年代,因此它们的增长率(growth rates)令数个领域的科学家感兴趣。

```
Contains data from c:\data\lichen.dta
  obs:              11              Lichen growth (Werner 1990)
  vars:              8              18 May 2008 18:41
  size:            616 (99.9% of memory free)
```

variable name	storage type	display format	value label	variable label
locale	str31	%31s		Locality and feature
point	str1	%9s		Control point
date	int	%8.0g		Date
age	int	%8.0g		Age in years
rshort	float	%9.0f		Rhizocarpon short axis mm
rlong	float	%9.0f		Rhizocarpon long axis mm
pshort	int	%8.0g		P.minuscula short axis mm
plong	int	%8.0g		P.minuscula long axis mm

正如图 8.16 中的 `lowess` 修匀曲线显示的那样,苔藓典型地呈现出早期生长相对较快,然后逐渐放慢的生长过程阶段性。

图 8.16

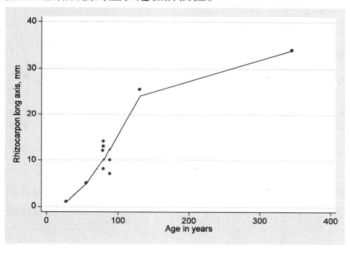

苔藓计量学家通过画出增长曲线(`growth curve`)来总结和比较此类模式。这些增长曲线可能并没有使用明确的数学模型,但是我们在这里可以拟合一条曲线来举例说明非线性回归的过程。Gompertz 曲线是已被广泛用于对生物生长过程进行建模的非对称的 S 形曲线,且可能提供了一个反映苔藓生长过程的合理模型:

$$y = b_1 \exp(-\exp(-b_2(x - b_3)))$$

如果我们想要画出非线性模型,数据应当包含间隔紧密的 x 取值的合理范围。*lichen.dta* 中 11 个苔藓样本的实际年龄范围分布从 28 ~ 346 岁。用以下命令,我们可以创建 89 条另外的人工观测案例,它们的"年龄"以 4 年为增量从 0 岁一直到 352 岁:

```
. range newage 0 396 100
obs was 11, now 100

. replace age = newage[_n-11] if missing(age)
(89 real changes made)
```

第一行命令创建一个新变量 *newage*,它包含 100 个取值,取值范围以 4 年为增量从 0 到 396。在这样做的过程中,我们也创建了 89 条新的人工案例,它们在除了 *newage* 之外的所有变量上都是缺失值。**replace** 命令以 *newage* 的取值从 0 开始替代人工案例中 *age* 的缺失值。数据中的前 15 条观测案例现在看起来像这样:

```
. list rlong age newage in 1/15
```

	rlong	age	newage
1.	1	28	0
2.	5	56	4
3.	12	79	8
4.	14	80	12
5.	13	80	16
6.	8	80	20
7.	7	89	24
8.	10	89	28
9.	34	346	32
10.	34	346	36
11.	25.5	131	40
12.	.	0	44
13.	.	4	48
14.	.	8	52
15.	.	12	56

```
. summarize rlong age newage
```

Variable	Obs	Mean	Std. Dev.	Min	Max
rlong	11	14.86364	11.31391	1	34
age	100	170.68	104.7042	0	352
newage	100	198	116.046	0	396

我们现在可以 **drop newage**。只有原始的 11 条观测案例才具有非缺失的 $rlong$（即宿根植物长轴）取值，因此只有它们才将进入模型估计。但是，Stata 对任何一条具有非缺失的 x 取值的观测案例计算预测值。因此，我们既可以得到 11 条真实观测案例的预测值，也可以得到 89 条人工案例的预测值，这些值为我们准确地画出回归曲线提供了可能。

苔藓生长始于接近于零的尺寸，因此我们选择 **gom3** 这一 Gompertz 函数而不是 **gom4**（它纳入了一个非零的初始水平，即参数 b_0）。图 8.16 表明渐近上限大约为 34，意味着 34 应当是参数 b_1 的合理推测或起始值。为了估计该模型，键入以下命令：

```
. nl gom3: rlong age, initial(b1 34) nolog
(obs = 11)
```

Source	SS	df	MS
Model	3633.16112	3	1211.05371
Residual	77.0888815	8	9.63611018
Total	3710.25	11	337.295455

Number of obs =	11
R-squared =	0.9792
Adj R-squared =	0.9714
Root MSE =	3.104208
Res. dev. =	52.63435

3-parameter Gompertz function, rlong = b1*exp(-exp(-b2*(age - b3)))

rlong	Coef.	Std. Err.	t	P>|t|	[95% Conf. Interval]	
/b1	34.36637	2.267185	15.16	0.000	29.13824	39.59451
/b2	.0217685	.0060806	3.58	0.007	.0077465	.0357904
/b3	88.79701	5.632537	15.77	0.000	75.80836	101.7857

选项 **nolog** 关闭了结果中对每次迭代的对数似然值的输出显示。所有三个参数的估计值都显著地区别于 1。我们可以用以下命令来拟合同一模型：

```
. nl (rlong = {b1=34}*exp(-1*exp(-1*{b2}*(age-{b3}))))
```

不论采用两种方式中的哪一种开始,我们接下来都使用 **predict** 来获得预测值,并画出它们以查看回归曲线。用 **yline** 选项要求显示图 8.17 中这条曲线的下限和估计的上限(0 和 34.366)。

```
. predict yhat
(option yhat assumed; fitted values)
. graph twoway scatter rlong age
      || mspline yhat age, clpattern(solid) bands(50)
      || , legend(off) yline(0 34.366)
      ytitle("Rhizocarpon long axis, mm") xlabel(0(100)400, grid)
```

图 8.17

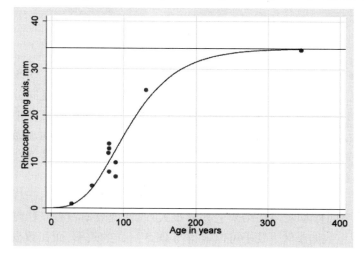

非线性回归程序可能对其初始参数估计值非常敏感,尤其是在处理很少数据或相对复杂的模型时。先前针对类似数据的经验或其他学者发表的成果可能有助于提供合适的初始值。作为替代办法,我们还可以用 **generate** 计算出基于任意选定的数套参数值的预测值以试错方式进行估计,并用 **graph** 标绘图来比较不同预测结果和数据是否一致。

9 稳健回归

Stata 的基本 **regress** 和 **anova** 命令执行常规最小二乘法（OLS）回归。OLS 的普及部分源自其在给定"理想"数据条件下的理论优势。如果误差为正态、独立且同分布的（即 normal i.i.d.），那么 OLS 解会比任何其他无偏估计更有效。这一陈述的反面常常被忽略：如果误差不是正态的，或不满足 i.i.d. 的话，那么其他无偏估计也许比 OLS 做得更好。实际上，OLS 的有效性在重尾（heavy-tailed）误差分布（即特异值倾向）条件下会迅速退化。然而，这样的分布在许多领域都司空见惯。

OLS 倾向于追随特异值，为了拟合它们损失了其他样本案例。长期以来，由于样本中经常包含特异值，进而导致不同样本之间在结果上差异很大，或者说效率较差。稳健回归（robust regression）方法在理想数据条件下几乎可以取得与 OLS 一样的效率，而在数据不理想（比如误差非正态）时能够取得比 OLS 高得多的效率。"稳健回归"其实包含了多种不同的技术，每一种在处理有问题的数据时都有自己的优点和缺点。本章介绍两种稳健回归，**rreg** 和 **qreg**，并且将它们的结果与 OLS（**regress**）的结果加以比较。

rreg 和 **qreg** 都能抵抗特异值的牵引，在非正态和重尾型误差分布的情况下便能取得高于 OLS 的效率。然而，它们共享 OLS 关于误差独立和同分布的假定。结果是，它们的标准误、统计检验和置信区间在误差异分布或误差相关时也不可信。在使用 **regress** 或其他模型命令时（尽管不是 **rreg** 和 **qreg**），想要放松误差独立和同分布假定，Stata 也提供了估计稳健标准误的选项。

为了简明，本章集中讨论双变量的例子，但是稳健的多元回归或多因素 ANOVA 可以直接应用同样的命令。第 16 章还会回过头来讨论稳健性问题，并说明如何应用蒙特卡罗试验来评价相应的统计技术。

本章描述的几种技术可以从菜单选择上得到：

Statistics > Linear models and related > Quantile regression　　分位数回归
Statistics > Linear models and related > Linear regression > (SE/robust)
　　　　　　　　　　　　　　　　　　　　　　　　　　　　　　　稳健标准误

命令示范

. rreg y x1 x2 x3

执行 y 对 3 个自变量的稳健回归，采用再加权最小二乘法加上 Huber 和双权数函数，并按 95% 高斯效率调整。在适当设置数据时，**rreg** 还可以取得稳健的平均数、置信区间、平均数差异检验，以及 ANOVA 或 ANCOVA。

. **rreg** *y* *x1* *x2* *x3*, **nolog tune(6) genwt(*rweight*) iterate(10)**

执行 y 对 3 个自变量的稳健回归。上述选项指示 Stata 不要打印迭代过程的输出,采用调整常数 6(它比默认的 7 能更快使特异值的权数缩小),产生一个新变量(任意命名为 *rweight*)来为每一案例存放最终迭代的稳健权数,并且限制迭代最多进行 10 次。

. **qreg** *y* *x1* *x2* *x3*

执行 y 对 3 个自变量的分位数回归(quantile regression),也称为最小绝对值(least absolute value, LAV)回归或最小 $L1$-规范回归(minimum $L1$-norm regression)。按照默认,**qreg** 建立 y 的 0.5 条件分位数(近似于中位数)作为自变量的线性函数,于是提供了一种"中位数回归"。

. **qreg** *y* *x1* *x2* *x3*, **quantile(.25)**

执行 y 对 3 个自变量的分位数回归,建立 y 的 0.25 条件分位数(第 1 四分位数)作为 $x1$, $x2$, $x3$ 的线性函数。

. **bsqreg** *y* *x1* *x2* *x3*, **rep(100)**

执行分位数回归,用自助法(bootstrap)对数据重复抽样 100 遍(默认设置为 **rep(20)**)以估计出标准误。

. **predict** *e*, **resid**

在执行 **regress**, **rreg**, **qreg**, **bsqreg** 命令之后,进一步计算出残差值(指定命名为 e)。与此类似,**predict yhat** 可进一步计算出 y 的预测值。其他 **predict** 选项在某些限制条件下也可应用。

. **regress** *y* *x1* *x2* *x3*, **vce(robust)**

执行 y 对 3 个自变量的 OLS 回归。通过不需要假定误差同分布的稳健方法(Huber/White 方法或三明治方法)对系数的方差协方差矩阵及标准误进行估计。如果加上 **vce(cluster *clustervar*)** 选项,还可容纳误差之间一种来源的相关。《用户指南》中描述了这些方法背后的原理。

用理想数据的回归

为了阐明稳健性问题,我们来探究一个人工小数据(n =20)$robust1.dta$:

```
Contains data from c:\data\robust1.dta
  obs:            20                    Robust regression examples 1
                                           (artificial data)
  vars:           10                    19 May 2008 19:59
  size:          960 (99.9% of memory free)
```

variable name	storage type	display format	value label	variable label
x	float	%9.0g		Normal X
e1	float	%9.0g		Normal errors
y1	float	%9.0g		y1 = 10 + 2*x + e1
e2	float	%9.0g		Normal errors with 1 outlier
y2	float	%9.0g		y2 = 10 + 2*x + e2
x3	float	%9.0g		Normal X with 1 leverage obs.
e3	float	%9.0g		Normal errors with 1 extreme
y3	float	%9.0g		y3 = 10 + 2*x3 + e3
e4	float	%9.0g		skewed errors
y4	float	%9.0g		y4 = 10 + 2*x + e4

变量 x 和 $e1$ 各自都包括 20 个来自独立标准正态分布的随机值。$y1$ 包括 20 个由回归模型产生的值：

$$y1 = 10 + 2x + e1$$

形成这前 3 个变量的命令为：

```
. clear
. set  obs  20
. generate  x  =  invnormal(uniform())
. generate  e1  =  invnormal(uniform())
. generate  y1  =  10+2*x  +  e1
```

要是用实际数据,编码错误和测量误差有时会导致极特异的值。为了模拟这种情况,我们可以将第 2 个案例的误差从 -0.89 改为 19.89：

```
. generate e2 = e1
. replace e2 = 19.89 in 2
. generate y2 = 10 + 2*x + e2
```

用类似的处理方法形成了 robust1.dta 中的其他一些变量。

$y1$ 和 x 呈现了一种理想的回归问题:$y1$ 的期望值其实只是 x 的线性函数,误差来自于正态、独立,并且相同的分布,因为这些都是我们定义的。OLS 很好地估计了真实的截距(10)和斜率(2),取得的回归线如图 9.1 所示。

```
. regress y1 x
```

Source	SS	df	MS
Model	134.059351	1	134.059351
Residual	22.29157	18	1.23842055
Total	156.350921	19	8.22899586

```
Number of obs =      20
F(  1,     18) =  108.25
Prob > F       =  0.0000
R-squared      =  0.8574
Adj R-squared  =  0.8495
Root MSE       =  1.1128
```

y1	Coef.	Std. Err.	t	P>|t|	[95% Conf. Interval]	
x	2.048057	.1968465	10.40	0.000	1.634498	2.461616
_cons	9.963161	.2499861	39.85	0.000	9.43796	10.48836

```
. predict yhat1o

. graph twoway scatter y1 x
      || line yhat1o x, clpattern(solid) sort
      || , ytitle("y1 = 10 + 2*x + e1") legend(order(2)
      label(2 "OLS line") position(11) ring(0) cols(1))
```

用迭代再加权最小二乘法(IRLS)程序 **rreg** 来取得稳健回归估计。第一步 **rreg** 迭代是从 OLS 估计开始的。在第一步后任何影响大到 Cook 的 D 值大于 1 的案例都将会自动被搁置一边。然后,应用 Huber 函数(它会使残差较大的案例得到较小的权数)为每一个案例计算出权数,再继续进行加权最小二乘法(WLS)估计。经过几步 WLS 迭代,权数函数转变为 Tukey 双权(Tukey biweight,参见 Li,1985),并按 95% 高斯效率加以调整(细节参见 Hamilton,1992a)。**rreg** 估计出标准误并进行假设检验,用的是伪值法(pseudovalues method)(见 Street,Carroll 和 Ruppert,1988),因为其不需要假定正态性。

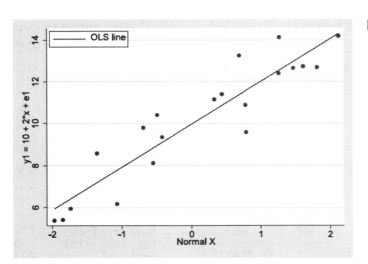

图 9.1

```
. rreg y1 x

    Huber iteration 1:     maximum difference in weights = .35774407
    Huber iteration 2:     maximum difference in weights = .02181578
Biweight iteration 3:     maximum difference in weights = .14421371
Biweight iteration 4:     maximum difference in weights = .01320276
Biweight iteration 5:     maximum difference in weights = .00265408

Robust regression                           Number of obs =        20
                                            F(  1,     18) =     79.96
                                            Prob > F       =    0.0000
```

y1	Coef.	Std. Err.	t	P>|t|	[95% Conf. Interval]	
x	2.047813	.2290049	8.94	0.000	1.566692	2.528935
_cons	9.936163	.2908259	34.17	0.000	9.325161	10.54717

这一"理想数据"示例没有包括严重的特异值,所以这里本来用不着 **rreg**。**rreg** 所取得的截距和斜率估计与 **regress** 所取得的类似(都与真值 10 和 2 差得不多),但是它们的估计标准误稍大一点。在 normal i.i.d. 误差条件下,正如本例所示,**rreg** 理论上拥有 OLS 效率的 95 %。

rreg 与 **regress** 都同属最大似然估计族(M-estimators)。而另一种序次统计估计法(L-estimation)采用拟合 y 的分位数,而不是它的期望值或平均数。比如,我们可以建模表示 y 的中位数(0.5 分位数)如何随 x 变化。**qreg**(一种 L1 型估计)可以完成这种分位数回归。和 **rreg** 一样,**qreg** 也能很好抵抗特异值:

```
. qreg y1 x
Iteration  1:  WLS sum of weighted deviations =  17.335321

Iteration  1: sum of abs. weighted deviations =  17.130001
Iteration  2: sum of abs. weighted deviations =  16.858602

Median regression                           Number of obs =        20
   Raw sum of deviations  46.84 (about 10.4)
   Min sum of deviations  16.8586               Pseudo R2     =    0.6401
```

y1	Coef.	Std. Err.	t	P>|t|	[95% Conf. Interval]	
x	2.139896	.2590447	8.26	0.000	1.595664	2.684129
_cons	9.65342	.3564108	27.09	0.000	8.904628	10.40221

尽管 **qreg** 取得了合理的参数估计,但它们的标准误都超过了 **regress**(OLS)和 **rreg**。在理想数据条件下,**qreg** 是这 3 种估计中效率最差的。在以下各节,我们再来看看它们在数据问题更多情况下的作为。

Y 上的特异值

变量 $y2$ 与 $y1$ 相同,但是有一个由案例 2 的"严重"误差所导致的特异值。OLS 估计对特异值几乎没有什么抵抗力,所以案例 2 的这一变化(在图 9.2 的左上部)极大地改变了 **regress** 的结果:

```
. regress y2 x
```

Source	SS	df	MS
Model	18.764271	1	18.764271
Residual	348.233471	18	19.3463039
Total	366.997742	19	19.3156706

Number of obs = 20
F(1, 18) = 0.97
Prob > F = 0.3378
R-squared = 0.0511
Adj R-squared = -0.0016
Root MSE = 4.3984

y2	Coef.	Std. Err.	t	P>|t|	[95% Conf. Interval]
x	.7662304	.7780232	0.98	0.338	-.8683356 2.400796
_cons	11.1579	.9880542	11.29	0.000	9.082078 13.23373

```
. predict yhat2o
(option xb assumed; fitted values)
. label variable yhat2o "OLS line (regress)"
```

这个特异值提高了 OLS 截距(从 9.936 升至 11.157 9),并且减低了斜率(从 2.048 降到 0.766)。R^2 也从 0.857 4 减小到 0.051 1。标准误相当于原来的 4 倍,而且 OLS 斜率(图 9.2 中的实线)变得不再显著区别于 0 了。

然而,正如图 9.2 中虚线所示,这个特异值对于 **rreg** 几乎没什么影响。稳健系数几乎没什么变化,仍然接近于真实参数 10 和 2,并且稳健标准误也没有提高多少。

```
. rreg y2 x, nolog genwt(rweight2)
```

Robust regression

Number of obs = 19
F(1, 17) = 63.01
Prob > F = 0.0000

y2	Coef.	Std. Err.	t	P>|t|	[95% Conf. Interval]
x	1.979015	.2493146	7.94	0.000	1.453007 2.505023
_cons	10.00897	.3071265	32.59	0.000	9.360986 10.65695

```
. predict yhat2r
(option xb assumed; fitted values)

. label variable yhat2r "robust regression (rreg)"

. graph twoway scatter y2 x
    || line yhat2o x, clpattern(solid) sort
    || line yhat2r x, clpattern(longdash) sort
    || , ytitle("y2 = 10 + 2*x + e2")
    legend(order(2 3) position(1) ring(0) cols(1) margin(sides))
```

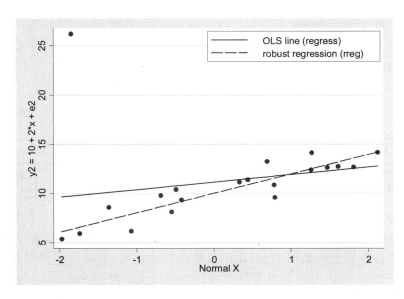

图 9.2

上述命令的 **nolog** 选项导致 Stata 不再打印迭代记录。选项 **genwt**（*rweight2*）将稳健权数存为名为 *rweight2* 的变量。

. **predict** *resid2r*, **resid**
. **list** *y2 x resid2r rweight2*

	y2	x	resid2r	rweight2
1.	5.37	-1.97	-.7403071	.94644465
2.	26.19	-1.85	19.84221	.
3.	5.93	-1.74	-.6354806	.96037073
4.	8.58	-1.36	1.262494	.8493384
5.	6.16	-1.07	-1.731421	.7257631
6.	9.8	-.69	1.156554	.87273631
7.	8.12	-.55	-.8005085	.93758391
8.	10.4	-.49	1.36075	.82606386
9.	9.35	-.42	.17222	.99712388
10.	11.16	.33	.4979582	.97581674
11.	11.4	.44	.5202664	.97360863
12.	13.26	.69	1.885513	.68048066
13.	10.88	.78	-.6725982	.95572833
14.	9.58	.79	-1.992389	.64644918
15.	12.41	1.26	-.0925257	.99913568
16.	14.14	1.27	1.617685	.75887073
17.	12.66	1.47	-.2581189	.99338589
18.	12.74	1.61	-.4551811	.97957817
19.	12.7	1.81	-.8909839	.92307041
20.	14.19	2.12	-.0144787	.99997651

接近于 0 的残差所产生的权数接近于 1，越大的残差得到越小的权数。案例 2 由于影响过大已经被自动地搁置一边，因为其 Cook 的 D 统计量已经大于 1 了，所以 **rreg** 分配给案例 2 的权数为"缺失"，于是这个案例对最终估计完全没有影响。要是用 **regress** 伴以分析权数的回归（结果略）会得到相同的最终估计，但是标准误或统计检验是不正确的：

. **regress** *y2 x* [**aweight** = *rweight2*]

要是用 **qreg** 做 *y2* 对 *x* 的回归，也能抵抗特异值的影响，并且比 **regress** 做得要更好,但是其表现不如 **rreg**。**qreg** 显得比 **rreg** 的效率低,并且就这个样本的系数估计距离真值 10 和 2 来说有点过大。

```
. qreg y2 x, nolog
```

```
Median regression                          Number of obs =        20
  Raw sum of deviations     56.68 (about 10.88)
  Min sum of deviations 36.20036            Pseudo R2      =    0.3613
```

y2	Coef.	Std. Err.	t	P>|t|	[95% Conf. Interval]	
x	1.821428	.4105945	4.44	0.000	.9588013	2.684055
_cons	10.115	.5088526	19.88	0.000	9.04594	11.18406

蒙特卡罗研究者也已经注意到,用 **qreg** 计算的标准误有时会低估计真正的样本之间的变异,尤其是当样本规模较小时。作为一种替换,Stata 提供了 **bsqreg** 命令,它与 **qreg** 完成同样的中位数或分位数回归,但运用自助法(bootstrapping,即数据再抽样)来估计标准误。选项 **rep( )** 控制重复的次数。它的默认设置是 **rep(20)**,这对于探测性工作已经足够了。在取得"最终"结论之前,我们可以多花点时间抽出 200 或更多的自助样本。**qreg** 和 **bsqreg** 拟合的是同样的模型。在下面的例子中,**bsqreg** 也取得了类似的标准误。到第 16 章时我们还会再谈自助法的话题。

```
. bsqreg y2 x, rep(50)
(fitting base model)
(bootstrapping .................................................)
```

```
Median regression, bootstrap(50) SEs       Number of obs =        20
  Raw sum of deviations     56.68 (about 10.88)
  Min sum of deviations 36.20036            Pseudo R2      =    0.3613
```

y2	Coef.	Std. Err.	t	P>|t|	[95% Conf. Interval]	
x	1.821428	.4056204	4.49	0.000	.9692515	2.673605
_cons	10.115	.4723573	21.41	0.000	9.122614	11.10739

X 上的特异值(杠杆作用)

rreg,qreg,bsqreg 都能较好地处理 y 上的特异值,除非具有异常 y 值的案例还同时具有异常的 x 值(也称杠杆作用,leverage)。在 *robust1.dta* 数据中的变量 $y3$ 和 $x3$ 提供了关于杠杆的极端例子。$y3$ 等于 $y2$,而 $x3$ 在案例 2 以外的所有案例上都等于 x,案例 2 的 $x3$ 为特异值从而使其具有很强的杠杆作用。

案例 2 有很强的杠杆作用,再加上它有非寻常的 $y3$ 值,两者结合起来导致其影响巨大:**regress** 和 **qreg** 都追随这个特异值,报告说"最佳拟合"线有负的斜率(图 9.3)。

```
. regress y3 x3
```

Source	SS	df	MS
Model	139.306724	1	139.306724
Residual	227.691018	18	12.649501
Total	366.997742	19	19.3156706

```
Number of obs =        20
F( 1,    18) =     11.01
Prob > F      =    0.0038
R-squared     =    0.3796
Adj R-squared =    0.3451
Root MSE      =    3.5566
```

y3	Coef.	Std. Err.	t	P>|t|	[95% Conf. Interval]
x3	−.6212248	.1871973	−3.32	0.004	−1.014512 −.227938
_cons	10.80931	.8063436	13.41	0.000	9.115244 12.50337

```
. predict yhat3o
. label variable yhat3o "OLS regression (regress)"

. qreg y3 x3, nolog
```

Median regression   Number of obs =   20
   Raw sum of deviations   56.68 (about 10.88)
   Min sum of deviations 56.19466   Pseudo R2   =   0.0086

y3	Coef.	Std. Err.	t	P>|t|	[95% Conf. Interval]
x3	−.6222217	.347103	−1.79	0.090	−1.351458 .1070146
_cons	11.36533	1.419214	8.01	0.000	8.383676 14.34699

```
. predict yhat3q
. label variable yhat3q "median regression (qreg)"

. rreg y3 x3, nolog
```

Robust regression   Number of obs =   19
                                      F(1,   17) =   63.01
                                      Prob > F   =   0.0000

y3	Coef.	Std. Err.	t	P>|t|	[95% Conf. Interval]
x3	1.979015	.2493146	7.94	0.000	1.453007 2.505023
_cons	10.00897	.3071265	32.59	0.000	9.360986 10.65695

```
. predict yhat3r
. label variable yhat3r "robust regression (rreg)"
. graph twoway scatter y3 x3
        || line yhat3o x3, clpattern(solid) sort
        || line yhat3r x3, clpattern(longdash) sort
        || line yhat3q x3, clpattern(shortdash) sort ,
    ytitle("y3 = 10 + 2*x + e3") legend(order(4 3 2) position(5)
        ring(0) cols(1) margin(sides)) ylabel(-30(10)30)
```

图 9.3

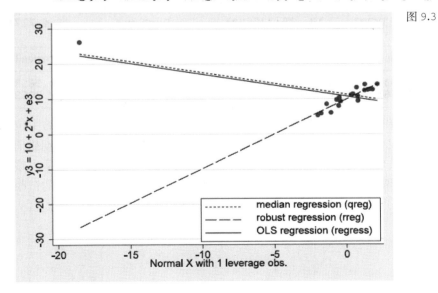

图 9.3 显示出，**regress** 和 **qreg** 对于杠杆作用（即 x 上特异值）并不稳健。然而，**rreg** 程序不仅削弱了较大残差案例的权重（这种功能本身并不能防护杠杆影响），而且还自动地将那些 Cook 的 D（影响）统计量大于 1 的案例搁置在外了。当我们将 y3 对 x3 回归时，这种情况就发生了。**rreg** 不再理睬这个最有影响的观测案例，在其他 19 个案例基础上求出了一条更加合理的正斜率的回归线。

将影响特大的案例置于不顾，就像 **rreg** 所为，提供了一种简单的但是并不十分安全的方式来处理杠杆作用。还存在着更综合的方法，称为有限影响回归（bounded-influence regression），也可以在 Stata 程序中执行。

图 9.2 和图 9.3 的例子只涉及了单一特异值，其实稳健程序可以处理更多特异值。如果有太多严重的特异值，或者有一组类似的特异值，可能会导致稳健程序中止。但是在这种场合，诊断用的标绘图常常值得加以注意，分析人员必须要问，拟合一个线性模型是否有意义。很可能值得去寻求一种明确的模型来解释什么导致这些特异值之所以特异。

蒙特卡罗试验（在第 16 章示范）确认，像 **rreg** 和 **qreg** 这样的估计方法应用于重尾（特异值倾向）但对称的误差分布时，通常能保持无偏，效率要优于 OLS 估计。下一节示范当误差为不对称分布时会产生什么结果。

不对称的误差分布

在数据 robust1.dta 中，变量 e4 呈偏态分布并含有特异值：e4 等于将 e1（标准正态变量）做 4 次方，然后调整为平均值为 0。这些偏态误差，加上与 x 之间的线性关系定义变量 y4 =10 +2x + e4。不管误差分布的形状如何，OLS 仍然是无偏估计。从趋向上看，其估计应该以真实参数值为中心。

```
. regress y4 x
```

Source	SS	df	MS
Model	155.870383	1	155.870383
Residual	402.341909	18	22.3523283
Total	558.212291	19	29.3795943

Number of obs =	20
F(1, 18) =	6.97
Prob > F =	0.0166
R-squared =	0.2792
Adj R-squared =	0.2392
Root MSE =	4.7278

y4	Coef.	Std. Err.	t	P>|t|	[95% Conf. Interval]	
x	2.208388	.8362862	2.64	0.017	.4514157	3.96536
_cons	9.975681	1.062046	9.39	0.000	7.744406	12.20696

但是大多数稳健估计却并不是这样。除非误差是对称的，用 **qreg** 拟合的中位线或用 **rreg** 拟合的双权（biweight）线在理论上并不与用 **regress** 估计的 y 期望值线相符。只要偏态误差只反映在分布中很小部分，那么 **rreg** 展示不出有偏。但是当整个分布都呈偏态时，比如像 e4 那样，**rreg** 就会集中在一侧削弱权数，导致 y 上的截距估计显著有偏。

```
. rreg y4 x, nolog
```

Robust regression

		Number of obs =	20
		F(1, 18) =	1319.29
		Prob > F =	0.0000

y4	Coef.	Std. Err.	t	P>|t|	[95% Conf. Interval]
x	1.952073	.0537435	36.32	0.000	1.839163 2.064984
_cons	7.476669	.0682518	109.55	0.000	7.333278 7.620061

在图 9.4 中,尽管 **rreg** 取得的 y 截距过低,其斜率却与 OLS 线和真实模型保持平行。其实,由于受特异值影响较少,**rreg** 的斜率(1.95)更接近于真实斜率(2),并且其标准误也比 **regress** 结果小得多。这就表明,在使用 **rreg** 或类似估计方法于偏态误差数据时要有所权衡:在 y 截距估计上存在有偏风险,但是回归系数估计可望无偏,并相对更精确。在许多研究场合,斜率比截距更有意义,因此这种得失是值得的。此外,稳健的 t 检验和 F 检验中并不需要假定正态误差,这与 OLS 估计中有所不同。

图 9.4

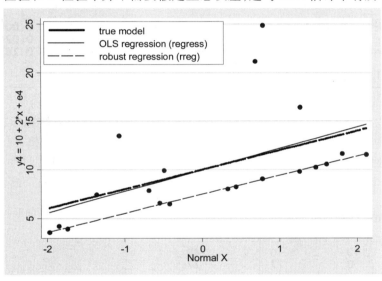

稳健的方差分析

一旦方差分析模型改用回归形式,**rreg** 还能用于稳健的方差分析或协方差分析。我们用某校教师工资数据 *faculty.dta* 来加以示范。

```
Contains data from c:\data\faculty.dta.
  obs:          226                     College faculty salaries
  vars:           6                     19 May 2008 20:00
  size:        3,842  (99.9% of memory free)
```

variable name	storage type	display format	value label	variable label
rank	byte	%8.0g	rank	Academic rank
gender	byte	%8.0g	sex	Gender (dummy variable)
female	byte	%8.0g		Gender (effect coded)
assoc	byte	%8.0g		Assoc Professor (effect coded)
full	byte	%8.0g		Full Professor (effect coded)
pay	float	%9.0g		Annual salary

教师工资是随职称而提高的。在这个数据中,男性有更高的平均工资水平。

`. table gender rank, contents(mean pay)`

Gender (dummy variable)	Academic rank		
	Assist	Assoc	Full
Male	29280	38622.22	52084.9
Female	28711.04	38019.05	47190

常规(OLS)的方差分析表明,职称 *rank* 与性别 *gender* 都对工资有显著影响。它们的交互并不显著。

`. anova pay rank gender rank*gender`

```
              Number of obs =      226    R-squared     =  0.7305
              Root MSE      = 5108.21    Adj R-squared =  0.7244
```

Source	Partial SS	df	MS	F	Prob > F
Model	1.5560e+10	5	3.1120e+09	119.26	0.0000
rank	7.6124e+09	2	3.8062e+09	145.87	0.0000
gender	127361829	1	127361829	4.88	0.0282
rank*gender	87997720.1	2	43998860.1	1.69	0.1876
Residual	5.7406e+09	220	26093824.5		
Total	2.1300e+10	225	94668810.3		

但是工资并不是正态分布,并且高级职称平均工资反映出可能有特异值影响,即有少数人工资极高。假如我们想要通过稳健的方差分析来检查这些结果,我们需要 *rank* 与 *gender* 的相应效应编码(effect-coding)变量,这一数据也已经包括了。

`. tabulate gender female`

Gender (dummy variable)	Gender (effect coded)		Total
	-1	1	
Male	149	0	149
Female	0	77	77
Total	149	77	226

`. tabulate rank assoc`

Academic rank	Assoc Professor (effect coded)			Total
	-1	0	1	
Assist	64	0	0	64
Assoc	0	0	105	105
Full	0	57	0	57
Total	64	57	105	226

`. tab rank full`

Academic rank	Full Professor (effect coded)			Total
	-1	0	1	
Assist	64	0	0	64
Assoc	0	105	0	105
Full	0	0	57	57
Total	64	105	57	226

如果 *faculty.dta* 中并没有这些效应编码变量(如 *female*,*assoc* 和 *full*),我们可以根据 *gender* 和 *rank* 的信息用一系列 **generate** 和 **replace** 命令来建立。另外,我们还需要建立两个交互项(interaction terms)来代表女性副教授和女性正教授:

. **generate** *femassoc = female*assoc*
. **generate** *femfull = female*full*

男性和助理教授在这个例子中都属于"省略类型"。现在我们就可以用回归来完成以前所做的方差分析了:

. **regress** *pay assoc full female femassoc femfull*

Source	SS	df	MS		
Model	1.5560e+10	5	3.1120e+09		
Residual	5.7406e+09	220	26093824.5		
Total	2.1300e+10	225	94668810.3		

Number of obs = 226
F(5, 220) = 119.26
Prob > F = 0.0000
R-squared = 0.7305
Adj R-squared = 0.7244
Root MSE = 5108.2

pay	Coef.	Std. Err.	t	P>|t|	[95% Conf. Interval]	
assoc	-663.8995	543.8499	-1.22	0.223	-1735.722	407.9229
full	10652.92	783.9227	13.59	0.000	9107.957	12197.88
female	-1011.174	457.6938	-2.21	0.028	-1913.199	-109.1483
femassoc	709.5864	543.8499	1.30	0.193	-362.236	1781.409
femfull	-1436.277	783.9227	-1.83	0.068	-2981.237	108.6819
_cons	38984.53	457.6938	85.18	0.000	38082.51	39886.56

. **test** *assoc full*

(1) **assoc = 0**
(2) **full = 0**

F(2, 220) = 145.87
Prob > F = 0.0000

. **test** *female*

(1) **female = 0**

F(1, 220) = 4.88
Prob > F = 0.0282

. **test** *femassoc femfull*

(1) **femassoc = 0**
(2) **femfull = 0**

F(2, 220) = 1.69
Prob > F = 0.1876

执行 **regress** 之后再执行适当的 **test** 命令就能取得与我们以前 **anova** 同样的 R^2 和 F 检验结果。这里回归预测值就等于平均工资。

. **predict** *predpay1*
(option xb assumed; fitted values)
. **label** variable *predpay1* "OLS predicted salary"
. **table** *gender rank*, contents(mean *predpay1*)

Gender (dummy variable)	Academic rank		
	Assist	Assoc	Full
Male	29280	38622.22	52084.9
Female	28711.04	38019.05	47190

预测值(即平均数)、R^2 和 F 检验的结果并不取决于我们在回归中省略了哪个类别,因为所谓的"省略类别",男性与助理教授,在回归并没有真的省略。它们的信息暗含于所包括的类别中:即如果一个教师不是女的,那么他就一定是男的,以此类推。

为了完成稳健的方差分析,就应用 **rreg** 于这个模型:

```
. rreg pay assoc full female femassoc femfull, nolog
```

Robust regression

```
                                        Number of obs =      226
                                        F(  5,   220) =   138.25
                                        Prob > F      =   0.0000
```

pay	Coef.	Std. Err.	t	P>|t|	[95% Conf.	Interval]
assoc	-315.6463	458.1588	-0.69	0.492	-1218.588	587.2956
full	9765.296	660.4048	14.79	0.000	8463.767	11066.83
female	-749.4949	385.5778	-1.94	0.053	-1509.394	10.40397
femassoc	197.7833	458.1588	0.43	0.666	-705.1587	1100.725
femfull	-913.348	660.4048	-1.38	0.168	-2214.878	388.1815
_cons	38331.87	385.5778	99.41	0.000	37571.97	39091.77

```
. test assoc full

 (1)   assoc = 0
 (2)   full = 0

       F(  2,   220) =    182.67
            Prob > F =      0.0000

. test female

 (1)   female = 0

       F(  1,   220) =      3.78
            Prob > F =      0.0532

. test femassoc femfull

 (1)   femassoc = 0
 (2)   femfull = 0

       F(  2,   220) =      1.16
            Prob > F =      0.3144
```

rreg 削弱了几个特异值的权数,主要是那些高薪的男性正教授。要看稳健平均数,就再次使用预测值:

```
. predict predpay2
(option xb assumed; fitted values)
. label variable predpay2 "Robust predicted salary"
. table gender rank, contents(mean predpay2)
```

Gender (dummy variable)	Academic rank		
	Assist	Assoc	Full
Male	28916.15	38567.93	49760.01
Female	28848.29	37464.51	46434.32

要是我们看稳健平均数,那么在助理教授和正教授内的男女差异显得较小,尽管并没有完全消失。但是,副教授内的性别差异却有少许扩大。

辅以效应编码和适当的交互项,**regress** 可以准确重现方差分析结果。**rreg** 也能完成类似的分析,但检验的是稳健平均数(而不是 **regress** 和 **anova** 用的常规平均数)

之间的差异。以类似的工作方式，qreg 提供了第三种可能来检验中位数之间的差异。为了比较，下面来进行教师工资分析的分位数回归：

```
. qreg pay assoc full female femassoc femfull, nolog
```

```
Median regression                               Number of obs =        226
  Raw sum of deviations 1738010 (about 37360)
  Min sum of deviations   798870               Pseudo R2     =     0.5404
```

pay	Coef.	Std. Err.	t	P>|t|	[95% Conf. Interval]	
assoc	-760	440.1693	-1.73	0.086	-1627.488	107.4881
full	10335	615.7735	16.78	0.000	9121.43	11548.57
female	-623.3333	365.1262	-1.71	0.089	-1342.926	96.25942
femassoc	-156.6667	440.1693	-0.36	0.722	-1024.155	710.8215
femfull	-691.6667	615.7735	-1.12	0.263	-1905.236	521.9032
_cons	38300	365.1262	104.90	0.000	37580.41	39019.59

```
. test assoc full

 (1)  assoc = 0
 (2)  full = 0

       F( 2,   220) = 208.94
           Prob > F =   0.0000

. test female

 (1)  female = 0

       F( 1,   220) =   2.91
           Prob > F =   0.0892

. test femassoc femfull

 (1)  femassoc = 0
 (2)  femfull = 0

       F( 2,   220) =   1.60
           Prob > F =   0.2039
. predict predpay3
(option xb assumed; fitted values)
. label variable predpay3 "Median predicted salary"
. table gender rank, contents(mean predpay3)
```

Gender (dummy variable)	Academic rank		
	Assist	Assoc	Full
Male	28500	38320	49950
Female	28950	36760	47320

由分位数回归得到的预测值与各交互分组中的中位工资数非常接近，因为我们可以直接核实：

```
. table gender rank, contents(median pay)
```

Gender (dummy variable)	Academic rank		
	Assist	Assoc	Full
Male	28500	38320	49950
Female	28950	36590	46530

于是，qreg 使我们像多因素方差分析或协方差分析那样来拟合模型，但是却通过

0.5 分位数或近似中位数的方式,而不是常规的平均数方式。在理论上,0.5 分位数和中位数是相同的。但是在实际中,分位数是用实际样本数值近似计算的,而当一个分组包括了偶数观测时,中位数却是通过位于最中间的两个值取平均值得到,所以,样本中的中位数和 0.5 分位数可能有点差别,但这种差别不至于影响到模型解释。

对 rreg 和 qreg 的更多应用

诊断统计与绘图(第 7 章)和非线性转换(第 8 章)扩展了稳健程序的用途,就像它们在常规回归时所做的那样。通过转换变量,rreg 或 qreg 也能拟合曲线回归模型。rreg 还能稳健地完成更简单的分析方法。要计算某一个变量平均数的 90% 置信区间,我们既可以键入通常置信区间的命令 ci:

. ci y, level(90)

也可以通过做没有 x 变量的回归来取得同样的平均数和置信区间:

. regress y, level(90)

同样,我们还能取得稳健平均数及其 90% 置信区间:

. rreg y, level(90)

qreg 也能以同样方式使用,但是要记住上节的提示,由 qreg 求出的 0.5 分位数可能与样本中位数有所不同。在以上这些命令中,选项 level( ) 指定所要求的置信度。如果我们省略这个选项,Stata 就会自动显示 95% 置信区间。

要想比较两组的平均数,典型的作法是应用双样本 t 检验(**ttest**)或单因素方差分析(**oneway** 或 **anova**)。如前所示,我们可以用回归来完成等价的检验(得到相同的 t 和 F 统计量)。比如,将测量变量对代表两种类别的虚拟变量(这里称为 *group*)回归:

. regress y group

需要这种检验的稳健版本,可以键入以下命令:

. rreg y group

在默认状态,**qreg** 所完成的是中位数回归,但是它实际上是一个更综合的工具。它并不只限于中位数(0.5 分位数),还能够对 y 的任意分位数来拟合线性模型。比如,以下命令就是分析 y 的第一四分位数(0.25 分位数)是如何随 x 变化的。

. qreg y x, quant(.25)

假如误差方差相同,那么 0.25 和 0.75 分位数线的斜率应该大体相同。因此,**qreg** 可以用于检验异方差性问题或种种非线性问题。

方差的稳健估计 -1

数据存在特异值倾向或非正态误差时,**rreg** 与 **qreg** 都比 OLS 方法(**regress** 或 **anova**)的效果好。然而,所有这些程序都共享同样的假定,即误差服从独立同分布。要是误差分布在不同 x 值上或不同案例之间有变化,那么由 **anova**,**regress**,**rreg** 以及 **qreg** 计算的标准误都可能会低估真正的样本与样本之间的变异,求出一个不切实际的狭窄的置信区间。

　　regress 和一些其他模型拟合命令(然而不包括 **rreg** 或 **qreg**)都有一个选项,可以不依赖于那些强硬的,有时是不合理的误差独立、同分布的假定,估计出标准误。这一选项应用了由 Huber,White 以及其他人分别独立推导出的一个方法,这一方法有时被称为方差的三明治估计(sandwich estimator)。一个人造数据(*robust2 .dta*)提供了我们的第一个例子。

```
Contains data from c:\data\robust2.dta
  obs:            500                       Robust regression examples 2
                                              (artificial data)
  vars:            12                       19 May 2008 19:59
  size:        26,500 (99.9% of memory free)
```

variable name	storage type	display format	value label	variable label
x	float	%9.0g		Standard normal x
e5	float	%9.0g		Standard normal errors
y5	float	%9.0g		y5 = 10 + 2*x + e5 (normal i.i.d. errors)
e6	float	%9.0g		Contaminated normal errors: 95% N(0,1), 5%(N(0,10)
y6	float	%9.0g		y6 = 10 + 2*x + e6 (Contaminated normal errors)
e7	float	%9.0g		Centered chi-square(1) errors
y7	float	%9.0g		y7 = 10 + 2*x + e7 (skewed errors)
e8	float	%9.0g		Normal errors, variance increases with x
y8	float	%9.0g		y8 = 10 + 2*x + e8 (heteroskedasticity)
group	byte	%9.0g		
e9	float	%9.0g		Normal errors, variance increases with x, mean & variance increase with cluster
y9	float	%9.0g		y9 = 10 + 2*x + e9 (heteroskedasticity & correlated errors)

　　当我们将 $y8$ 对 x 回归,就会得到显著的正斜率。然而,散点图却表明了异方差性的存在(图 9.5)。回归线周围的变异随着 x 加大。因为误差并不是在所有 x 值上相同分布,由 **regress** 输出的标准误、置信区间和统计检验都是靠不住的。**rreg** 或 **qreg** 也同样面对这个问题。

. regress *y8 x*

Source	SS	df	MS
Model	1607.35658	1	1607.35658
Residual	5975.19162	498	11.9983767
Total	7582.5482	499	15.1954874

```
Number of obs =      500
F(  1,   498) =   133.96
Prob > F      =   0.0000
R-squared     =   0.2120
Adj R-squared =   0.2104
Root MSE      =   3.4639
```

y8	Coef.	Std. Err.	t	P>|t|	[95% Conf. Interval]	
x	1.819032	.1571612	11.57	0.000	1.510251	2.127813
_cons	10.06642	.154919	64.98	0.000	9.762047	10.3708

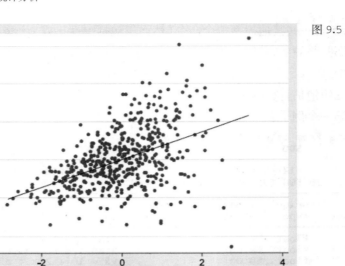

图 9.5

对这一 OLS 回归的更可信的标准误和置信区间可以用 **vce(robust)** 选项来得到:

. **regress y8 x, vce(robust)**

Linear regression

```
Number of obs =      500
F(  1,    498) =    83.80
Prob > F       =   0.0000
R-squared      =   0.2120
Root MSE       =   3.4639
```

y8	Coef.	Robust Std. Err.	t	P>|t|	[95% Conf. Interval]	
x	1.819032	.1987122	9.15	0.000	1.428614	2.209449
_cons	10.06642	.1561846	64.45	0.000	9.759561	10.37328

尽管拟合的模型未变,斜率的稳健标准误比前面的非稳健估计大了 27%(0.199 相对于 0.157)。用了 **vce(robust)** 选项后,回归不再输出通常的方差分析表,因为这些已经不再具有通常的解释意义。

这些稳健标准误估计背后的原理在《用户指南》中有所解释。简而言之,我们放弃了估计下列模型的真实总体参数(β)的经典目标:

$$Y_i = \beta_0 + \beta_1 x_i + \in_i$$

作为较低目标,我们追求单纯地估计出 b 系数在样本与样本之间变异性。如果我们可以抽出许多随机样本并且重复地应用 OLS 估计,最后可以计算出以下模型中的 b 值:

$$y_i = b_0 + b_1 x_i + e_i$$

我们并不假定这些 b 估计将收敛于某个"真实"的总体参数。所以,用稳健标准误形成的置信区间并不适用那种以特定概率(通过重复抽样)将总体参数包括在内的经典解释意义。相反,稳健置信区间有特定概率(通过重复抽样)将 b 包括在内,而 b 定义为样本 b 估计的收敛值。于是,我们有得有失,一方面放松了误差同分布的假定,另一方面只能满足于一个不那么深刻的结论。

方差的稳健估计 - 2

另一种稳健方差的选项 **vce(cluster clustervar)** 使我们能以一种有限的方式

放松误差独立的假定,这就是当误差在数据分组或类别之内相关的时候。数据 *attract.dta* 可以用于示范这种情况,它描述了一个大学生的社会实验。在这个实验中,51 名大学生被分别要求对一些不认识的男人和女人的照片进行魅力打分,尺度为从 1 到 10。这种打分依次由每个学生重复,给他们同样的照片但是随机改变照片的顺序。这个实验在晚间社会活动时进行了 4 次。变量 *ratemale* 是每个参加者在一次试验中对所有男人照片打分的平均数,*ratefem* 是对所有女人照片打分的平均数。*gender* 是打分者自己的性别,而 *bac* 是当时用呼吸分析仪测出打分者当时的血液酒精含量。

```
Contains data from c:\data\attract.dta
  obs:           204                          Perceived attractiveness and
                                                drinking (D. C. Hamilton 2003)
  vars:            8                          19 May 2008 19:59
  size:        6,324 (99.9% of memory free)

              storage   display    value
variable name   type    format     label      variable label

id             byte     %9.0g                 Participant number
gender         byte     %9.0g      sex        Participant gender (female)
bac            float    %9.0g                 Blood alchohol content
genbac         float    %9.0g                 gender*bac interaction
relstat        byte     %9.0g      rel        Relationship status (single)
drinkfrq       float    %9.0g                 Days drinking in previous week
ratefem        float    %9.0g                 Rated attractiveness of females
ratemale       float    %9.0g                 Rated attractiveness of males

Sorted by:  id
```

尽管这个数据包含了 204 个观测,但是它们只代表 51 个参加者。所以有理由认为扰动项(打分中未测量的影响)在每个人的几次重复试验中相关。将每个参加者的四次打分视为一个类群,应该有助于得到更符合实际的标准误估计。在回归命令中附加上选项 **vce(cluster id)**,如下所示,便能够取得贯穿由 *id*(即个人识别码)定义的类群的稳健标准误。

. **regress** *ratefem bac gender genbac*, vce(cluster id)

```
Linear regression                              Number of obs =      204
                                               F(  3,    50) =     7.75
                                               Prob > F      =   0.0002
                                               R-squared     =   0.1264
                                               Root MSE      =   1.1219

                           (Std. Err. adjusted for 51 clusters in id)
```

ratefem	Coef.	Robust Std. Err.	t	P>|t|	[95% Conf. Interval]	
bac	2.896741	.8543378	3.39	0.001	1.180753	4.612729
gender	-.7299888	.3383096	-2.16	0.036	-1.409504	-.0504741
genbac	.2080538	1.708146	0.12	0.904	-3.222859	3.638967
_cons	6.486767	.229689	28.24	0.000	6.025423	6.94811

血液酒精度(*bac*)存在显著的正效应:当 *bac* 升高时,对女人照片的魅力打分也会提高。性别(女性)存在负效应:相比男学生,女学生倾向于对女人照片的魅力分打得低(约低 0.73 分)。性别与血液酒精度的交互项 *genbac* 影响很小(0.21)。这一截距和斜率都受虚拟变量影响的回归模型的通用表达式为:

预测的 $ratefem = 6.49 + 2.90\,bac - 0.73\,gender + 0.21\,genbac$

亦可简化为对男生的预测(*gender* = 0),有:

预测的 $ratefem = 6.49 + 2.90\,bac - (0.73 \times 0) + (0.21 \times 0 \times bac)$

$$= 6.49 + 2.90\,bac$$

还可化为对女生的预测(gender =1),有:

$$预测的\ ratefem = 6.49 + 2.90 bac - (0.73 \times 1) + (0.21 \times 1 \times bac)$$
$$= 6.49 + 2.90 bac - 0.73 + 0.21 \times bac$$
$$= 5.76 + 3.11 bac$$

我们看到酒精对男生和女生的影响存在差别,对男生的影响(2.90)和对女生的影响(3.11)之间的差别来自于交互项系数0.21。

对男人照片的魅力打分受到血液酒精度的正影响。性别对男人照片打分有很大影响:女生倾向于给男人照片打出比男生高得多的分。在为男人照片打分时,性别和酒精度交互项的影响巨大(-4.36),尽管它并未达到0.05显著水平。

```
. regress ratemal bac gender genbac, vce(cluster id)
```

Linear regression

			Number of obs =	201
			F(3, 50) =	10.96
			Prob > F =	0.0000
			R-squared =	0.3516
			Root MSE =	1.3931

(Std. Err. adjusted for 51 clusters in id)

ratemale	Coef.	Robust Std. Err.	t	P>|t|	[95% Conf. Interval]	
bac	4.246042	2.261792	1.88	0.066	-.2969005	8.788985
gender	2.443216	.4529047	5.39	0.000	1.53353	3.352902
genbac	-4.364301	3.573689	-1.22	0.228	-11.54227	2.813663
_cons	3.628043	.2504253	14.49	0.000	3.125049	4.131037

男生对男人照片打分的回归方程可化为:

$$预测的\ ratemale = 3.63 + 4.25 bac + (2.44 \times 0) - (4.36 \times 0 \times bac)$$
$$= 3.63 + 4.25 bac$$

而女生对男人照片打分的回归方程可化为:

$$预测的\ ratemale = 3.63 + 4.25 bac + (2.44 \times 1) - (4.36 \times 1 \times bac)$$
$$= 6.07 - 0.11 bac$$

酒精对男生和女生的影响有很大差别,对男生的的影响较大(4.25),而对女生没什么影响(-0.11),这种差距正好等于交互效应系数 -4.36。在这个样本中,当打分者的血液酒精度提高时,男生对男人照片打的分迅速飙升,而女生在对男人照片打分时则很稳定。

图9.6将这些结果绘在一起。我们可以看到,酒精度对打分的正影响贯穿于所有子图中,只是当女生为男人打分时除外。这些图形还显示出其他的性别差异,包括男生有较高的血液酒精度测量值。

用 **regress** 加 **vce(robust)** 选项可以进行 OLS 回归并估计出稳健标准误,不要将这种方法与用 **rreg** 所做的稳健回归相混淆。尽管这两者的称呼很类似,但它们是两种并无联系的程序,而且解决的是不同的问题。

图 9.6

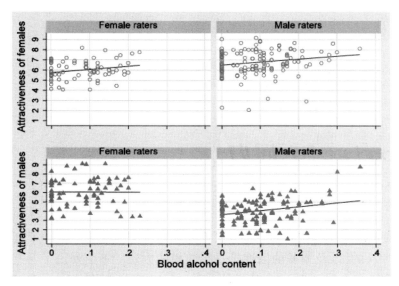

$\boldsymbol{10}$ $logistic$ 回归

第 5 章至第 9 章介绍的回归和方差分析方法都要求测量型因变量。Stata 还提供了一整套对分类的、序次的,以及删截的因变量进行建模的方法。下面列出了一些有关命令的清单。如需具体命令的更为详细的说明,键入 **help** 命令查询。Long 和 Freese (2006)提供了 Stata 对有限值因变量(limited dependent variables)进行分析的主要方法的极佳介绍;也可参见 Hosmer 和 Lemeshow(2000)。

asclogit	选项别条件 logit 回归(alternative-specific conditional logit)(即 McFadden 的选项模型)。
asmprobit	选项别多分类 probit 回归(alternative- specific multinomial probit regression)。
asroprobit	选项别排序 probit 回归(alternative- specific rank – ordered probit regression)。
bilogit	双变量 probit 回归(bivariate probit regression)。
binreg	二项回归(binomial regression)(为一般化线性模型)。
blogit	使用分组(或分块(blocked))数据的 logit 估计(logit estimation)。
bprobit	使用分组(或分块)数据的 probit 估计(probit estimation)。
clogit	条件固定效应 logistic 回归(conditional fixed-effects logistic regression)。
cloglog	互补双对数估计(complementary log-log estimation)。
cnreg	删截正态回归(censored-normal regression),它假定 y 服从高斯分布但在某一点(案例之间不同)处被删截。
constraint	定义、列出和取消线性约束条件。
dprobit	给出概率而非系数变化的 probit 回归。
exlogistic	精确 logistic 回归(exact logistic regression)。
glm	一般化线性模型(generalized linear models),包括了对 logistic,probit 或互补双对数等连接进行建模的选项。允许反应变量为二分变量或分组数据时表示比例的变量。
glogit	针对分组数据的 logit 回归。
gprobit	针对分组数据的 probit 回归。
heckprob	含选择的 probit 估计(probit estimation with selection)。
hetprob	异方差性的 probit 估计(heteroskedastic probit estimation)。
intreg	区间回归(interval regression),其中 y 是点数据、区间数据、左删截或右

删截数据。

ivprobit   带有连续型外生解释变量（continuous exogenous regressors）的 probit 回归。

logistic   logistic 回归（logistic regression），输出优势比（odds ratios）结果。

logit   logistic 回归，与 **logistic** 类似，但输出回归系数而非优势比。

mlogit   多项 logistic 回归（multinomial logistic regression），用于多分类的 y 变量。

nlogit   嵌套的 logit 估计（nested logit estimation）。

ologit   针对序次 y 变量的 logistic 回归（logistic regression with ordinal y variable）。

oprobit   针对序次 y 变量的 probit 回归（probit regression with ordinal y variable）。

probit   针对二分类 y 变量的 probit 回归。

rologit   针对排序（rankings）的等级排序的 logit 模型（rank-ordered logit model）（也称作 Plackett-Luce 模型、分解式 logit 模型（exploded logit model）或基于选择的联合分析（choice-based conjoint analysis））。

scobit   偏态 probit 估计（skewed probit estimation）。

slogit   构型 logistic 回归（stereotype logistic regression）。

svy : logit   使用调查数据的 logistic 回归。还有用于对调查数据进行分析的许多其他分类变量建模命令（见第 14 章）。

tobit   tobit 回归（tobit regression），它假定 y 服从高斯分布但在已知固定点处被删截（对于更一般的情况，参见 **help cnreg**）。

xtmelogit   含固定和随机效应的二分 logit 混合或多层模型。对第 15 章中将要介绍的这一强大的新命令的更多内容，请键入 **help xtmelogit** 进行查询。更多其他面板数据（panel-data）命令，请键入 **help xt** 查看有关清单。

    在所有模型拟合命令执行之后，都可以用 **predict** 命令来计算预测值或概率。**predict** 命令还可以取得适当的诊断统计量，比如，那些由 Hosmer 和 Lemeshow（Hosmer，2000）所介绍的适用于 logistic 回归的诊断统计。**predict** 的具体选项取决于刚刚拟合的模型类型。还有一个不同的拟合后续命令 **predictnl** 能取得非线性预测值及其置信区间（参见 **help predictnl**）。

    下一节将对其中的若干命令进行示范。针对分类或有限值因变量进行建模的不同方法可在下述不同菜单中找到：

Statistics > Binary outcomes   二分类结果

Statistics > Ordinal outcomes   序次结果

Statistics > Categorical outcomes   分类结果

Statistics > Generalized linear models   一般化线性模型

Statistics > Longitudinal/panel data   纵贯及面板数据

Statistics > Linear regression and related   线性回归及相关模型

Statistics > Multilevel mixed-effects models   多层混合效应模型

    在命令示范这一节之后，本章的其余部分集中介绍 logit 或 logistic 回归这一类重要方法。我们将逐步对适用于二分因变量、序次因变量和多分类因变量的基本 logit 模型进行介绍。

命令示范

. logistic y x1 x2 x3

对 $\{0,1\}$ 编码变量 y 执行 logistic 回归,自变量为 $x1$,$x2$,$x3$。自变量的影响是以优势比(odds ratio)形式输出的。一个紧密相关联的 logit 命令(参见 **help logit**)执行基本相同的分析,但输出的是对数发生比的回归系数。**logistic** 和 **logit** 所拟合的模型实际上是一样的,因此后续得到的预测值或诊断检验是一致的。

. estat gof

提供对所拟合的 logistic 模型的皮尔森卡方拟合优度检验(Pearson chi-squared goodness-of-fit test):用 $y=1$ 情况的观测频数对比期望频数,按协变量(covariate,即 x 变量)的模式定义交互单元。当 x 的模式数目很大时,我们可能想要根据其估计概率将它们分组。命令 **estat gof**,**group(10)** 将按 10 个大致等规模分组进行检验。

. estat classification

提供分类统计量和分类表。当分析重点在于分类时,命令 **estat classification**,**lroc**,**lsens**(见后面所述)都是尤为有用的。这些命令都引用前面刚刚拟合的 logistic 模型。

. lroc

画出接收器运行特征(receiver operating characteristic, ROC)的曲线制图,并计算这一曲线下的面积。

. lsens

分别绘制敏感性(sensitivity)和特异性(specificity)对概率分割点(probability cutoff)的图形。

. predict phat

创建一个新变量(这里任意命名为 $phat$),等于最近一次 **logistic** 模型基础上 $y=1$ 的预测概率。

. predict dX2, dx2

形成一个新变量(任意命名为 $dX2$),记录诊断统计量,测量相对于最近一次 **logistic** 分析的皮尔森卡方变化量。

. mlogit y x1 x2 x3, base(3) rrr nolog

将多分类变量 y 与 3 个 x 变量做多项 logistic 回归。选项 **base(3)** 指定 $y=3$ 这类作为比较的基准类别;选项 **rrr** 要求输出相对风险比(relative risk ratios)而不是回归系数;选项 **nolog** 取消了显示每次迭代过程中的对数似然值。

. predict P2, outcome(2)

新建一个变量(任意命名为 $P2$),基于最近一次 **mlogit** 分析,记录 $y=2$ 的预测概率。

```
. glm success x1 x2 x3, family(binomial trials) eform
```

通过一般化线性模型来执行 logistic 回归,并且使用的是列表数据而不是个体观测数据。变量 *success* 是所关注结果发生的频数,*trial* 是自变量 *x1*,*x2*,*x3* 每种组合下结果发生的频数。也就是说,*success/trial* 就是某一结果(比如"患者痊愈")发生次数所占的比例。选项 **eform** 要求输出优势比("取了指数后的形式"),而不是 logit 系数。

```
. cnreg y x1 x2 x3, censored(cen)
```

将测量变量 *y* 对 3 个 *x* 自变量做删截正态回归。如果一观测案例真实的 *y* 值由于左删截或右删截而未知,在这一回归中它就由离其删截处最近的一个 *y* 值来取代。删截变量 *cen* 是一个编码为｛-1,0,1｝的标识(indicator),编码值分别表示每个观测案例的 *y* 值是左删截、无删截,或是右删截的。

航天飞机数据

本章的主要例子是美国航天飞机前 25 次飞行的数据 *shuttle.dta*。这些数据包含的迹象表明,如果它们早些得到适当的分析,就可能说服美国航天署官员在 1985 年停止挑战者号的最后一次致命的飞行(即它的第 25 次航天飞行,派遣号为 STS 51-L)。这些数据来自于总统委员会对航天飞机挑战者号事故的报告(*Report of the Presidential Commission on the Space Shuttle Challenger Accident*,1986)以及 Tufte 的著作(1997)。Tufte 的书中包括了对数据与分析方面的卓越讨论。他关于航天飞行细节的评论也作为字符串变量包括在这些数据中。

```
Contains data from c:\data\shuttle.dta
  obs:           25                        First 25 space shuttle flights
  vars:           8                        21 May 2008 07:36
  size:       1,775 (99.9% of memory free)
```

variable name	storage type	display format	value label	variable label
flight	byte	%8.0g	flbl	Flight
month	byte	%8.0g		Month of launch
day	byte	%8.0g		Day of launch
year	int	%8.0g		Year of launch
distress	byte	%8.0g	dlbl	Thermal distress incidents
temp	byte	%8.0g		Joint temperature, degrees F
damage	byte	%9.0g		Damage severity index (Tufte 1997)
comments	str55	%55s		Comments (Tufte 1997)

```
. list flight-temp, sepby(year)
```

	flight	month	day	year	distress	temp
1.	STS-1	4	12	1981	none	66
2.	STS-2	11	12	1981	1 or 2	70
3.	STS-3	3	22	1982	none	69
4.	STS-4	6	27	1982	.	80
5.	STS-5	11	11	1982	none	68
6.	STS-6	4	4	1983	1 or 2	67
7.	STS-7	6	18	1983	none	72
8.	STS-8	8	30	1983	none	73
9.	STS-9	11	28	1983	none	70
10.	STS_41-B	2	3	1984	1 or 2	57
11.	STS_41-C	4	6	1984	3 plus	63
12.	STS_41-D	8	30	1984	3 plus	70
13.	STS_41-G	10	5	1984	none	78
14.	STS_51-A	11	8	1984	none	67
15.	STS_51-C	1	24	1985	3 plus	53
16.	STS_51-D	4	12	1985	3 plus	67
17.	STS_51-B	4	29	1985	3 plus	75
18.	STS_51-G	6	17	1985	3 plus	70
19.	STS_51-F	7	29	1985	1 or 2	81
20.	STS_51-I	8	27	1985	1 or 2	76
21.	STS_51-J	10	3	1985	none	79
22.	STS_61-A	10	30	1985	3 plus	75
23.	STS_61-B	11	26	1985	1 or 2	76
24.	STS_61-C	1	12	1986	3 plus	58
25.	STS_51-L	1	28	1986	.	31

本章考察了 *shuttle.dta* 数据中的 3 个变量:

distress　　　"热损事件(thermal distress incidents)"的数量,这些事件是因为热气泄漏或烧坏了这次航行助推火箭的结点密封。助推结点密封的烧穿使挑战者号陷入灾难。许多以前的航行也经历过不太严重的损坏,所以早就知道结点密封是危险的可能来源。

temp　　　在发射时间计算得到的结点温度,以华氏度为单位。温度在很大程度上受天气影响。橡胶的 O 型环密封的助推火箭结点在很冷时会变得僵硬。

date　　　日期,测量方法是从 1960 年 1 月 1 日(一个指定的起始点)起的消逝天数。*date* 是用 **mdy** 函数由发射的月、日、年(month-day-year)转换成的消逝天数(参见 **help dates**):

```
. generate date = mdy(month, day, year)
. format %td date
. label variable date "Date (days since 1/1/60}"
```

　　发射日期很重要,因为航天项目进程中的几个变化可能造成较大风险。助推火箭外层很薄以减少重量、增加有效载荷,于是结点密封就得能经受高压测试。此外,航天飞机回收再用也导致其各部分的老化。所以我们也许会问,助推结点损坏(一处或多处受损事件)的可能性是否随发射日期而增加?

　　distress 是一个包含有取值标签的数值型变量:

```
.  tabulate distress
```

Thermal distress incidents	Freq.	Percent	Cum.
none	9	39.13	39.13
1 or 2	6	26.09	65.22
3 plus	8	34.78	100.00
Total	23	100.00	

通常,**tabulate** 会显示标签,但是选项 **nolabel** 揭示出,数字码 0 = "无",1 = "1 次或 2 次",2 = "3 次及以上"。

```
.  tabulate distress, nolabel
```

Thermal distress incidents	Freq.	Percent	Cum.
0	9	39.13	39.13
1	6	26.09	65.22
2	8	34.78	100.00
Total	23	100.00	

我们可以用这些编码来新建一个虚拟变量 *any*,用 0 代表无损坏,1 代表有 1 处或多处损坏事件:

```
. generate any = distress
(2 missing values generated)
. replace any = 1 if distress == 2
(8 real changes made)
. label variable any "Any thermal distress"
```

要核实这些 **generate** 和 **replace** 命令都做了些什么,并确认缺失值得到了正确处理。

```
.  tabulate distress any, miss
```

Thermal distress incidents	Any thermal distress			Total
	0	1	.	
none	9	0	0	9
1 or 2	0	6	0	6
3 plus	0	8	0	8
.	0	0	2	2
Total	9	14	2	25

logistic 回归就 *any* 这种{0,1}二分因变量如何取决于一个或更多的 *x* 变量进行建模。命令 **logit** 与 **regress** 及大多数其他模型拟合命令相类似,都是将因变量列为第一个变量。

```
.  logit any date, coef
```

```
Iteration 0:     log likelihood = -15.394543
Iteration 1:     log likelihood =  -13.01923
Iteration 2:     log likelihood = -12.991146
Iteration 3:     log likelihood = -12.991096
Logistic regression                              Number of obs   =        23
                                                 LR chi2(1)      =      4.81
                                                 Prob > chi2     =    0.0283
Log likelihood = -12.991096                      Pseudo R2       =    0.1561
```

any	Coef.	Std. Err.	z	P>|z|	[95% Conf. Interval]	
date	.0020907	.0010703	1.95	0.051	-6.93e-06	.0041884
_cons	-18.13116	9.517217	-1.91	0.057	-36.78456	.5222396

logit 迭代估计程序将对数似然函数最大化,如输出表上方所示。在迭代开始(Iteration 0)时,对数似然值(log likelihood)反映了模型中只有截距时的拟合状况。而最后一个对数似然值则描述了最终模型的拟合状况:

$$L = -18.131\,16 + 0.002\,090\,7 date \qquad [10.1]$$

其中 L 代表损坏事件发生的 logit 预测值,或对数发生比(log odds):

$$L = \ln[P(any = 1) / P(any = 0)] \qquad [10.2]$$

输出表右上方的整体卡方检验(overall χ^2 test)对模型中除了截距外的所有系数都等于 0 这一虚无假设进行评价[1]:

$$\chi^2 = -2(\ln L_i - \ln L_f) \qquad [10.3]$$

其中 $\ln L_i$ 为初始或迭代 0 次时(即截距模型)的对数似然值,而 $\ln L_f$ 为最后一次迭代的对数似然值。这里:

$$\chi^2 = -2[-15.394\,543 - (-12.991\,096)]$$
$$= 4.81$$

这个更大的卡方值在对应 1 个自由度(即初始模型与最终模型的复杂性差别)时的概率已经足够小(0.028 3),以致本例的虚无假设遭到拒绝。结果表明,date 的确有显著的影响。

logit 结果输出中还提供了渐近 z(标准正态)统计量,这种检验更不准确,但却很方便。在只有一个预测变量时,该预测变量的 z 统计量与模型整体卡方统计量检验的是等价的假设,这类似于简单 OLS 回归情况下 t 检验和 F 检验的关系。与 OLS 不同的是,**logit** 的 z 近似和卡方检验有时并不吻合(这里就不同)。而卡方检验具有更一般的有效性。

与 Stata 其他最大似然估计程序一样,**logit** 的输出中提供了一个伪(pseudo)R^2:

$$伪 R^2 = 1 - \ln L_f / \ln L_i \qquad [10.4]$$

对于本例,

$$伪 R^2 = 1 - (-12.991\,096) / (-15.394\,543)$$
$$= 0.156\,1$$

尽管它提供了一个便捷方式来描述或比较针对同一因变量的不同模型的拟合状况,但伪 R^2 统计量缺乏 OLS 回归中真 R^2 那样直接明了地解释部分方差的意义。

在执行 **logit** 之后,**predict** 命令(不加任何选项)将取得预测概率:

---

1 该输出表中将整体似然比卡方标注为 LR chi2(1),括号之中数字为卡方分布的自由度。——译者注

$$Phat = 1/(1 + e^{-L}) \qquad\qquad [10.5]$$

对 *date* 进行作图,这些概率呈一条 S 形的 logistic 曲线。因为我们前面在定义变量 *date* 后设定了 **format % td date**,其数值被恰当地标注在图 10.1 中的横轴或时间轴上。

```
. predict Phat
(option pr assumed; Pr(any))
. label variable Phat "Predicted P(distress >= 1)"
. graph twoway connected Phat date, xtitle("Launch date") sort
```

图 10.1

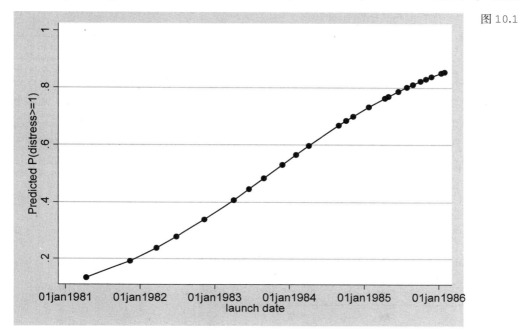

此 **logit** 例子中的系数(0.002 090 7)描述了 *date* 对热损事件发生的 logit[2] 或对数发生比的影响。天数的增加会使预测的热损事件对数发生比提高 0.002 090 7。等价地,我们也可以说,每增加一天会使预测的热损发生比是前一天的 $e^{0.002\,090\,7}$ = 1.002 092 9 倍,那么每 100 天热损发生比的变化倍数为 $(e^{0.002\,090\,7})^{100}$ =1.23 倍(这里 $e \approx 2.718\,28$,为自然对数的底数)。Stata 也可以进行这些计算,只需要调用每次估计之后保存的_b[*varname*]系数:

```
. display exp(_b[date])
1.0020929
```

```
. display exp(_b[date])^100
1.2325359
```

我们也可以简单地在 **logit** 命令行中加上选项 **or**(代表 odds ratio)。再一种替代方法是应用下一节要讲到的 **logistic** 命令来取得优势比。**logistic** 命令与 **logit** 在拟合模型上完全一样,但是其默认输出表提供优势比,而不是系数。

---

2 logit 为 logistic probability unit 的缩写,意即 logistic 概率单位。——译者注

使用 logistic 回归

这里我们用 logistic 命令来拟合前面用 logit 估计的同一回归模型:

. logistic *any date*

```
Logistic regression                          Number of obs   =        23
                                             LR chi2(1)      =      4.81
                                             Prob > chi2     =    0.0283
Log likelihood = -12.991096                  Pseudo R2       =    0.1561
```

any	Odds Ratio	Std. Err.	z	P>|z|	[95% Conf. Interval]	
date	1.002093	.0010725	1.95	0.051	.9999931	1.004197

注意,这里的对数似然值和卡方统计量都与前面的完全相同。logistic 不再提供系数(b),而是提供优势比(Odds Ratio,即 e^b)。logistic 输出的"Odds Ratio"一栏中的数字表示,该自变量每增加一个单位时,事件($y=1$)的发生比的变化倍数(如有其他自变量,则以其他自变量保持不变为条件)。

在拟合一个模型以后,我们能通过命令来取得分类表及有关的统计量:

. estat class

Logistic model for any

	True		
Classified	D	~D	Total
+	12	4	16
-	2	5	7
Total	14	9	23

```
Classified + if predicted Pr(D) >= .5
True D defined as any != 0
```

Sensitivity	Pr(+| D)	85.71%
Specificity	Pr(-|~D)	55.56%
Positive predictive value	Pr(D| +)	75.00%
Negative predictive value	Pr(~D| -)	71.43%
False + rate for true ~D	Pr(+|~D)	44.44%
False - rate for true D	Pr(-| D)	14.29%
False + rate for classified +	Pr(~D| +)	25.00%
False - rate for classified -	Pr(D| -)	28.57%
Correctly classified		73.91%

默认状态下,estat class 应用 0.5 的概率作为分割点(尽管我们可以加入 cut-off( )选项来改变这一设置)。分类表中的几种符号有以下含义:

D   一个观测中所关注的事件确实发生(即 $y=1$)。本例中,D 表示热损发生了。

~D   一个观测中所关注的事件没有发生(即 $y=0$)。本例中, ~D 表示本次航行没发生热损。

+   模型预测概率值大于等于分割点。由于我们使用了默认的分割点,这里的 + 表示模型预测的发生热损概率为 0.5 或更高。

−   预测概率值小于分割点。这里,−表示预测的热损概率小于 0.5。

于是,按照模型预测热损概率值至少在 0.5 以上的标准,有 12 次航行的分类是准确的,即损坏的确实际上发生了。另外的 5 次航行,模型预测概率小于 0.5,并且损坏并没有发生。因此总的分类正确率为 $12 + 5 = 17$ 再除以 23,即 73.91%。这个表还提供了一些条件概率,比如像敏感性(sensitivity),或在热损发生的情况下,预测概率大于等于 0.5 的案例所占的百分比(14 次中的 12 次,即 85.71%)。

在执行 **logistic** 或 **logit** 后,后续估计命令 **predict** 可以计算各种预测和诊断统计量。有关诊断统计量的说明请参见 Hosmer 和 Lemeshow(2000)。

predict *newvar*	预测 $y = 1$ 的概率
predict *newvar*, **xb**	线性预测(即预测的 $y = 1$ 的对数发生比)
predict *newvar*, **stdp**	线性预测的标准误
predict *newvar*, **dbeta**	ΔB 影响统计量,类似于 Cook 的 D 统计量
predict *newvar*, **deviance**	对第 j 个 x 模式的偏差度残差 d_j
predict *newvar*, **dx2**	皮尔森卡方变化量,记为 $\Delta\chi^2$ 或 $\Delta\chi_P^2$
predict *newvar*, **ddeviance**	偏差度卡方变化量,记为 ΔD 或 $\Delta\chi_D^2$
predict *newvar*, **hat**	对第 j 个 x 模式的杠杆作用 h_j
predict *newvar*, **number**	第 j 个 x 模式的分配数字,$j = 1,2,3,\cdots,J$
predict *newvar*, **resid**	第 j 个 x 模式的皮尔森残差 r_j
predict *newvar*, **rstandard**	标准化皮尔森残差
predict *newvar*, **score**	对数使然函数对 **Xb** 的一阶导数

用 **dbeta**、**dx2**、**ddeviance** 和 **hat** 等选项取得的统计量并不是测量个别观测影响的,这与常规回归的相应情形是一样的。不过,这些统计量测量了"协变模式(covariate patterns)"的影响,即如果将有 x 取值特定组合的所有案例排除后的影响。有关详细讨论参见 Hosmer 和 Lemeshow(2000)。本章的后面将会在使用中示范这些统计量。

是否助推结点温度也会影响损坏事件的概率呢?我们可以将 *temp* 作为第二个预测变量加入模型来对此进行研究。

```
. logistic any date temp
```

```
Logit estimates                               Number of obs   =       23
                                              LR chi2(2)      =     8.09
                                              Prob > chi2     =   0.0175
Log likelihood = -11.350748                   Pseudo R2       =   0.2627
```

any	Odds Ratio	Std. Err.	z	P>|z|	[95% Conf. Interval]	
date	1.00297	.0013675	2.17	0.030	1.000293	1.005653
temp	.8408309	.0987887	-1.48	0.140	.6678848	1.058561

纳入温度作为预测变量略微将正确分类的比率提高到了 78.26%。

```
. estat class
```

Logistic model for any

Classified	True		Total
	D	~D	
+	12	3	15
-	2	6	8
Total	14	9	23

```
Classified + if predicted Pr(D) >= .5
True D defined as any != 0
```

Sensitivity	Pr(+| D)	85.71%
Specificity	Pr(-|~D)	66.67%
Positive predictive value	Pr(D| +)	80.00%
Negative predictive value	Pr(~D| -)	75.00%
False + rate for true ~D	Pr(+|~D)	33.33%
False - rate for true D	Pr(-| D)	14.29%
False + rate for classified +	Pr(~D| +)	20.00%
False - rate for classified -	Pr(D| -)	25.00%
Correctly classified		78.26%

　　根据这个拟合模型,结点温度每 1 度的增量将使助推结点损坏发生比乘以 0.84(换句话说,温度每提高 1 度减少损坏发生比 16%)。尽管这种影响看起来很大,值得关注,渐近 z 检验却表明它统计上并不显著($z = -1.476$,$P = 0.140$)。然而,一个更具确定性的检验是进行似然比卡方检验。命令 **lrtest** 根据最大似然估计值来比较嵌套的模型。首先,估计出包括所有自变量的"完整(full)"模型,就像前面用 **logistic *any date temp*** 命令所做的那样。然后,再键入 **estimates store** 命令,并指定一个名称(比如 *full*)来识别这第一个模型:

. estimates store *full*

　　现在再估计一个简化模型(reduced model),只包括完整模型中自变量中的一部分(这种简化模型常被称为"嵌套"于完整模型)。最后,用命令 **lrtest *full*** 将此嵌套模型跟以前所存的 ***full*** 模型来进行检验。比如(加上 **quietly** 前缀来取消输出,因为已经看到过这一输出了):

. quietly logistic *any date*
. lrtest *full*

```
likelihood-ratio test                           LR chi2(1)  =      3.28
(Assumption: . nested in full)                  Prob > chi2 =    0.0701
```

　　这个 **lrtest** 命令将最近的(即指嵌套)模型跟以前由 **estimates store** 命令所存的模型进行检验。它应用一个适用于嵌套最大似然模型的一般性检验统计量:

$$\chi^2 = -2(\ln L_1 - \ln L_0) \qquad [10.6]$$

其中,$\ln L_0$ 是第一个模型(含所有 x 变量)的对数似然值,而 $\ln L_1$ 为第二个模型(含那些 x 变量的子集)的对数似然值。比较相应模型 0 和模型 1 得到的统计量,它服从卡方分布,自由度为这两个模型在复杂性上的差别(即被排除的 x 变量数)。键入 **help lrtest** 可以得到关于这个命令的更多说明,它其实还可以用于任何 Stata 的最大似然估计程序(**logit**,**mlogit**,**stcox** 或许多其他程序)。这个整体卡方统计量在 **logit** 或 **logistic** 时为例行输出(见公式[10.3]),是公式[10.6]的一个特例。

　　先前的 **lrtest** 例子完成了这个计算:

$$\chi^2 = -2[-12.991\ 096 - (-11.350\ 748)]$$
$$= 3.28$$

有 1 个自由度,相应的概率 $P = 0.070\ 1$,表明 *temp* 的影响在 $\alpha = 0.10$ 水平处是显著的。由于样本规模很小以及事关航天飞船安全的第二类错误的致命性后果,$\alpha = 0.10$ 似乎是一个比常规 $\alpha = 0.05$ 更谨慎的临界点。

条 件 效 应 标 绘 图

条件效应标绘图有助于理解 logistic 模型在概率方面意味着什么。这类标绘图背后的意图在于:绘制一条曲线来展示,当所有其他的 x 变量保持在如平均数、四分位数或极端值等选定取值处不变时,y 的模型预测值作为一个 x 变量的函数如何发生变化。比如,我们可以看到,当 *date* 保持在其第 25 个百分位数处不变时,热损事件的预测概率都是 *temp* 的函数。做到这点的方法之一就是使用 **summarize date, detail** 命令求出某一变量的第 25 个百分位数 **r(p25)**,然后在 **adjust** 命令中使用这一结果来新建一个变量 *Phat1* 表示预测概率:

```
. quietly logit any date temp
. summarize date, detail
. adjust date = `r(p25)', gen(Phat1) pr
```

通过 **summarize date,detail** 命令得到 *date* 的第 25 个百分位数值为 8 569,即 1983 年 6 月 18 日。采用类似的步骤,同样可以求出 *date* 被固定在其第 75 个百分位数值(即 **r(p75)**,其值为 9 341 或 1985 年 7 月 29 日)处时热损事件的预测概率。

```
. summarize date, detail
. adjust date = `r(p75)', gen(Phat2) pr
```

我们现在可以画出两种 *date* 取值水平下 *temp* 与热损事件的概率之间的关系了,如图 10.2 所示。使用带有许多垂直波段的中位数样条,命令 **graph twoway mspline, bands(50)** 得出了本图中的平滑曲线,近似于平滑 logistic 函数。

```
. graph twoway mspline Phat1 temp, bands(50)
       ||   mspline Phat2 temp, bands(50) lpattern(dash)
       ||   , ytitle("Probability of thermal distress")
     ylabel(0(.2)1, grid) xlabel(, grid)
        legend(label(1 "June 1983") label(2 "July 1985")
        rows(2) position(7) ring(0))
```

图 10.2

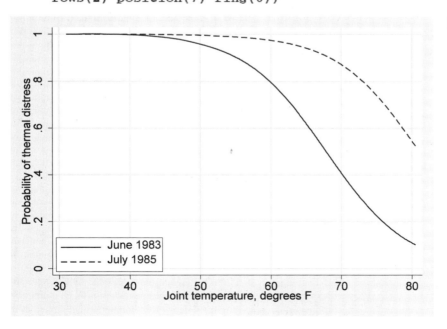

在初期的飞行($date=1983$ 年 6 月,左边的曲线)中,热损概率从约 80 ℉时的极低水平变为 50 ℉时的接近为 1。然而,在后来的航行($date=1985$ 年 7 月,右边的曲线)中,热损事件的概率甚至在很暖和的天气时就超过了 0.5,在 70 ℉以下的飞行时热损概率攀升到接近于 1。注意,挑战者号的起飞温度为 31 ℉,这将使它处于图 10.2 的左上方。

诊断统计量与标绘图

如前所述,用 **predict** 取得的 logistic 回归的影响及诊断统计量并不是针对个别观测案例的,这与第 7 章中所讲的 OLS 回归诊断的情况不同。相反,logistic 诊断是针对 x 模式而言的。然而,在航天飞机数据中,每一种 x 模式都是唯一的,即并不存在两次飞行具有同样的 $date$ 和 $temp$ 的情况(这是理所自然的,因为也不会有两驾航天飞机在同一天起飞)。在使用 **predict** 之前,我们将悄悄地重新拟合最近的模型,以确保该模型就是我们所考虑的模型:

```
. quietly logistic any date temp
. predict Phat3
(option p assumed; Pr(any))
. label variable Phat3 "Predicted probability"
. predict dX2, dx2
(2 missing values generated)
. label variable dX2 "Change in Pearson chi-squared"
. predict dB, dbeta
(2 missing values generated)
. label variable dB "Influence"
. predict dD, ddeviance
(2 missing values generated)
. label variable dD "Change in deviance"
```

Hosmer 和 Lemeshow(2000)推荐了有助于理解这些诊断统计量的标绘图。要画出皮尔森卡方变化对损坏事件概率(图 10.3)的图形,键入:

```
. graph twoway scatter dX2 Phat3
```

图 10.3

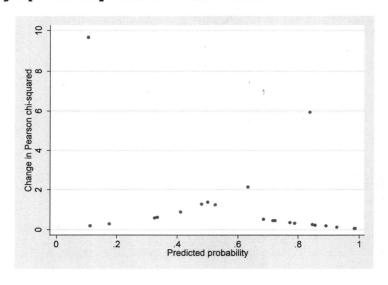

在图 10.3 的右上方和左上方,两个拟合欠佳的 x 模式突现出来。我们可以通过对散点添加标记标签(本例中,标签名称为该航班的飞行派遣号 $flight$)来区分出这些具有很大 $dX2$ 取值的飞行。图 10.4 中,添加了又一幅叠并的散点图,只有 $dX > 2$ 的那些飞行才被添加了标签(如果我们对每个数据点都添加标签的话,图的底部看起来将非常混乱)。

```
. graph twoway scatter dX2 Phat3
    || scatter dX2 Phat3 if dX2 > 2, mlabel(flight)
       mlabsize(medsmall)
    || , legend(off)
```

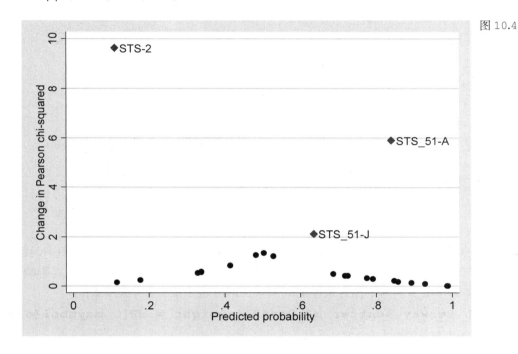

图 10.4

```
. list flight any date temp dX2 Phat3 if dX2 > 2
```

	flight	any	date	temp	dX2	Phat3
2.	STS-2	1	12nov1981	70	9.630337	.1091805
4.	STS-4	.	27jun1982	80	.	.0407113
14.	STS_51-A	0	08nov1984	67	5.899742	.8400974
21.	STS_51-J	0	03oct1985	79	2.124642	.6350927
25.	STS_51-L	.	28jan1986	31	.	.9999012

尽管起航稍晚且温度较冷,航班 STS 51-A 并没有发生热损(见图 10.2)。模型预测这次航班的损坏概率为 0.84。在图 10.4 中,所有沿着右曲线散布的观测点都没有发生热损事件($any = 0$)。在左升曲线($any = 1$)的上头,尽管属于较早航班并且起航时天气略微暖和,但航班 STS-2 还是发生了热损事件。模型预测其损坏概率只有 0.109。由于 Stata 将缺失值视为很大的数字,所以,在那些 $dX2 > 2$ 的航班中,它列出了两个缺失值航班,其中就包括挑战者号。

类似的发现还可以从 dD 与预测概率的标绘图中取得,如图 10.5 所示。同样,航班 STS-2(左上方)和航班 STS 51-A(右上方)因为拟合欠佳而被突现出来。图 10.5 示范了带标签散点图的一个变种。它没有像上图 10.4 那样将航班号置于相应散点记号附近,而是不显示散点记号,并将标签置于原先散点所在的位置上。

```
. graph twoway scatter dD Phat3, msymbol(i) mlabposition(0)
    mlabel(flight) mlabsize(small)
```

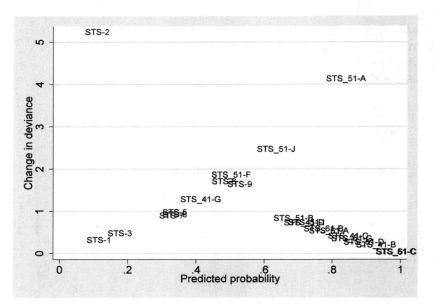

图 10.5

dB 测量了某一 x 模式在 logistic 回归中的影响。在 logistic 回归中,我们也能画出类似于图 7.7 那样的 OLS 标绘图(见第 7 章),使标绘记号的大小与其影响成比例,如图 10.6 所示。两个拟合最差的观测案例同时也是最有影响的案例。

```
. graph twoway scatter dD Phat3 [aweight = dB], msymbol(oh)
```

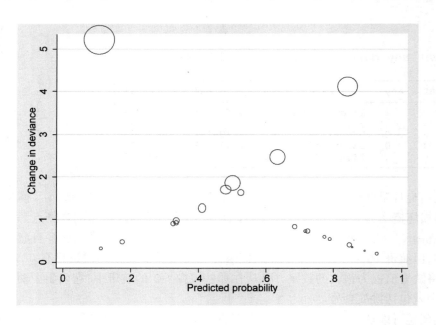

图 10.6

　　拟合欠佳而又有影响的观测最值得特别关注,因为它们既与数据的主要模式矛盾又将模型估计拉向与其相反的方向。当然,简单排除这些特异值可以取得对剩下数据"更好的拟合",但这是一种循环推理。思考得更缜密的反应也许是对这些特异值为什么会不同寻常进行研究。为什么是航班 STS-2 而不是航班 STS 51-A 发生了助推结点损坏?寻求答案也许会让研究人员考虑以前忽视的变量或者一个更好的模型。

对序次和多分类 y 的 logistic 回归

　　logit 和 **logistic** 只能对被编码成 0 和 1 的两类结果的变量来拟合模型。因此,我们需要其他的方法来拟合那些适用于 y 取值超过两个的模型。两个重要的可能选择就是序次和多项 logistic 回归。

ologit　　序次 logistic 回归(ordered logistic regression),其中 y 是序次变量。代表各类别的数值型取值并没有实质含义,更大的取值只是代表程度上的"更加"。比如,y 的类别可能是 {1 ="差",2 ="中",3 ="好"}。

mlogit　　多项 logistic 回归(multinomial logistic regression),其中 y 含有多个但并无序次的类别。比如,{1 ="民主党",2 ="共和党",3 ="未申报"}。

如果 y 为 {0,1} 的情况,那么 **logit**(或 **logistic**),**ologit** 和 **mlogit** 都会得到本质上一样的估计。

　　前面我们曾将三类结果的序次变量 *distress* 简化为二分变量 *any*,因为 **logit** 和 **logistic** 都要求 {0,1} 因变量。但是,**ologit** 就是设计出来对包含多于两个类别的序次变量进行分析的。回顾一下,*distress* 的结果分为 0 ="无"、1 ="1 或 2"、2 ="3 及以上"次助推结点受损事件。

　　序次 logistic 回归表明,*date* 和 *temp* 都影响 *distress*,并且与我们在前面二分 logit 分析中所看到的结果具有同样的符号(即 *date* 为正的,*temp* 为负的):

```
. ologit distress date temp, nolog

Ordered logistic regression                 Number of obs   =        23
                                            LR chi2(2)      =     12.32
                                            Prob > chi2     =    0.0021
Log likelihood =  -18.79706                 Pseudo R2       =    0.2468
```

distress	Coef.	Std. Err.	z	P>|z|	[95% Conf. Interval]	
date	.003286	.0012662	2.60	0.009	.0008043	.0057677
temp	-.1733752	.0334473	-2.08	0.038	-.336929	-.0098215
/cut1	16.42813	9.554813			-2.29896	35.15522
/cut2	18.12227	9.722293			-.9330729	37.17761

　　似然比检验要比输出的渐近 z 检验更为准确。首先,我们用 **estimates store** 将刚刚估计的完整模型(包含两个预测变量)结果保存到内存中。我们可以给这个模型指定任意具有描述性的名称,比如 *data_temp*。

. estimates store *date_temp*

然后,再来拟合一个不含 *temp* 的更简化的模型,将其结果以名称 *notemp* 保存起来,最后要求对简化模型 *notemp* 的拟合是否显著地有别于完整模型 *data_temp* 进行似然比检验：

```
. quietly ologit distress date
. estimates store notemp
. lrtest notemp date_temp

Likelihood-ratio test                        LR chi2(1)  =      6.12
(Assumption: notemp nested in date_temp)     Prob > chi2 =    0.0133
```

lrtest 输出中注明了它的假定，即模型 *notemp* 嵌套于模型 *data_temp* 中，意味着模型 *notemp* 中所估计的参数只是模型 *data_temp* 中所估计参数的一个子集，并且两个模型都是以相同观测案例集进行估计的（当数据包含缺失值时，情况可能有点微妙）。似然比检验表明，*notemp* 的拟合显著地更差。因为模型 *data_temp* 只是多了 *temp* 这个预测变量，所以似然比检验告诉我们，*temp* 的贡献是显著的。用类似的步骤也可以看到 *date* 也有显著影响。

```
. quietly ologit distress temp
. estimates store nodate
. lrtest nodate date_temp;

Likelihood-ratio test                        LR chi2(1)  =     10.33
(Assumption: nodate nested in date_temp)     Prob > chi2 =    0.0013
```

estimates store 和 **lrtest** 命令提供了比较嵌套的最大似然模型的灵活工具。键入 **help lrtest** 和 **help estimates** 查询详细内容及选项。

序次 logit 模型对每个观测案例估计一个作为 *date* 和 *temp* 的线性函数的分值 S：

$$S = 0.003\,286\,date - 0.173\,375\,2\,temp$$

预测概率取决于 S 的分值，再加上相对于估计的分割点（在 **logit** 的输出中，被显示为 cut1, cut2 等）的服从 logistic 分布的扰动 u：

$$P(distress = \text{“none”}) = P(S + u \leq cut1) = (1 + \exp(-cut1 + S))^{-1}$$

$$P(distress = \text{“1 or 2”}) = P(cut1 < S + u \leq cut2) = (1 + \exp(-cut2 + S))^{-1} - (1 + \exp(-cut1 + S))^{-1}$$

$$P(distress = \text{“3 plus”}) = P(cut2 < S + u) = 1 - (1 + \exp(-cut2 + S))^{-1}$$

在执行 **ologit** 以后，**predict** 为因变量的每个类别计算预测概率。我们给 **predict** 提供了这些概率的命名。比如，用 *none* 来表示无损坏发生（*distress* 的第一个类别）的概率，用 *onetwo* 来注明 1 或 2 个损坏事件（*distress* 的第二个类别）的概率，用 *threeplus* 来注明 3 及以上次事件（*distress* 的第三个也是最后一个类别）的概率：

```
. quietly ologit distress date temp
. predict none onetwo threeplus
(option p assumed; predicted probabilities)
```

这就新建了三个变量：

```
. describe none onetwo threeplus

              storage   display    value
variable name   type    format     label      variable label
-----------------------------------------------------------------
none           float    %9.0g                 Pr(distress==0)
onetwo         float    %9.0g                 Pr(distress==1)
threeplus      float    %9.0g                 Pr(distress==2)
```

挑战者号最后一次航班(即这些数据中的第 25 个)的预测概率令人不安:

`. list flight none onetwo threeplus if flight == 25`

	flight	none	onetwo	threep~s
25.	STS_51-L	.0000754	.0003346	.99959

基于对 23 个在挑战者号之前航班的分析,我们的模型预测挑战者号几乎不可能无助推结点损坏事件($P = 0.000\ 075$),发生 1 或 2 处损坏的概率只稍微大一点($P = 0.000\ 3$),但是发生 3 处及以上损坏事件实际上是确定性的($P = 0.999\ 6$)。

关于另一个基于调查数据分析的序次 logistic 回归的例子见本书第 14 章。对序次 logistic 回归以及有相关技术的更多讨论,请参见 Long(1997)或者 Hosmer 和 Lemeshow(2000)的著作。《基础参考手册》(Base Reference Manual)对 Stata 操作进行了说明。Long 和 Freese(2006)提供了集中于 Stata 的更多讨论,并将诸如 Brant 检验等一些有用的解释和事后估计命令做成了可获取的 ado 文件。如果想从网页上安装这些非官方的免费 ado 文件,请键入 **findt brant** 命令,并点击"网页资源(Web resources)"下的链接。

多项 logistic 回归

当因变量的类别并没有天然的顺序关系时,多项 logit 回归(multinomial logit regression)(也称作多类 logit 回归(polytomous logit regression))提供了恰当的工具。当 y 仅有两个类别时,**mlogit** 拟合的模型与 **logistic** 模型相同。然而,**mlogit** 模型实际上要更为复杂。本节提供一个扩展的例子来解释 **mlogit** 结果,所用数据来自于针对阿拉斯加西北极地自治区的高中生所进行的一项调查(数据集 NWarctic.dta 取自于 Hamilton 和 Seyfrit(1993)所进行的一项更大规模的研究)。

```
Contains data from C:\data\NWarctic.dta
  obs:             259                    NW Arctic high school students
                                          (Hamilton & Seyfrit 1993)
  vars:              3                    21 May 2008 07:57
  size:          3,626 (99.9% of memory free)

              storage   display    value
variable name   type    format     label      variable label

life           byte     %8.0g      migrate    Expect to live most of life?
ties           float    %9.0g                 Social ties to community scale
kotz           byte     %8.0g      kotz       Live in Kotzebue or smaller
                                              village?
```

变量 life 表明这些学生今后最愿意在什么地方长期生活,共区分 3 类:在本地区(西北极地),在阿拉斯加的其他地方,或在阿拉斯加以外:

`. tabulate life, plot`

```
Expect to
live most
 of life?        Freq.

     same          92  ***************************************
 other AK         120  ***************************************************
 leave AK          47  ********************

    Total         259
```

```
. tabulate life kotz, column chi2
```

Key
frequency
column percentage

Expect to live most of life?	Live in Kotzebue or smaller village? village	Kotzebue	Total
same	75 45.18	17 18.28	92 35.52
other AK	80 48.19	40 43.01	120 46.33
leave AK	11 6.63	36 38.71	47 18.15
Total	166 100.00	93 100.00	259 100.00

Pearson chi2(2) = 46.2992   Pr = 0.000

mlogit 能够复制这个简单的分析,尽管其似然比卡方并不正好与 **tabulate** 得到的皮尔森卡方相等。

```
. mlogit life kotz, nolog base(1) rrr
```

Multinomial logistic regression

Number of obs	=	259
LR chi2(2)	=	46.23
Prob > chi2	=	0.0000
Pseudo R2	=	0.0863

Log likelihood = -244.64465

life	RRR	Std. Err.	z	P>|z|	[95% Conf. Interval]
other AK kotz	2.205882	.7304664	2.39	0.017	1.152687 4.221369
leave AK kotz	14.4385	6.307555	6.11	0.000	6.132946 33.99188

(life==same is the base outcome)

base(1) 设定以 y 的第 1 类(即 *life* = "same")作为比较的基准结果。选项 **rrr** 指示 **mlogit** 显示相对风险比,它类似于 **logistic** 给出的优势比。

回过头来再看 **tabulate** 输出,我们可以计算出 Kotzebue 市的学生中赞成"离开阿拉斯加"相对于"留在原地"的发生比为:
$$P(leave\ AK)/P(same) = (36/93)/(17/93)$$
$$= 2.117\ 647\ 1$$
其他学生中赞成"离开阿拉斯加"相对于"留在原地"的发生比为:
$$P(leave\ AK)/P(same) = (11/166)/(75/166)$$
$$= 0.146\ 666\ 7$$
于是,Kotzebue 市的学生赞成"离开阿拉斯加"相对于"留在原地"的发生比是其他学生相应发生比的 14.438 5 倍:
$$2.117\ 647\ 1/0.146\ 666\ 7 = 14.438\ 5$$
这个倍数是两个发生比的比值,等于 **mlogit** 输出的相对风险比(14.438 5)。

　　总而言之,在其他条件相同的情况下,y 的第 j 个类别在预测变量 x_k 条件下的相对风险比等于一个特定倍数,使 $y = j$(相对于 $y = \text{base}$)的预测发生比乘以这个特定倍数后,得到相应 $x_k + 1$ 条件下的发生比。换句话说,相对风险比 rrr_{jk} 就是当只有 x_k 变化而其他所有 x 不变时发生比变化的倍数:

$$\text{rrr}_{jk} \times \frac{P(y = j \mid x_k)}{P(y = \text{base} \mid x_k)} = \frac{P(y = j \mid x_k + 1)}{P(y = \text{base} \mid x_k + 1)}$$

　　变量 $ties$ 是连续型测度,表示学生与家庭和社区之间的社会联系强度。接下来的模型将 $ties$ 作为又一个预测变量纳入。

```
. mlogit life kotz ties, nolog base(1) rrr
```

```
Multinomial logistic regression              Number of obs   =        259
                                             LR chi2(4)      =      91.96
                                             Prob > chi2     =     0.0000
Log likelihood = -221.77969                  Pseudo R2       =     0.1717
```

life	RRR	Std. Err.	z	P>|z|	[95% Conf. Interval]	
other AK						
kotz	2.214184	.7724996	2.28	0.023	1.117483	4.387193
ties	.4802486	.0799184	-4.41	0.000	.3465911	.6654492
leave AK						
kotz	14.84604	7.146824	5.60	0.000	5.778907	38.13955
ties	.230262	.059085	-5.72	0.000	.1392531	.38075

```
(life==same is the base outcome)
```

　　这里的渐近 z 检验表明,描述两个 x 变量影响的 4 个相对风险比都显著地区别于 1.0。如果一个 y 变量有 J 个类别,那么 **mlogit** 建模时为每个自变量(x)的影响计算 $J - 1$ 个相对风险比或系数,并因此进行 $J - 1$ 个 z 检验,以评价对应每个自变量的两个或更多单独的虚无假设。似然比检验用于评价每个自变量的整体影响(overall effect)。首先,我们将完整模型的结果保存下来,这里将其命名为 $full$:

```
. estimates store full
```

然后再排除一个 x 变量并拟合这一简化模型,同时进行似然比检验。比如,要检验自变量 $ties$ 的影响,我们重复做一下排除 $ties$ 情况下的回归:

```
. quietly mlogit life kotz
. estimates store no_ties
. lrtest no_ties full
```

```
likelihood-ratio test                        LR chi2(2)   =      45.73
(Assumption: no_ties nested in full)         Prob > chi2  =     0.0000
```

显然,$ties$ 的影响是显著的。接下来,我们再对变量 $kotz$ 的影响进行类似的检验:

```
. quietly mlogit life ties
. estimates store no_kotz
. lrtest no_kotz full
```

```
likelihood-ratio test                        LR chi2(2)   =      39.05
(Assumption: no_kotz nested in full)         Prob > chi2  =     0.0000
```

　　如果我们的数据包含缺失值,以上所示的三个 **mlogit** 命令可能就是对三个存在重叠的观测案例子集进行分析。完整模型只使用了在 *life*,*kotz*,*ties* 取值上都不含缺失的那些观测案例;只包含 *kotz* 的模型会将那些只在 *ties* 取值上存在缺失的观测案例放回到分析中;只包含 *ties* 的模型则会将只在 *kotz* 取值存在缺失的观测案例放回到分析中。当发生这种情况时,Stata 会返回一个错误信息说"observations differ."。这种情况下,似然比检验实际上是无效的。为了避免该问题,我们可以在建模命令中加入 **if** 选择条件来对观测案例进行筛选,比如,我们可以估计完整模型,并利用 e(sample)这个伪函数(pseudo-function)生成一个名为 *usethese* 的变量,该函数标明了哪些观测案例被用来估计完整模型,即在完整模型中的任何变量上均没有缺失值的那些观测案例。

```
. mlogit life kotz ties, nolog base(1) rrr
. estimates store full
. gen byte usethese = e(sample)

. quietly mlogit life kotz if usethese
. estimates store no_ties
. lrtest no_ties full

. quietly mlogit life ties if usethese
. estimates store no_kotz
. lrtest no_kotz full
```

或者干脆在分析之前就清除所有含缺失值的案例:

```
. keep if !missing(life, kotz, ties)
```

数据集 *NWarctic.dta* 已经按此方式做过筛选,观测案例均不含缺失值。

两个自变量 *kotz* 和 *ties* 都显著地预测了 *life*。那么,我们还能根据这一输出说些别的什么呢? 为了解释特定的影响,我们得记住 *life* = "same"(即留在本地)是基准结果。因此,相对风险比告诉我们:

- 学生中想迁往阿拉斯加别的地方相对于想留在本地的发生比上,Kotzebue 市的学生(即 *kotz* = 1)在调整了与社区联系强度影响后是其他学生的 2.21 倍(即提高了 121%)。
- 学生中想迁往阿拉斯加以外地方相对于想留在本地的发生比上,Kotzebue 市的学生(即 *kotz* = 1)在调整了与社区联系强度影响后是其他学生的 14.85 倍(即提高了 1 385%)。
- 学生中想迁往阿拉斯加别的地方相对于想留在本地的发生比上,在控制了现居住地类型(Kotzebue 市或其他村落)的影响以后,每一个单位的社会联系强度增量(由于变量 *ties* 已经标准化了,其单位等于标准差)将使这一发生比变化 0.48 倍(即降低 52%)。
- 学生中想离开阿拉斯加相对于想留在本地的发生比上,在控制了现居住地类型(Kotzebue 市或其他村落)的影响以后,每一个单位的社会联系强度增量将使这一发生比变化 0.23 倍(即降低 77%)。

predict 可以计算由 **mlogit** 模型取得的预测概率。选项 **outcome**(#)设定我们想要 *y* 的哪一个类别的概率。比如,要得到 *life* = "leave AK"(结果类别 3,即离开阿拉斯加)的预测概率:

```
. quietly mlogit life kotz ties

. predict PleaveAK, outcome(3)
(option p assumed; predicted probability)

. label variable PleaveAK "P(life = 3 | kotz, ties)"
```

按因变量的每一取值列出预测概率可以显示模型的拟合情况：

```
. table life, contents(mean PleaveAK) row
```

Expect to live most of life?	mean(PleaveAK)
same	.0811267
other AK	.1770225
leave AK	.3892264
Total	.1814672

这些学生中的少数人（47／259＝18％）期望离开阿拉斯加。即使对于那些实际已经选择期望离开这种答案的学生而言，这个模型计算得到的其平均概率也只有0.39。这反映出一个事实，即虽然我们的预测变量存在着很显著的影响，但迁移计划上的大部分变异仍未得到解释。

条件效应标绘图有助于直观地展示模型中连续自变量的影响。我们可以应用估计的系数（而不是风险比）来计算概率，并将它们画出来。

```
. mlogit life kotz ties, nolog base(1)
```

Multinomial logistic regression				Number of obs	=	259
				LR chi2(4)	=	91.96
				Prob > chi2	=	0.0000
Log likelihood = -221.77969				Pseudo R2	=	0.1717

life	Coef.	Std. Err.	z	P>|z|	[95% Conf. Interval]	
other AK						
kotz	.794884	.3488868	2.28	0.023	.1110784	1.47869
ties	-.7334513	.1664104	-4.41	0.000	-1.05961	-.407293
_cons	.206402	.1728053	1.19	0.232	-.1322902	.5450942
leave AK						
kotz	2.697733	.4813959	5.60	0.000	1.754215	3.641252
ties	-1.468537	.2565991	-5.72	0.000	-1.971462	-.9656124
_cons	-2.115025	.3758163	-5.63	0.000	-2.851611	-1.378439

```
(life==same is the base outcome)
```

以下命令计算预测的 logit 值，然后再计算制作条件效应图所需的概率。*L2villag* 代表居住于其他村落的学生的 *life* =2（即要去阿拉斯加其他地方）的预测 logit 值；*L3Kotz* 代表居住于 Kotzebue 市的学生的 *life* =3（即要离开阿拉斯加）的预测 logit 值；如此等等：

```
. generate L2villag = .206402 +.794884*0 -.7334513*ties

. generate L2kotz = .206402 +.794884*1 -.7334513*ties

. generate L3villag = -2.115025 +2.697733*0 -1.468537*ties

. generate L3kotz = -2.115025 +2.697733*1 -1.468537*ties
```

在拟合任何模型之后，我们可以获取其系数和标准误用于随后的表达式中。如果我们已经估计了一个简单的回归模型,预测变量 $kotz$ 的系数将被命名为_b[$kotz$]。对于诸如 **mlogit** 这样的多方程模型,系数的名称是类似的,但以一个区分其对应方程的数字开头。比如,[2]_b[$kotz$]指的是模型第二个($life=2$)方程中 $kotz$ 的系数。因此,我们也可以按以下方式来创建同样的预测 logit 值。$L2v$ 的值将与前面定义的 $L2villag$ 变量值相同,$L3k$ 的值与 $L3kotz$ 相同,如此等等:

```
. generate L2v = [2]_b[_cons] +[2]_b[kotz]*0 +[2]_b[ties]*ties
. generate L2k = [2]_b[_cons] +[2]_b[kotz]*1 +[2]_b[ties]*ties
. generate L3v = [3]_b[_cons] +[3]_b[kotz]*0 + [3]_b[ties]*ties
. generate L3k = [3]_b[_cons] +[3]_b[kotz]*1 + [3]_b[ties]*ties
```

然后,不论用哪一套 logit 值,我们接下来再计算出相应的预测概率:

```
. generate P1villag = 1/(1 +exp(L2villag) +exp(L3villag))
. label variable P1villag "same area"

. generate P2villag = exp(L2villag)/(1+exp(L2villag)+exp(L3villag))
. label variable P2villag "other Alaska"

. generate P3villag = exp(L3villag)/(1+exp(L2villag)+exp(L3villag))
. label variable P3villag "leave Alaska"

. generate P1kotz = 1/(1 +exp(L2kotz) +exp(L3kotz))
. label variable P1kotz "same area"

. generate P2kotz = exp(L2kotz)/(1 +exp(L2kotz) +exp(L3kotz))
. label variable P2kotz "other Alaska"

. generate P3kotz = exp(L3kotz)/(1 +exp(L2kotz) +exp(L3kotz))
. label variable P3kotz "leave Alaska"
```

图 10.7 和图 10.8 分别显示了其他村落和 Kotzebue 市学生的条件效应标绘图。

图 10.7

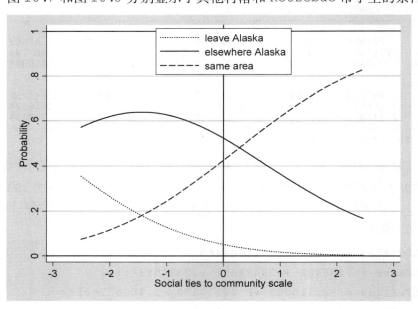

```
. graph twoway mspline P1villag ties, bands(50) lpattern(dash)

    || mspline P2villag ties, bands(50)

    || mspline P3villag ties, bands(50) lpattern(dot)

    || , xlabel(-3(1)3) ylabel(0(.2)1) yline(0 1) xline(0)
    legend(order(2 3 1) position(12) ring(0) label(1 "same area")
    label(2 "elsewhere Alaska") label(3 "leave Alaska") cols(1))
    ytitle("Probability")
```

图 10.7 画出了其他村落高中生中留在本地或者离开本地的概率情况。对于这些学生,社会联系(ties)会提高留在本地而不迁往阿拉斯加其他地方的概率。居住在这些村落的学生中期望离开阿拉斯加的人相对较少。

```
. graph twoway mspline P1kotz ties, bands(50) lpattern(dash)

    || mspline P2kotz ties, bands(50)

    || mspline P3kotz ties, bands(50) lpattern(dot)

    || , xlabel(-3(1)3) ylabel(0(.2)1) yline(0 1) xline(0)
    legend(order(3 2 1) position(12) ring(0) label(1 "same area")
    label(2 "elsewhere Alaska") label(3 "leave Alaska") cols(1))
    ytitle("Probability")
```

图 10.8

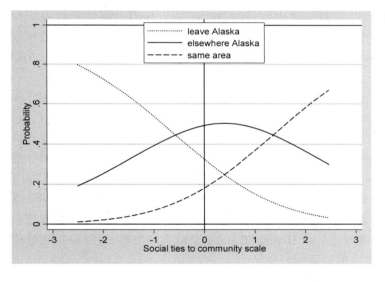

图 10.8 表明,在 Kotzebue 市的学生中,社会联系尤其对离开阿拉斯加而非只是迁往本州其他地方有显著影响。只有当他们觉得有很强的社会联系时才确实会使他们赞成留下来。

11 生存模型与事件计数模型

　　本章介绍的是分析事件(event)数据的方法。生存分析(survival analysis)包括好几种研究所关注事件在什么时间发生的相关技术。尽管所说的事件有好事、有坏事,但是按照习惯我们将事件称之为"失败(failure)"。于是,失败发生以前的时间就是"生存时间(survival time)"。生存分析在生物医学研究中十分重要,但是它也同样可以应用于像工程学到社会科学的其他领域。比如,可以建立一个关于失业者用多长时间才能找到工作的模型,或者关于人们在结婚前有多长时间未婚生活的模型。Stata 提供一系列的生存分析程序,本章只是示范了其中的几种。

　　我们还会简要地讨论泊松回归(Poisson regression)及其有关方法。这些方法并不关注生存时间,而是关注在特定时间段中事件的发生率或发生数。事件计数方法(event-count methods)包括泊松回归和负二项回归(negative binomial regression)。这些模型既可以用专门的命令来拟合,也可以通过一般化线性模型(generalized linear models,GLM)中提供的多种方法来拟合。

　　更多 Stata 的有关功能信息,请参阅《生存分析与流行病学梯度表参考手册》(*Survival Analsysis and Epidemiological Tables Reference Manual*)。键入 **help st** 也能得到在线总览。Selvin(1995)提供了关于生存分析和泊松回归很好的示范和介绍。本书也经过允许借用了好几个他的例子。其他一些对生存分析的很好的介绍还包括:Cleves 等(2008)的基于 Stata 软件的一本书,Rosner(1995)书中的一章,Hosmer、Lemeshow 和 May(2008)以及 Lee(1992)的综合性著作。McCullagh 和 Nelder(1989)描述了一般化线性模型。Long(1997)的书中有一章是关于计数数据回归模型(包括了泊松回归和负二项回归),并且还包含了对一般化线性模型的一些讨论。在 Hardin 和 Hilbe(2007)的书里,对一般化线性模型进行广泛的讨论,并且论及当前的使用。

　　Stata 菜单中与本章最有关的部分包括:

Statistics > Survival analysis	生存分析
Graphics > Survival analysis graphs	生存分析作图
Statistics > Count outcomes	计数结果
Statistics > Generalized linear models	一般化线性模型

　　关于流行病学梯度表的内容,并没有包括在本章中,有关信息可以通过 **help epitab** 获得,或者可以通过菜单取得咨询:

Statistics > Epidemiology and related	观测及流行病学分析

命令示范

大多数 Stata 生存分析（**st** *）命令都要求数据已经提前用 **stset** 命令（参见以下内容）设置为生存时间（survival-time）。**stset** 只需要运行一次，并且所得数据随后要进行存盘。

. stset *timevar*, failure(*failvar*)

识别单一记录（single-recorded）的生存时间数据。变量 *timevar* 提供了或是到某一特定事件（称为"失败（failure）"）发生前，或是到观测结束时（称为"删截（censoring）"）的消逝时间长度。变量 *failvar* 表明，相应 *timevar* 是以失败而结束（*failvar* = 1）还是以删截而结束（*failvar* = 0）。在这种数据中，一个观测对象只包含一条记录。在做任何进一步的 **st** * 命令之前，这一数据必须先要进行 **stset** 的处理。如果我们随后 **save**（存盘）这一数据，那么 **stset** 的定义将会同时被存盘。**stset** 创建的新变量 _st, _d, _t, 以及 _t0 包含了有关编码信息，它们在随后执行的 **st** * 命令时是必须具备的。

. stset *timevar*, failure(*failvar*) id(*patient*) enter(time *start*)

识别多记录（multiple-recorded）的生存时间数据。在此例中，变量 *timevar* 提供到失败发生、或是到删截时的消逝时间。变量 *failvar* 则表明，它是以失败（1）还是以删截（0）而结束。*patient* 是一个识别码。在此数据中，同一个观测对象可以有多于一条的记录，但是相应记录必须具有同样的识别码。*start* 记录了每一对象进入观测的起始时间。

. stdescribe

描述生存时间数据，列出由 **stset** 设置的定义以及这一数据的其他特征。

. stsum

取得概要统计：历险时间总数，发生率，对象的数量，以及生存时间的百分位数。

. ctset *time nfail ncensor nenter*, by(*ethnic sex*)

识别计数时间数据（count-time data）。变量 *time* 是时间的测量；*nfail* 则是在 *time* 中失败的发生次数。我们还定义了 *ncensor*（即在 *time* 中删截观测的个数）和 *nenter*（即进入 *time* 中的观测个数），尽管这两个变量为可有可无的选项。在这些数据中，*ethnic* 和 *sex* 都是其他定义观测的特征分类变量。

. cttost

将前面用 **ctset** 命令设置的计数时间再转换成为生存时间数据形式，以便可以用 **st** * 命令来进行分析。

. sts graph

画出 Kaplan-Meier 存活函数（Kaplan-Meier survivor function）。为了可视化地比较两个或多个存活函数，比如，对分类变量 *sex* 下不同性别作图，可在此命令中加上 **by**( )选项，如 **sts graph,by**(*sex*)。想要借助 Cox 回归对连续自变量如 *age*（年龄）的影响进行调整，可以使用 **adjustfor**( )选项，如 **sts graph,by**(*sex*) adjustfor(*age*)。注意:选项 **by( )** 和 **adjustfor( )** 在其他 **sts** 命令中也起类似的作用,比如在 **sts list**,**sts generate** 以及 **sts test** 命令中。

. sts list

列出 Kaplan-Meier 存活(或失败)函数。

. sts test *sex*

对 *sex* 的各类别的 Kaplan-Meier 存活函数进行等同性检验。

. sts generate *survfunc* **= S**

创建一个新的变量,任意指定变量名为 *survfunc*,用以存放估计的 Kaplan-Meier 存活函数。

. stcox *x1 x2 x3*

拟合一个 Cox 比例风险模型(Cox proportional hazard model),用失败之前的历险时间(time-to-failure)对连续或虚拟的自变量 *x1*,*x2*,*x3* 做回归。

. stcox *x1 x2 x3***, strata(***x4***) basechazard(***hazard***) vce(robust)**

拟合一个 Cox 比例风险模型,根据 *x4* 进行分层。将按组分别的基准累计风险函数(baseline cumulative hazard function)存为一个名为 *hazard* 的新变量(基准存活函数估计可以用选项 **basesur(***survive***)** 来取得)。**vce(robust)** 选项要求输出稳健标准误估计。参见第 9 章,或者参看《用户指南》中关于稳健标准误的更完全的解释。

. stphplot, by(*sex***)**

根据前面刚估计的 **stcox** 模型为分类变量 *sex* 的每个类别画出 $-\ln(-\ln(生存))$ 相对于 $\ln(时间)$ 的标绘图。要是取得了大致平行的曲线即表明支持了 Cox 模型关于风险比不随时间变化的假定。对 Cox 模型其他假定的检查可以使用命令 **stcoxkm**(比较 Cox 模型预测曲线和观测的 Kaplan-Meier 存活曲线)和 **estat phtest**(执行基于 Schoenfeld 残差的检验)。有关命令和选项的说明,参见 **help stcox**。

. streg *x1 x2***, dist(weibull)**

回归拟合 Weibull 分布模型(Weibull-distribution model),其中用失败前的历险时间对连续或虚拟的自变量 *x1* 和 *x2* 做回归。

. streg *x1 x2 x3 x4***, dist(exponential) vce(robust)**

这个命令拟合指数分布(exponential distribution)模型,其中用失败前的历险时间对连续或虚拟的自变量 *x1* 至 *x4* 做回归。它能够取得对异方差性的稳健标准误估计。除了 Weibull 模型和指数模型外,**streg** 中关于其他 **dist( )** 分布选项定义还包括对数正态分布(lognormal)、对数 logistic 分布(log-logistic)、Gompertz 分布或一般化 gamma 分布(generalized gamma)。更多信息请参阅 **help streg**。

. stcurve, survival

执行 **streg** 以后,画出相应模型在所有 *x* 变量的平均值上的生存函数。

. stcurve, cumhaz at(*x3=50, x4=0***)**

执行 **streg** 以后,画出相应模型在 *x1* 和 *x2* 的平均值上以及 *x3* 为 50 和 *x4* 为 0 时的累计风险函数。

. poisson count x1 x2 x3, irr exposure(x4)

将事件计数变量 *count*(假定其服从泊松分布)对连续或虚拟的自变量 *x1*, *x2*, *x3* 做泊松回归。选项 **irr** 可使自变量的影响以发生率比(incidence rate ratio)的形式提供。如果所有观测的暴露期并不相同的话,用选项 **exposure**( )指定一个表示暴露期数量的变量。注意:泊松模型假定,不管一个事件发生了多少次,每一观测的事件概率都保持不变。如果事件概率并不保持不变,我们就应该考虑换用 **nbreg**(负二项回归,negative binomial regression)或 **gnbreg**(一般化负二项回归)。

. glm count x1 x2 x3, link(log) family(poisson) lnoffset(x4) eform

完成与上述 **poisson** 例同样的回归,然而是作为一般化线性模型(GLM)中的一种模型。**glm** 可以拟合泊松模型、负二项模型、logit 模型以及许多其他类型的模型,取决于选项 **link**( ) 指定的连接函数(link function)类型和选项 **family**( ) 所指定使用的分布家族。

生存时间数据

生存时间数据包括:至少有一个变量测量每一观测对象在特定事件发生前所经历的时间。在有关文献中常常将所关注的事件统称为"失败",而不管其实际意义。当一个观测对象在数据收集结束时还未发生过事件时,就称这一观测为被"删截"了。命令 **stset** 为生存时间分析设置数据集,其任务是识别哪个变量用以测量时间,以及(如果必要)哪个变量表示观测是以失败或是删截为结束。这个数据还可以包括任意数量的其他测量变量或分类变量,一个观测对象(比如医疗中的患者)可以有多于一个的观测记录。

为了示范 **stset** 的使用,我们以 Selvin(1995:453)关于 51 位诊断为 HIV 病毒携带者的研究作为例子。这一数据最开始是采用粗数据(raw-data)格式的文件 *aids.raw*,其数据看起来是这样的:

1	1	1	34
2	17	1	42
3	37	0	47

(第4－50行被省略)

51	81	0	29

第 1 列值为案例号(1, 2, 3, …, 51)。第 2 列说明在该患者从诊断以后至出现 AIDS 症状或至此研究观测结束已经过了多少个月(1, 17, 37, …)。当这位患者出现了 AIDS 症状(即失败),那么第 3 列就取 1 值,要是这位患者在研究结束时尚未出现症状(即删截),那么第 3 列就取 0 值。最后一列报告了该患者在诊断时的年龄。

我们可以用 **infile** 命令将粗数据读入内存,然后再为这些变量制作标签,并存为 Stata 格式的文件 *aids1.dta*:

```
. infile case time aids age using aids.raw, clear
(51 observations read)
. label variable case "Case ID number"
. label variable time "Months since HIV diagnosis"
. label variable aids "Developed AIDS symptoms"
. label variable age "Age in years"
. label data "AIDS (Selvin 1995:453)"
. compress
case was float now byte
time was float now byte
aids was float now byte
age was float now byte
```

下一步是识别哪个变量测量时间、哪个变量表示失败或删截。尽管使用这种单一记录数据时并不必要,我们也可以注明哪个变量是每个案例的识别码(**id( )**)。在 **stset** 命令中,第一个提到的变量为测量时间的变量。然后,我们用 **failure( )** 来指定代表观测是失败(1)或是删截(0)的虚拟变量。执行 **stset** 以后,我们将数据做再次存盘以保留这些信息。

```
. stset time, failure(aids) id(case)

            id:  case
 failure event:  aids != 0 & aids < .
obs. time interval:  (time[_n-1], time]
 exit on or before:  failure


     51  total obs.
      0  exclusions

     51  obs. remaining, representing
     51  subjects
     25  failures in single failure-per-subject data
   3164  total analysis time at risk, at risk from t =          0
                       earliest observed entry t =          0
                          last observed exit t =         97

. save aids1
file c:\data\aids1.dta saved
```

命令 **stdescribe** 将输出一个关于我们生存时间数据结构的简要描述。在这个简单例子中,每个对象只有一条记录,因此输出中的一些信息并不需要。

```
. stdescribe

       failure _d:  aids
 analysis time _t:  time
              id:  case
```

Category	total	per subject mean	min	median	max
no. of subjects	51				
no. of records	51	1	1	1	1
(first) entry time		0	0	0	0
(final) exit time		62.03922	1	67	97
subjects with gap	0				
time on gap if gap	0	.	.	.	.
time at risk	3164	62.03922	1	67	97
failures	25	.4901961	0	0	1

命令 **stsum** 能够获取概要统计。在 3 164 个人月(person-month)中有 25 个失

败,于是得到发生率(incidence rate)为 25/3 164 = 0.007 901 4。由 Kaplan-Meier 存活函数(Kaplan-Meier survivor function,在后面讨论)可以推导出存活时间的百分位数。这一函数估计出,25% 的患者出现 AIDS 症状大约是诊断后 41 个月内,而 50% 的患者出现症状大约是在 81 个月内。在整个数据观测期间(共计 97 个月)出现 AIDS 症状的患者比例还不到 75%,所以没有给出第 75 百分位数。

```
. stsum
        failure _d:   aids
  analysis time _t:   time
               id:   case
```

	time at risk	incidence rate	no. of subjects	├─── Survival time ───┤ 25%	50%	75%
total	3164	.0079014	51	41	81	.

如果这个数据恰好包含一个分组或分类的变量,比如性别变量 sex(0 为男,1 为女),我们就可以用以下命令形式分别为每一类别取得概要统计:

```
. stsum, by(sex)
```

以后各节将更为规范地描述比较两个或多个分组之间存活时间的方法。

计数时间数据

像 aids1.dta 这样的生存时间(st)数据包含着关于个人或事物的信息,用变量表示出每一个体的失败或删截发生的时间。还有一种数据称为计数时间(ct)数据,它所包含的是汇总数据,变量描述的是在时间 t 时发生失败或删截的个体的计数。比如,diskdriv.dta 中包含了关于 25 只磁盘驱动器的假设检验信息。在 1 200 小时检验完成时,除了 5 只驱动器以外,其他全部驱动器都失败了。

```
Contains data from c:\data\diskdriv.dta
  obs:          6                        Count-time data on disk drives
  vars:         3                        23 May 2008 12:08
  size:        72 (99.9% of memory free)
```

variable name	storage type	display format	value label	variable label
hours	int	%8.0g		Hours of continuous operation
failures	byte	%8.0g		Number of failures observed
censored	byte	%9.0g		Number still working

```
. list
```

	hours	failures	censored
1.	200	2	0
2.	400	3	0
3.	600	4	0
4.	800	8	0
5.	1000	3	0
6.	1200	0	5

为了设置一个计数时间数据,我们需要按照顺序依次定义一个时间变量、一个失败计数变量以及一个删截计数变量。在执行 ctset 以后,用 cttost 命令自动地将我们的计数时间数据转换为生存时间格式。

```
. ctset hours failures censored

      dataset name:  c:\data\diskdriv.dta
              time:  hours
          no. fail:  failures
          no. lost:  censored
         no. enter:  --                      (meaning all enter at time 0)

. cttost

     failure event:  failures != 0 & failures < .
obs. time interval:  (0, hours]
exit on or before:  failure
            weight:  [fweight=w]
    _____

          6    total obs.
          0    exclusions
    _____

          6    physical obs. remaining, equal to
         25    weighted obs., representing
         20    failures in single record/single failure data
      19400    total analysis time at risk, at risk from t =             0
                                      earliest observed entry t =        0
                                         last observed exit t =       1200

. list
```

	hours	failures	censored	w	_st	_d	_t	_t0
1.	200	1	0	2	1	1	200	0
2.	400	1	0	3	1	1	400	0
3.	600	1	0	4	1	1	600	0
4.	800	1	0	8	1	1	800	0
5.	1000	1	0	3	1	1	1000	0
6.	1200	0	5	5	1	0	1200	0

```
. stdescribe

      failure _d:  failures
 analysis time _t:  hours
          weight:  [fweight=w]
```

	unweighted total	per subject			
		unweighted mean	min	unweighted median	max
Category					
no. of subjects	6				
no. of records	6	1	1	1	1
(first) entry time		0	0	0	0
(final) exit time		700	200	700	1200
subjects with gap	0				
time on gap if gap	0				
time at risk	4200	700	200	700	1200
failures	5	.8333333	0	1	1

命令 **cttost** 在其生存时间格式(**st-format**)的结果数据中定义了一套频数权数 w。**st** ∗ 命令能够自动地识别这些权数并在任何生存时间分析中加以使用,因此这一数据现在被视为包括 25 个观测(25 个硬盘驱动器)而不再是以前的 6 个观测(即 6 个时期)。

```
. stsum

      failure _d:  failures
 analysis time _t:  hours
          weight:  [fweight=w]
```

	time at risk	incidence rate	no. of subjects	Survival time		
				25%	50%	75%
total	19400	.0010309	25	600	800	1000

Kaplan-Meier 存活函数

令 n_t 代表在时期 t 开始时的尚未失败且尚未删截的观测案例数。令 d_t 代表在时期 t 内这些观测中发生的失败数。Kaplan-Meier 存活函数关于生存超过时间 t 的估计是在时间 t 与在此以前各时期生存概率的连乘积:

$$S(t) = \prod_{j=t0}^{t} \{ (n_j - d_j)/n_j \} \qquad [11.1]$$

比如,在上述的 AIDS 数据中,51 个患者中有一人在诊断之后只有一个月就产生了症状。这么早的时候还没有观测被删截,因此"存活"(其意义是不发展为 AIDS)超过 $time = 1$ 时的概率为:

$$S(1) = (51 - 1)/51 = 0.980\,4$$

第二个患者在 $time = 2$ 时产生症状,而第三个患者则是在 $time = 9$ 时,于是有:

$$S(2) = 0.980\,4 \times (50 - 1)/50 = 0.960\,8$$
$$S(9) = 0.960\,8 \times (49 - 1)/49 = 0.941\,2$$

将 $S(t)$ 按时间 t 所绘的图就是 Kaplan-Meier 存活曲线,就像图 11.1 所示。在 Stata 中用 **sts graph** 命令便可自动绘出这样的图形。比如:

```
. use aids, clear
(AIDS (Selvin 1995:453))

. sts graph

        failure _d:  aids
  analysis time _t:  time
               id:  case
```

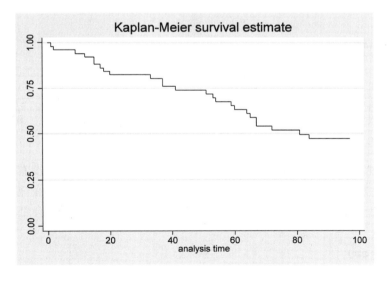

图 11.1

对于第二存活函数的例子,我们改用 $smoking1.dta$ 中的数据,这一数据改编自 Rosner(1995)的著作。数据观测共有 234 名以前的吸烟者,都要尝试戒烟。大多数都没有成功。变量 $days$ 记录了开始戒烟至恢复吸烟之间经历的天数。这个研究共持续了一年,用变量 $smoking$ 表示每个人在研究结束前是否恢复吸烟了($smoking = 1$ 代表

"失败",而 *smoking* = 0 代表"删截")。采用这套新数据,我们应当首先使用 **stset** 将这套数据转换为生存时间分析所需要的格式:

```
Contains data from c:\data\smoking1.dta
  obs:           234                          Smoking (Rosner 1995:607)
  vars:            8                          18 Jun 2008 13:43
  size:        4,680 (99.9% of memory free)

                 storage   display    value
variable name     type     format     label      variable label

id                int      %9.0g                 Case ID number
days              int      %9.0g                 Days abstinent
smoking           byte     %9.0g                 Resumed smoking
age               byte     %9.0g                 Age in years
sex               byte     %9.0g      sex        Sex (female)
cigs              byte     %9.0g                 Cigarettes per day
co                int      %9.0g                 Carbon monoxide x 10
minutes           int      %9.0g                 Minutes elapsed since last cig

Sorted by:


. stset days, failure(smoking)

       failure event:  smoking != 0 & smoking < .
  obs. time interval:  (0, days]
  exit on or before:  failure


       234  total obs.
         0  exclusions

       234  obs. remaining, representing
       201  failures in single record/single failure data
     18946  total analysis time at risk, at risk from t =          0
                              earliest observed entry t =          0
                                last observed exit t =          366
```

这一研究包括了 110 个男性和 124 个女性,两个性别的事件发生率显得很接近:

```
. stsum, by(sex)

          failure _d:  smoking
       analysis time _t:  days
```

sex	time at risk	incidence rate	no. of subjects	Survival time 25%	50%	75%
Male	8813	.0105526	110	4	15	68
Female	10133	.0106582	124	4	15	83
total	18946	.0106091	234	4	15	73

图 11.2 确认了这种相似性,可以看到男性和女性之间在存活函数上几乎没有什么差别。这就是说,两种性别在大约以同样的速率恢复吸烟。戒烟者的存活概率在戒烟后的前 30 天中下降非常迅速。不管是哪一性别,能够戒烟超过一整年的存活机会都不到 15%。

```
. sts graph, by(sex)
          failure _d:  smoking
       analysis time _t:  days
```

图 11.2

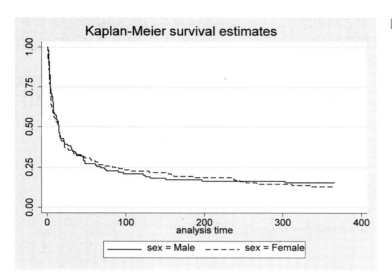

我们还可以使用对数秩检验(log-rank test)规范地检验存活函数的等同性。毫不奇怪,这一检验并没有发现男性与女性之间在重犯吸烟上有显著差别($P=0.677\,2$)。

```
. sts test sex

        failure _d:  smoking
  analysis time _t:  days
```

Log-rank test for equality of survivor functions

sex	Events observed	Events expected
Male	93	95.88
Female	108	105.12
Total	201	201.00

$$\text{chi2(1)} = 0.17$$
$$\text{Pr>chi2} = 0.6772$$

Cox 比例风险模型

回归方法可以让我们的生存分析更进一步地检查多元的连续或分类自变量的影响。一个广为应用的方法就是应用比例风险模型(proportional hazard model)的 Cox 回归。在时间 t 上的失败风险率(hazard rate for failure)定义为:

$$h(t) = \frac{\text{在时间 } t \text{ 和 } t+\Delta t \text{ 之间的失败概率}}{(\Delta t)(\text{时间 } t \text{ 以后的失败概率})} \quad [11.2]$$

我们将这个风险率建模为在时间 t 上的基准风险(baseline hazard,标为 h_0)和一个或多个 x 变量影响的函数:

$$h(t) = h_0(t)\exp(\beta_1 x_1 + \beta_2 x_2 + \cdots + \beta_k x_k) \quad [11.3a]$$

或者,等价地表达为:

$$\ln[h(t)] = \ln[h_0(t)] + \beta_1 x_1 + \beta_2 x_2 + \cdots + \beta_k x_k \quad [11.3b]$$

所谓“基准风险”指当一个观测的所有 x 变量都等于 0 时的风险。Cox 回归以非参数方式对这个风险做出估计,并且取得公式[11.3]中那些 β 参数的最大似然估计。Stata 的 **stcox** 程序通常是报告风险比(hazard ratio),它们就是 $\exp(\beta)$ 的估计。它们表示相对基准风险率而言的成比例变化。

年龄会不会影响 AIDS 症状的发生呢? 数据 *aids.dta* 包含了有助于回归这个问题的信息。请注意,**stcox** 命令与大多数其他 Stata 的模型拟合命令不同,我们只需要在这个命令中列出自变量即可。生存分析的因变量,包括时间变量以及删截变量,都是从 **stset** 数据中自动提取的。

```
. stcox age, nolog

        failure _d: aids
  analysis time _t: time
              id: case

Cox regression -- Breslow method for ties

No. of subjects =          51          Number of obs   =        51
No. of failures =          25
Time at risk    =        3164
                                        LR chi2(1)      =      5.00
Log likelihood  =   -86.576295          Prob > chi2     =    0.0254
```

_t	Haz. Ratio	Std. Err.	z	P>|z|	[95% Conf. Interval]	
age	1.084557	.0378623	2.33	0.020	1.01283	1.161363

我们可以通过参照年龄分别为 a 岁和 $a+1$ 岁的两名 HIV 阳性的人来解释估计出的风险比 1.084 557。它表明,年龄大 1 岁,那么在近期发生 AIDS 症状的风险就会提高 8.5%(即他们两人各自风险的比值为 1.084 557)。这个比值显著地($P=0.020$)区别于 1。如果我们想要按 5 岁年龄之差来陈述我们的发现,便可以将这一风险比做 5 次方:

```
. display exp(_b[age])^5
1.5005865
```

于是,如果第二个人比第一个人年龄大 5 岁的话,那么其 AIDS 发生的风险会比前者高出 50%。我们还可以换一种方式来取得同样的结果(并且还可以取得新的置信区间),就是先建立一个新版本的年龄变量,它以 5 岁为测量单位,然后再重新做一次回归。下列命令中的 **nolog noshow** 选项取消了迭代过程日志和生存数据描述的显示。

```
. generate age5 = age/5
. label variable age5 "age in 5-year units"
. stcox age5, nolog noshow

Cox regression -- Breslow method for ties

No. of subjects =          51          Number of obs   =        51
No. of failures =          25
Time at risk    =        3164
                                        LR chi2(1)      =      5.00
Log likelihood  =   -86.576295          Prob > chi2     =    0.0254
```

_t	Haz. Ratio	Std. Err.	z	P>|z|	[95% Conf. Interval]	
age5	1.500587	.2619305	2.33	0.020	1.065815	2.112711

与常规回归类似,Cox 模型也能包括多元的自变量。数据 *heart.dta* 中包含了 Selvin(1995)研究 35 位胆固醇水平极高的患者的生存时间数据。变量 *time* 提供了每一位患者的观察天数。*coronary* 则代表在这一时间结束时冠心病是否发作(*coro-*

nary = 1 为是, *coronary* = 0 为否)。这一数据中还包括了胆固醇水平和其他一些心脏病的影响因素。数据 *heart.dta* 以前已经由 **stset time, failure(*coronary*)** 命令设置为生存时间分析格式了,所以我们可以直接开始进行生存分析。

```
. describe patient - ab

                  storage   display      value
variable name     type      format       label       variable label

patient           byte      %9.0g                     Patient ID number
time              int       %9.0g                     Time in days
coronary          byte      %9.0g                     Coronary event (1) or none (0)
weight            int       %9.0g                     Weight in pounds
sbp               int       %9.0g                     Systolic blood pressure
chol              int       %9.0g                     Cholesterol level
cigs              byte      %9.0g                     Cigarettes smoked per day
ab                byte      %9.0g                     Type A (1) or B (0) personality

. stdescribe

        failure _d:  coronary
  analysis time _t:  time

                                             per subject
Category                  total     mean         min      median       max

no. of subjects             35
no. of records              35       1            1         1           1

(first) entry time                   0            0         0           0
(final) exit time                 2580.629      773        2875        3141

subjects with gap            0
time on gap if gap           0
time at risk             90322    2580.629      773        2875        3141

failures                     8      .2285714      0         0           1
```

Cox 回归发现,胆固醇水平(*chol*)和吸烟(*cigs*)都显著地提高了冠心病发作的风险。与直觉相违悖,体重(*weight*)却显得可以降低这种风险。血压(*sbp*)和 A／B 两种个性(*ab*)都没有显著的净效应。

```
. stcox weight sbp chol cigs ab, noshow nolog

Cox regression -- no ties

No. of subjects =          35            Number of obs    =          35
No. of failures =           8
Time at risk    =       90322
                                         LR chi2(5)       =       13.97
Log likelihood  =  -17.263231            Prob > chi2      =      0.0158

        _t  |  Haz. Ratio   Std. Err.      z     P>|z|     [95% Conf. Interval]

    weight  |   .9349336    .0305184    -2.06    0.039     .8769919    .9967034
       sbp  |  1.012947     .0338061     0.39    0.700     .9488087   1.081421
      chol  |  1.032142     .0139984     2.33    0.020    1.005067   1.059947
      cigs  |  1.203335     .1071031     2.08    0.038    1.010707   1.432676
        ab  |  3.04969      2.985616     1.14    0.255     .4476492  20.77655
```

进行模型估计之后,**stcox** 还能够建立新变量来保存估计的基准累计风险(base-line cumulative hazard)和存活函数(survivor function)。因为"基准"是指所有 *x* 变量等于 0 的情况,所以我们应当对所有变量进行对中(center)以便使它们的 0 值具有实际意义。一个患者如果要是体重为 0 磅或血压为 0,都不能提供一个有用的比较基准。参照我们数据中的实际最小值,我们可以对体重(*weight*)这个变量加以改变,使其 0 值实际代表 120 磅,并且将血压(*sbp*)的 0 值代表 105,将胆固醇水平(*chol*)的 0 值代表 340:

```
. summarize patient - ab
```

Variable	Obs	Mean	Std. Dev.	Min	Max
patient	35	18	10.24695	1	35
time	35	2580.629	616.0796	773	3141
coronary	35	.2285714	.426043	0	1
weight	35	170.0857	23.55516	120	225
sbp	35	129.7143	14.28403	104	154
chol	35	369.2857	51.32284	343	645
cigs	35	17.14286	13.07702	0	40
ab	35	.5142857	.5070926	0	1

```
. replace weight = weight - 120
(35 real changes made)
. replace sbp = sbp - 105
(35 real changes made)
. replace chol = chol - 340
(35 real changes made)
. summarize patient - ab
```

Variable	Obs	Mean	Std. Dev.	Min	Max
patient	35	18	10.24695	1	35
time	35	2580.629	616.0796	773	3141
coronary	35	.2285714	.426043	0	1
weight	35	50.08571	23.55516	0	105
sbp	35	24.71429	14.28403	-1	49
chol	35	29.28571	51.32284	3	305
cigs	35	17.14286	13.07702	0	40
ab	35	.5142857	.5070926	0	1

现在,所有 x 变量的 0 值就都有具有实际意义了。要建立新变量来分别保留基准存活估计和累计风险函数估计,我们就再做一次上述回归,但是在命令中加上**basesurv( )**和 **basechaz( )**选项:

```
. stcox weight sbp chol cigs ab, noshow nolog basesurv(survivor)
      basechaz(hazard)
```

Cox regression -- no ties

No. of subjects =	35		Number of obs =	35
No. of failures =	8			
Time at risk =	90322			
			LR chi2(5) =	13.97
Log likelihood =	-17.263231		Prob > chi2 =	0.0158

_t	Haz. Ratio	Std. Err.	z	P>|z|	[95% Conf. Interval]	
weight	.9349336	.0305184	-2.06	0.039	.8769919	.9967034
sbp	1.012947	.0338061	0.39	0.700	.9488087	1.081421
chol	1.032142	.0139984	2.33	0.020	1.005067	1.059947
cigs	1.203335	.1071031	2.08	0.038	1.010707	1.432676
ab	3.04969	2.985616	1.14	0.255	.4476492	20.77655

注意,那 3 个对中后的 x 变量并没有对风险比、标准误以及其他估计产生任何影响。这一命令建立了两个新变量,我们随意地将其命名为 $survivor$ 和 $hazard$。要想画出基准存活函数,我们以 $time$ 为横轴画出 $survivor$ 的标绘图,并且将数据点之间做阶梯状连线,如图 11.3 所示。

```
. graph twoway line survivor time, connect(stairstep) sort
```

图 11.3

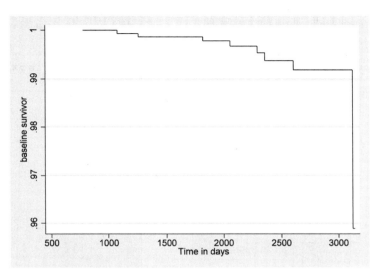

基准存活函数揭示了具有"0"体重(120 磅)、"0"血压(105)、"0"胆固醇水平值(340)、每天吸"0"支香烟的 B 类个性的患者的存活概率是随时间而降低的。尽管这一概率在最右侧表面看起来极迅速地下降,但是要注意,这一概率实际上只是从 1 下降到大约 0.96 而已。如果考虑自变量方面的不良影响,那么存活概率将下降得更快。

同一基准存活函数图也可以不用 **stcox** 命令而以另外的方式取得。替换方法取得的图 **11.4** 使用了 **sts graph** 命令加上 **adjustfor**( )的调整选项,并列上要调整的自变量名称:

. sts graph, adjustfor(*weight sbp chol cigs ab*)

```
        failure _d:  coronary
analysis time _t:  time
```

图 11.4

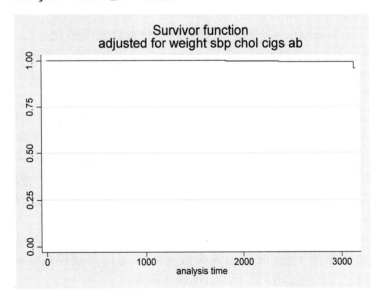

图 11.4 与图 11.3 不同,沿用了通常存活函数的刻度惯例,其纵坐标是从 0 到 1。除在刻度方面不同之外,图 11.3 和图 11.4 其实描画的是同一曲线。

图 11.5 利用我们由 **stcox** 命令建立的变量 *hazard* 画出了估计的基准累计风险

如何随时间而变化。这个图表明,基准累计风险有 8 个上升台阶(因为有 8 名患者"失败",即得了冠心病),从接近 0 的水平提高到 0.033。

```
. graph twoway connected hazard time, connect(stairstep) sort
    msymbol(Oh)
```

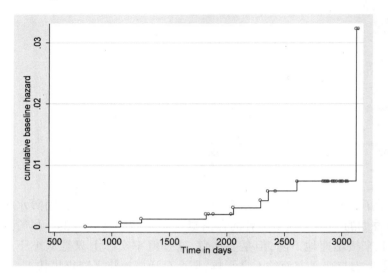

图 11.5

指数回归与 Weibull 回归

Cox 回归是按经验方式来估计基准存活函数,没有参照任何理论分布。另外还有几种"参数"模型是从假定存活时间服从于一种已知理论分布入手来进行估计的。可以应用的分布类型包括指数(exponential)分布、Weibull 分布、对数正态(lognormal)分布、对数 logistic(log-logistic)分布、Gompertz 分布以及一般化 gamma 分布。基于其中任何一种分布之上的模型都可以使用 **streg** 命令进行拟合。这些模型都有与 Cox 回归同样的一般形式(参见公式[11.2]和[11.3]),但是关于基准风险 $h_0(t)$ 的定义是不同的。本节将用两个例子来加以示范。

如果失败事件的发生是独立的,且风险固定不变,那么存活时间就服从指数分布,并且可以用**指数回归**(exponential regression)来进行分析。风险不变意味着所研究的个体并不会"老化",也就是说,他们在观察晚期的失败风险不会比其在观察早期的风险更高或更低。从长期而言,这一假定对于机械和生物都并不合理,但是如果观察期只涉及其生命周期中相对很小一段时,这种假定则大致可以成立。指数模型意味着,其存活函数的对数,即 $\ln(S(t))$,是 t 的线性函数。

第二种常用的参数方法是 Weibull **回归**,它的基础是更为一般性的 Weibull 分布。这种方法不要求失败率保持不变,而是允许失败率随时间均匀地提高或降低。Weibull 模型意味着,$\ln(-\ln(S(t)))$ 是 $\ln(t)$ 的线性函数。

图形可以提供关于指数模型或 Weibull 模型恰当性的诊断。比如,再用数据 *aids.dta*,我们先用 Kaplan-Meier 估计取得存活函数 $S(t)$,再制作出一个 $\ln(S(t))$ 对时间的图形(图 11.6)。图中的 y 轴标签规定为固定的两位数、内含一位小数格式(%2.1f),并且横向排列,以增进该图的可读性。

```
. sts gen S = S

. generate logS = ln(S)

. graph twoway scatter logS time,
     ylabel(-.8(.1)0, format(%2.1f) angle(horizontal))
```

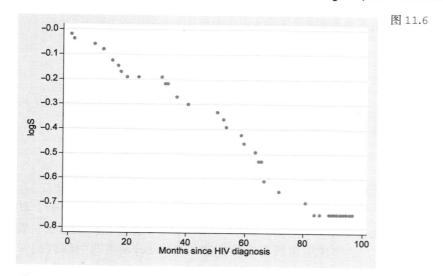

图 11.6

图 11.6 中的模式看起来大致是条直线,这鼓励我们先试一试指数回归:

```
. streg age, dist(exponential) nolog noshow
```

Exponential regression -- log relative-hazard form

No. of subjects =	51	Number of obs =	51
No. of failures =	25		
Time at risk =	3164		
		LR chi2(1) =	4.34
Log likelihood =	-59.996976	Prob > chi2 =	0.0372

_t	Haz. Ratio	Std. Err.	z	P>|z|	[95% Conf. Interval]
age	1.074414	.0349626	2.21	0.027	1.008028 1.145172

通过这一指数回归得到的风险比(1.074)和标准误(0.035)与我们以前用 Cox 回归的相应结果(1.085 和 0.038)并无太大差别。这种相似性反映出经验风险函数和指数模型所假定的固定风险的对应程度。根据这一指数模型,HIV 阳性的患者发展成AIDS 的风险每增加一岁便提高 7.4%。

执行 **streg** 命令以后,**stcurve** 命令可以画出这一模型的累计风险函数图,或存活函数图,或风险函数图。按照默认设置,**stcurve** 按模型中所有 x 变量取其平均数的条件下画出这些曲线图。我们也可以通过 **at( )** 选项来定义其他的 x 变量值。在数据 *aids.dta* 中,患者的年龄分布于 26 到 50 岁。我们可以通过以下命令来画出在 *age* = 26 岁时的存活函数曲线:

```
. stcurve, surviv at(age=26)
```

使用 **at1( )** 和 **at2( )** 选项还可以在图中提供更多信息,它可以同时显示出在不同 x 取值条件下的存活函数曲线,比如在最低年龄和最高年龄时的情况:

```
. stcurve, survival at1(age=26) at2(age=50)
```

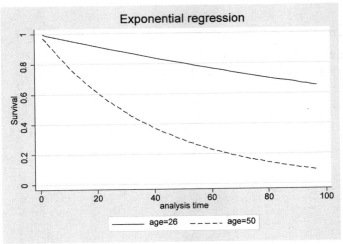

图 11.7

图 11.7 显示出,预测的存活曲线(从诊断出 HIV 到产生 AIDS 症状的转变)在年龄更大的患者中下降更快。在我们的指数回归输出表中 *age* 的风险比显著大于 1 其实表示的是同一情况,但是使用 **stcurve** 加上 **at1**( ) 和 **at2**( ) 选项值能够对这一效应提供更强大的可视化解释。这些选项在所有三种类型的 **stcurve** 制图中都以同样方式选用:

    stcurve, survival   存活函数

    stcurve, hazard   风险函数

    stcurve, cumhaz   累计风险函数

除了指数分布以外,**streg** 还可以拟合基于 Weibull 分布的存活模型。Weibull 分布在 $\ln(S(t))$ 对 t 的图中可能看起来更为曲线化,但是在 $\ln(-\ln(S(t)))$ 对 $\ln(t)$ 的图中应该是线性的,比如图 11.8 所示。而另一方面,指数分布在这两种图形中都显示为直线,并且在 $\ln(-\ln(S(t)))$ 对 $\ln(t)$ 的图中有斜率等于 1。实际上,图 11.8 中的数据点距离斜率为 1 的直线并不远,表明我们前面所做的指数模型就很不错。

```
. generate loglogS = ln(-ln(S))
. generate logtime = ln(time)
. graph twoway scatter loglogS logtime, ylabel(,angle(horizontal))
```

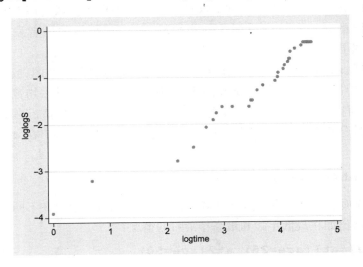

图 11.8

尽管我们在分析这个数据时并不需要像 Weibull 模型那样复杂,但为了示范,下面仍然提供了有关结果。

```
. streg age, dist(weibull) noshow nolog
```

Weibull regression -- log relative-hazard form

No. of subjects	=	51		Number of obs	=	51
No. of failures	=	25				
Time at risk	=	3164				
				LR chi2(1)	=	4.68
Log likelihood	=	-59.778257		Prob > chi2	=	0.0306

_t	Haz. Ratio	Std. Err.	z	P>|z|	[95% Conf. Interval]	
age	1.079477	.0363509	2.27	0.023	1.010531	1.153127
/ln_p	.1232638	.1820858	0.68	0.498	-.2336179	.4801454
p	1.131183	.2059723			.7916643	1.616309
1/p	.8840305	.1609694			.6186934	1.263162

Weibull 回归取得的风险比估计(1.079)处于我们前面的 Cox 回归和指数回归两者之间。与前面两个模型之间最值得注意的差别是在输出表下部新出现了三行结果。它们都是关于 Weibull 分布形状参数 p 的。$p=1$ 对应着指数模型,即风险不随时间变化。$p>1$ 表示风险随时间而增加;$p<1$ 表示风险随时间而减少。p 的95%置信区间为从0.79到1.62,所以在这里我们没有理由拒绝指数模型($p=1$)。Weibull 模型的参数化所关注 $\ln(p)$、p 或 $1/p$ 三个指标尽管看起来不同,然而在数学上却是等价的,所以 Stata 同时提供这三者。在执行 **streg, dist(weibull)** 以后,**stcurve** 可以绘出存活函数,或风险函数,或累计风险函数的曲线,就像在 **streg, dist(exponential)** 或其他 **streg** 模型后一样。

当存活时间实际上服从于指数分布或 Weibull 分布时,指数回归或 Weibull 回归才比 Cox 回归更为可取。当存活时间并不服从这两种分布时,相应这两种模型就是错误设置的,其结果也是误导性的。Cox 回归并不需要对分布形状做任何预先假定,因而它适用于更多的场合。

除了指数模型和 Weibull 模型以外,**streg** 还能拟合更多类型的模型,比如 Gompertz 模型、对数正态模型、对数 logistic 模型或一般化 gamma 分布模型。键入 **help streg** 或者参见《生存分析与流行病学梯度表参考手册》中有关命令以及当前选项的清单。

泊松回归

当事件独立发生且发生概率不变时,那么在给定的一段时期中发生事件的计数就服从于泊松分布(Poisson distribution)。令 r_j 代表发生率(incidence rate):

$$r_j = \frac{事件计数}{可能发生的事件数} \qquad [11.4]$$

公式[11.4]中分母的专业术语称为"暴露(exposure)",其测量单位常常是人年(person-year)。我们将发生率的对数建模为一个或多个自变量 x 的线性函数:

$$\ln(r_t) = \beta_0 + \beta_1 x_1 + \beta_2 x_2 + \cdots + \beta_k x_k \qquad [11.5a]$$

与此等价,这个模型也能描述期望事件计数的对数:

$$\ln(\text{期望计数}) = \ln(\text{暴露}) + \beta_0 + \beta_1 x_1 + \beta_2 x_2 + \cdots + \beta_k x_k \qquad [11.5b]$$

假定我们所关注的事件服从泊松过程,那么泊松回归能够求解这些 β 系数的最大似然估计。

奥克雷奇国家实验室关于辐射暴露和癌症死亡的研究数据提供了一个例子。数据 *oakridge.dta* 有 56 个观测案例,代表了 56 个年龄与辐射的交互分类(7 个年龄类别 ×8 个辐射类别)。对于每一种组合,我们都有相应的死亡数和暴露人年数。

```
Contains data from c:\data\oakridge.dta
  obs:           56                          Radiation (Selvin 1995:474)
  vars:           4                          23 May 2008 12:08
  size:         840 (99.9% of memory free)

              storage   display    value
variable name   type    format     label        variable label

age            byte    %9.0g      ageg         Age group
rad            byte    %9.0g                   Radiation exposure level
deaths         byte    %9.0g                   Number of deaths
pyears         float   %9.0g                   Person-years
```

```
. summarize

    Variable |      Obs        Mean     Std. Dev.      Min         Max

         age |       56           4     2.0181          1           7
         rad |       56         4.5     2.312024        1           8
      deaths |       56    1.839286     3.178203        0          16
      pyears |       56    3807.679     10455.91       23       71382
```

```
. list in 1/6

        age    rad    deaths    pyears

  1.   < 45     1       0        29901
  2.   45-49    1       1         6251
  3.   50-54    1       4         5251
  4.   55-59    1       3         4126
  5.   60-64    1       3         2778

  6.   65-69    1       1         1607
```

那么死亡率是不是随辐射暴露而增加呢? 泊松回归发现有统计上显著的影响:

```
. poisson deaths rad, nolog exposure(pyears) irr

Poisson regression                           Number of obs   =        56
                                             LR chi2(1)      =     14.87
                                             Prob > chi2     =    0.0001
Log likelihood = -169.7364                   Pseudo R2       =    0.0420
```

deaths	IRR	Std. Err.	z	P>|z|	[95% Conf. Interval]	
rad	1.236469	.0603551	4.35	0.000	1.123657	1.360606
pyears	(exposure)					

在上述回归中,我们定义死亡事件计数(*deaths*)为因变量,辐射(*rad*)为自变量。泊松回归的“暴露”变量是每个辐射类别的人年数 *pyears* 。命令选项 **irr** 要求在结果表中输出发生率比而不是输出回归系数,也就是说,我们直接取得的是 $\exp(\beta)$ 估计,而不是默认输出的 β 估计。根据这个发生率比(incidence rate ratio,输出表中为 IRR 列),当辐射每提高一个类别,死亡率就是原来的 1.236 倍(也就是提高了 23.6%)。尽管这个比值取得了统计显著性,但是模型拟合得并不很好,伪 R^2(参见公式

[10.4])只有0.042。

为了进行拟合优度检验,将泊松模型的预测结果与观测频数加以比较,使用后续命令 poisgof:

```
. poisgof

        Goodness-of-fit chi2  =   254.5475
        Prob > chi2(54)       =     0.0000
```

这些拟合优度检验结果($\chi^2 = 254.5$,$P < 0.00005$)表明,我们的模型预测与实际计数显著不同,从另一个角度再次说明这个模型拟合得不好。

当我们将年龄age作为第二个自变量纳入模型后,结果就好多了。于是,伪R^2提高到0.5966,并且拟合优度检验也不再拒绝我们的模型了。

```
. poisson deaths rad age, nolog exposure(pyears) irr
```

Poisson regression					Number of obs	=	56
					LR chi2(2)	=	211.41
					Prob > chi2	=	0.0000
Log likelihood = -71.4653					Pseudo R2	=	0.5966

deaths	IRR	Std. Err.	z	P>|z|	[95% Conf. Interval]	
rad	1.176673	.0593446	3.23	0.001	1.065924	1.298929
age	1.960034	.0997536	13.22	0.000	1.773955	2.165631
pyears	(exposure)					

```
. poisgof

        Goodness-of-fit chi2  =    58.00534
        Prob > chi2(53)       =     0.2960
```

为了简明,就此我们是将rad和age当作连续变量来处理的,并且期望它们对对数死亡率的影响是线性的。但是,实际上这两个自变量的测量都是序次类别。比如,rad = 1代表辐射暴露为0,rad = 2代表0~19毫西弗特,rad = 3代表20~39毫西弗特,如此等等。当我们寻找非线性关系时可以用另一种方法将暴露类别纳入回归,就是将它们作为一套虚拟变量。下面,我们用 tabulate 命令及其 gen( )选项来建立8个虚拟变量r1至r8,来代表rad的8种取值。

```
. tabulate rad, gen(r)
        Goodness-of-fit chi2  =    58.00534
        Prob > chi2(53)       =     0.2960

. tabulate rad, gen(r);
```

Radiation exposure level	Freq.	Percent	Cum.
1	7	12.50	12.50
2	7	12.50	25.00
3	7	12.50	37.50
4	7	12.50	50.00
5	7	12.50	62.50
6	7	12.50	75.00
7	7	12.50	87.50
8	7	12.50	100.00
Total	56	100.00	

```
. describe

Contains data from c:\data\oakridge.dta
   obs:            56                    Radiation (Selvin 1995:474)
   vars:           12                    23 May 2008 12:08
   size:        1,288 (99.9% of memory free)

                 storage   display   value
variable name    type      format    label     variable label

age              byte      %9.0g     ageg      Age group
rad              byte      %9.0g               Radiation exposure level
deaths           byte      %9.0g               Number of deaths
pyears           float     %9.0g               Person-years
r1               byte      %8.0g               rad== 1.0000
r2               byte      %8.0g               rad== 2.0000
r3               byte      %8.0g               rad== 3.0000
r4               byte      %8.0g               rad== 4.0000
r5               byte      %8.0g               rad== 5.0000
r6               byte      %8.0g               rad== 6.0000
r7               byte      %8.0g               rad== 7.0000
r8               byte      %8.0g               rad== 8.0000

Sorted by:
    Note:  dataset has changed since last saved
```

现在我们将这些虚拟变量中的 7 个作为回归自变量(省略了其中 1 个以避免多元共线性)。这一虚拟变量模型额外的复杂性对拟合并没有什么改进,但是,它的确增加了我们的解释。可以看到,辐射对死亡率的总影响主要是来自于最高的两类辐射水平($r7$ 和 $r8$,分别对应着 $100 \sim 119$ 和 120 及以上毫西弗特两类)。在辐射为这样高水平的组类,死亡率会是无辐射类别的 4 倍之高。

```
. poisson deaths r2-r8 age, nolog exposure(pyears) irr

Poisson regression                          Number of obs  =        56
                                            LR chi2(8)     =    215.44
                                            Prob > chi2    =    0.0000
Log likelihood = -69.451814                 Pseudo R2      =    0.6080
```

deaths	IRR	Std. Err.	z	P>|z|	[95% Conf. Interval]	
r2	1.473591	.426898	1.34	0.181	.8351884	2.599975
r3	1.630688	.6659257	1.20	0.231	.732428	3.630587
r4	2.375967	1.088835	1.89	0.059	.9677429	5.833389
r5	.7278113	.7518255	-0.31	0.758	.0961018	5.511957
r6	1.168477	1.20691	0.15	0.880	.1543195	8.847472
r7	4.433729	3.337738	1.98	0.048	1.013863	19.38915
r8	3.89188	1.640978	3.22	0.001	1.703168	8.893267
age	1.961907	.1000652	13.21	0.000	1.775267	2.168169
pyears	(exposure)					

辐射水平 7 和 8 似乎有类似的效应,所以我们可以考虑将它们合并以简化这个模型。首先,我们检验它们的系数是否显著不同。结果它们的差异并不大:

```
. test r7 = r8

 ( 1)  [deaths]r7 - [deaths]r8 = 0

       chi2( 1) =     0.03
       Prob > chi2 =   0.8676
```

然后,再建立一个新的虚拟变量 $r78$,如果 $r7$ 和 $r8$ 两者之中有一个取值为 1 时它就等于 1:

```
. generate r78 = (r7 | r8)
```

最后,在模型中用这个新自变量取代 $r7$ 和 $r8$:

```
. poisson deaths r2-r6 r78 age, irr ex(pyears) nolog
```

```
Poisson regression                              Number of obs   =          56
                                                LR chi2(7)      =      215.41
                                                Prob > chi2     =      0.0000
Log likelihood = -69.465332                     Pseudo R2       =      0.6079
```

deaths	IRR	Std. Err.	z	P>|z|	[95% Conf. Interval]	
r2	1.473602	.4269013	1.34	0.181	.8351949	2.599996
r3	1.630718	.6659381	1.20	0.231	.7324415	3.630655
r4	2.376065	1.08888	1.89	0.059	.9677823	5.833629
r5	.7278387	.7518538	-0.31	0.758	.0961055	5.512165
r6	1.168507	1.206942	0.15	0.880	.1543236	8.847704
r78	3.980326	1.580024	3.48	0.001	1.828214	8.665833
age	1.961722	.100043	13.21	0.000	1.775122	2.167937
pyears	(exposure)					

我们还可以照这种方式继续简化这个模型。进行每一步时,**test** 都有助于评价将两个虚拟变量合并是否合理。

一般化线性模型

一般化线性模型(GLM)的形式如下:

$$g[\mathrm{E}(y)] = \beta_0 + \beta_1 x_1 + \beta_2 x_2 + \cdots + \beta_k x_k, \qquad y \sim F \qquad [11.6]$$

其中,$g[\ ]$ 是连接函数(link function),F 代表分布家族。这一通用公式包含了许多特殊模型。比如,如果 $g[\ ]$ 是恒等函数且 y 服从于正态(高斯)分布,我们就得到线性回归模型:

$$\mathrm{E}(y) = \beta_0 + \beta_1 x_1 + \beta_2 x_2 + \cdots + \beta_k x_k, \quad y \sim \mathrm{Normal} \qquad [11.7]$$

如果 $g[\ ]$ 是 logit 函数且 y 服从于贝努里(Bernoulli)分布,我们就得到 logit 回归模型:

$$\mathrm{logit}[\mathrm{E}(y)] = \beta_0 + \beta_1 x_1 + \beta_2 x_2 + \cdots + \beta_k x_k, \quad y \sim \mathrm{Bernoulli} \ [11.8]$$

由于其广泛的应用,GLM 在本书中多处地方都加以介绍。它与本章的关联是因为其拟合事件模型的能力。比如,泊松回归要求 $g[\ ]$ 是自然对数函数并且 y 服从泊松(Poisson)分布:

$$\ln[\mathrm{E}(y)] = \beta_0 + \beta_1 x_1 + \beta_2 x_2 + \cdots + \beta_k x_k, \quad y \sim \mathrm{Poisson} \qquad [11.9]$$

正如对这样一个灵活方法的期盼,Stata 的 **glm** 命令容纳许多不同的选项。用户不仅可以指定分布家族和连接函数,而且可以指定方差估计方法、拟合程序、输出和补偿方面的细节。这些选项使 **glm** 即使用于已经有专门命令的那些模型(如 **regress**,**logistic** 或 **poisson**)时也是很有用的替代方法。

我们可以展示一个"一般"的 **glm** 命令如下:

```
. glm y x1 x2 x3, family(familyname) link(linkname)
      lnoffset(exposure) eform vce(jknife)
```

其中,**family**( )指定了 y 的分布家族,**link**( )指定连接函数,**lnoffset**( )用于对"暴露"变量的补偿(offset),就像在泊松回归所需的那样。选项 **eform** 要求回归系数为指数形式的 $\exp(\beta)$ 而不是 β。而 **jknife** 选项则是指定标准误要通过刀切法(jackknife)来加以计算。

可用的分布家族有：

family(gaussian)	高斯分布,即正态分布(默认设定)
family(igaussian)	逆高斯分布(inverse Gaussian)
family(binomial)	贝努里二项分布(Bernoulli binomial)
family(poisson)	泊松分布(Poisson)
family(nbinomial)	负二项分布(negative binomial)
family(gamma)	Gamma 分布

我们还可以指定一个数字或变量表示二项分布分母 N(试验次数),或者用一个数字表示负二项方差和偏差度函数(deviance function),这些就通过在 **family( )** 选项中对它们加以声明：

family(binomial #)

family(binomial *varname*)

family(nbinomial #)

可用的连接函数有：

link(identity)	恒等函数(默认设定)
link(log)	对数函数
link(logit)	logit 函数
link(probit)	probit 函数
link(cloglog)	互补双对数函数
link(opower #)	发生比幂函数
link(power #)	幂函数
link(nbinomial)	负二项函数
link(loglog)	双对数函数
link(logc)	对数余角函数

系数的方差或标准误可以通过各种方法来进行估计。以下列出部分 **glm** 的方差估计选项：

opg	Berndt,Hall,Hall 和 Hausman 的"B-H-cubed"方差估计
oim	观测信息矩阵方差估计
robust	Huber/White/三明治方差估计
unbiased	无偏三明治方差估计
nwest	异方差性和自相关一致性方差估计
jknife	刀切法方差估计
jknifel	一步刀切法方差估计
bstrap	自助法方差估计。默认为 **199** 次重复,指定其他数字时可加 **bsrep(#)**选项

要想取得各种选项的完整清单及有关技术细节,请查询《基础参考手册》中的 **glm**。更深入的 GLM 处理可以参阅 Hardin 和 Hilbe(2007)的著作。

第 6 章开始于用美国 50 个州及哥伦比亚特区学生平均支出(*expense*)与平均综合 SAT 成绩(*csat*)的数据(*states.dta*)做了一个简单回归：

```
. regress csat expense
```

Source	SS	df	MS
Model	48708.3001	1	48708.3001
Residual	175306.21	49	3577.67775
Total	224014.51	50	4480.2902

```
                                        Number of obs =      51
                                        F( 1,    49) =   13.61
                                        Prob > F      =  0.0006
                                        R-squared     =  0.2174
                                        Adj R-squared =  0.2015
                                        Root MSE      =  59.814
```

csat	Coef.	Std. Err.	t	P>|t|	[95% Conf. Interval]
expense	-.0222756	.0060371	-3.69	0.001	-.0344077 -.0101436
_cons	1060.732	32.7009	32.44	0.000	995.0175 1126.447

我们也可以通过 glm 命令来拟合同一个模型,并且取得完全一样的估计:

```
. glm csat expense, link(identity) family(gaussian)

Iteration 0:   log likelihood = -279.99869

Generalized linear models                    No. of obs    =        51
Optimization     : ML                        Residual df   =        49
                                             Scale parameter =  3577.678
Deviance         =   175306.2097             (1/df) Deviance =  3577.678
Pearson          =   175306.2097             (1/df) Pearson  =  3577.678

Variance function: V(u) = 1                  [Gaussian]
Link function    : g(u) = u                  [Identity]

                                             AIC           =  11.05877
Log likelihood   = -279.9986936              BIC           =  175113.6
```

csat	Coef.	OIM Std. Err.	z	P>|z|	[95% Conf. Interval]
expense	-.0222756	.0060371	-3.69	0.000	-.0341082 -.0104431
_cons	1060.732	32.7009	32.44	0.000	996.6399 1124.825

　　因为 link(identity) 和 family(gaussian) 都是默认选项,我们在上一个 glm
命令中其实用不着它们。
　　我们也可以拟合同一个 OLS 模型,但是取得以自助法计算的标准误:

```
. glm csat expense, link(identity) family(gaussian) vce(bstrap)

Iteration 0:   log likelihood = -279.99869
```

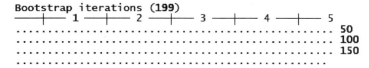

```
Bootstrap iterations (199)
        1         2         3         4         5
..................................................   50
..................................................  100
..................................................  150
...............................................

Generalized linear models                    No. of obs    =        51
Optimization     : ML                        Residual df   =        49
                                             Scale parameter =  3572.235
Deviance         =   175306.2097             (1/df) Deviance =  3577.678
Pearson          =   175306.2097             (1/df) Pearson  =  3577.678

Variance function: V(u) = 1                  [Gaussian]
Link function    : g(u) = u                  [Identity]

                                             AIC           =  11.05877
Log likelihood   = -279.9986936              BIC           =  175113.6
```

csat	Coef.	Bootstrap Std. Err.	z	P>|z|	[95% Conf. Interval]
expense	-.0222756	.0038002	-5.86	0.000	-.0297238 -.0148275
_cons	1060.732	24.01884	44.16	0.000	1013.656 1107.808

自助法标准误是通过在规模为 $n=51$ 的原始数据中所做的 199 次 $n=51$ 的重置随机抽样来反映系数估计的观测变异的。在此例中,自助法标准误小于相应理论标准误,并且导致置信区间也比较窄。

与此类似,我们能用 **glm** 来重复第 **10** 章中的第一个 **logistic** 回归(使用数据集 *shuttle0.dta*)。在以下示例中,我们要求输出刀切法标准误和优势比或指数形式(**eform**)的系数:

```
. glm any date, link(logit) family(bernoulli) eform vce(jknife)

Iteration 0:    log likelihood = -12.995268
Iteration 1:    log likelihood = -12.991098
Iteration 2:    log likelihood = -12.991096

Jackknife iterations (23)
—————+——— 1 ——+—— 2 ——+—— 3 ——+—— 4 ——+—— 5
.......................
```

Generalized linear models		No. of obs	= 23
Optimization	: ML	Residual df	= 21
		Scale parameter	= 1
Deviance	= 25.98219269	(1/df) Deviance	1.237247
Pearson	= 22.8885488	(1/df) Pearson	1.089931

```
Variance function: V(u) = u*(1-u/1)          [Binomial]
Link function    : g(u) = ln(u/(1-u))        [Logit]
```

	AIC	= 1.303574
Log likelihood = -12.99109634	BIC	= -39.86319

any	Odds Ratio	Jackknife Std. Err.	z	P>|z|	[95% Conf. Interval]	
date	1.002093	.0015486	1.35	0.176	.9990623	1.005133

而本章最后的 **poisson** 回归(使用数据集 *oakridg0.dta*)则是对应着以下这个 **glm** 模型(结果未显示):

```
. glm deaths r2-r6 r78 age, link(log) family(poisson)
     lnoffset(pyears) eform
```

尽管 **glm** 能够复制由许多专门命令所拟合的模型,并且还添加了一些新功能,那些专门命令仍有它们自己的优势,包括在速度方面以及在可供用户决定的选项方面。**glm** 最独特的吸引力在于它有能力去拟合 Stata 并无专门命令的那些类型的模型。

12 主成分、因子和聚类分析

    主成分(principal components)和因子分析(factor analysis)提供了适用于简化(simplification)的方法,将许多相关的变量合并成少数几个潜在维度(underlying dimensions)。为了达到简化的目的,分析人员必须从诸多不同种类的备选方法中进行选择。如果数据的确反映了不同的潜在维度,那么不同方法可能会收敛于类似的结果上。但是,当不存在不同的潜在维度的情况下,不同方法得到的结果往往会出现分歧。对这些方法的试验能够告诉我们一个特定的结果的稳定性如何,或者它在多大程度上取决于特定分析技术的人为选择。

    Stata 以五条基本命令来完成主成分和因子分析:

pca   主成分分析(principle components analysis)。

factor   提取若干不同类型的因子。

screeplot   根据最近的 **pca** 或 **factor** 构建碎石图(scree graph)(即特征值标绘图,plot of the eigenvalues)。

rotate   在执行 **factor** 后,进行正交(即相互独立的因子)或斜交(即因子不相互独立)的旋转。

predict   在执行 **pca**,**factor** 或 **rotate** 之后,创建因子分(factor scores)(即复合变量,composite variables)和其他的案例统计量。

由 **predict** 创建的复合变量随后可被像任何其他 Stata 变量一样加以保存、列出、制图和分析。

    对于那些采用加总其他变量的老方法而不是用因子分析来创建复合变量的用户,可以通过计算一个 α 信度系数(reliability coefficient)来对所得结果进行评价:

alpha   Cronbach 的 α 信度。

    聚类分析(cluster analysis)则不是将变量加以合并,而是通过找到非重叠的、基于经验的数个类型或组别来将观测案例加以合并。聚类分析方法甚至比因子分析更为多样化。Stata 的 **cluster** 命令可以进行聚类分析、结果制图以及形成区分结果组别的新变量等工作。主成分、因子分析、聚类分析和有关的命令都在 Stata 的《多元统计参考手册》(*Multivariate Statistics reference manual*)中被逐一加以说明。

    本章所描述的方法可以通过以下菜单方式来操作:

Statistics > Multivariate analysis   多元分析

Graphics > Multivariate analysis graphs   多元分析图形

命令示范

. pca x1-x20

对变量 *x1* 到 *x20* 进行主成分分析。

. pca x1-x20, mineigen(1)

对变量 *x1* 到 *x20* 进行主成分分析，保留特征值大于 1 的成分。

. factor x1-x20, ml factor(5)

采用最大似然法对变量 *x1* 到 *x20* 进行因子分析，只保留前五个因子。

. screeplot

画出由最近的 **factor** 命令得到的特征值对因子或成分数目的碎石图或图形。

. rotate, varimax factors(2)

对由最近的 **factor** 命令得到的前两个因子进行正交（用方差最大法，varimax）旋转。

. rotate, promax factors(3)

对由最近的 **factor** 命令得到的前三个因子进行斜交（用幂方法，promax）旋转。

. predict f1 f2 f3

基于最近的 **factor** 和 **rotate** 命令，创建三个新的名为 *f1*，*f2* 和 *f3* 的因子分变量（factor score variables）。

. alpha x1-x10

计算作为 *x1* 到 *x10* 的合计的复合变量的 Cronbach 的 α 信度系数。以负值方式输入项目的含义通常是反向的。可以通过一些选项来取消这一默认设置，或者以原始变量的合计或以其标准化变量的合计来构成复合变量。

. cluster centroidlinkage x y z w, L2 name(L2cent)

使用变量 *x*，*y* 和 *z* 以重心法（centroid linkage）进行凝聚式（agglomerative）聚类分析。欧氏距离（Euclidean distance）（**L2**）测量了观测案例之间的相异性（dissimilarity）。这一聚类分析的结果被以 *L2cent* 的名称加以保存。

. cluster dendrogram, ylabel(0(.5)3) cutnumber(20)
  xlabel(, angle(vertical))

画出前次聚类分析结果的树状图（tree graph）或系统树图（dendrogram）。**cutnumber(20)** 设定将一些最为相似的观测案例聚合之后，图形中只保留 20 个聚类。标签以紧凑的垂直方式显示在图形的下面。

. cluster generate ctype = groups(3), name(L2cent)

创建一个新变量 *ctype*（取值为 1，2 或 3），通过该变量将每条观测案例按名为 *L2cent* 的聚类分析结果归类到其前三个组别中去。

主成分

我们将使用描述太阳系九颗主要行星的一个小规模数据集 *planets.dta*（取自 Beatty *et al.*，1981）来举例说明基本的主成分和因子分析命令。该数据包含了以原始数据及其自然对数形式保存的几个变量。这里，采用对数是为了消除偏态，并将变量之间的关系线性化。

```
Contains data from c:\data\planets.dta
  obs:            9                      Solar system data
  vars:          12                      23 May 2008 15:01
  size:         477 (99.9% of memory free)

              storage   display   value
variable name   type    format    label     variable label

planet         str7     %9s                 Planet
dsun           float    %9.0g               Mean dist. sun, km*10^6
radius         float    %9.0g               Equatorial radius in km
rings          byte     %8.0g     ringlbl   Has rings?
moons          byte     %8.0g               Number of known moons
mass           float    %9.0g               Mass in kilograms
density        float    %9.0g               Mean density, g/cm^3
logdsun        float    %9.0g               natural log dsun
lograd         float    %9.0g               natural log radius
logmoons       float    %9.0g               natural log (moons + 1)
logmass        float    %9.0g               natural log mass
logdense       float    %9.0g               natural log dense

Sorted by:  dsun
```

为了提取初始因子和主成分,请使用 `factor` 命令及其后跟随的变量清单(变量顺序任意),以及以下选项之一:

pcf 主成分因子法(principal component factoring)

pf 主因子法(principal factoring)(默认选项)

ipf 使用迭代公因子方差(iterated communalities)的主因子法

ml 最大似然因子法(maximum-likelihood factoring)

主成分通过专门的命令 `pca` 计算得到。请键入 `help pca` 或 `help factor` 查看这些命令的选项。

为了取得主成分因子,请键入:

```
. factor rings logdsun - logdense, pcf
```

(obs=9)

```
Factor analysis/correlation                Number of obs     =      9
    Method: principal-component factors    Retained factors  =      2
    Rotation: (unrotated)                  Number of params  =     11
```

Factor	Eigenvalue	Difference	Proportion	Cumulative
Factor1	4.62365	3.45469	0.7706	0.7706
Factor2	1.16896	1.05664	0.1948	0.9654
Factor3	0.11232	0.05395	0.0187	0.9842
Factor4	0.05837	0.02174	0.0097	0.9939
Factor5	0.03663	0.03657	0.0061	1.0000
Factor6	0.00006	.	0.0000	1.0000

LR test: independent vs. saturated: chi2(15) = 100.49 Prob>chi2 = 0.0000

Factor loadings (pattern matrix) and unique variances

Variable	Factor1	Factor2	Uniqueness
rings	0.9792	0.0772	0.0353
logdsun	0.6710	-0.7109	0.0443
lograd	0.9229	0.3736	0.0088
logmoons	0.9765	0.0003	0.0465
logmass	0.8338	0.5446	0.0082
logdense	-0.8451	0.4705	0.0644

只有前两个成分具有大于 1 的特征值(eigenvalue),同时这两个成分解释了六个变量组合方差(combined variance)的 96% 还多。不重要的第 3 到第 6 个主成分在随后的分析中可以放心地被省略。

两个 **factor** 选项用于控制提取因子的数目：

factors(#)　　　　这里的#设定因子数目

mineigen(#)　　　这里的#设定被保留因子的最小特征值

主成分因子法（**pcf**）程序自动删除那些特征值小于 1 的因子，因此：

. **factor** *rings logdsun - logdense*, **pcf**

等价于

. **factor** *rings logdsun - logdense*, **pcf mineigen(1)**

在本例中，如果键入以下命令的话，我们也将得到同样的结果：

. **factor** *rings logdsun - logdense*, **pcf factors(2)**

要想在每次 **factor** 之后查看碎石图（特征值对主成分或因子数目的标绘图），可使用 **screeplot** 命令。图 12.1 中位于特征值等于 1 处的水平线标示了保留主成分的常用分界点（**cutoff**），同时再次强调了本例中的成分 3 到 6 并不重要。

. **screeplot, yline(1)**

图 12.1

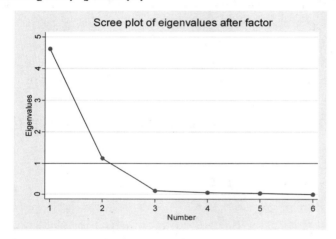

旋　转

旋转（rotation）会进一步简化因子结构。在提取因子之后，键入 **rotate** 命令以及以下这些选项之一。两种常见类型如下：

varimax　　　　最大方差正交旋转，适用于相互独立的因子或成分（默认选项）。

promax( )　　　promax 斜交旋转，允许因子或成分之间相关。选择一个小于等于 4 的数（promax 势（promax power））；数越大，因子间的相关程度越高。**promax(3)** 为默认设定。

另外还有两个 **rotate** 的选项：

factors( )　　　这一选项与和 **factor** 搭配时一样，也是设定要保留多少个因子。

entropy　　　　最小信息熵正交旋转。

无论应用 **pcf**,**pf**,**ipf** 还是 **ml** 选项中的哪一类方法来做因子分析，之后都能进行旋转。在本节，我们将一直基于我们的 **pcf** 例子。要对行星数据中发现的前两个成分做正交旋转（默认的旋转方法），我们只要键入 **rotate**。

```
. rotate
```

```
Factor analysis/correlation                          Number of obs    =         9
        Method: principal-component factors          Retained factors =         2
        Rotation: orthogonal varimax (Kaiser off)    Number of params =        11
```

Factor	Variance	Difference	Proportion	Cumulative
Factor1	3.36900	0.94539	0.5615	0.5615
Factor2	2.42361	.	0.4039	0.9654

```
    LR test: independent vs. saturated:  chi2(15) =   100.49 Prob>chi2 = 0.0000
```

Rotated factor loadings (pattern matrix) and unique variances

Variable	Factor1	Factor2	Uniqueness
rings	0.8279	0.5285	0.0353
logdsun	0.1071	0.9717	0.0443
lograd	0.9616	0.2580	0.0088
logmoons	0.7794	0.5882	0.0465
logmass	0.9936	0.0678	0.0082
logdense	-0.3909	-0.8848	0.0644

Factor rotation matrix

	Factor1	Factor2
Factor1	0.7980	
Factor2	0.6026	-0.7980

本例采纳了所有的默认设定:最大方差法旋转和保留与最近一次 **factor** 同样的因子数目。采用以下命令,我们可以明确地要求进行同样的旋转,通过增加下述选项到命令中:**rotate, varimax factors(2)**。

对于最近一次提取因子的斜交旋转(允许因子之间存在相关),请键入:

```
. rotate, promax
```

```
Factor analysis/correlation                          Number of obs    =         9
        Method: principal-component factors          Retained factors =         2
        Rotation: oblique promax (Kaiser off)        Number of params =        11
```

Factor	Variance	Proportion	Rotated factors are correlated
Factor1	4.12467	0.6874	
Factor2	3.32370	0.5539	

```
    LR test: independent vs. saturated:  chi2(15) =   100.49 Prob>chi2 = 0.0000
```

Rotated factor loadings (pattern matrix) and unique variances

Variable	Factor1	Factor2	Uniqueness
rings	0.7626	0.3466	0.0353
logdsun	-0.1727	1.0520	0.0443
lograd	0.9926	0.0060	0.0088
logmoons	0.6907	0.4275	0.0465
logmass	1.0853	-0.2154	0.0082
logdense	-0.1692	-0.8719	0.0644

Factor rotation matrix

	Factor1	Factor2
Factor1	0.9250	0.7898
Factor2	0.3800	-0.6134

默认状态下,本例使用的 `promax` 势(`promax power`)为 3。我们可以明确设定 promax 势和想要得到的因子数:

`. rotate, promax{3} factors{2}`

promax(4) 将允许对负载矩阵(`loading matrix`)作进一步的简化,但是将以更强的因子间相关和更低的总方差解释比例作为代价。

进行 promax 旋转之后,*rings*,*lograd*,*logmoons* 和 *logmass* 在因子 1 上的负载最高。这看起来是一个"大规模/多卫星"维度。*logdsun* 和 *logdense* 在因子 2 上的负载更高了,构成了一个"远距离/低密度"维度。一个后续因子分析的制图命令 **loadingplot** 有助于将其可视化(图 12.2)。

`. loadingplot, factors{2} yline{0} xline{0}`

图 12.2

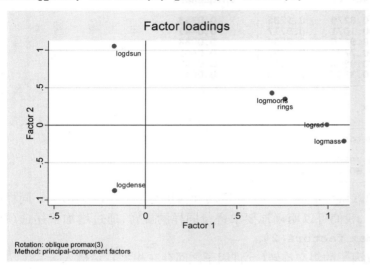

因子分

因子分(`factor scores`)是通过将每个变量标准化为平均数等于 0 和方差等于 1,然后以因子分系数进行加权合计为每个因子构成的线性组合(`linear composites`)。基于最近的 **rotate** 或 **factor** 结果,**predict** 会自动进行这些计算。在 **predict** 命令中,我们提供了新变量的名称,比如 *f1* 和 *f2*。

`. predict f1 f2`
`(regression scoring assumed)`

`Scoring coefficients (method = regression; based on promax(3) rotated factors)`

Variable	Factor1	Factor2
rings	0.22099	0.12674
logdsun	-0.09689	0.48769
lograd	0.30608	-0.03840
logmoons	0.19543	0.16664
logmass	0.34386	-0.14338
logdense	-0.01609	-0.39127

`. label variable f1 "Large size/many satellites"`
`. label variable f2 "Far out/low density"`

```
. list planet f1 f2
```

	planet	f1	f2
1.	Mercury	-.9172388	-1.256881
2.	Venus	-.5160229	-1.188757
3.	Earth	-.3939372	-1.035242
4.	Mars	-.6799535	-.5970106
5.	Jupiter	1.342658	.3841085
6.	Saturn	1.184475	.9259058
7.	Uranus	.7682409	.9347457
8.	Neptune	.647119	.8161058
9.	Pluto	-1.43534	1.017025

作为标准化的变量,新的因子分 $f1$ 和 $f2$ 具有(近似)等于 0 的平均数和等于 1 的标准差:

```
. summarize f1 f2
```

Variable	Obs	Mean	Std. Dev.	Min	Max
f1	9	-3.31e-09	1	-1.43534	1.342658
f2	9	9.93e-09	1	-1.256881	1.017025

因此,因子分是以距离其平均数的标准差为单位进行测量的。比如,水星(Mercury)低于大规模 / 多卫星($f1$)维度的平均数大约 0.92 个标准差,因为它很小而且没有卫星。水星低于远距离 / 低密度($f2$)维度的平均数大约 1.26 个标准差,因为它实际上接近太阳而且具有高密度。相比而言,土星(Saturn)高于这两个维度平均数分别为 1.18 和 0.93 个标准差。

promax 旋转允许因子分之间存在相关:

```
. correlate f1 f2
(obs=9)
```

	f1	f2
f1	1.0000	
f2	0.4974	1.0000

因子 1 上的得分与因子 2 上的得分之间具有中度正相关。也就是说,远距离 / 低密度行星也更可能是具有许多卫星的更大行星。

另一个后续因子分析制图命令 **scoreplot** 可绘出这些观测案例的因子分的散点图。若与主成分因子一起使用的话,这类图有助于识别多元特异值,或由远离大多数案例的那些案例所形成的聚类。图 12.3 显示了三个不同类型的行星。

```
. scoreplot, mlabel(planet) yline(0) xline(0)
```

图 12.3

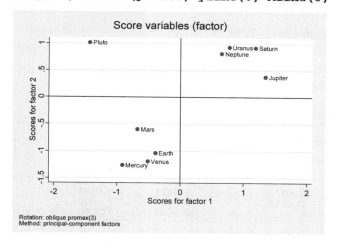

内层的那些岩质行星(比如水星,在因子1"远距离/低密度"上得分低;在因子2"大规模/多卫星"上得分也低)聚集在图中的左下角。外层的气体巨星则具有相反的特征,并聚集在图中的右上角。冥王星(Pluto)在行星中是独一无二的,物理上类似于一些外层体系的卫星,在"远距离/低密度"维度上得分很高,但在"大规模/多卫星"维度上得分很低。我们的因子分析因此将冥王星看作与任一行星主群体都不一致的不同种类物体。由于认识到冥王星其实是个例外,国际天文学联盟2006年投票决定重新将它划归为诸多已知的"侏儒行星"之一,使得我们只有八个真正的行星。

如果采用最大方差而不是 promax 旋转的话,我们将得到相互独立的因子分:

```
. quietly factor rings logdsun - logdense, pcf
. quietly rotate
. quietly predict varimax1 varimax2

. correlate varimax1 varimax2
(obs=9)
```

	varimax1	varimax2
varimax1	1.0000	
varimax2	0.0000	1.0000

一旦由 **predict** 创建得到,因子分就能像任何其他 Stata 变量那样对其进行列出、计算相关、画图等操作。因子分在社会和行为科学中常常用来将许多测验或问卷项目合并成复合变量或指数。未旋转情况下采用主成分得到的因子分常用于分析来自气候学和遥感等自然科学领域的大型数据集。在这些应用中,主成分被称作"经验正交函数(empirical orthogonal functions)"。第一个经验正交函数即 EOF1 等于第一个未旋转的主成分因子分。第二个经验正交函数即 EOF2 则是第二个未旋转的主成分因子分,如此等等。

主因子法

主因子法(principal factoring)根据一个修正的相关矩阵提取主成分,这一矩阵中的主对角线由公因子方差(communality)估计构成,而不是由 1 构成。**factor** 的两种选项 **pf** 和 **ipf** 都执行主因子法。它们在如何估计公因子方差上存在差别:

pf　　公因子方差估计值等于就每一变量对所有其他变量进行回归时所得到的 R^2。
ipf　　公因子方差的迭代估计。

尽管主成分分析集中于对变量的方差进行解释,但主因子法则是对变量之间的相关进行解释。

我们对行星数据采用按迭代公因子方差估计的主因子法(**ipf**):

```
. factor rings logdsun - logdense, ipf

(obs=9)
```

```
Factor analysis/correlation              Number of obs    =    9
    Method: iterated principal factors    Retained factors =    5
    Rotation: (unrotated)                 Number of params =   15

        Beware: solution is a Heywood case
               (i.e., invalid or boundary values of uniqueness)
```

Factor	Eigenvalue	Difference	Proportion	Cumulative
Factor1	4.59663	3.46817	0.7903	0.7903
Factor2	1.12846	1.05107	0.1940	0.9843
Factor3	0.07739	0.06438	0.0133	0.9976
Factor4	0.01301	0.01176	0.0022	0.9998
Factor5	0.00125	0.00137	0.0002	1.0000
Factor6	-0.00012	.	-0.0000	1.0000

LR test: independent vs. saturated: chi2(15) = 100.49 Prob>chi2 = 0.0000

Factor loadings (pattern matrix) and unique variances

Variable	Factor1	Factor2	Factor3	Factor4	Factor5
rings	0.9760	0.0665	0.1137	-0.0206	-0.0223
logdsun	0.6571	-0.6705	0.1411	0.0447	0.0082
lograd	0.9267	0.3700	-0.0450	0.0486	0.0166
logmoons	0.9674	-0.0107	0.0078	-0.0859	0.0160
logmass	0.8378	0.5458	0.0056	0.0282	-0.0071
logdense	-0.8460	0.4894	0.2059	-0.0061	0.0100

Variable	Uniqueness
rings	0.0292
logdsun	0.0966
lograd	-0.0004
logmoons	0.0564
logmass	-0.0007
logdense	0.0022

本例中，Stata 给出了一个不妙的警告："Beware：solution is a Heywood case"。点击突出显示的 Heywood case 警告可得到对问题的解释，在这里，该问题反映出我们的样本量异常的小（$n=9$）。出于简洁性的考虑，我们将继续这一分析，但在实际研究时，这类警告意味着给出了重新考虑所作分析的理由。

只有前两个因子具有大于 1 的特征值。采用 **pcf** 或 **pf** 方法，我们可以简单地忽略那些次要的因子。但是，在使用 **ipf** 时，我们必须决定要保留多少个因子，然后重复分析以准确地寻找那些个因子。这里，我们将保留两个因子：

```
. factor rings logdsun - logdense, ipf factor(2)
(obs=9)
```

Factor analysis/correlation		Number of obs = 9
Method: iterated principal factors		Retained factors = 2
Rotation: (unrotated)		Number of params = 11

Beware: solution is a Heywood case
        (i.e., invalid or boundary values of uniqueness)

Factor	Eigenvalue	Difference	Proportion	Cumulative
Factor1	4.57495	3.47412	0.8061	0.8061
Factor2	1.10083	1.07631	0.1940	1.0000
Factor3	0.02452	0.02013	0.0043	1.0043
Factor4	0.00439	0.00795	0.0008	1.0051
Factor5	-0.00356	0.02182	-0.0006	1.0045
Factor6	-0.02537	.	-0.0045	1.0000

LR test: independent vs. saturated: chi2(15) = 100.49 Prob>chi2 = 0.0000

Factor loadings (pattern matrix) and unique variances

Variable	Factor1	Factor2	Uniqueness
rings	0.9747	0.0537	0.0470
logdsun	0.6533	-0.6731	0.1202
lograd	0.9282	0.3605	0.0086
logmoons	0.9685	-0.0228	0.0614
logmass	0.8430	0.5462	-0.0089
logdense	-0.8294	0.4649	0.0960

在 **ipf** 因子分析后，我们可以和以前一样使用 **rotate** 和 **predict** 来创建复合变量。由于出现了 Heywood 情形的问题，这里的 **ipf** 因子分比我们之前 **pcf** 的结果更不

合理。作为一种研究策略,使用不同的方法常常有助于重复因子分析,通过比较这些结果以得到稳定的结论。

最大似然法

和 Stata 的其他 **factor** 选项不同,最大似然因子法提供了正规的假设检验,该检验有助于确定合适的因子数目。为了得到适合于行星数据的一个单一的最大似然因子,键入:

```
. factor rings logdsun - logdense, ml nolog factor(1)

(obs=9)
```

Factor analysis/correlation	Number of obs	=	9
Method: maximum likelihood	Retained factors	=	1
Rotation: (unrotated)	Number of params	=	6
	Schwarz's BIC	=	97.8244
Log likelihood = -42.32054	(Akaike's) AIC	=	96.6411

Factor	Eigenvalue	Difference	Proportion	Cumulative
Factor1	4.47258	.	1.0000	1.0000

```
LR test: independent vs. saturated:  chi2(15) = 100.49 Prob>chi2 = 0.0000
LR test:    1 factor vs. saturated:  chi2(9)  =  51.73 Prob>chi2 = 0.0000
```

Factor loadings (pattern matrix) and unique variances

Variable	Factor1	Uniqueness
rings	0.9873	0.0254
logdsun	0.5922	0.6493
lograd	0.9365	0.1229
logmoons	0.9589	0.0805
logmass	0.8692	0.2445
logdense	-0.7715	0.4049

ml 输出结果包括两个卡方检验:

似然比检验:独立模型对饱和模型(LR test:independence vs. saturated)

这检验一个无因子(独立)模型对观测相关矩阵(observed correlation matrix)的拟合是否显著地比一个饱和或完美拟合模型(perfect - fit model)更差。较小的概率值(这里为 0.000 0,意味着 $P < 0.000\ 05$)表明无因子模型过于简单。

似然比检验:单因子模型对饱和模型(LR test:1 factor vs. saturated)

这检验当前的单因子模型拟合得是否显著地比饱和模型(saturated model)更差。这里较小的 P 值表明一个因子也过于简单。

也许一个双因子模型会更好一些:

```
. factor rings logdsun - logdense, ml nolog factor(2)
(obs=9)
```

Factor analysis/correlation	Number of obs	=	9
Method: maximum likelihood	Retained factors	=	2
Rotation: (unrotated)	Number of params	=	11
	Schwarz's BIC	=	36.6881
Log likelihood = -6.259338	(Akaike's) AIC	=	34.5187

```
Beware: solution is a Heywood case
        (i.e., invalid or boundary values of uniqueness)
```

Factor	Eigenvalue	Difference	Proportion	Cumulative
Factor1	3.64200	1.67115	0.6489	0.6489
Factor2	1.97085	.	0.3511	1.0000

LR test: independent vs. saturated: chi2(15) = 100.49 Prob>chi2 = 0.0000
LR test: 2 factors vs. saturated: chi2(4) = 6.72 Prob>chi2 = 0.1513
(tests formally not valid because a Heywood case was encountered)

Factor loadings (pattern matrix) and unique variances

Variable	Factor1	Factor2	Uniqueness
rings	0.8655	-0.4154	0.0783
logdsun	0.2092	-0.8559	0.2236
lograd	0.9844	-0.1753	0.0003
logmoons	0.8156	-0.4998	0.0850
logmass	0.9997	0.0264	0.0000
logdense	-0.4643	0.8857	0.0000

我们现在得到了以下结果:

似然比检验:独立模型对饱和模型(LR test:independence vs.saturated)

第一个检验没有变化;无因子模型过于简单。

似然比检验:双因子模型对饱和模型(LR test:2 factors vs.saturated)

双因子模型并不显著地比完美拟合模型更差($P = 0.1513$)。

这些检验表明两个因子提供了一个恰当的模型。

执行最大似然因子分析的计算程序常常产生 Heywood 解,即得出了负的方差或零独特性(zero uniqueness)等不切实际的结果。当出现这一现象时(正如我们的两因子 m1 例子中出现的那样),卡方检验缺乏正规合理性。但仅从描述来看,该检验仍能提供恰当的因子数目的非正规指引。

聚类分析-1

聚类分析(cluster analysis)包含多种将案例划分成不同组(groups)或类(clusters)的方法,它们都基于观测案例在许多变量上的相异性(dissimilarities)。通常只是用它来做建立经验性类型的探索,而不是用它来检验事先所定的假设。实际上,对于普通的聚类方法而言,几乎没有什么指导假设检验的正规理论。分析中每一步可用选择的数量都多得惊人,而它们又很有可能导致许多不同的结果。本节只是提供了进行聚类分析的一个起点。我们先回顾一些基本思路,再通过一个简单的例子加以示范。在下一节中,我们将考虑一个略微更大一些的例子。Stata 的《多元统计参考手册》介绍并详细说明了全部可用的选择。Everitt 等(2001)更详细地讨论了这一主题,还包括许多聚类分析方法之间的有用比较。

聚类方法分成两个宽泛的类别:划分(partition)方法和层次(hierarchical)方法。划分方法将观测案例划分到一系列事先设定的不重合的分组中去。我们有两条途径做到这点:

cluster kmeans   Kmeans 聚类分析。

用于设定将要创建的聚类的数目(K)。Stata 然后通过迭代过程将观测案例分配到具有最接近的平均数的组从而找出这些聚类。

cluster kmedians   Kmedian 聚类分析。

类似于 **Kmeans** 方法,但是采用中位数作为聚类标准。

划分聚类法在计算上往往比层次聚类法更简单且速度更快。但是对于探索性工作而言，事先必须指定聚类的精确数目这一要求却又是个缺点。

层次聚类法涉及使小群体逐渐融合形成大群体的一个过程。Stata 在层次聚类分析中采用一种聚集方式（agglomerative approach）：它从视每一个观测案例为独立的"组"开始。最接近的两个组被合并，这一过程会不断进行，直到一个设定的停止点，或者是将全部观测案例归属于一个组。一种被称作系统树图或树状图的图形能将层次聚类结果可视化。有好几种联结方法（linkage method），它设定在包含多于一条观测案例的组之间应当进行比较的内容：

cluster singlelinkage　最短联结法（single linkage）聚类分析。

将两个组之间最接近的一对观测案例之间的相异性（dissimilarity）作为两个组之间的相异性来加以计算。尽管简单，但是这一方法对特异值或测量错误的耐抗性（resistance）较差。观测案例是一次性聚类，往往形成非平衡的、不断加大的组。在这些组中，成员很少具有共性，但是又通过中间观测案例连结起来，这种问题被称作链接（chaining）问题。

cluster averagelinkage　平均联结法（average linkage）聚类分析。

使用两个组之间观测案例的平均相异性，产生的属性居于最短联结法和最长联结法之间。模拟研究报告表明，这一方法在许多情况下都表现很好，并且合理地稳健（见Everitt et al.,2001,以及他们所引用的文献）。这种方法常用于考古学中。

cluster completelinkage　最长联结法（complete linkage）聚类分析。

使用两组之间距离最远的一对观测案例作为代表。该方法对特异值没有最短联结法那样敏感，但具有相反的倾向，即容易将许多案例聚集成空间紧密的群。

cluster waveragelinkage　加权平均联结法（weighted-average linkage）聚类分析。

cluster medianlinkage　中位数联结法（median linkage）聚类分析。

加权平均联结法和中位数联结法分别是平均联结法和重心联结法的变种。在这两种情形中，差异在于不等规模的组在合并时是如何处理的。对于平均联结法和重心联结法来说，每一组元素的数量被分解到计算中，并对更大的组相应地赋予更大的影响（因为每条观测案例权数相同）。对于加权平均联结法和中位数联结法而言，不管每组中有多少观测案例，两个组都被赋予相同的权数。同重心联结法一样，中位数联结法也很容易受到逆转的影响。

cluster centroidlinkage　重心联结法（centroid linkage）聚类分析。

重心法合并那些平均数最为接近的组（与基于两组元素之间平均距离的平均联结法不同）。这一方法容易发生逆转（reversals），即某次聚合的点比前面的聚合的相异性水平更低。逆转是聚类结构不稳定的迹象，它难以解释，并且不能用 **cluster dendrogram** 画出来。

cluster wardslinkage　Ward 的联结法（Ward's linkage）聚类分析。

合并能使误差平方和（error sum of squares）增加最少的两个组。尽管可以适当地处理那些多元正态和相似规模的组，但是在聚类具有不相等的观测案例数时表现较差。

所有的聚类方法都从相异性（或相似性）的某一定义入手。相异性指标反映了两个观测案例在设定的一套变量上的差异或距离。总而言之，这种指标在两个相同的观测案例上测量的相异性为 0，而两个最大差别的观测案例具有的相异性为 1。相似性指标正好相反,因此相同的案例的相似性为 1。Stata 的 **cluster** 选项提供了相异性或相似性测量的许多选择。出于计算目的,Stata 内在地将相似性转换成相异性:

相异性 = 1 − 相似性

默认的相异性测量指标是欧氏距离(Euclidean distance),即选项 **L2**(或 **Euclidean**)。它将观测案例 i 和 j 之间的距离定义为:

$$\left\{ \sum_k (x_{ki} - x_{kj})^2 \right\}^{1/2}$$

其中,x_{ki} 是观测案例 i 在变量 x_k 上的取值,x_{kj} 是观测案例 j 在变量 x_k 上的取值,合计号针对所有被考虑的 x 变量进行。其他基于连续变量测量观测案例之间的相似(异)性的可用选择还包括欧氏距离的平方(**L2 squared**)、绝对值距离(**L1**)、最大值距离(**Linfinity**)和相关系数相似性测量(**correlation**)。针对二分变量(binary variables)的选择包括简单匹配(**matching**)、Jaccard 二分类相似系数(**Jaccard**)以及其他选择。**gower** 选项可用于连续变量和二分变量混合在一起的情况。请键入 **help meansure option** 查看完整清单和对相异性测量选项的解释。

在本章的前面,*planets.dta* 中变量的主成分分析(图 12.3)鉴别出三种类型的行星:内层的坚硬行星、外层的气体巨星和自成一类的冥王星(Pluto)。聚类分析提供了回答行星"类型"问题的替代方法。因为诸如卫星数量(*moons*)和以千克测量的质量(*mass*)等这些变量都是以不可比的单位进行的测量,具有极为不同的方差,因此我们应当以某种方式进行标准化以避免结果受到具有最大方差的项目的影响。一个常用的但不是自动的选择就是做平均数为零和标准差为 1 的标准化。这可以通过 **egen** 命令来实现(出于和前面讨论中相同的理由,使用对数形式的变量)。**summarize** 确认新的 z 变量具有均值(近似)为零和标准差为 1。

```
. egen zrings = std(rings)
. egen zlogdsun = std(logdsun)
. egen zlograd = std(lograd)
. egen zlogmoon = std(logmoons)
. egen zlogmass = std(logmass)
. egen zlogdens = std(logdense)
. summ zrings-zlogdens
```

Variable	Obs	Mean	Std. Dev.	Min	Max
zrings	9	-1.99e-08	1	-.8432741	1.054093
zlogdsun	9	-1.16e-08	1	-1.393821	1.288216
zlograd	9	-3.31e-09	1	-1.3471	1.372751
zlogmoon	9	0	1	-1.207296	1.175849
zlogmass	9	-4.14e-09	1	-1.74466	1.365167
zlogdens	9	-1.32e-08	1	-1.453143	1.128901

主成分分析表明存在"三种类型"的结论是稳健的,这也能通过聚类分析来得到。比如,我们可以使用欧氏距离(**L2**)作为相异性测量,并采用平均联结法进行层次聚类分析。选项 **name(L2avg)** 赋予得自这一特定分析结果的一个变量名,因此我们能够在随后的命令中引用它们。当我们需要尝试大量的聚类分析并对其结果进行比较时,能对结果进行命名的特点就提供了方便。

```
. cluster averagelinkage zrings zlogdsun zlograd zlogmoon zlogmass
      zlogdens, L2 name(L2avg)
```

似乎什么都没有发生,尽管我们可能注意到我们的数据集现在包含三个具有基于 *L2avg* 的名称的新变量。这些新的 *L2avg* * 变量并不是我们所直接关注的,但是可以用 **cluster dendrogram** 命令来画出聚类分析树状图或系统树图,将最近的层次聚类分析结果可视化(图12.4)。这里的 **label**(*planet*)选项使得行星名称(即 *planet* 的取值)在下面的树状图中作为标签显示。

. **cluster dendrogram, label**(*planet*) **ylabel**(0(1)5)

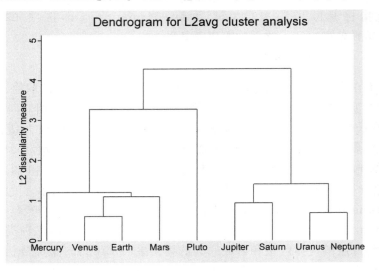

图12.4

　　像图12.4这样的系统树图提供了层次聚类分析的主要解释工具。我们能够从底部追溯每条观测案例作为自身的聚类到顶部的所有观测案例聚合成一个聚类的聚集过程。金星(Venus)和地球(Earth)以及天王星(Uranus)和海王星(Neptune)都是最少差异或最为相似的对(pairs)。它们首先聚合,在高度(即相异性,dissimilarity)低于1处形成了最早的两个多观测案例聚类。木星(Jupiter)和土星(Saturn),然后是金星—地球和火星,然后是金星—地球—火星和水星,最后是木星—土星和天王星—海王星接二连三地都在相异性为1左右的位置聚合。在这点处,图12.3已经建议了与主成分分析同样的三个组:内层坚硬的行星、气体巨星和冥王星。这三个聚类在更高相异性处(大于3)还仍然保持稳定,直到冥王星和内层坚硬的行星聚合在一起。在相异性超过4的水平处,最后的两个聚类聚合了。

　　那么,到底有多少个行星类型呢? 正如图12.4所说明的,答案是"要看情况而定"。也就是说,看我们想接受每一类型内多大的相异性? 图中上部的三聚类阶段和二聚类阶段之间的长长垂线表明我们有三种相当不同的类型。我们也可以将此减少到两类,仅需通过聚合与其同组中的其他行星极不相似的观测案例(冥王星)。我们还可以扩展到五种类型,只需要画出这些行星组(比如水星—火星与地球—金星)之间的差别,但是按太阳系的标准它们之间的差别并不太大。因此,这个系统树图提供了一个三类型方案的例子。

　　命令 **cluster generate** 创建一个新变量,用以标示每一观测案例所属类型或组。在本例中,**group**(3)要求的是三个组。**name**(*L2 avg*)选项设定了我们命名为 *L2avg* 的特定结果。当我们这一段操作中包含了多个聚类分析时,这一选项就非常有用了。

. **cluster generate** *plantype* = **groups**(3), **name**(*L2avg*)
. **label variable** *plantype* "Planet type"
. **list** *planet plantype*

```
           planet    plantype
  1.       Mercury          1
  2.         Venus          1
  3.         Earth          1
  4.          Mars          1
  5.       Jupiter          3

  6.        Saturn          3
  7.        Uranus          3
  8.       Neptune          3
  9.         Pluto          2
```

内层坚硬的行星已被编码成 *plantype*=1, 气体巨星被编码成 *plantype*=3, 而比其他行星更像外层系统卫星的冥王星被单独编码成 *plantype*=2。组别分配为 1, 2 和 3 是按照系统树图(图 12.4)中最终聚类从左到右的排序。一旦数据被保存, 我们的新类型在随后的分析中就可以像任何其他分类变量那样来加以使用。

　　这些行星数据具有一种很强的自然分组模式, 这就是为什么诸如聚类分析和主成分分析这些不同的技术都得到类似结果的原因所在。我们还可以对这个例子选择其他的相异性测量和联结法, 仍然会得到极为相似的结果。但是, 用复杂或缺乏模式的数据时, 由于所用方法的细微差别便常常导致极为不同的结果。由一种方法得到的聚类可能并不能被其他方法再次得到, 甚或分析中一些细微的设置不同也会影响到最终结果。

聚类分析 -2

　　发现一个简单、稳健的描述九颗行星的类型较为简单。另一个更具挑战性的例子将考察 *nations.dta* 中的跨国数据。该数据集包含了生活条件变量, 它们提供了将这些国家区分为不同类别的基础信息。

```
Contains data from c:\data\nations.dta
  obs:           109                    Data on 109 nations, ca. 1985
  vars:           15                    23 May 2008 15:02
  size:         4,578 (99.9% of memory free)

              storage   display    value
variable name  type     format     label     variable label

country       str8      %9s                  Country
pop           float     %9.0g                1985 population in millions
birth         byte      %8.0g                Crude birth rate/1000 people
death         byte      %8.0g                Crude death rate/1000 people
chldmort      byte      %8.0g                Child (1-4 yr) mortality 1985
infmort       int       %8.0g                Infant (<1 yr) mortality 1985
life          byte      %8.0g                Life expectancy at birth 1985
food          int       %8.0g                Per capita daily calories 1985
energy        int       %8.0g                Per cap energy consumed, kg oil
gnpcap        int       %8.0g                Per capita GNP 1985
gnpgro        float     %9.0g                Annual GNP growth % 65-85
urban         byte      %8.0g                % population urban 1985
school1       int       %8.0g                Primary enrollment % age-group
school2       int       %8.0g                Secondary enroll % age-group
school3       byte      %8.0g                Higher ed. enroll % age-group
```

　　在采用这些相同数据的第 8 章中, 我们看到非线性转换(对数或平方根)有助于将分布加以正态化以及将一些变量之间的关系加以线性化。非线性转换的类似思路也能应用于聚类分析, 不过为了使我们的例子简单, 我们将不在这里细究。但是, 以某种形式将变量做标准化的线性转换仍然是重要的, 否则, 人均国内产值变量 *gnpcap* 的取值范围从大约 100 美元到 19 000 美元(标准差为 4 400 美元), 这将淹没像取值范围从 40 年到 78 年(标准差为 11 年)的预期寿命 *life* 等其他变量。在上一节, 我们通过减去每一变量的平均数然后除以它们的标准差来标准化行星数据,因此作为结果的所有 z 分的标准差全都为 1。在本节中,我们将采用一种不同的方法,即全距标准化(range standardization),这种方法对聚类分析也能起很好作用。

全距标准化对每个变量除以自己的全距。Stata 中没有相应的直接命令,但是我们能很容易地临时准备一个。为此,我们利用 Stata 在 **summarize** 后悄悄保存下来的结果。回想一下,我们可以键入命令 **return list** 来查看 **summarize** 后所保存结果的完整清单(替代地,在诸如 **regress** 或 **factor** 等建模程序之后,使用命令 **ereturn list**)。本例中,我们先看看 **summarize** *pop* 之后所保存的结果,然后使用最大和最小值(被保存为 Stata 将其命名为 r(max) 和 r(min) 的标量(scalar))来计算一个新的全距标准化版本的人口。

. summarize pop

Variable	Obs	Mean	Std. Dev.	Min	Max
pop	109	38.9211	125.3888	1	1040.3

. return list

```
scalars:
              r(N) =  109
          r(sum_w) =  109
           r(mean) =  38.92110117750431
            r(Var) =  15722.35690184565
             r(sd) =  125.3888228744717
            r(min) =  1
            r(max) =  1040.300048828125
            r(sum) =  4242.400028347969
```

. generate **rpop** = pop/(r(max) - r(min))
. label variable **rpop** "Range-standardized population"

用类似的命令再创建其他生活条件变量的全距标准化形式:

. quietly summ *birth*, detail
. generate **rbirth** = birth/(r(max) - r(min))
. label variable **rbirth** "Range-standardized bith rate"
. quietly summ *infmort*, detail

如此等等,就定义了如下所列的 8 个新变量。

. describe **rpop-rschool2**

variable name	storage type	display format	value label	variable label
rpop	float	%9.0g		Range-standardized population
rbirth	float	%9.0g		Range-standardized bith rate
rinf	float	%9.0g		Range-standardized infant mortality
rlife	float	%9.0g		Range-standardized life expectancy
rfood	float	%9.0g		Range-standardized food per capita
renergy	float	%9.0g		Range-standardized energy per capita
rgnpcap	float	%9.0g		Range-standardized GNP per capita
rschool2	float	%9.0g		Range-standardized secondary school %

如果 **generate** 命令被正确地执行了的话,这些新的全距标准化变量都具有等于 1 的全距。**tabstat** 确认了它们的确如此。

. tabstat **rpop** - **rschool2**, statistics(range)

stats	rpop	rbirth	rinf	rlife	rfood	renergy	rgnpcap
range	1	1	1	1	.9999999	1	1

stats	rschool2
range	1

一旦所关注变量得以被标准化，我们就可以继续进行聚类分析。尽管我们将 100 多个国家区分成"类型"，但是我们没有理由假定每个类型将包含同样多的国家。和其他方法一样，平均联结法（就是我们在行星例子中所采用的）赋予每个观测案例同样的权数。随着聚集的进行，这往往会使得更大的聚类具有更大的影响。但是，加权平均法和中位数联结法则是赋予每一聚类同等权数，而不管它包含多少个观测案例。因此，此类方法往往对探测不等规模的聚类具有更好的效果。如同重心联结一样，中位数联结也容易受到逆转的影响（在这些数据中将会发生），因此下面的例子采用加权平均联结法。绝对值距离（**L1**）提供了相异性的测量。

```
. cluster waveragelinkage rpop - rschool2, L1 name(L1wav)
```

完整的因子分析提供的树状图被证明大得难以处理：

```
. cluster dendrogram
too many leaves; consider using the cutvalue() or cutnumber() options
r(198);
```

根据错误信息提示，在起初出现少数聚合之后，图 12.5 就采用 **cutnumber(100)** 选项形成了从只有 100 个组开始的系统树图。

```
. cluster dendrogram, ylabel(0(.5)3) cutnumber(100)
```

图 12.5

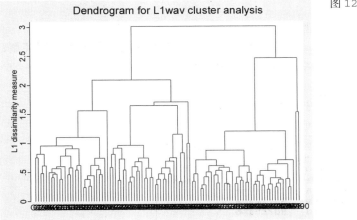

图 12.5 中底部的标签根本没办法看，但是我们能够追溯这一聚类过程的一般流程。大部分聚合都发生在相异性低于 1 水平。最右边的两个国家很不寻常；它们直到大约 1.5 水平才聚合，然后形成一个完全不同于所有其他组的稳定的两国之组。这是四个相异性仍然大于 2 的聚类中的一个。这四个最终聚类（从左到右）中的第一和第二个表现出异质性，它们经过大量略微不同于大多数子群的连续聚合而形成。相比而言，第三个聚类显得更具同质性。它合并了在相异性低于 1 处聚合成两个子群的许多国家，然后略微高于 1 处聚合成一个组。

图 12.6 给出了这一分析的另一种视角，这次使用了 **cutvalue(1)** 选项，只显示那些相异性高于 1 的聚类。**showcount** 选项要求给出表明每组中观测案例数目的底部标签（bottom labels）（$n=18$，$n=9$ 等）。我们看到，不同于其他组，组 3、10 和 11 都分别仅由单个观测案例构成。

```
. cluster dendrogram, ylabel(0(.5)3) cutvalue(1) showcount
```

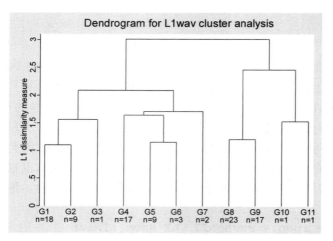

图 12.6

正如图 12.6 显示的那样,在相异性大于 1 处仍然有 11 个组。出于示范目的,我们将只考虑顶部相异性高于 2 的 4 个组。**cluster generate** 根据上述我们称为 *L1wav* 的聚类分析的最后四个组创建了一个分类变量。

```
. cluster generate ctype = groups(4), name(L1wav)
. label variable ctype "Country type"
```

通过键入以下命令,我们接下来检查每个国家属于哪一组:

```
. sort cype
. by ctype:  list country
```

以下命令将这一信息加以改造以得到下面所示的更紧凑的列表。各列为国家类型:

```
. by ctype (country), sort: gen id = _n
. keep country id ctype
. drop if missing(ctype)
. reshape wide country, i(id) j(ctype)
. list
```

	id	country1	country2	country3	country4
1.	1	Algeria	Argentin	Banglade	China
2.	2	Brazil	Australi	Benin	India
3.	3	Burma	Austria	Bolivia	
4.	4	Chile	Belgium	Botswana	
5.	5	Colombia	Canada	BurkFaso	
6.	6	CostaRic	Denmark	Burundi	
7.	7	DomRep	Finland	Cameroon	
8.	8	Ecuador	France	CenAfrRe	
9.	9	Egypt	Greece	ElSalvad	
10.	10	Indonesi	HongKong	Ethiopia	
11.	11	Jamaica	Hungary	Ghana	
12.	12	Jordan	Ireland	Guatemal	
13.	13	Malaysia	Israel	Guinea	
14.	14	Mauritiu	Italy	Haiti	
15.	15	Mexico	Japan	Honduras	
16.	16	Morocco	Kuwait	IvoryCoa	
17.	17	Panama	Netherla	Kenya	
18.	18	Paraguay	NewZeala	Liberia	
19.	19	Peru	Norway	Madagasc	
20.	20	Philippi	Poland	Malawi	
21.	21	SauArabi	Portugal	Mauritan	
22.	22	SriLanka	S_Korea	Mozambiq	
23.	23	Syria	Singapor	Nepal	
24.	24	Thailand	Spain	Nicaragu	
25.	25	Tunisia	Sweden	Niger	

	id	country1	country2	country3	country4
26.	26	Turkey	TrinToba	Nigeria	
27.	27	Uruguay	U_K	Pakistan	
28.	28	Venezuel	U_S_A	PapuaNG	
29.	29		UnArEmir	Rwanda	
30.	30		W_German	Senegal	
31.	31		Yugoslav	SierraLe	
32.	32			Somalia	
33.	33			Sudan	
34.	34			Tanzania	
35.	35			Togo	
36.	36			YemenAR	
37.	37			YemenPDR	
38.	38			Zaire	
39.	39			Zambia	
40.	40			Zimbabwe	

图 12.5 中最右边所看到的两国聚类结果就是类型 4,即中国和印度。图 12.5 中宽泛的、同质的第三聚类即类型 3 涉及一大群最穷的国家,主要在非洲。相对多样化的类型 2 包括美国、欧洲和日本,是具有更高生活水平的国家。同样具有多样化的类型 1 涉及那些中等水平的国家。这种或其他的类型是否有意义其实是一个实际问题而不是统计问题,并且取决于这一类型的用途。在聚类分析的步骤中挑选不同的选项可能得到不同的结果。通过尝试不同的合理选择,我们就可以取得一种关于哪些结果最为稳定的理解。

13 时间序列分析

长达 450 页篇幅的《时间序列参考手册》对 Stata 的时间序列数据处理能力进行了说明。本章只提供一个简要的介绍,从两个基本分析工具开始:时间标绘图和修匀。然后,我们将示范相关图、ARIMA 和 ARMAX 建模以及对稳态和白噪声的检验。更多的应用,包括周期图和灵活的 ARCH 模型族将留由读者自己去探究。

有关时间序列主题的全套技术处理可以参见:Hamilton(1994)。其他参考文献包括:Box,Jenkins 和 Reinsel(1994),Chatfield(2004),Diggle(1990),Enders(2004)以及 Shumway(1988)。

时间序列的操作菜单位于下述标题中:

Statistics > Time series		时间序列
Statistics > Multivariate time series		多元时间序列
Statistics > Cross-sectional time series		截面时间序列
Graphics > Time series graphs		时间序列图形

命令示范

. **ac y, lags(8) level(95) generate(newvar)**

对变量 y 的自相关进行绘图,包含 95% 置信区间(默认),按照时滞 1 至 8。将自相关作为新变量 *newvar* 的前 8 个值来暂存。

. **arch D.y, arch(1/3) ar(1) ma(1)**

为 y 的一阶差分拟合一个 ARCH 模型(autoregressive conditional heteroskedasticity model,即自回归条件异方差模型),包含 ARCH 的一阶至三阶项,以及一阶的 AR 和 MA 扰动项。

. **arima y, arima(1,1,1)**

拟合一个简单的 ARIMA(1,1,1)模型,含一阶差分以及一阶 AR 和 MA 项。可能的选项包括几种不同估计方法、线性约束,以及稳健方差估计。

. **arima y, arima(1,0,1/2) sarima(1,0,1,12)**

拟合一个 ARIMA$(1,0,2) \times (1,0,1)_{12}$ 模型,内含一阶 AR 项、一阶和二阶 MA 项以及一个按 12 个时期划分的季节乘数分量。

. **arima y x1 x2 x3, arima(1,0,1)**

执行 y 对三个预测变量的 ARMAX(含外生变量的自回归移动平均)回归。误差被模型化为一阶自回归和移动平均过程。

. **arima** *D.y x1 L1.x1 x2,* **ar(1) ma(1 12)**

拟合一个 ARMAX 模型,将 y 的一阶差分对 *x1*,*x1* 的时滞 1 取值(lag-1 values)以及 *x2* 做回归,其中包括 AR(1)、MA(1)和 MA(12)扰动项。

. **corrgram** *y,* **lags(8)**

取得自相关、偏自相关,并对时滞 1 至 8 做 Q 检验。

. **dfuller** *y*

进行 Dickey-Fuller 单位根的稳态性检验。

. **estat dwatson**

对时间序列数据执行 **regress** 以后,计算 Durbin-Watson 统计量来检验一阶自相关。

. **egen** *newvar* = ma(*y*), nomiss **t(7)**

建立新变量 *newvar*,等于跨距 7 的 y 移动平均数,用较短、未对中的平均数取代起点值和终点值。

. **generate** *date* = mdy(*month,day,year*)

创建变量 *date*,其值为根据月(*month*)、日(*day*)、年(*year*)三个变量计算的自 1960 年 1 月 1 日以来的消逝天数。

. **generate** *date* = date(*str_date*, **"mdy"**)

创建变量 *date*,其值为字符串变量 *str_date* 所转换的消逝天数。字符串变量 *str_date* 中包含月、日、年的日期信息,比如"11/19/2001"、"4/18/98"或"June 12, 1948"。键入 **help dates** 查询许多其他的日期函数和选项。

. **generate** *newvar* = L3.*y*

建立新变量 *newvar*,等于 y 的时滞 3(lag-3)取值。

. **pac** *y,* **lags(8) yline(0) ciopts(bstyle(outline))**

画出时滞 1 到 8 的带置信区间和残差方差的偏自相关图。图中在 0 值处添加了一条水平线,将置信区间显示为轮廓而不是(默认的)阴影区域。

. **pergram** *y,* **generate(**newvar**)**

画出变量 y 的样本周期图(谱密度函数)并且创建变量 *newvar* 等于周期图的粗值。

. **smooth 73** *y,* **generate(**newvar**)**

创建变量 *newvar*,等于跨距 7 的 y 移动中位数(running median),再按跨距 3 的移动中位数做修匀。如"3RSSH"或"4253h,twice"等复合校平器也是可能的。键入 **help smooth** 或 **help tssmooth** 查询其他修匀方法及过滤器。

. **tsset** *date,* **format(%td)**

将数据集定义为时间序列。时间用变量 *date* 来指示,时期单位为天(daily)。对于"面板(panel)"数据,即一组不同的单位如城市有平行的时间序列,**tsset** *city year* 同时指定了面板变量和时间变量。本章的大多数命令都要求数据经过 **tsset** 处理。

. **tssmooth ma** *newvar* = *y,* **window(2 1 2)**

对 y 应用移动平均过滤器,创建变量 *newvar*。选项 **window(2 1 2)** 通过在每一修匀点的计算中用 2 个时滞值、当前观测和 2 个前导值求出跨距 5 的移动平均数。键入 **help tssmooth** 查询其他可用的过滤器,包括加权移动平均数、指数或双指数、Holt-Winters 以及非线性等过滤器。

. **tssmooth nl** *newvar* = *y,* **smoother(4253h,twice)**

对 y 应用一个非线性修匀过滤器,创建 *newvar*。选项 **smoother**(**4253h,**

twice）迭代求出跨距为 4,2,5,3 的移动中位数,然后应用 Hanning 加权函数,再重复这个过程于残差。**tssmooth nl** 与其他 **tssmooth** 程序不同,它对缺失值不起作用。

. **wntestq** *y*, **lags{15}**

对白噪声进行 Box-Pierce 混合 Q 检验(**corrgram** 也可做此检验)。

. **xcorr** *x y*, **lags{8} xline{0}**

画出输入变量(*x*)和输出变量(*y*)之间时滞为1-8的交互相关图。**xcorr** *x y*, **table** 可以提供文本方式的输出,其中包括实际相关。如果将 **generate**(*newvar*)选项加入到 **xcorr** 命令中,便会将这些相关保存为一个变量。

修　匀

许多时间序列数据都会呈现出高频率的波动,以至很难辨别背后的模式。修匀(smoothing)这样的序列就是将数据分解为两部分,一部分为逐渐的变化,另一部分是包含了剩余的迅速变化的"粗糙"部分:

$$数据 = 修匀部分 + 粗糙部分$$

为了对修匀方法加以说明,我们对新罕布什尔州米尔福镇1983 年前 7 个月的日常用水量数据进行考察(*MILwater.dta*,取自 Hamilton, 1985b)。米尔福镇的惯常用水量模式在该时期中期时被警告消息所中断。

```
Contains data from c:\data\MILwater.dta
  obs:            212                    Milford daily water use, 1/1/83
                                           - 7/31/83
  vars:             4                    24 May 2008 07:10
  size:         2,968 (99.9% of memory free)

                 storage   display      value
variable name    type      format       label      variable label

month            byte      %9.0g                    Month
day              byte      %9.0g                    Date
year             int       %9.0g                    Year
water            int       %9.0g                    Water use in 1000 gallons

Sorted by:
```

在进行分析以前,我们需要将月日年信息转换为表示时间的一个单一的数量指标。Stata 的 **mdy( )** 函数可以做这种工作,创建一个消逝天数变量(这里命名为 *date*),表示自1960 年 1 月 1 日以来的天数。

. **generate** *date* = **mdy(***month,day,year***)**
. **list in 1/5**

	month	day	year	water	date
1.	1	1	1983	520	8401
2.	1	2	1983	600	8402
3.	1	3	1983	610	8403
4.	1	4	1983	590	8404
5.	1	5	1983	620	8405

作为参照日期的1960 年 1 月 1 日是任意但固定的。通过使用命令 **tsset**（意为时间序列设定,time series set)将 *date* 识别为时间指标变量并指定该变量的显示格式为 % **td**（其中 **d** 代表日常(daily)格式),我们可以为 *date* 提供更可理解的格式化,并设定好我们的数据以便进行后面的分析。

```
. tsset date, format(%td)
        time variable:  date, 01jan1983 to 31jul1983
                delta:  1 day
. list in 1/5
```

	month	day	year	water	date
1.	1	1	1983	520	01jan1983
2.	1	2	1983	600	02jan1983
3.	1	3	1983	610	03jan1983
4.	1	4	1983	590	04jan1983
5.	1	5	1983	620	05jan1983

新变量 *date* 的日期格式如"05jan1983"比隐含的数值如"8405"(即自 1960 年 1 月 1 日以来的天数)的可读性更强。如果需要,我们也可以用 **%td** 格式化得到其他格式,比如"05 Jan 1983"或者"01/05/83"。Stata 提供了很多的变量定义、显示格式和数据集格式特性,这些对时间序列分析都很重要。这些当中有许多涉及日期的输入、转换和显示。日期函数的完整描述请参见《数据管理参考手册》和《用户指南》,或者在 Stata 内键入 **help dates** 进行探究。

图 13.1 使用 **twoway line** 绘制了一幅 *water* 对 *date* 的简单时间标绘图。该图显示出一个逐日变化模式以及夏季到来时用水量上的一个上升趋势。日期格式变量的取值标签(01jan1983 等)被自动标注在 *x*(或 *t*)轴上,但此处 Stata 的默认选择导致令人不满意的堆叠结果。

```
. graph twoway line water date
```

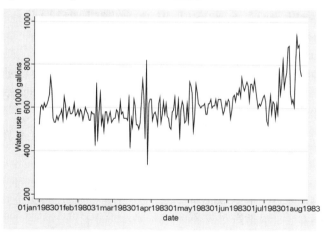

图 13.1

当 *x* 变量为日期变量时,绘制时间标绘图的一个更好办法是使用专门的时间序列命令 **twoway tsline**。此命令允许我们以日期形式来描述 *x* 轴,而不必引用背后的数值型消逝天数。比如,我们可以绘制一幅类似于图 13.1 的时间标绘图,但包含堆叠较不严重的时间轴,如图 13.2 所示。注意,**tsline** 命令并不接受 *x* 变量而只接受一个或多个 *y* 变量。选项 **tlabel( )** 和 **ttick( )** 在 **twoway tsline** 标绘图中的作用恰好与 **xlabel( )** 和 **xtick( )** 在任何其他 **twoway** 标绘图中的作用一样,但它们对诸如 01jan1983 此类日期符号的理解除外。图 13.2 中,我们还以选项 **ttitle(" ")** 隐去了 *x* 轴(时间或 *t* 轴)的标题,因为"Date"这个词在标注了 01jan1983,01mar1983 等的数轴下面似乎是多余的。

```
. graph twoway tsline water, ylabel(300(100)900) ttitle("")
    tlabel(01jan1983 01mar1983 01may1983 01jul1983, grid)
    ttick(01feb1983 01apr1983 01jun1983 01aug1983)
```

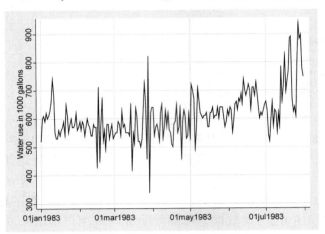

图 13.2

视觉检查在时间序列分析中起重要的作用。修匀常常能够使我们在参差不齐的序列中看到潜在的模式。最简单的修匀方法是基于 y 的当前点、前导点和后续点的取值来计算每一数据点上的"移动平均数"。比如,一个"跨距 3 的移动平均数(moving average of span 3)"是指 y_{t-1}, y_t 和 y_{t+1} 的均值。我们可以用 Stata 的明确下标来建立(**generate**)这样的变量:

```
. generate water3a = (water[_n-1] + water[_n] + water[_n+1])/3
```

一个更好的办法可能是应用 **egen** 命令中的 **ma**(即 moving average)函数:

```
. egen water3b = ma(water), nomiss t(3)
```

此 **egen** 命令中的 **nomiss** 选项要求在序列两端计算较短跨距的、未对中的移动平均数,否则新变量 water3 的第一个和最后一个值将为缺失。选项 **t(3)** 要求按跨距 3 来计算移动平均数。跨距可以设定为任何大于等于 3 的奇数。

对于时间序列(**tsset**)数据,**tssmooth** 命令提供了多种强大的修匀工具。除 **tssmooth nl** 以外,所有修匀工具都能处理缺失值。

tssmooth ma	移动平均过滤器,未加权的或加权的
tssmooth exponential	单指数过滤器
tssmooth dexponential	双指数过滤器
tssmooth hwinters	非季节性的 Holt-Winters 修匀
tssmooth shwinters	季节性的 Holt-Winters 修匀
tssmooth nl	非线性过滤器

比如,**tssmooth ma** 可以计算跨距为 3 的移动平均数,所得结果与我们前面采用 **egen** 命令的相一致:

```
. tssmooth ma water3c = water, window(1 1 1)
The smoother applied was
    (1/3)*[x(t-1) + 1*x(t) + x(t+1)]; x(t)= water
```

键入 **help tssmooth exponential**,**help tssmooth hwinters** 等以查看每种命令的语法。

图 13.3 画出了米尔福镇用水量的 5 天移动平均数(water5),同时展示了原始数据(water)。这一 **graph twoway** 命令将 water5 修匀值的时间标绘图与 water 原

始数据值的另一时间标绘图(细线)叠并在一起。和图 13.2 中的情形一样,t 轴标签标示了日期。不过,图 13.3 中,我们设定了一个更简单的日期显示格式,只给出了月和日,即 **format(% tdmd)**。更简短的格式为对图中每一月份的开端添加标签留出了空间,这与图 13.2 中每间隔一个月的标签添加方式正相反。

```
. graph twoway tsline water5, clwidth(thick)

    ||  tsline water, clwidth(thin) clpattern(solid)

    ||  , ylabel(300(100)900) ytitle("Water use in 1000 gallons")
ttitle("") tlabel(01jan1983 01feb1983 01mar1983 01apr1983
01may1983 01jun1983 01jul1983 01aug1983, grid format(%tdmd))
legend(order(2 1) position(4) ring(0) rows(2)
    label(1 "5-day average") label(2 "daily water use"))
```

图 13.3

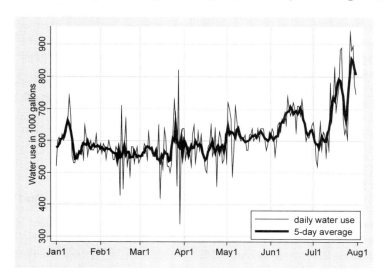

移动平均数也有其他基于平均数的统计量的共同缺点:它们对特异值没有抵抗力。由于特异值在用水量时间序列中形成了许多突出的芒尖,因此我们可能想尝试一种更有抵抗力的修匀方法。命令 **tssmooth nl** 执行对特异值有抵抗力的非线性修匀,它所应用的方法以及有关术语可参见 Velleman 和 Hoaglin(1981)以及 Velleman(1982)。比如:

`. tssmooth nl water5r = water, smoother(5)`

这个命令创建了一个名为 water5r 的新变量,保存按跨距 5 的移动中位数对 water 修匀后的值。可以按 Velleman 原始标注那样定义出复合校平器(compound smoother),采用不同跨距的移动中位数,再伴以“Hanning 加权函数”(即按跨距 3 进行 1/4,1/2,1/4 加权的移动平均数)和其他技术。有一种称为“4253h,twice”的复合校平器显得特别有用,将其用于 water,我们就计算出修匀的变量 water4r:

`. tssmooth nl water4r = water, smoother(4253h,twice)`

图 13.4 画出了这些新的修匀值 water4r。比较图 13.4 与图 13.3 就会看出这个“4253h,twice”修匀相对于一个跨距 5 的移动平均修匀的效果了。尽管两个校平器有着同样的跨距,但是“4253h,twice”修匀在减少参差不齐的变异上做得更多。

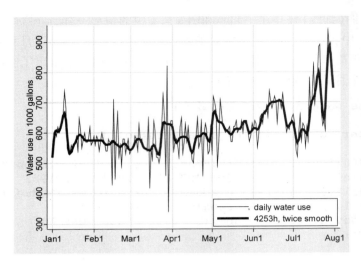

图 13.4

有时,我们修匀的目标是在修匀标绘图中寻找模式。然而,就这一特定数据而言,修匀以后的"粗糙"即残差实际上更有意思。我们可以计算出原始数据与修匀数据之间的差来作为其粗糙程度,然后将这些残差绘制在它们自己的时间标绘图中,如图 13.5 所示。

```
. generate rough = water - water4r
. label variable rough "Residuals from 4253h, twice"
. graph twoway tsline rough, ttitle("")
        tlabel(01jan1983 01feb1983 01mar1983 01apr1983
        01may1983 01jun1983 01jul1983 01aug1983, grid format(%tdmd))
```

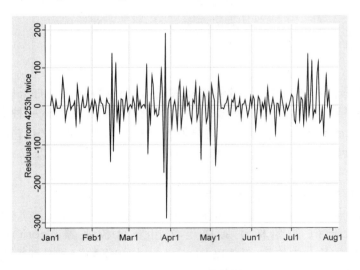

图 13.5

图 13.5 中最严重的波动发生在 3 月 27 至 29 日附近。用水量突然急剧下降,又重新升高,然后下降得更低并在恢复到通常水平之前回升得甚至更高。就在这些日子里,本地报纸说,供应本地用水的一口井中发现了有害的化学废料。最初的报导让居民惊恐,用水量也出人意料地下降。作为对事态新进展的反应或对推迟使用的补偿,随后数天内的用水量在高峰和低谷之间来回波动。事态在问题水井被清理之后得以平息下来。

本节描述的修匀技术只有当观测在时间上具有相同间隔时才更有意义。如果时间序列有不一样的间隔,lowess 回归提供了一种实际的替代方法(参见第 8 章)。

更多时间标绘图的例子

数据集 *atlantic.dta* 包括了北大西洋 1950—2000 年时间序列的气候、海洋和渔业变量（原始数据来源包括 Buch（2000），其他引用见 Hamilton，Brown 和 Rasmussen（2003））。变量还包括西格陵兰外菲拉堤岸（Fylla Bank）的海洋温度、格陵兰首府努克市的气温、两个被称作北大西洋振荡（NAO）和北极振荡（AO）的气候指标以及西格陵兰水域的鱼虾捕获量。

```
Contains data from c:\data\atlantic.dta
  obs:           51                    Greenland climate & fisheries
  vars:           8                    24 May 2008 10:13
  size:       1,938 (99.9% of memory free)

              storage   display    value
variable name   type    format     label    variable label

year            int     %ty                 Year
fylltemp        float   %9.0g               Fylla Bank temperature at 0~40 m
fyllsal         float   %9.0g               Fylla Bank salinity at 0~40 m
nuuktemp        float   %9.0g               Nuuk air temperature
wNAO            float   %9.0g               Winter (Dec-Mar)
                                              Lisbon-Stykkisholmur NAO
wAO             float   %9.0g               Winter (Dec-Mar) AO index
tcod1           float   %9.0g               Division 1 cod catch, 1000 t
tshrimp1        float   %9.0g               Division 1 shrimp catch, 1000 t

Sorted by:  year
```

在分析这些时间序列数据以前，我们用 **tsset** 命令将这些数据定义成年度时间序列数据（不同于我们前面逐天的例子）。变量 *year* 包含了时间信息。

```
. tsset year, yearly
        time variable:  year, 1950 to 2000
                delta:  1 year
```

对于时间序列数据，有两个特殊的选择条件：**tin**（**times in**，即在 [t1,t2] 之上的时间）和 **twithin**（**times within**，即在 (t1,t2) 之内的时间）。要列出 1950 年至 1955 年的菲拉温度和 NAO 值，键入：

```
. list year fylltemp wNAO if tin(1950,1955)
```

```
      year   fylltemp    wNAO

 1.   1950       2.1     1.4
 2.   1951       1.9   -1.26
 3.   1952       1.6     .83
 4.   1953       2.1     .18
 5.   1954       2.3     .13

 6.   1955       1.2   -2.52
```

twithin 选择条件的作用十分类似，但是排除了两个端点：

```
. list year fylltemp wNAO if twithin(1950,1955)
```

```
      year   fylltemp    wNAO

 2.   1951       1.9   -1.26
 3.   1952       1.6     .83
 4.   1953       2.1     .18
 5.   1954       2.3     .13
```

我们用 **tssmooth n1** 来定义一个新变量 *fyll4*，以存放 *fylltemp* 的"4253h，twice"修匀值（有关海洋学的数据来自：Buch（2000））。

```
. tssmooth nl fyll4 = fylltemp, smoother(4253h, twice)
```

图 13.6 绘出了菲兰堤岸水温的原始值(*fylltemp*)和修匀值(*fyll4*)。原始水温显示为平均数(1.67 ℃)离差的芒线图,所以这个图强调了 10 年周期和每年的变异。以年份而不是日历日期来界定横轴,故此处 **twoway line** 和其他 **twoway** 标绘图都表现得很好;我们也就不需要 **tsline** 的处理日期的能力。

```
. graph twoway spike fylltemp year, base(1.67) yline(1.67)

    || line fyll4 year, clpattern(solid)

    || , ytitle("Fylla Bank temperature, degrees C")
    ylabel(0(1)3) xtitle("") xtick(1955(10)1995) legend(off)
```

图 13.6

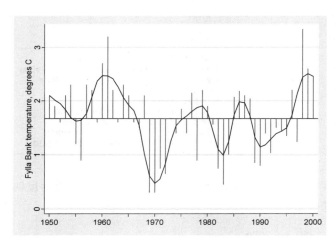

图 13.6 中的修匀值展示了水温一般从较暖变为较冷的时期并不规则。当然,"较暖"是相对于格陵兰而言的,其夏天的水温也从未高过 3.34 ℃(37 ℉)。

菲兰堤岸的温度受与大规模大气模式有关的气流的影响,这种大气模式称为北大西洋振荡(North Atlantic Oscillation)或 NAO。图 13.7 画出了修匀温度,同时画出了 NAO 的修匀值(一个名为 *wNAO4* 的新变量)。

```
. tssmooth nl wNAO4 = wNAO, smoother(4253h, twice)
```

对于图 13.7 中的叠并图,左轴即 **yaxis(1)** 为温度,右轴即 **yaxis(2)** 为 NAO。其他 y 轴选项进一步指定它们是参照轴 1 还是参照轴 2。比如,**yline(0, axis(2))** 画出的水平线标志了 NAO 指标的 0 点。在两边的坐标上,数值标签都是水平排印的。图例按 5 点钟位置显示于图中空间里,即 **position(5) ring(0)**。

```
. graph twoway line fyll4 year, yaxis(1)
    ylabel(0(1)3, angle(horizontal) nogrid axis(1))
    ytitle("Fylla Bank temperature, degrees C", axis(1))

    || line wNAO4 year, yaxis(2) ytitle("Winter NAO index",
        axis(2))
    ylabel(-3(1)3, angle(horizontal) axis(2)) yline(0, axis(2))

    || , xtitle("") xlabel(1950(10)2000, grid) xtick(1955(5)1995)
    legend(label(1 "Fylla temperature") label(2 "NAO index")
        cols(1) position(5) ring(0))
```

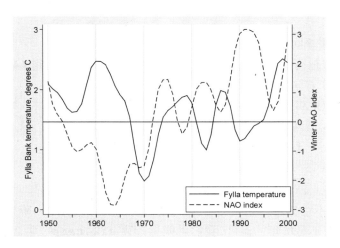

图 13.7

叠并标绘图提供了一种用视觉检查几种时间序列如何一起变化的方法。图 13.7 中，我们看到了负相关的迹象：NAO 高时对应着低温度。这种相关背后的物理机制涉及，在高 NAO 阶段，北风将北极空气和海水带到西格陵兰。温度与 NAO 的这种负相关在这一时间序列数据的后面一段变得更强，大约在 1973—1997 年期间。

时滞、前导和差分

时间序列分析经常涉及时滞变量，或者说就是前次观测的值。时滞（lag）能用明确下标来定义。比如，下面这个命令创建的变量 *wNAO_1* 等于前一年的 NAO 值：

```
. generate wNAO_1 = wNAO[_n-1]
(1 missing value generated)
```

另一种方式也能取得同样的结果，即采用 **tsset** 数据时，再加上 Stata 的 L.（表示 lag）运算符：

```
. generate wNAO_1 = L.wNAO
```

时滞运算经常要比明确下标的方法更为简单。更重要的是，时滞运算也能用于面板数据。要建立时滞 2 的值，可用以下命令：

```
. generate wNAO_2 = L2.wNAO
(2 missing values generated)
. list year wNAO wNAO_1 wNAO_2 if tin(1950,1954)
```

	year	wNAO	wNAO_1	wNAO_2
1.	1950	1.4	.	.
2.	1951	-1.26	1.4	.
3.	1952	.83	-1.26	1.4
4.	1953	.18	.83	-1.26
5.	1954	.13	.18	.83

我们还可以用以下命令来取得同样的清单，而不用建立任何新的变量：

```
. list year wNAO L.wNAO L2.wNAO if tin(1950,1954)
```

L. 运算只是简化时间序列数据处理工作的若干方法之一。其他的时间序列运算还有 **F.**（前导，lead）、**D.**（差分，difference）、以及 **S.**（季节差分，seasonal difference）。这些运算符既可以采用大写也可以采用小写——比如，**F2.**wNAO 或 **f2.**wNAO 都行。

时间序列运算

L.	时滞 Y_{t-1}（**L1.** 意味着同样的定义）
L2.	2 期时滞 Y_{t-2}（类似地可定义 **L3.** 等。**L(1/4).** 则定义从 **L1.** 直到 **L4.**）
F.	前导 Y_{t+1}（**F1.** 意味着同样的定义）
F2.	2 期前导 Y_{t+2}（类似地可定义 **F3.** 等）
D.	差分 $Y_t - Y_{t-1}$（**D1.** 意味着同样的定义）
D2.	2 阶差分 $(Y_t - Y_{t-1}) - (Y_{t-1} - Y_{t-2})$（类似地可定义 **D3.** 等。）
S.	季节差分 $Y_t - Y_{t-1}$（它与 **D.** 定义相同）
S2.	2 期季节差分 $Y_t - Y_{t-2}$（类似地可定义 **S3.** 等。）

在季节差分的情况下，**S12.** 并不意味着"12 阶差分"，而是指时滞为 12 期的一阶差分。比如，如果我们有按月的温度而不是按年的温度，我们可能想计算 **s12.temp**，那么它将是 2000 年 12 月温度与 1999 年 12 月温度之差，等等。

时滞运算可以直接出现在大多数涉及 **tsset** 数据的分析命令中。我们可以将 1973—1997 年的 *fylltemp* 对修匀变量 *wNAO* 做回归，再加上时滞分别为 1，2，3 年的自变量 *wNAO*，这并不需要事先创建任何时滞变量。

```
. regress fylltemp wNAO L1.wNAO L2.wNAO L3.wNAO if tin(1973,1997)
```

Source	SS	df	MS		
Model	3.1884913	4	.797122826	Number of obs =	25
Residual	3.48929123	20	.174464562	F(4, 20) =	4.57
				Prob > F =	0.0088
				R-squared =	0.4775
Total	6.67778254	24	.278240939	Adj R-squared =	0.3730
				Root MSE =	.41769

fylltemp	Coef.	Std. Err.	t	P>|t|	[95% Conf. Interval]	
wNAO						
--.	-.1688424	.0412995	-4.09	0.001	-.2549917	-.0826931
L1.	.0043805	.0421436	0.10	0.918	-.0835294	.0922905
L2.	-.0472993	.050851	-0.93	0.363	-.1533725	.058774
L3.	.0264682	.0495416	0.53	0.599	-.0768738	.1298102
_cons	1.727913	.1213588	14.24	0.000	1.474763	1.981063

等价地，我们也可以键入以下命令：

```
. regress fylltemp L(0/3).wNAO if tin(1973,1997)
```

估计的模型为：

预测的 $fylltemp_t = 1.728 - 0.169\,wNAO_t + 0.004\,wNAO_{t-1} - 0.047\,wNAO_{t-2} + 0.026\,wNAO_{t-3}$

所有时滞项的系数统计上都不显著，看起来 *wNAO* 的当前（非时滞）值提供了最简约的预测。的确，如果我们再重新估计这个模型并取消那些时滞变量，那么调整的（adjusted）R^2 就从原来的 0.37 提高到 0.43。然而，这两个模型都是很粗糙的。对自相关误差的 Durban-Watson 检验虽然也是不确定的（相对于该统计量的临界值而言），但是在这样的小样本上它并不太可靠。

```
. estat dwatson
```

```
Durbin-Watson d-statistic( 5, 25) = 1.423806
```

时间序列分析中常常遇到自相关误差，它的存在会使惯常的 OLS 置信区间和统计检验无效。适用于时间序列的更为恰当的回归方法牵涉到 **arima** 命令，将在本章后面加以介绍。

相关图

自相关系数用于估计一个变量与其自身某一时滞之间的相关。比如,一阶自相关 (first-order autocorrelation)是 y_t 和 y_{t-1} 之间的相关。二阶自相关则是指 $\text{Cor}[y_t, y_{t-2}]$,以此类推。相关图(correlogram)可以画出相关与时滞之间的关系。

　　Stata 的 **corrgram** 命令提供了简单的相关图和有关的信息。它所显示的最大时滞是由数据所制约的,可以用 **matsize** 调用最大时滞,或者用 **lags()** 选项来指定任意的较小值:

```
. corrgram fylltemp, lags(9)
```

					-1 0 1	-1 0 1
-----	---------	---------	--------	--------	[Autocorrelation]	[Partial Autocor]
LAG	AC	PAC	Q	Prob>Q		
1	0.4038	0.4141	8.8151	0.0030		
2	0.1996	0.0565	11.012	0.0041		
3	0.0788	0.0045	11.361	0.0099		
4	0.0071	-0.0556	11.364	0.0228		
5	-0.1623	-0.2232	12.912	0.0242		
6	-0.0733	0.0880	13.234	0.0395		
7	0.0490	0.1367	13.382	0.0633		
8	-0.1029	-0.2510	14.047	0.0805		
9	-0.2228	-0.2779	17.243	0.0450		

时滞(LAG)列在表的左边,接着列出了自相关(AC)和偏自相关(PAC)。比如,在 $fylltemp_t$ 和 $fylltemp_{t-2}$ 之间的相关为 0.199 6,相应的偏自相关(已经调整了时滞1)为 0.056 5。Q 统计量(即 Box-Pierce 混合法)检验的是一系列虚无假设,即所有各种时滞的自相关都为 0。因为这里看到的绝大多数 P 值都低于 0.05,我们应当拒绝这些虚无假设,而认为 $fylltemp$ 存在显著的自相关。如果任何一个 Q 统计量的概率均不低于 0.05,我们就可以认为这个序列不含显著自相关的"白噪声(white noise)"。

　　在这一输出的右侧是由字符构成的自相关与偏自相关的标绘图。查看这类图对于设定时间序列模型很重要。更精细的自相关标绘图可以通过 **ac** 命令来取得:

```
. ac fylltemp, lags(9)
```

得到的相关图(图 13.8)包括了 95 % 置信区间的阴影区域标注。在这一区间之外的那些相关都是个体显著的。

图 13.8

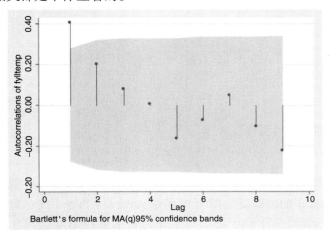

Bartlett's formula for MA(q)95% confidence bands

一个类似的命令 **pac** 可以得到偏自相关图,并包含近似的置信区间(将标准误以 $\frac{1}{\sqrt{n}}$

来估计）。命令 **ac** 和 **pac** 两者得到的默认图形就像图 13.8 那样。而对于图 13.9 中 **pac** 图,我们选择了不同的选项:在 0 相关处画了一条基准线,还将置信区间标示成轮廓而不是阴影区域。

. **pac fylltemp, yline(0) lags(9) ciopts(bstyle(outline))**

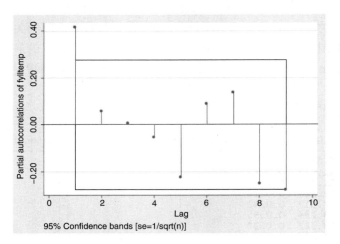

图 13.9

交叉相关图有助于探测两个时间序列之间的关系。图 13.10 显示了 *wNAO* 和 *fylltemp* 在 1973—1997 年之间的交叉相关图。在时滞为 0 时的交叉相关很强,而且是负相关,但是在其他正的或负的时滞时,交叉相关接近于 0(在 ±4 处出现了较小的正峰点)。请回忆一下,我们前面所做的 OLS 回归中,时滞自变量就都不显著。因为将北大西洋振荡和格陵兰岛周围的海洋温度联系起来的物理学机制涉及气流,因此最强的相关出现在相同年份中是有道理的。

. **xcorr wNAO fylltemp if tin(1973,1997), lags(9) xlabel(-9(1)9, grid)**

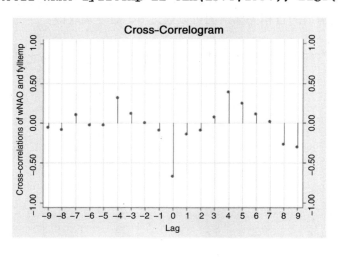

图 13.10

如果我们在 **xcorr** 命令中先列出输入或自变量、后列出输出或因变量——就像在图 13.10 中所做的那样——那么正的时滞就表明 t 时的输入与 $t+1, t+2, \cdots$ 时的输出之间的相关。于是,我们看到在冬季的 NAO 指标与 4 年以后的菲拉温度之间 0.394 这样一个中等程度的正相关。

实际的交叉相关系数以及文本版的交叉相关图能够通过增加 **table** 选项来取得:

```
. xcorr wNAO fylltemp if tin{1973,1997}, lags(9) table
```

LAG	CORR	-1　　　0　　　1 [Cross-correlation]
-9	-0.0541	
-8	-0.0786	
-7	0.1040	
-6	-0.0261	
-5	-0.0230	
-4	0.3185	
-3	0.1212	
-2	0.0053	
-1	-0.0909	
0	-0.6740	
1	-0.1386	
2	-0.0865	
3	0.0757	
4	0.3940	
5	0.2464	
6	0.1100	
7	0.0183	
8	-0.2699	
9	-0.3042	

下一节中,我们会讨论到此时间序列的更多正式模型。

ARIMA 模型

自回归集成移动平均(ARIMA, autoregressive integrated moving average)模型可以使用 **arima** 命令来进行估计。这个命令包含自回归(AR)、移动平均(MA)以及 ARIMA 模型。它还能估计包括一个或多个自变量以及 ARIMA 扰动项的结构模型。这种 ARMAX 模型的通用形式用矩阵来表示就是:

$$y_t = x_t \boldsymbol{\beta} + \mu_t \qquad [13.1]$$

其中 y_t 为因变量向量在 t 时的取值,$\boldsymbol{x}_t$ 是外生自变量值的矩阵(通常还包括一个常数),μ_t 是"其他任何"扰动因素向量。这些扰动可以是任意阶上的自回归或移动平均。比如,ARMA(1,1)[1]扰动为:

$$\mu_t = \rho\mu_{t-1} + \theta\epsilon_{t-1} + \epsilon_t \qquad [13.2]$$

其中 ρ 是一阶自相关参数,θ 是一阶移动平均参数,ϵ 是随机、独立的"白噪声"(normal i.i.d.,即正态独立同分布)误差。**arima** 可以拟合简单模型,作为公式[13.1]和[13.2]的特例,以一个常数(β_0)代替其中的结构项 $x_t\beta$。所以,简单的 ARMA(1,1) 模型变成了:

$$y_t = \beta_0 + \mu_t = \beta_0 + \rho\mu_{t-1} + \theta\epsilon_{t-1} + \epsilon_t \qquad [13.3]$$

某些来源提供了一个替代版本。在 ARMA(1,1) 的情况下,它们将 y_t 作为以前 y 值(即 y_{t-1})和当前扰动(ϵ_t)以及时滞扰动(ϵ_{t-1})的函数:

$$y_t = \alpha + \rho y_{t-1} + \theta\epsilon_{t-1} + \epsilon_t \qquad [13.4]$$

因为在这种简单结构模型 $y_t = \beta_0 + \mu_t$ 中,公式[13.3](为 Stata 所采用)与公式[13.4]是等价的,只是改变了常数尺度,即 $\alpha = (1-\rho)\beta_0$。

使用 **arima**,一个 ARMA(1,1)模型(即公式[13.3])可以用以下两种方式之一加以设定:

```
. arima y, ar{1} ma(1)
```

---

1 ARMA 是自回归移动平均法的缩写,即 autoregressive moving average 。——译者注

或

`. arima y, arima(1,0,1)`

`arima` 中的 `i` 代表"集成(integrated)",指那些还涉及差分的模型。要拟合一个 ARIMA(2,1,1)模型,使用以下命令:

`. arima y, arima(1/2,1,1)`

或者等价地:

`. arima D.y, ar(1 2) ma(1)`

这两个命令定义了一样的模型,其中因变量的一阶差分($y_t - y_{t-1}$)是前两个时滞的一阶差分($y_{t-1} - y_{t-2}$ 和 $y_{t-2} - y_{t-3}$)和当前与以前扰动(ϵ_t 和 ϵ_{t-1})的函数。

要想估计一个结构模型,其中 y_t 依赖于两个自变量 x(当前值和时滞值,x_t 和 x_{t-1})和 w(只有当前值,w_t),并包含 ARIMA(1,0,3)误差的结构模型以及往回 12 期的乘数季节性 ARIMA(1,0,1)误差(这对于涵盖许多年份的月度数据可能是恰当的),合适的命令可能具有以下形式:

`. arima y x L.x w, arima(1,0,1/3) sarima(1,0,1,12)`

按照计量经济学的符号系统,这对应着一个 ARIMA(1,0,3) × (1,0,1)$_{12}$模型。

当时间序列 y 的平均数和方差不随时间变化,并且当 y_t 和 y_{t+u} 之间的协方差只依赖于时滞 u 而并不依赖于某一特定 t 值,那么这个时间序列 y 就被认为是"稳态(stationarity)"。ARIMA 建模时假定,我们的序列是稳态的,或者可以通过适当的差分或转换形成稳态。我们可以通过审视时间标绘图中水平或方差的趋势来非正规地检查这一假定。对"单位根(unit root)"(一个非稳态的 $P_1 = 1$ 的 $AR(1)$ 过程,也被称为"随机散步")的正规统计检验也有所帮助。Stata 提供三种单位根检验:**pperron**(即 Phillips-Perron 检验),**dfuller**(即扩展的 Dickey-Fuller 检验),以及 **dfgls**(应用 GLS 的扩展的 Dickey-Fuller 检验,通常是比 **dfuller** 更为强大的检验)。

应用到菲拉堤岸温度数据,**pperron** 检验拒绝了单位根的虚无假设($P < 0.01$)。

`. pperron fylltemp, lag(3)`

```
Phillips-Perron test for unit root          Number of obs   =        50
                                            Newey-West lags =         3
```

	Test Statistic	——————— Interpolated Dickey-Fuller ———————		
		1% Critical Value	5% Critical Value	10% Critical Value
Z(rho)	-29.871	-18.900	-13.300	-10.700
Z(t)	-4.440	-3.580	-2.930	-2.600

MacKinnon approximate p-value for Z(t) = 0.0003

检验结果有时会对所选的时滞数量很敏感,但本例中其他大于或小于 3 的时滞得到了类似结论。Dickey-Fuller 的 GLS 检验评价的虚无假设为 *fylltemp* 有一个单位根(对应的替换假设为:它是稳态的,有一个很可能为非 0 的平均数,但是没有线性的时间趋势),它也拒绝了这一虚无假设($P < 0.05$)。于是,两个检验都肯定了从图 13.6 获得的稳态视觉印象。

```
. dfgls fylltemp, notrend maxlag(3)
```

```
DF-GLS for fylltemp                                    Number of obs =     47
```

[lags]	DF-GLS mu Test Statistic	1% Critical Value	5% Critical Value	10% Critical Value
3	-2.304	-2.620	-2.211	-1.913
2	-2.479	-2.620	-2.238	-1.938
1	-3.008	-2.620	-2.261	-1.959

```
Opt Lag (Ng-Perron seq t) = 0 [use maxlag(0)]
Min SC   = -.6735952 at lag  1 with RMSE  .6578912
Min MAIC = -.2683716 at lag  2 with RMSE  .6569351
```

对于一个稳态序列,相关图提供了关于选择一个初步的 ARIMA 模型的指导:

AR(p)　　　一个 p 阶自回归过程存在自相关,它随着时滞的增加而逐渐衰减。在时滞 p 以后,偏自相关就断绝了。

MA(q)　　　一个 q 阶移动平均过程存在自相关,在时滞 q 以后,自相关就断绝了。偏自相关随着时滞的增加而逐渐衰减。

ARMA(p,q)　一个混合的自回归和移动平均过程存在自相关和偏自相关,随着时滞的增加而逐渐衰减。

相关图中在季节时滞上的芒尖(比如,在月度数据中的 12,24,36 号)表明了一种季节性模式。辨认季节模型服从于类似的指导方针,但是要在自相关和偏自相关分析时采用季节时滞。

图 13.8 和图 13.9 微弱地暗示了一个 AR(1) 过程,所以我们将其作为 *fylltemp* 的简单模型来试一试。

```
. arima fylltemp, arima(1,0,0) nolog
```

```
ARIMA regression
```

```
Sample:  1950 - 2000                     Number of obs     =       51
                                         Wald chi2(1)      =     7.53
Log likelihood = -48.66274               Prob > chi2       =   0.0061
```

fylltemp	Coef.	OPG Std. Err.	z	P>|z|	[95% Conf. Interval]
fylltemp _cons	1.68923	.1513096	11.16	0.000	1.392669 1.985792
ARMA ar L1.	.4095759	.1492491	2.74	0.006	.1170531 .7020987
/sigma	.627151	.0601859	10.42	0.000	.5091889 .7451131

在我们拟合了一个 **arima** 模型以后,它的系数和其他结果以 Stata 通常的方式被暂时保存起来。比如,要想看看最近的 AR(1) 模型的系数和标准误,可以键入:

```
. display [ARMA]_b[L1.ar]
.4095759
```

```
. display [ARMA]_se[L1.ar]
.14924909
```

这一例子的 AR(1) 系数统计性显著地区别于 0($z = 2.74, P = 0.006$),提供了模型恰当的一个迹象。第二个检验是残差是否表现为不相关的"白噪声"。在执行了 **arima** 以后,我们可以通过 **predict** 来取得残差(也可取得预测值和其他案例统计量):

```
. predict fyllres, resid
. corrgram fyllres, lags(15)
```

```
                                          -1     0    1 -1    0      1
LAG      AC        PAC         Q      Prob>Q  [Autocorrelation]  [Partial Autocor]

1     -0.0173    -0.0176    .0162    0.8987
2      0.0467     0.0465    .13631   0.9341
3      0.0386     0.0497    .22029   0.9742
4      0.0413     0.0496    .31851   0.9886
5     -0.1834    -0.2450   2.2955    0.8069
6     -0.0498    -0.0602   2.4442    0.8747
7      0.1532     0.2156   3.8852    0.7929
8     -0.0567    -0.0726   4.087     0.8492
9     -0.2055    -0.3232   6.8055    0.6574
10    -0.1156    -0.2418   7.6865    0.6594
11     0.1397     0.2794   9.0051    0.6214
12    -0.0028     0.1606   9.0057    0.7024
13     0.1091     0.0647   9.8519    0.7060
14     0.1014    -0.0547  10.603     0.7169
15    -0.0673    -0.2837  10.943     0.7566
```

corrgram 的 Q 检验发现，直到时滞 15，残差中并没有显著自相关。我们还能通过对时滞 15 做一次 **wntestq**（即用 Q 统计量检验白噪声，white noise test Q statistics）也能得到同样结果。

```
. wntestq fyllres, lags(15)

Portmanteau test for white noise

  Portmanteau (Q) statistic =      10.9435
  Prob > chi2(15)           =       0.7566
```

根据这些标准，我们的 AR(1) 或 ARIMA(1,0,0) 模型显得是恰当的。用 MA 或更高阶的 AR 项的更复杂的模型并不会对拟合有什么改进。

用一个类似的 AR(1) 模型只拟合 1973—1997 年期间的 *fylltemp*。然而，在这一时期，冬季北大西洋振荡（*wNAO*）的信息显著地改进了预测。对于一个简单的 ARMAX（含外生变量的自回归移动平均）模型，我们将 *wNAO* 作为自变量，但是保留一个 AR(1) 项来解释误差的自相关。

```
. arima fylltemp wNAO if tin(1973,1997), ar(1) nolog

ARIMA regression

Sample:  1973 — 1997                    Number of obs   =        25
                                        Wald chi2(2)    =     12.73
Log likelihood = -10.3481               Prob > chi2     =    0.0017
```

fylltemp	Coef.	OPG Std. Err.	z	P>|z|	[95% Conf. Interval]	
fylltemp						
wNAO	-.1736227	.0531688	-3.27	0.001	-.2778317	-.0694138
_cons	1.703462	.1348599	12.63	0.000	1.439141	1.967782
ARMA						
ar L1.	.2965222	.237438	1.25	0.212	-.1688478	.7618921
/sigma	.36536	.0654008	5.59	0.000	.2371767	.4935432

```
. predict fyllhat
(option xb assumed; predicted values)
. label variable fyllhat "predicted temperature"
. predict fyllres2 if tin(1973,1997), resid
. corrgram fyllres2, lags(9)
```

LAG	AC	PAC	Q	Prob>Q	-1 0 1 [Autocorrelation]	-1 0 1 [Partial Autocor]
1	0.0501	0.0558	.07046	0.7907		
2	-0.0121	-0.0127	.07479	0.9633		
3	-0.5363	-0.5932	8.9001	0.0306		
4	-0.0222	0.1126	8.9159	0.0632		
5	-0.0684	-0.1821	9.0736	0.1062		
6	0.1720	-0.0747	10.125	0.1195		
7	0.0709	0.0655	10.314	0.1715		
8	0.0812	0.0491	10.576	0.2269		
9	-0.1148	-0.1731	11.132	0.2668		

在这个模型中，*wNAO* 呈现出一个显著的负效应，同时残差通过了白噪声的混合检验（$Q_9 = 11.444, P = 0.2668$）。AR(1) 系数统计上并不显著，但它仍然是有用的，因为如果我们排除这个 AR 项，残差便将不再通过对白噪声的检验。

图 13.11 同时画出了模型的预测值 *fyllhat* 和观测的温度序列 *fylltemp*。这个模型在合理地拟合主要的变暖至变冷段落和几个较小变动方面取得了成功。为了让图中的 y 轴标签显示为同样的小数位（0.5,1.0,1.5,…而不是 0.5,1,1.5,…），我们设定它们的格式为 **%2.1f** 。

```
. graph twoway line fylltemp year if tin(1973, 1997)

     ||   line fyllhat year if tin(1973, 1997)

     ||   , ylabel(.5(.5)2.5, angle(horizontal) format(%2.1f))
ytitle("Degrees C") xlabel(1975(5)1995, grid) xtitle("")
legend(label(1 "observed temperature")
     label(2 "model prediction") position(5) ring(0) col(1))
```

图 13.11

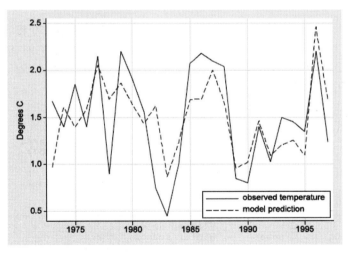

本章的最后一节给出了一个有关 ARMAX 建模的更为细致的举例说明。

ARMAX 模型

第 3 章中的图 3.55 画出了波士顿市和位于新罕布什尔州怀特山脉的一个地点在 1999—2000 年冬季期间的日雪层厚度测量指标。图形也描绘了观测到的和模型预测的前往怀特山脉一处滑雪度假胜地的滑雪者数量，雪层厚度的测量正是在此处附近进行的。图 13.12 重新得到了这一图形。

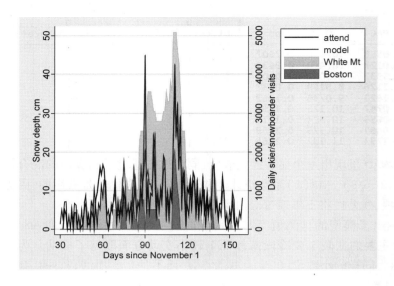

图 13.12

图 13.12 背后的数据和分析取自于一项对滑雪区、天气和气候的研究,此研究(Hamilton、Brown & Keim,2007)发表在《国际气候学杂志》(*International Journal of Climatology*)上。在原初的研究中,作者们对两处滑雪区在九个冬季期间的每日天气和来游玩的滑雪者数量进行了分析。数据集 *whitemt2.dta* 为他们所用数据的一个子集,包含一个滑雪区在 1999—2000 年这一冬季期间的情况。借助之前的命令形式,该数据被标注成消逝天数(变量 *edate*):

. tsset *edate*, daily

whitemt2.dta 还包含另一个时间指标,季节天数(day-of-season)变量,计算了自 11 月 1 日以来每个季节的天数,绘制诸如第 3 章的图 3.54 这样的图形时需要用到它。其他变量包括标示一周中每一天的虚拟变量(比如,如果当天是星期天,则 *day1* 等于 1)以及波士顿和怀特山脉以厘米为单位的日降雪量和雪层厚度。变量 *visits* 给出了每天来到滑雪区游玩的滑雪者数量。

```
Contains data from c:\data\whitemt2.dta
  obs:           182                          Winter 1999-2000 at NH ski area
                                                (Hamilton, Brown, Keim 2007)
  vars:           16                          25 May 2008 17:07
  size:        8,190 (99.9% of memory free)

              storage   display    value
variable name   type    format     label      variable label

edate          int      %td                   Elapsed date
season         int      %9.0g      season      Winter season
dayseason      int      %9.0g                  Days since November 1
visits         float    %9.0g                  Daily skier/snowboarder visits
day1           byte     %8.0g                  dayweek==Sun
day2           byte     %8.0g                  dayweek==Mon
day3           byte     %8.0g                  dayweek==Tue
day4           byte     %8.0g                  dayweek==Wed
day5           byte     %8.0g                  dayweek==Thu
day6           byte     %8.0g                  dayweek==Fri
day7           byte     %8.0g                  dayweek==Sat
bosfall        float    %9.0g                  Snow fall in Boston, cm
mtfall         float    %9.0g                  Snow fall in mountains, cm
mtdepth        float    %9.0g                  Snow depth in mountains, cm
bosdepth       float    %9.0g                  Snow depth in Boston, cm
model          float    %9.0g                  ARMAX predicted visits

Sorted by:  edate
```

数据集包含了以一个时间序列模型得到的预测值,第 3 章中曾将它们未加解释地画出来。这些预测值根据一个以 **arima** 估计的 ARMAX(含外生变量的自回归移动平均)模型得到。原初的研究基于取自两个滑雪区的多年数据(multi-year data)来拟合模型,不过,此处一年、一个区的子集也足够对该方法做一个扼要说明——且得到关于其"后院效应"假设的相同结论。

下面,我们会看到滑雪区日游客量对 12 个自变量的一个 ARMAX 回归:

标示一周中每一天的虚拟变量(*day1*, *day3* 等)。星期一为忽略类别(omitted category),当天往往是该游览胜地游客量很少的一天。

山脉区前一天的雪层厚度(L1.*mtdepth*)以及前一天和前两天的降雪量(L1.*mtfall* 和 L2.*mtfall*)。

类似地,波士顿前一天的雪层厚度(L1.*bosdepth*)以及时滞为 1 和 2 的降雪量(L1.*bosfall* 和 L2.*bosfall*)。

通过以多年份数据进行探索,该研究的作者们发现将扰动作为通常的乘数"季节性"(反映的是每周 7 天而不是年度的周期)一阶自回归和移动平均过程进行建模是一个很好的选择——**arima(1,0,1) sarima(1,0,1,7)**。在这类模型中,时间 t 处的扰动(μ_t,见公式[13.1])具有以下形式:

$$\mu_t = \rho_1\mu_{t-1} + \rho_{7,1}\mu_{t-7} - \rho_1\rho_{7,1}\mu_{t-7} + \epsilon_t + \theta_1\epsilon_{t-1} + \theta_{7,1}\epsilon_{t-7} + \theta_1\theta_{7,1}\epsilon_{t-8} \qquad [13.5]$$

其中 ρ 是自回归参数(当前扰动 μ_t 对时滞扰动进行回归),θ 是移动平均参数(当前白噪声误差 ϵ_t 对时滞误差进行回归)。

```
. arima visits day1 day3 day4 day5 day6 day7 L1.mtdepth
    L1.mtfall L2.mtfall L1.bosdepth L1.bosfall L2.bosfall,
    arima(1,0,1) sarima(1,0,1,7)

(setting optimization to BHHH)
Iteration 0:    log likelihood = -928.83082   (not concave)
Iteration 1:    log likelihood = -927.72396
Iteration 2:    log likelihood = -926.73491
Iteration 3:    log likelihood = -926.57525
Iteration 4:    log likelihood = -925.99813
(switching optimization to BFGS)
Iteration 5:    log likelihood = -925.71423
Iteration 6:    log likelihood = -925.67082
Iteration 7:    log likelihood = -925.58537
Iteration 8:    log likelihood = -925.48515
Iteration 9:    log likelihood = -925.43945
Iteration 10:   log likelihood = -925.40022
Iteration 11:   log likelihood = -925.37681
Iteration 12:   log likelihood = -925.37219
Iteration 13:   log likelihood = -925.37119
Iteration 14:   log likelihood = -925.37094
(switching optimization to BHHH)
Iteration 15:   log likelihood = -925.37091
Iteration 16:   log likelihood = -925.3709

ARIMA regression

Sample:  03dec1999 - 03apr2000          Number of obs   =        123
                                        Wald chi2(16)   =     227.08
Log likelihood = -925.3709              Prob > chi2     =     0.0000
```

visits	Coef.	OPG Std. Err.	z	P>|z|	[95% Conf. Interval]	
visits						
day1	829.5041	166.5313	4.98	0.000	503.1088	1155.9
day3	349.5057	171.7344	2.04	0.042	12.91237	686.099
day4	131.6191	199.9863	0.66	0.510	-260.3468	523.585
day5	508.6724	233.1467	2.18	0.029	51.71321	965.6316
day6	245.0255	221.6643	1.11	0.269	-189.4285	679.4795
day7	790.0761	190.256	4.15	0.000	417.1811	1162.971
mtdepth						
L1.	17.84307	7.687006	2.32	0.020	2.776816	32.90932
mtfall						
L1.	-.8688855	19.33456	-0.04	0.964	-38.76393	37.02616
L2.	-35.05528	16.06164	-2.18	0.029	-66.53552	-3.575034
bosdepth						
L1.	112.5427	25.19787	4.47	0.000	63.15577	161.9296
bosfall						
L1.	21.16441	27.46685	0.77	0.441	-32.66962	74.99845
L2.	-33.90994	24.36751	-1.39	0.164	-81.66938	13.8495
_cons	52.40108	186.0097	0.28	0.778	-312.1713	416.9734
ARMA						
ar L1.	.5022812	.2482918	2.02	0.043	.0156382	.9889242
ma L1.	-.150929	.278841	-0.54	0.588	-.6974474	.3955893
ARMA7						
ar L1.	-.7203389	.2019019	-3.57	0.000	-1.116059	-.3246185
ma L1.	.8788344	.1828954	4.81	0.000	.520366	1.237303
/sigma	444.9262	30.20298	14.73	0.000	385.7295	504.123

```
. predict e1, resid
. corrgram e1, lags(14)
```

LAG	AC	PAC	Q	Prob>Q	-1 0 1 [Autocorrelation]	-1 0 1 [Partial Autocor]
1	-0.0038	-0.0038	.00182	0.9659		
2	0.0685	0.0689	.5984	0.7414		
3	-0.1508	-0.1518	3.5111	0.3193		
4	0.0707	0.0685	4.1576	0.3851		
5	-0.0123	0.0060	4.1773	0.5242		
6	0.1076	0.0787	5.6992	0.4577		
7	0.0181	0.0388	5.7428	0.5701		
8	-0.1798	-0.2127	10.063	0.2606		
9	0.0367	0.0781	10.245	0.3311		
10	0.0490	0.0694	10.571	0.3919		
11	0.0428	-0.0276	10.823	0.4582		
12	0.1173	0.1654	12.728	0.3891		
13	-0.0033	-0.0228	12.73	0.4689		
14	0.0818	0.1151	13.672	0.4744		

corrgram 的 Q 检验表明,该模型的残差在至少考虑到时滞 14 的情况下并没有显著地不同于白噪声:$Q_{14} = 13.672$,$P = 0.4744$。但是,根据 z 检验的情况,模型中的数个系数并不显著地区别于零。比如,$day4$ 的系数并不显著($z = 0.66$,$P = 0.51$),表明星期三来游玩的滑雪者数量并没有大量增加。我们并未从纳入降雪量的 1 天和 2 天时滞测量指标中获益很多,也许 1 天的时滞就足够了。提高简约性但不牺牲太多拟合度的模型简化(model simplification)牵涉到一个删除不显著效应、重新估计模型和再次检验残差自相关的重复过程。

该模型的一个简化版本见下面,与 Hamilton 等(2007,表 1)所描述的针对多年份数据的简化模型(reduced model)。更简单版本删除了星期三虚拟变量($day4$)和时滞 2 雪层变量(L2.$mtdepth$ 和 L2.$bosdepth$)的效应。出于预防异方差性或非正态误差的考虑，该模型还应用了方差-协方差矩阵的稳健估计（因此标准误也是稳健估计）。

通过将 $day1, day3$ 等替换成一周中每天的名称来改善可读性，并将残差项显示为观测和预测的 y 之差 $y - \hat{y}$，我们可以将回归模型写成公式[13.6]。系数估计值取自下面的 **arima** 表。季节性的 ARMA 扰动具有公式[13.5]中的形式。

$$y_t = 70.4 + 760\,sunday + 319\,tuesday + 440\,thursday + 187\,friday +$$
$$736\,saturday + 18\,mtdepth_{t-1} + 10\,mtfall_{t-1} + 81\,bosdepth_{t-1} +$$
$$29\,bosfall_{t-1} + 0.43(y_{t-1} - \hat{y}_{t-1}) + 0.39(y_{t-7} - \hat{y}_{t-7}) - (0.43)(0.39)$$
$$(y_{t-8} - \hat{y}_{t-8}) - 0.80\epsilon_{t-1} - 0.21\epsilon_{t-7} + (0.08)(0.21)\epsilon_{t-8} + \epsilon_t \qquad [13.6]$$

```
. arima  visits  day1 day3 day5 day6 day7
     L1.mtdepth  L1.mtfall  L1.bosdepth  L1.bosfall,
     nolog arima(1,0,1) sarima(1,0,1,7) vce(robust)

ARIMA regression

Sample:  03dec1999 - 03apr2000          Number of obs   =      123
                                        Wald chi2(13)   =   165.61
Log pseudolikelihood = -929.3802        Prob > chi2     =   0.0000
```

visits	Coef.	Semi-robust Std. Err.	z	P>|z|	[95% Conf. Interval]	
visits						
day1	760.3589	184.9516	4.11	0.000	397.8604	1122.857
day3	318.7005	117.8276	2.70	0.007	87.76266	549.6382
day5	439.6547	126.6586	3.47	0.001	191.4085	687.9009
day6	187.4986	138.4221	1.35	0.176	-83.8037	458.801
day7	735.9067	171.2135	4.30	0.000	400.3345	1071.479
mtdepth						
L1.	18.12641	6.764066	2.68	0.007	4.869087	31.38374
mtfall						
L1.	10.36519	15.34777	0.68	0.499	-19.71589	40.44627
bosdepth						
L1.	80.54236	26.13901	3.08	0.002	29.31084	131.7739
bosfall						
L1.	29.13017	15.44579	1.89	0.059	-1.143021	59.40337
_cons	70.38917	106.8985	0.66	0.510	-139.1281	279.9064
ARMA						
ar						
L1.	.4318007	.1659101	2.60	0.009	.1066228	.7569785
ma						
L1.	-.083972	.2139253	-0.39	0.695	-.5032579	.335314
ARMA7						
ar						
L1.	.3857269	.2652439	1.45	0.146	-.1341416	.9055953
ma						
L1.	-.206814	.3163991	-0.65	0.513	-.8269448	.4133168
/sigma	461.9048	58.43922	7.90	0.000	347.3661	576.4436

由此单季（one-reason）模型得到的最有意思的结论就是存在一个"后院效应"，这与更大规模研究所得结论相一致。即使是在控制了山脉区雪层厚度的情况下，波士顿的雪层厚度仍然对位于其北部 225 千米处的一个滑雪区第二天的滑雪者来访数量具有显著影响。实际上，从各自的系数来判断，波士顿的 1 厘米雪层厚度远比山脉区的 1 厘米雪层厚度更有意义（每厘米约 81 相对于 18 个单位的滑雪者来访量）。波士顿前一天的降雪量似乎也比山脉区的降雪量具有更大的影响（29 相对于 10），尽管此处它们各自的系数都统计上显著。

基于这一简化模型，我们可以得到预测值，但出于画图的目的，我们将若干负的预测值（低于 0 个滑雪者）替换为 0。注意，该 $yhat$ 变量与前面图 3.55 和图 13.12 中画出的变量 $model$ 相同。

```
. predict yhat
(option xb assumed; predicted values)
(1 missing value generated)
. replace yhat=0 if yhat<0
(6 real changes made)
. correlate yhat model
(obs=181)
```

	yhat	model
yhat	1.0000	
model	1.0000	1.0000

命令 **predict** 也可以计算残差。这会得到 59 个缺失值,表示当年的滑雪季开放之前或关闭之后的 11 月和 4 月中的那些天。混合检验发现并不存在显著的残差自相关($Q_{14} = 16.861$, $P = 0.263\ 6$),因此白噪声误差的假定看来是合理的。

```
. predict e2, resid
(59 missing values generated)
. corrgram e2, lag(14)
```

					-1 0 1	-1 0 1
LAG	AC	PAC	Q	Prob>Q	[Autocorrelation]	[Partial Autocor]
1	-0.0034	-0.0033	.00141	0.9700		
2	0.0836	0.0846	.88907	0.6411		
3	-0.1817	-0.1847	5.1189	0.1633		
4	0.0374	0.0330	5.3	0.2579		
5	-0.0358	-0.0075	5.4673	0.3615		
6	0.1419	0.1084	8.1139	0.2299		
7	0.0076	0.0211	8.1217	0.3220		
8	-0.1848	-0.2344	12.687	0.1231		
9	0.0314	0.0954	12.82	0.1709		
10	0.0817	0.1227	13.729	0.1857		
11	0.0708	-0.0113	14.417	0.2108		
12	0.1315	0.1535	16.812	0.1568		
13	0.0101	0.0038	16.826	0.2074		
14	-0.0157	0.0284	16.861	0.2636		

图 13.13 画出了模型的预测值以及实际的滑雪者来访量。它与图 13.12 相类似,因为两者描述了同一个数据。图 13.13 中,我们利用了 **tsline** 的添加时间轴标签特性来绘制此标绘图的一个更易读版本。

```
. graph twoway tsline visits yhat if dayseason>29 & dayseason<160,
    legend(rows(2) position(2) ring(0) label(1 "actual")
    label(2 "model"))
    ylabel(0(1000)4000) ttitle("Date, 1999-2000 ski season")
    tlabel(01dec1999 01jan2000 01feb2000 01mar2000 01apr2000,
    format(%tdmd))
```

图 13.13

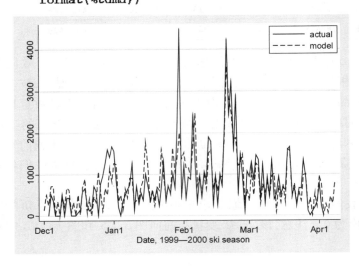

$\mathbf{14}$ 调查数据分析

尽管在一些情况下简单随机抽样是不可能的,调查研究还是非常强调对总体做出有效的推断。作为对理想的简单随机抽样的替代,复杂抽样方法被用来获得更具代表性的样本,而且,在有必要时进行事后抽样修正。由于标准统计方法所假定的是简单随机抽样,因此,我们也需要针对调查数据而设计的专门方法,从而可以把有关抽样过程的信息考虑进来。

Stata 因在调查数据分析上的优势而赢得了声誉,它基于一种包含分析方法广泛选择的统一手段。所有这些分析方法都根据样本结构的一个隐含定义来进行工作,该定义可以包含对设计或者选择性偏误进行修正的概率权数。抽样设计也可能涉及复杂的情况,比如分层、多阶段集群、一个或多个层上的有限总体、重置抽样、重复权数或者事后分层。一旦基本的设计元素已被设定(借助 **svyset** 命令),其包含数据集就和该信息一起被保存下来。随后使用 **svy**: 命令的分析将会自动应用权数以及其他恰当的调查设计信息。

Stata 的大部分调查数据分析程序都可以用菜单进行调用,尤其是用 Statistics > Survey data analysis 中的许多次级菜单。要想获得从入门到进一步的信息,键入 **help survey**。对于 Stata 与调查数据分析有关的全部命令,《调查数据参考手册》(*Survey Data Reference Manual*)提供了范例和技术细节。其他较好的参考文献包括 Levy 和 Lemeshow(1999)讨论抽样的书,以及 Korn 和 Graubard(1999)以生物统计学例子讨论调查数据分析的书。Sul 和 Forthofer(2006)针对调查数据分析中的一些主要问题提供了一个简明概述。有关调查问题用词(wording)上的一些缺陷的充分讨论,请参见 Moore(2008)。

命令示范

. `svyset _n [pweight = censuswt]`

声明数据集为调查类型数据,概率权数(与选中概率的倒数成比例)由变量 *censuswt* 给出。*_n* 将个体观测(默认情形)设定为初级抽样单位(primary sampling units)或 PSUs。

. `svyset _n [pweight = censuswt], strata(district)`

声明数据集是来自于一阶段分层抽样的调查类型数据:总体首先被分层,然后在每层内独立地抽取个体。本例中,变量 *district* 识别出层,*censuswt* 为概率权数。

. svyset *school* [pweight = *finalwt*], fpc{*nschools*}
|| _n, fpc{*nstudents*}

声明数据集是来自于两阶段整群抽样的调查类型数据。第一阶段中,学校被随机地选取,因此学校是PSUs。第二阶段中,在选中学校内随机地选取学生。对每个阶段都设定了有限总体修正(FPCs):*nschools*是总体中的学校总数,*nstudents*是每所学校中的学生数。

. svy: tabulate *vote*, percent miss ci

基于**svyset**数据,获得变量*vote*的加权百分比和置信区间表,其中包括缺失值。

. svy: tabulate *vote* *gender*, column pearson lr wald

获得*vote*和*gender*的加权交互表,给出基于每一列(*gender*)的比例。皮尔逊卡方、似然比卡方以及沃德检验统计量也一并被报告。

. svy: regress *y* *x1* *x2* *x3*

运行*y*对三个预测变量*x1*,*x2*和*x3*的调查回归。下面列出了其他的回归类型的调查估计程序以及许多其他程序。有关的完整清单,请键入**help svy**进行查询。

svy:cnreg	删截正态回归(censored-normal regression)
svy:glm	一般化线性模型(generalized linear model)
svy:intreg	区间回归(interval regression)
svy:nl	非线性最小二乘法(nonlinear least squares)
svy:tobit	Tobit回归(Tobit regression)
svy:truncreg	删截回归(truncated regression)
svy:stcox	Cox比例风险模型(Cox proportional hazards model)
svy:streg	参数生存分析模型(parametric survival models)
svy:cloglog	互补双对数回归(complementary log-log regression)
svy:logit	logit回归(logit regression)
svy:ologit	序次logit回归(ordered logit regression)
svy:mlogit	多项logit回归(multinomial logit regression)
svy:probit	probit回归(probit regression)
svy:nbreg	负二项回归(negative binomial regression)
svy:zinb	零膨胀负二项回归(zero-inflated negative binomial regression)
svy:heckman	Heckman选择模型(Heckman selection model)

. svy, subpop(*voted*): regress *y* *x1* *x2* *x3*

只用一个子总体来进行调查回归分析,该子总体由{0,1}变量*voted*取1的值所界定。对于大部分的调查数据分析而言,采用通常的方式以**if**或者**in**表达来选择数据的子集是不合适的,而是使用一个**svy,subpop( )**:选项。

. svy jackknife: mprobit *y* *x1* *x2* *x3*

运行多分类变量*y*对三个预测变量的多项probit回归分析,在输出的结果表中给出系数、标准误、*t*检验以及置信区间的刀切法估计值。

. estat effects, deff deft meff meft

在模型估计之后,创建一个点估计值的设计效应(design effect)和误设效应(misspecification effect)表。键入**help svy_estat**查看**estat**后续估计功能的完整清单。

概率权数

虽然术语"加权数据"或者"加权分析"经常出现在研究著作中,但是它们可以意味着许多不同的事情。Stata 区分了四种一般性的权数类型,每一种权数适用于不同的情形和目的。

aweight 分析权数,应用于加权最小二乘(WLS)回归以及类似的程序中。

fweight 频数权数,计算重复观测案例的数量。频数权数必须是整数。

iweight 重要性权数,但是"重要性"由用户自己界定 。

pweight 概率或抽样权数,它与一个观测案例根据抽样策略被选中的概率的倒数成比例。

调查研究人员经常使用概率权数来修正抽样方法中的偏误。偏误可能源自抽样设计时的主观意图,或者源自数据收集过程的意外情况。不论哪种情况下,初始抽样都并没有产生一个能够很好地代表所关注总体的数据集。概率加权试图对这种偏离简单随机抽样的情况进行弥补,从而可以给我们一个有关抽样变异和总体特征的更加真实的图景。本节举例说明了如何使用概率权数来对抽样设计中的已知偏误进行修正。

自从 2001 年以来,新罕布什尔大学的州民意调查中心每年都会进行几次全州范围的电话调查。每次调查联系一个大约 500 人的新样本,询问各类民意方面的问题以及受访者的背景特征。该民意调查政治性发现在新罕布什尔州每隔四年的总统初选阶段[1]都赢得了全国性影响。数据集 *Granite_08_01s.dta* 包括了在 2008 年 1 月份针对 555 个人进行民意调查的问题。

```
. use Granite_08_01s.dta, clear
(Granite State Poll, January 2008)

. describe, short

Contains data from C:\data\Granite_08_01s.dta
  obs:           555                          Granite State Poll, January 2008
  vars:           46                          13 Apr 2008 17:22
  size:        37,740 (99.9% of memory free)
Sorted by:
```

民意调查人员对根据新罕布什尔州家庭户电话号码得到的一个随机样本进行了电话访问,从理论上看,这个随机样本可以是所有家庭户的一个代表性样本。然而,对于投票研究以及许多其他目的而言,我们希望推论的不是所有家庭户构成的总体,而是所有成年人或所有投票者构成的总体。一些家庭户只包括一个成年人,而另外一些家庭户可能有更多的成年人。这一特定民意调查的受访者中,大约 28 % 的人报告说他们居住在只有一个成年人的家庭户里(作为对出于加权目的而作的现实折中,本例中的应答被限定在有 1 个、2 个或 3 个及以上成年人的情况)。

```
. tab adults, miss
```

Adults in household	Freq.	Percent	Cum.
1	154	27.75	27.75
2	306	55.14	82.88
3+	85	15.32	98.20
.	10	1.80	100.00
Total	555	100.00	

---

1 这一阶段大体上是从总统选举年的年初到夏季,各州将陆续举行初选或者党团会议,决定各州支持的候选人。——译者注

虽然我们的样本中大约有 28% 的人居住在只有一个成年人的家庭里,但是,要是据此就猜测整个新罕布什尔州成人所占的百分比也与此类似则将会是个错误。来自于只有 1 个成年人家户的人进入样本的可能性至少是来自于有 3 个或以上成年人家户的人的 3 倍。为了随机地选取一位居民,一旦某个家庭户的电话被打通,电话访问员要求对这个家庭中最近刚过完生日的成人进行访问,或者,如果这个人正好不在家,就稍后再打过去。上面的非缺失应答表明,我们的 545 个电话访问所接触的家庭至少包括 $(1 \times 154) + (2 \times 306) + (3 \times 85) = 1\,021$ 名成人。在这个仿造的成年人样本中,那些居住在只有一个成人家户的人只占到 154/1 021 或 15%,远低于上表中的 28%。

调查权数提供了一种方法来修正此类已知的抽样偏误,从而可以获得更加真实的结果。本例中,不仅对于描述家庭户规模而且对于分析与家庭户规模相关的其他方面(比如投票行为)而言,此修正可能都很紧要。单个成人家庭户可能包括更高比例的独居老人。两个成人家户或包括许多未成年的家庭成员。多个成年人家庭户经常会是老年家庭成员与成年子女同住,或者青年人与亲友同住的情况。

概率权数与选中概率的倒数成比例。对于我们的例子,从只有 1 个成人家庭户中选取特定一人(假定我们能打通电话)的条件概率等于 1。从有两个成人家庭户中选取 1 个人的条件概率等于 1/2,而从有 3 个成人家庭户中选取 1 个人的条件概率等于 1/3。如果我们使用这些概率的倒数 1,2 和 3 作为权数,那么我们的样本将包括 1 021 名仿造成人——这虽然给了我们正确的比例,但是会导致不正确的置信区间以及其他的混淆。要想保持真实的样本规模,我们可以用真实人数与仿造人数的比值 545/1 021 乘以这些概率的倒数。得到的权数分别是 0.53(1 个成人家庭户)、1.07(2 个成人家庭户)或 1.60(3 个或以上成人家庭户),缺失值被赋予一个中立的权数 1。你可以使用计算器来验证这些权数的比值仍然是 1:2:3。

```
. generate adultwt = adults*(545/1021)
. replace adultwt = 1 if adultwt >= .
. tab adults, summ(adultwt) miss
```

Adults in household	Summary of adultwt Mean	Std. Dev.	Freq.
1	.53379041	.	154
2	1.0675808	.	306
3+	1.6013712	.	85
.	1	0	10
Total	1	.3441352	555

首先,我们创建了一个新变量 *adultwt*,它就是概率权数,被用来修正一个已知的抽样偏误但保持原来的样本规模。现在,允许 **pweight** 的任何 Stata 程序都可以应用这个概率权数来作为对这一偏误的一个修正。比如,人们对全球变暖所带来威胁的看法(*warmthr*),本章后面将要讨论到,可能以如下的命令被用来对性别、年龄和教育进行回归:

```
. logit warmthr gender age educ [pweight=adultwt]
```

事后分层权数

前面一节给出了基于抽样设计得到权数的例子,这些权数在开始收集数据之前就已经知道。在我们开始分析样本之后会看到,尽管我们做出了最大的努力,样本在某方面似乎并不具有代表性,这时可以定义另一种类型的权数。例如,样本的性别或年龄分布可能与目标总体的相应分布明显不同,这会使进一步的分析变得不可信。事后分层指的是计算一个概率权数,以使样本中特定组或层的比例紧密地与总体中的比例类似。

比如,新罕布什尔州民意调查样本中有59.82%是女性。

```
. tab gender
```

Sex of respondent	Freq.	Percent	Cum.
Male	223	40.18	40.18
Female	332	59.82	100.00
Total	555	100.00	

但是,根据人口普查局2006年的估计,新罕布什尔州成年人口中只有51.6%是女性。如果根据本次调查就认定该州人口中有接近59.82%的女性,那么我们将偏离目标值很远。此外,我们还可能很容易对诸如投票等与性别相关的其他事情做出错误的推断。这一明显的应答偏误会破坏我们对一个更大总体进行推断的能力。

有很多的方法可以用来进行事后分层(除了下面所展示的对手工方法的一种替代之外,Stata的**svyset**命令还提供一个**poststrata**选项,《调查参考手册》对此选项进行了说明;键入**help svyset**查看基本语法)。如果我们知道关键变量的实际总体比例,就像我们知道性别的实际总体比例那样,那么,修正应答偏误的权数可以通过将总体比例除以样本比例计算得到。变量gender被编码为以0表示男性,占新罕布什尔州成年人口的48.4%(根据人口普查估计),但本样本中只为40.18%;编码1表示女性,占总体的51.6%,但本样本中为59.82%。gender在这个数据中不存在缺失值。因此,我们下面对女性计算的权数略低于1(genwt = 0.86),对男性计算的权数则略大于1(genwt = 1.20)。

```
. generate genwt = 48.4/40.18 if gender==0
. replace genwt = 51.6/59.82 if gender==1
. tab gender, summ(genwt)
```

Sex of respondent	Summary of genwt Mean	Std. Dev.	Freq.
Male	1.2045794	0	223
Female	.86258775	.	332
Total	1.0000006	.16781684	555

更加复杂的事后分层权数可以用类似的方法进行计算。比如,假定对于一个不同的研究(不是新罕布什尔州民意调查),我们想概略估算一个总体的年龄—种族—性别分布。

①从普查或者其他的数据获得诸如居住在某个州的成年人这样的所关注总体的一个年龄—种族—性别百分比表。如果我们把年龄划分为5组(18~29,30~39等),把种族分成两组(白人,非白人),这会产生20个数字,比如,该州18~29岁男性白人构成的成年人口的百分比、18~29岁女性白人构成的成年人口的百分比,等等。

②从样本中获得一个类似的年龄—种族—性别百分比表。比如,创建一个表示年龄—种族—性别组合的新变量ARS,然后对ARS制表。

```
. egen ARS = group(agegroup race sex), lname(ars)
. tab ARS
```

③使用**generate... if**命令定义一套新权数。比如,假定我们知道在一个州的成人

人口的 8.6% 是由年龄在 18 ~ 29 岁的男性白人构成的,在这个年龄组中有 8.2% 是女性白人。但是,在我们未加权的样本中,我们看到年龄在 18 ~ 29 岁的男性白人只占 2.6%,相应的女性白人只占 5.1%。因此,年轻成年人尤其是年轻男性的代表性不够。我们可以创建一个新的年龄—种族—性别权数变量,命名为 ARSwt。如果我们不知道一个受访者的年龄—种族—性别组合,ARSwt 就等于 1(即一个中立权数),否则,就等于年龄—种族—性别组的总体比例除以相应的样本比例。前几个命令可以是:

```
. generate ARSwt = 1 if ARS >= .
. label variable ARSwt "Age-race-sex weights"
. replace ARSwt = 8.6/2.6 if ARS == 1
. replace ARSwt = 8.2/5.1 if ARS == 2
```

事后分层修正在与周密设计的调查联系起来的情况下才会运行得最好,而且事后分层修正不能被误解为是对不当抽样(haphazard sampling)的一种修复。这类修正已经被最广泛地应用于许多领域,比如投票者民意调查和社会科学调查,在这些领域中,要费大力气去确保以最具代表性的样本作为开始。同时,在这些领域中,诸如投票结果或者其他研究人员的重复研究等独立证据还提供了有关修正在多大程度上成功的清晰反馈。

单个数据集可能包括从不止一个来源计算得到的权数变量,比如设计权数和事后分层权数。要想把这些权数合并成一个整体权数变量,我们就先将权数相乘,然后做一个修正以使最终的权数之和等于样本规模。

```
. generate finalwt = adultwt*ARSwt
. replace finalwt = 1 if finalwt >= .
. quietly summ finalwt
. replace finalwt = finalwt*(r(N)/r(sum))
```

相同数据集内可以有任意数量的权数变量。只有当我们应用 **pweight** 或者如下所介绍的专门调查方法时,它们才会影响对其他变量的分析。

声明调查数据

虽然 **pweight** 选项允许将概率权数应用到很多分析中,但是一个更具一般性的方法(也支持复杂抽样设计)涉及通过一个 **svyset** 命令来声明数据集的调查结构。在新罕布什尔州民意调查的例子中,我们之前定义了 adultwt 以修正家庭户中的成人数。我们现在使用 **svyset** 来声明此数据为调查类型的数据集,且概率权数由 adultwt 给出。

```
. use Granite_08_01s.dta, clear
(Granite State Poll, January 2008)

. svyset _n [pweight = adultwt]

      pweight: adultwt
          VCE: linearized
  Single unit: missing
    Strata 1: <one>
       SU 1: <observations>
      FPC 1: <zero>
```

除了那些被添加了前缀 **svy:** 专门针对调查数据设计的命令之外,数据集看上去基本上没有发生改变,分析结果也并无不同。比如,家庭户规模的未加权分布为:

```
. tab adults
```

Adults in household	Freq.	Percent	Cum.
1	154	28.26	28.26
2	306	56.15	84.40
3+	85	15.60	100.00
Total	545	100.00	

要查看家庭户规模的调查加权分布,键入:

```
. svy: tab adults, percent
(running tabulate on estimation sample)
```

Number of strata	=	1	Number of obs	=	545
Number of PSUs	=	545	Population size	=	545
			Design df	=	544

Adults in household	percentages
1	15.08
2	59.94
3+	24.98
Total	100

```
Key:  percentages = cell percentages
```

加权的结果与未加权的结果十分不同,这是理所当然的。**svy:tab** 结果显示:有 15.08% 的受访者住在 1 个成人家庭户里,这与我们起初手工计算的结果 545 / 1 021 = 0.150 8 相一致。也要注意,调查表显示了这个变量的非缺失观测的正确数目。在进一步分析之前,通过比较加权表和未加权表来对加权命令的结果进行检查总是有益的。

使用新罕布什尔州民意调查数据的研究人员通常不仅根据家庭户中成人的数量而且也根据电话线的数量计算设计权数(design weight)。有不止一条电话线的家庭户被呼叫的几率更高,因此应该有相应更低的权数。事后分层权数也可以根据性别和新罕布什尔州的地理区域(尽管没有像我们在上面假设的例子中那样根据年龄和种族)进行计算。最后,将这四个权数相乘以创建一个名为 *censuswt* 的整体权数变量。对于本章余下部分,我们声明 *censuswt* 作为这些新罕布什尔州民意调查数据中恰当的概率权数。**svydescribe** 命令描述了调查数据当前是如何被界定的。

```
. svyset_n [pweight = censuswt]

      pweight: censuswt
          VCE: linearized
  Single unit: missing
     Strata 1: <one>
         SU 1: <observations>
        FPC 1: <zero>


. svydescribe

Survey: Describing stage 1 sampling units

      pweight: censuswt
          VCE: linearized
  Single unit: missing
     Strata 1: <one>
         SU 1: <observations>
        FPC 1: <zero>
```

			#Obs per Unit		
Stratum	#Units	#Obs	min	mean	max
1	555	555	1	1.0	1
1	555	555	1	1.0	1

svyset 命令能够声明的不仅仅是在我们的例子中所使用的概率权数,它还可以声明更多的信息。svyset 的选项允许复杂设计,包括分层和多阶段整群抽样、有限总体修正、方差估计的替代方法以及事后分层的一种不同方法。键入 help svyset 查看语法和选项的完整清单。《调查数据参考手册》给出了更多的例子和技术细节。

调查加权的表格和图形

在一个寒冷冬季的中期,2008 年 1 月的新罕布什尔州民意调查询问了几个与全球变暖有关的问题。其中第一个问题是:

接下来,考虑全球变暖(有时被称为"温室效应")的问题。您觉得您在多大程度上了解这个问题——是非常好、一般好、不是非常好,还是根本不了解?

下面显示了加权后的回答情况。svy:tab 命令根据先前由 svyset 声明的设定来使用权数。miss 选项是为了在表格中包括缺失值。Stata 允许扩展缺失值的取值标签(.a,.b,等等)。对于变量 *warmund*,缺失值 .a 表示的是回答"DK/not sure"的受访者。ci 要求输出加权百分比的置信区间,就像下限和上限(lb 和 ub)所显示的那样。根据此样本,我们有 95 % 的把握认为 28.64 % 到 37.37 % 的新罕布什尔州成人相信他们非常了解全球变暖问题。

```
. svy: tab warmund, percent miss ci
(running tabulate on estimation sample)
```

Number of strata	=	1	Number of obs	=	555
Number of PSUs	=	555	Population size	=	554.9165
			Design df	=	554

Understand global warming/greenhouse	percentages	lb	ub
Not at a	2.012	1.115	3.607
Not very	13.69	10.83	17.15
Fairly w	50.51	45.94	55.06
Very wel	32.85	28.64	37.37
DK/not s	.9411	.3566	2.46
Total	100		

```
Key:    percentages  =  cell percentages
        lb           =  lower 95% confidence bounds for cell percentages
        ub           =  upper 95% confidence bounds for cell percentages
```

Stata 原有的图表类型对于查看诸如上表中那些加权的、定类变量的百分比分布并不理想。幸运的是,一个名为 catplot 的用户编写的程序能非常好地完成此项工作。可以通过键入以下命令轻松地从互联网上得到 catplot 的 ado 文件:

```
. findit catplot
```

然后循着链接把此文件安装到你的计算机上(findit 命令对许许多多其他的用户编写程序也起作用)。一旦安装好,键入 help catplot 将显示此命令的语法和选项。图 14.1 包含了 *warmund* 的一个 catplot 条形图,它与上面我们的表格相对应。虽然 catplot 不接受 pweights,但是将这个命令与 aweights 一同使用将具有相同的视觉效果。percent 选项设定条形的高度以显示百分比。missing 要求缺失值也要被显示。

```
. catplot bar warmund [aweight = censuswt], percent missing
```

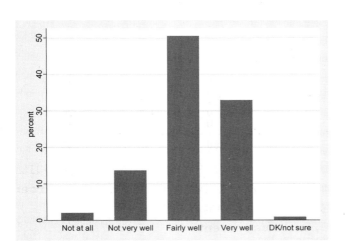

图 14.1

含取值标签的条形图以一个水平条形的格式显示时通常更易读,尤其当我们有许多条形时。图 14.2 显示了一个水平格式的条形图,其中包括一个标题和更好看的坐标轴标签,这适合于报告和演示调查结果。我们也对条形的高度作了标注,以便可以直接地从图上读取加权的百分比。

```
. catplot hbar warmund [aweight = censuswt],
    blabel(bar, format(%3.0f)) percent missing
    ytitle("Weighted percent")
    title("How well do you understand global warming?")
```

图 14.2

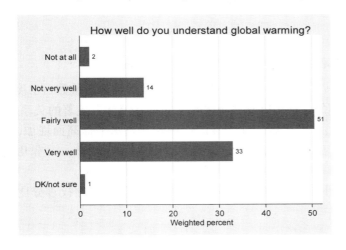

图 14.2 强调了这样一个事实:大多数受访者声称对全球变暖问题的了解一般好或者非常好。只有少部分受访者承认他们不知道或者根本就不了解全球变暖问题。

自己报告的对全球变暖问题的了解如何与本调查中的其他变量(诸如受访者的背景特征,或者受访者对全球变暖问题本身的看法)相关呢? 在进一步分析之前,一个合理的选择是创建 warmund 的一个新版本,把其中数量很少的"don't know/not sure"回答与稍微多一点的"not at all"回答进行合并。下面的命令虽然并没有改变原始变量 warmund,但却创建了它的一个命名为 warmund2 的替代版本。

```
. gen warmund2 = warmund
. replace warmund2 = 1 if warmund >= .
. label values warmund2 warmund
. tab warmund warmund2, miss
```

```
      Understand
          global
  warming/green                        warmund2
          house   Not at al  Not very  Fairly we  Very well  |    Total

       Not at all        12         0          0          0  |       12
    Not very well         0        75          0          0  |       75
      Fairly well         0         0        288          0  |      288
        Very well         0         0          0        175  |      175
      DK/not sure         5         0          0          0  |        5

            Total        17        75        288        175  |      555
```

丝毫不奇怪,在他们有关对全球变暖了解程度的看法上,受教育程度更高的受访者倾向于更加自信。我们在一个加权的交互表中可以看到这一点。**column percent** 选项要求输出列百分比,因为列变量 *educ* 是此表中的自变量。

```
. svy: tab warmund2 educ, column percent
(running tabulate on estimation sample)

Number of strata   =          1          Number of obs    =         549
Number of PSUs     =        549          Population size  = 547.08399
                                         Design df        =         548
```

```
                   Level of education
  warmund2     hig      tec      col      pos     Total

 Not at a    4.229    .9411    2.533    .7452    2.217
 Not very       23    13.11    13.21    4.829    13.88
 Fairly w    47.21    57.42    48.27    52.67    51.02
 Very wel    25.56    28.53    35.99    41.75    32.88

    Total      100      100      100      100      100
```

Key: **column percentages**

```
Pearson:
  Uncorrected   chi2(9)          =     27.0999
  Design-based  F(8.85, 4847.37)=      2.5953       P = 0.0058
```

针对调查设计加以修正的皮尔逊卡方检验值和一个被转换的拥有非整数自由度的 *F* 统计量,都表明对全球变暖问题的了解程度与教育水平之间存在统计上显著的关系($P =$ 0.005 8)。加权百分比反映出:非常了解全球变暖的比例随教育水平提高而增加,从拥有高中及以下教育水平人的 26 % 提高到拥有研究生教育水平人的 42 % 。没有几个研究生教育水平的人说他们根本不了解或者不是非常了解这个问题。

图 14.3 用一组水平条形图显现了这些结果。 *educ* 每个取值中的加权百分比与我们交互表中的列百分比相对应。

图 14.3

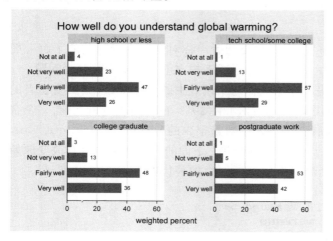

```
. catplot hbar warmund2 [aweight = censuswt],
    percent(educ) blabel(bar, format(%3.0f))
    ytitle("Weighted percent") by(educ, note("")
    title("How well do you understand global warming?"))
```

那么,以上所测量的对全球变暖问题的了解如何与人们对全球变暖带来威胁的看法相关呢? 民意调查问受访者:

您认为全球变暖在您的有生之年将会对您或您的生活方式带来严重的威胁吗?

对变量 *warmthr* 的加权结果显示如下。大约 54% 的人表示变暖将不会在他们的有生之年带来威胁,有 41% 的人表示会带来威胁,而有 6% 的人表示不确定。

```
. svy: tab warmthr, percent miss
(running tabulate on estimation sample)

Number of strata   =          1      Number of obs    =       555
Number of PSUs     =        555      Population size  = 554.9165
                                     Design df        =       554


Global
warming
threat in
your
lifetime   | percentages
-----------+------------
       No  |      53.66
      Yes  |      40.77
  DK/not s |       5.57
-----------+------------
    Total  |        100

  Key:  percentages = cell percentages
```

也许会感到吃惊,对全球变暖威胁的看法与人们所说的对这个问题的了解并没有太大的关系。加权的交互表并没有发现 *warmund2* 和 *warmthr* 之间(除了那些在任一个变量上回答不知道的人)有显著的关系($P = 0.6871$)。在下表中,我们要求输出行百分比,因为行变量(*warmund2*)现在构成了我们的自变量。在每一个对全球变暖了解程度的层次上,多数人都认为变暖将不会带来威胁,在声称对全球变暖问题了解得不是很好、相当好或者非常好的人中,这些比例是相似的,分别是 59.92%、55.34% 或 56.83%。

```
. svy: tab warmund2 warmthr, row percent
(running tabulate on estimation sample)

Number of strata   =          1      Number of obs    =       525
Number of PSUs     =        525      Population size  = 524.00984
                                     Design df        =       524


            | Global warming
            | threat in your
            |    lifetime
warmund2    |   No    Yes   Total
------------+--------------------
 Not at a   | 73.81  26.19   100
 Not very   | 59.92  40.08   100
 Fairly w   | 55.34  44.66   100
 Very wel   | 56.84  43.16   100
------------+--------------------
    Total   | 56.83  43.17   100

  Key:  row percentages

  Pearson:
    Uncorrected   chi2(3)        =    1.7389
    Design-based  F(2.99, 1565.50)=   0.4919    P = 0.6871
```

在研究气候变化以及比任何人更好地了解这个问题的科学家中,气候变化的可能后果是研究的一个主要关注点。另一方面,在一般公众中,对气候变化后果的看法倾向于与政治观点相类似。理解这些新罕布什尔州民意调查应答的下一步就是通过使用回归类型的模型把政治立场和背景因素考虑进来。

回归类型的模型

针对 **svyset** 数据,许多类型的回归建模方法都有其适用的调查数据版本。这些包括线性回归、删截正态回归、tobit 回归、泊松回归、负二项回归、一般线性模型(GLM)、Cox 以及参数生存分析模型、工具变量或内生回归量模型以及其他模型。键入 **help svy_estimation** 查看完整的清单。一般而言,调查估计命令具有与非调查估计命令相同的语法,不过前者带有一个前缀 **svy:**。比如,我们要使用在 svyset 数据时设定的权数和设计要素来就 y 对三个预测变量进行回归,简单地键入诸如命令 **svy:regress y x1 x2 x3** 即可。

在分析像新罕布什尔州民意调查这样的调查数据时,由于其主要包含的是分类变量,因此,分类因变量的回归方法占据着尤其重要的地位。这些方法包括针对二分 y 变量、多分类 y 变量或者定序 y 变量的 logit 和 probit 模型。比如,要做具有四个定序类别的 warmund2(对全球变暖问题的了解)对性别、年龄、教育和政党认同(一个从坚定的民主党(1)到坚定的共和党(7)的 7 点量表)的回归,我们可以使用 **svy:ologit** 命令拟合一个定序 logit 模型。

```
. svy: ologit warmund2 gender age educ party
(running ologit on estimation sample)

Survey: Ordered logistic regression

Number of strata   =            1        Number of obs    =         525
Number of PSUs     =          525        Population size  = 524.91573
                                         Design df        =         524
                                         F(   4,    521)  =        6.97
                                         Prob > F         =      0.0000
```

warmund2	Coef.	Linearized Std. Err.	t	P>|t|	[95% Conf. Interval]	
gender	-.7199688	.1904727	-3.78	0.000	-1.094153	-.3457849
age	.0070643	.0063311	1.12	0.265	-.0053732	.0195018
educ	.2982768	.0914617	3.26	0.001	.1186002	.4779535
party	.0578297	.0463835	1.25	0.213	-.0332908	.1489503
/cut1	-2.928684	.536781	-5.46	0.000	-3.983191	-1.874177
/cut2	-.8618262	.50222	-1.72	0.087	-1.848438	.1247858
/cut3	1.703624	.510058	3.34	0.001	.7016139	2.705633

性别和教育具有显著效应。性别被编码为 0 表示男性和 1 表示女性,因此上面的负系数表明女性较男性对全球变暖问题的了解更不自信。教育变量的系数是正的,这与我们前面的交互表分析相一致:自报的对全球变暖问题的了解程度随受访者教育水平的提高而增加。政党认同——基于一个量表,1 表示坚定的民主党,7 表示坚定的共和党——对全球变暖的了解程度没有显著影响。

民意调查问题询问了全球变暖是否会在受访者的有生之年带来威胁,这个问题允许回答是或不是,因此一个二分 logit 模型是合适的。在设定这个模型时,我们可能不仅考虑受访者感知的威胁(warmthr)如何与性别、年龄、教育和政党相关联的,这正如上面针对感知的对全球变暖问题的了解（*warmund2*）所做的那样，而且还考虑感知的威胁是如何与感知的了解相关联的。

对有关全球变暖调查观点进行研究的分析家经常发现教育或者知识的效应受到意识形态的调节。比如，佩尤研究中心（Pew Research Center）的一项研究曾指出"在共和党人中，教育水平越高，对全球变暖就越持怀疑态度……但是在民主党人中，模式恰好相反"（Pew，2007:2）。更一般地讲，意识形态过滤了有关全球变暖的信息，因此，人们倾向于接受与他们预先就有的信念相一致的新信息（Wood & Vedlitz，2007；Hamilton，2008）。这些以及其他研究都认为教育或者知识与政治倾向性一起可能对感知的全球变暖威胁有交互效应。要验证这个假设，我们定义两个交互项：political party × education，political party × understanding。下面，对两个交互项的定义使用了 *party*、*educ* 以及 *warmund2* 新的对中形式——通过减去每个变量的平均数计算获得，因此，新变量 *party0*，*educ0* 和 *warmund0* 都有一个接近于 0 的平均数，它们测量的是距离这些变量平均数的偏差。在包含交互效应的模型中，对中可以减少多重共线性问题，也可以使构成交互项变量的主效应更容易被解释。

```
. summ party educ warmund2
```

Variable	Obs	Mean	Std. Dev.	Min	Max
party	541	3.689464	2.043884	1	7
educ	549	2.500911	1.0492	1	4
warmund2	555	3.118919	.7482246	1	4

```
. generate party0 = party - 3.7
. label variable party0 "Political party (centered)"
. generate educ0 = educ - 2.5
. label variable educ0 "Education (centered)"
. generate warmund0 = warmund2 - 3.1
. label variable warmund0 "Understand global warming (centered)"
. generate partyed = party0 * educ0
. label variable partyed "Political party * education"
. generate partyund = party0 * warmund0
. label variable partyund "Political party * understanding"
```

交互项 *partyed* 和 *partyund*，连同构成它们的变量的对中形式以及其他的背景因素，都可以作为预测变量一起被纳入到 *warmthr* 的二分 logit 模型中。

```
. svy: logit warmthr gender age educ0 party0 warmund0 partyed
        partyund
(running logit on estimation sample)

Survey: Logistic regression
```

Number of strata = 1	Number of obs = 499
Number of PSUs = 499	Population size = 498.64706
	Design df = 498
	F(7, 492) = 8.57
	Prob > F = 0.0000

warmthr	Coef.	Linearized Std. Err.	t	P>|t|	[95% Conf. Interval]	
gender	1.034997	.2302258	4.50	0.000	.5826629	1.48733
age	-.029915	.0074932	-3.99	0.000	-.0446372	-.0151927
educ0	.1617984	.1122198	1.44	0.150	-.0586842	.382281
party0	-.2829968	.0581085	-4.87	0.000	-.3971648	-.1688289
warmund0	.1608663	.1550788	1.04	0.300	-.1438231	.4655558
partyed	-.0440177	.0550783	-0.80	0.425	-.1522322	.0641968
partyund	-.1866498	.0807215	-2.31	0.021	-.3452464	-.0280532
_cons	.7015043	.4165917	1.68	0.093	-.1169897	1.519998

结果发现,预测变量对感知的全球变暖威胁的影响十分不同于对全球变暖问题了解的影响。性别具有正向效应,意味着妇女比男性更经常认为全球变暖会在她们的有生之年带来威胁。年长的受访者更少看到变暖带来的威胁,也许因为他们的个人视野更少扩展到 21 世纪。政党认同施加了很强的负效应:认为自己是共和党的受访者比认为是民主党的受访者更少地认为全球变暖会带来威胁。与我们先前的交互表分析一致,logit 模型并没有发现了解和感知的威胁之间存在一种简单的关系。不过,交互项 partyund 或者 political party × understanding 有一个显著的效应。而且,这个效应正如预期的那样是负的。political party × education 交互效应虽统计上不显著,但它也是负的。

正的、不显著的全球变暖了解程度($warmund0$)的系数为 0.161。因为在创建交互项之前,$educ$,$party$ 以及 $warmund2$ 都被进行了对中,所以我们可以把这一主效应解释为:对于政党认同取平均值的受访者来说(也就是,对于 $party = 3.7$ 的受访者,因此 $party0 = 0$,于是 $partyund = party0 × warmund0$ 将等于 0),全球变暖了解程度($warmund2$ 或 $warmund0$)每增加一个单位所带的效应。同样,$educ0$ 的系数或者主效应可以被解释为:对于政党认同取平均值的受访者来说,教育水平每增加一个单位所带来的效应。

负的、显著的交互效应($partyund$ 的系数)为 -0.187。因此,对于认为自己是坚定的民主党派的受访者($party = 1$,或者作为一个平均偏差 $1 - 3.7 = -2.7$),自报的了解每增加一个单位,认为全球变暖是一个威胁的对数发生比会增加 0.667:

$$0.162 + (-2.7) × (-0.187) = 0.667$$

另一方面,对于认为自己是坚定的共和党派的受访者($party = 7$,或者作为一个平均偏差 $7 - 3.7 = 3.3$),自报的了解每增加一个单位,认为全球变暖是一个威胁的对数发生比会下降 0.455:

$$0.162 + 3.3 × (-0.187) = -0.455$$

换句话说,认为自己对全球变暖问题了解更好的民主党人,也更可能认为全球变暖在他们的有生之年会带来威胁。相反,认为自己对全球变暖问题了解更好的共和党人,更不可能认为全球变暖会带来威胁。因此,意识形态在过滤人们关于科学的一些想法上起着重要作用。用一般的术语来说,新罕布什尔州民意调查分析再次得出了从其他使用了各种不同的与全球变暖有关的问题、样本和分析方法的调查得到的结论。

交互效应的条件效应标绘图

调查研究者经常面对的一项任务就是把他们的研究结果报告给更广泛的听众,这些听众可能不想听到 logit 系数或者发生比率(odds ratio)。第 8 章和第 10 章中介绍过的条件效应标绘图有助于将诸如交互效应等模型结果可视化。要想画出上面发现的 party × understanding 效应,我们可以分别把针对坚定民主党人($party = 1$)和坚定共和党人($party = 7$)计算的预测概率作为了解($warmund2$)的函数,而将模型中的其他预测变量保持在其平均值或者其他选定值处不变。第 10 章展示了如何利用回归方程画这些图。在本节中,我们采用一个不同且有时更简单的方法:创造一些虚假的观察案例,这些案例有合适的预测变量取值以及缺失的因变量取值。这些虚假的观察案例将不会影响到回归估计,但是在估计后,我们可以使用 **predict** 计算预测值并画出它们。

原始调查数据集包含 $n=555$ 个观测案例。对全球变暖了解的问题($warmund2$）有 4 个可能的回答，被编码为 1 到 4。为了画出 party×understanding 这一交互效应，我们可以使用数据编辑器或明确的命令（如下所示）创造 8 个新的虚假观测案例。这些新的编号为 556 到 563 的观测案例由指示变量 $fake=1$ 来标示。这些虚假案例在 $gender$, age 和 $educ0$ 变量上都被赋予各自的平均值，分别为 0.6, 54 和 0。

```
. display _N
555
. set obs 563
obs was 555, now 563
. gen fake = 1 in 556/563
(555 missing values generated)
. replace gender = .6 in 556/56
gender was byte now float
(8 real changes made)
. replace age = 54 in 556/563
(8 real changes made)
. replace educ0 = 0 in 556/563
(8 real changes made)
```

我们让前四个虚假案例（编号 556 到 559）是"坚定的民主党"，让后四个（编号 560 到 563）是"坚定的共和党"。

```
. replace party = 1 in 556/559
(4 real changes made)
. replace party = 7 in 560/563
(4 real changes made)
```

最后，为了完成我们的八个虚假案例，四个民主党人中的每一个人取 $warmund2$ 四个可能取值的其中一个，四个共和党人中的每一个人也是这样。我们计算 $party0$ 和 $warmund0$ 的对中值，然后以这些对中值来计算交互项 $partyed$ 和 $partyund$。

```
. replace warmund2 = 1 in 556
(1 real change made)
. replace warmund2 = 2 in 557
(1 real change made)
. replace warmund2 = 3 in 558
(1 real change made)
. replace warmund2 = 4 in 559
(1 real change made)
. replace warmund2 = 1 in 560
(1 real change made)
. replace warmund2 = 2 in 561
(1 real change made)
. replace warmund2 = 3 in 562
(1 real change made)
. replace warmund2 = 4 in 563
(1 real change made)
. replace party0 = party - 3.7 in 556/563
(8 real changes made)
. replace warmund0 = warmund2 - 3.1 in 556/563
(8 real changes made)
. replace partyed = party0*educ0 in 556/563
(8 real changes made)
. replace partyund = party0*warmund0 in 556/563
(8 real changes made)
```

现在，在重复前面的 logit 回归分析以后，我们可以继续用 **predict** 为虚假案例和真实案例计算 $warmthr=1$ 的预测概率（这里，被命名为 $phat$）。可以在数据编辑窗口中检查这些结果。

```
. quietly svy: logit warmthr gender age educ0 party0 warmund0
     partyed partyund
. predict phat
(option pr assumed; Pr(warmthr))
(30 missing values generated)
. edit warmthr gender age educ0 party0 warmund0
     partyed partyund phat if fake == 1
```

	warmthr	gender	age	educ0	party0	warmund0	partyed	partyund	phat
556	.	.6	54	0	-2.7	-2.1	0	5.67	.2839527
557	.	.6	54	0	-2.7	-1.1	0	2.97	.4353347
558	.	.6	54	0	-2.7	-.1	0	.27	.599817
559	.	.6	54	0	-2.7	.9	0	-2.43	.7445063
560	.	.6	54	0	3.3	-2.1	0	-6.929999	.432629
561	.	.6	54	0	3.3	-1.1	0	-3.63	.3260269
562	.	.6	54	0	3.3	-.1	0	-.33	.2348206
563	.	.6	54	0	3.3	.9	0	2.97	.1629601

　　图 14.4 画出了这些虚假观测案例在全球变暖问题不同了解程度上的预测概率,同时配以适合于一个研究报告的坐标轴标题和图例。

```
. graph twoway connect phat warmund2 if party==1 & fake==1

    || connect phat warmund2 if party==7 & fake==1,
    lpattern(dash) msymbol(Th)

    || , legend(ring(0) position(10) rows(2)
    label(1 "Strong Democrat") label(2 "Strong Republican"))
    ytitle("Probability of seeing warming as a threat")
    xlabel(1 "Not at all" 2 "Not very well" 3 "Fairly well"
    4 "Very well") xscale(range(1 4.2))
    xtitle("How well do you understand global warming?")
```

图 14.4

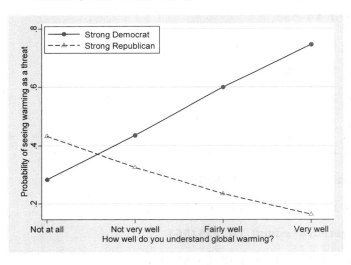

　　图 14.4 有助于可视化我们早前的交互表为什么没有发现感知的了解和威胁之间存在的简单关系。虽然存在关系,但是取决于受访者的政治倾向,这种关系呈现相反的方向。在一个简单的交互表中,这种相反的模式相互抵消了。

调查分析的其他工具

如果我们想看到发生比率而不是 `logit` 系数,就像在非调查数据的 **logit** 命令中那样使用选项 **or** 即可。例如:

. svy: logit *warmthr gender age educ0 party0 warmund0*
    partyed partyund, or

虽然刀切法和自助法标准误是 **logit** 以及其他估计命令中普遍可用的选项,但是在复杂抽样设计中,它们运行的方式必须是不同的。例如,要获得以上所示模型的有效的标准误刀切法估计值,使用 **svy jackknife** 命令即可。

. svy jackknife: logit *warmthr gender age educ0 party0 warmund0*
    partyed partyund

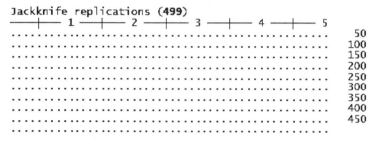

```
(running logit on estimation sample)

Jackknife replications (499)
————+——— 1 ———+——— 2 ———+——— 3 ———+——— 4 ———+——— 5
...................................................   50
...................................................  100
...................................................  150
...................................................  200
...................................................  250
...................................................  300
...................................................  350
...................................................  400
...................................................  450
...................................................

Survey: Logistic regression

Number of strata   =         1        Number of obs    =        499
Number of PSUs     =       499        Population size  = 498.64706
                                      Replications     =        499
                                      Design df        =        498
                                      F(  7,     492)  =       7.93
                                      Prob > F         =     0.0000
```

warmthr	Coef.	Jackknife Std. Err.	t	P>|t|	[95% Conf. Interval]	
gender	1.034997	.2362575	4.38	0.000	.5708121	1.499181
age	-.029915	.0077198	-3.88	0.000	-.0450824	-.0147476
educ0	.1617984	.1157079	1.40	0.163	-.0655375	.3891343
party0	-.2829968	.0604028	-4.69	0.000	-.4016725	-.1643211
warmund0	.1608663	.1612597	1.00	0.319	-.155967	.4776996
partyed	-.0440177	.0574733	-0.77	0.444	-.1569378	.0689024
partyund	-.1866498	.0854706	-2.18	0.029	-.3545772	-.0187224
_cons	.7015043	.4293683	1.63	0.103	-.1420923	1.545101

刀切法估计涉及对数据重新抽样 n 次,每一次去掉一个观测案例(或者在调查数据中,则是一个初级抽样单位)。这种方法计算的标准误是对基于调查设计标准误的一种替代,可用于假设检验和构建置信区间,它对理论假定的依赖更弱。在上述例子中,虽然 $n = 499$ 次刀切法重复所计算的标准误和 t 统计量与我们初始分析时的结果稍微不同,但仍然支持了初始结论,即 *partyed* 的系数并不显著地不等于 0,尽管 *partyund* 的系数显著地不等于 0。

一个特定发生比率(等于相应 `logit` 系数的指数,即 e 的幂)的标准误的刀切法估计,可以用如下命令获得:

```
. svy jackknife partyund = exp{_b[partyund]}: logit warmthr gender age
    educ0 party0 warmund0 partyed partyund
```

有关这个一般性目的的工具的更多内容,参见 **help svy_jackknife** 或《调查参考手册》。

调查数据的后估计统计量可以经由 **estat** 命令或者通过菜单选择: Statistics > *Survey data analysis* > *DEFF, MEFF, and other statistics* 来获得。比如, **estat svyset** 报告了与最近的估计(本例中,为包含刀切法方差估计的 logit 模型)相联系的调查设计特征。

```
. estat svyset

      pweight: censuswt
          VCE: jackknife
          MSE: off
  Single unit: missing
```

其他的 **estat** 命令可以针对每个估计的参数或者参数的线性组合、单一以及特定层的表、参数估计的协方差或相关矩阵显示出设计效应和误设效应(DEFF 和 MEFF)。有关于命令和选项的完整清单,参见 **help svy_postestimation** 。《调查数据手册》提供了与 **estat** 和 Stata 其他调查分析功能有关的技术细节、范例以及参考文献。

15 多层与混合效应建模

混合效应建模（mixed-effects modeling）大体上就是允许两类效应的回归分析：固定效应（fixed effects），意即截距和斜率被理解成恰如常规回归中那样将总体作为一个整体加以描述；随机效应（random effects），意即截距和斜率在样本的不同子群之间可以变动。到目前为止，本书所有的回归类型的方法（regression-type methods）只涉及了固定效应。混合效应建模为拟合多层模型（multilevel models）、进行增长曲线分析（growth curve analysis）和分析面板数据（panel data）或横剖时间序列（cross-sectional time series）开启了一系列新的可能。

比如，一个简单的多层分析可能使用在 20 个不同专业就读的大学生报告的平均成绩（grade point averages）和学习时间的数据，不但对成绩整体上随学习时间增加而提高（固定效应）的假设进行检验，而且还对这一提高的幅度（means）和速度（rates）会因专业而异（随机效应）的假设进行检验。更为复杂的分析可能考虑取自多所大学的类似数据，并且也对嵌套于大学内的不同专业之间的差异加以考虑（两层随机效应，因此这些模型有时被称作"两层的（two-level）"）。本章提供一些例子对其基本思路加以说明。

三个 Stata 命令提供了进行多层和混合效应建模的最一般性工具。**xtmixed** 拟合线性模型，就像是与 **regress** 相对的随机效应。类似地，**xtmelogit** 拟合针对二分类结果（binary outcomes）的混合效应 logit 回归模型，就像是 **logit** 或 **logistic** 的一般化（generalization）；**xtmepoisson** 拟合针对计数结果（count outcomes）的混合效应泊松模型（Poisson models），就像是 **poisson** 的一般化。**xtmelogit** 和 **xtmepoisson** 都是 Stata 10 新增加的命令。Stata 还提供了许多更专门化的程序来应对概念上相关联的任务。这些例子包括含随机截距的 tobit 模型、probit 模型和负二项模型（negative binomial model）；键入 **help xt** 可看到一个完整清单以及有关每一命令的具体内容的链接。其中的许多命令都是针对面板或横剖时间序列数据的使用而首次开发的，因此它们有共同的 **xt** 标识。

xtmixed，xtmelogit 和 **xtmepoisson** 程序可以通过键入命令或点击菜单来调用。

Statistics > Multilevel mixed-effects models
其他 **xt** 程序的菜单在下述路径内被分组归并在一起：
Statistics > Longitudinal/panel data
《纵向/面板数据参考手册》（Longitudinal/Panel Data Reference Manual）给出了混合效应和其他 **xt** 方法的范例、技术细节和参考文献。Luke（2004）提供了一个多层建模的简要介绍。更充分的介绍可参见 Bickel（2007）、McCulloch 和 Searle（2001）、Raudenbush 和 Bryk（2002）、Verbeke 和 Molenberghs（2000）。作为对 Stata 用户特别有价值的一个资

源,《应用 Stata 进行多层和纵向建模》(*Multilevel and Longitudinal Modeling Using Stata*)(Rabe-Hesketh 和 Skrondal,2008)一书,不但介绍了官方 Stata 的 **xt** 方法,而且也介绍了一个非官方的被称作 **gllamm**(一般化线性潜变量和混合模型(generalized linear latent and mixed models))的程序,它增强了 Stata 进行混合效应一般化线性建模(mixed-effect generalized linear modeling)的能力。在 Stata 中,键入 **findit gllamm** 可得到如何获取和安装该程序的 ado-files 有关信息。

命令示范

```
. xtmixed crime year  || city: year
```

执行 *crime* 对 *year* 的混合效应回归,含 *city* 每一取值的随机截距和斜率。因此,我们得到犯罪率的趋势是整体趋势(固定效应)和每一城市的趋势(随机效应)之变异(variations)的组合。

```
. xtmixed SAT parentcoll prepcourse  || city: || school: grades
```

拟合一个分层或多层混合效应模型(hierarchical or multilevel mixed-effects model),将学生的 SAT 成绩作为以下三者的函数进行预测:(1)学生个体的父母是否大学毕业和本人是否参加预备课程(preparation course)的固定或整体样本效应(fixed or whole-sample effects);(2)反映学生就学所在城市之效应的随机截距;(3)反映学生个体可能因就读于不同学校而具有不同的成绩这一效应的随机截距和斜率。

```
. xtmixed y x1 x2 x3 || state: x4
. estimates store A
. xtmixed y x1 x2 x3 || state:
. estimates store B
. lrtest A B
```

对纳入 *x4* 上随机斜率的更复杂模型 *A*(模型名称为随意给定的)和未纳入 *x4* 上随机斜率的更简单模型 *B*("B 嵌套于 A 中")之间拟合无差异的虚无假设进行似然比卡方检验(likelihood-ratio χ^2 test)。这相当于对 *x4* 上随机斜率是否统计显著进行检验。**lrtest** 命令中设定的两个模型的先后顺序无关紧要;如果我们键入 **lrtest B A**,Stata 仍然能够正确地推断出 *B* 嵌套于 *A*。

```
. xtmixed y x1 x2 x3 || state: x4 x5, ml nocons cov(unstructured)
```

就 *y* 对固定效应预测变量 *x1*,*x2* 和 *x3* 以及对 *x4* 和 *x5* 在 *state* 取值上的随机效应做混合效应回归。以最大似然法进行参数估计。此模型应不含随机截距,但包含一个其中的随机效应方差和协方差均被单独进行估计的非结构化协方差矩阵(unstructured covariance matrix)。

. **estat recov**

xtmixed 后,给出估计的随机效应方差-协方差矩阵(variance-covariance matrix)。

. **predict re*, reffects**

xtmixed 估计后,得到模型中所有随机效应的最佳线性无偏预测值(best linear unbiased predictions,BLUPs)。随机效应被存成名为 *re1*,*re2* 等的变量,并给出了恰当的变量标签。

. **predict** *yhat*, **fitted**

xtmixed 估计后,得到 *y* 的预测值(predicted values)。要想只得到来自模型固定效应部分(fixed-effects portion)的预测值,键入 **predict yhat, xb**。其他的 **predict** 选项得到固定部分的标准误(**stdp**)、残差(**resid**)或标准化残差(**rstan**)。要想查看 xtmixed 事后估计命令(postestimation commands)的完整清单及其语法和选项的链接,键入 **help xtmixed_postestimation**。

. **xtmelogit** *y* *x1* *x2* **||** *state*:

就{0,1}变量 *y* 对 *x1*,*x2* 做混合效应 logit 回归,包含 *state* 取值上的随机截距。

. **predict** *phat*

xtmelogit 估计后,得到完整(固定部分加随机部分)模型的预测概率(predicted probabilities)。键入 **help xtmelogit postestimation** 查看其他的事后估计命令以及 **predict** 选项的完整清单,含皮尔逊残差(**pearson**)和离差残差(**deviance**)。

. **xtmepoisson** *accidents* *x1* *x2* *x3*, **exposure**(*persondays*) **||** *season*:
　　　　|| *port*: , **irr**

对渔船事故计数 *accidents* 估计混合效应泊松模型。固定效应预测变量为 *x1*,*x2* 和 *x3*,它们反映了单个船只的特征。暴露量(exposure)以船只在海上的人-天数(number of person-days)进行测量。我们纳入了 *season* 或年份以及嵌套于年份之中的港口城市 *port* 的随机截距。以事故发生率之比(incident rate ratio)(**irr**)的形式报告固定效应系数(fixed-effect coefficients)。

. **gllamm** *warming* *sex* *race* *educ* *age* *class*,
　　　　i(*region*) **family**(*binomial*) **link**(*ologit*) **adapt**

执行一般化线性潜变量和混合效应建模——本例就有关全球变暖的观点这一定序变量 *warming* 对固定效应预测变量 *sex*,*race*,*educ*,*age* 和 *class* 进行混合效应定序 logit 回归(mixed-effects ordered logit regression)。纳入了 *region* 每一取值的随机截距。以自适应性积分法(adaptive quadrature)进行估计。**family**( ) 和 **link**( ) 选项可以设定包括多项 logit(multinomial logit), probit,定序 probit(ordered probit)和互补双对数(complementary log-log)等其他模型。**gllamm** 并非 Stata 提供的官方程序,

而是一个可在线免费获取的很有用的 ado-file。键入 **findit gllamm** 获取如何下载和安装必要文件的有关信息。Rabe-Hesketh 和 Skrodal(2008) 提供了使用 **gllamm** 的细节和诸多范例。

含随机截距的回归

为了说明 **xtmixed** 命令,我们从 2004 年总统选举的选票数据开始,该数据取自美国的 3 054 个县(*election_2004i.dta*,基于 Robinson(2005)的数据得到)。在此次选举中,共和党的 George W. Bush(得到 50.7 % 的选票)击败了民主党的 John Kerry(48.3 %)和无党派的 Ralph Nader(0.4 %)。本次选举的一个突出特征就是其呈现出的地域模式(geographical pattern):Kerry 在位于西海岸、东北部和五大湖区周边的这些州获胜,而 Bush 则在任何其他地方均获胜。在各州内,对 Bush 的支持在农村地区往往更强,而对 Kerry 的支持则更多地集中于城市(如见 Hamilton,2006a)。数据集 *election_2004i* 包含了一个表示普查区(census divisions)的分类变量(*cendiv*),该变量将美国区分为 9 个地理区域。它同时给出了总投票数(*votes*)、支持 Bush 的比例(*bush*)、作为"乡村性(rural-ness)"测量指标的人口密度的对数(*logdens*)以及反映县人口中少数民族比例(*minority*)或有大学学历成年人比例(*colled*)的其他变量。

```
. use election_2004i.dta, clear
(US counties -- 2004 election (Robinson 2005))


. describe

Contains data from c:\data\election_2004i.dta
  obs:         3,054                          US counties -- 2004 election
                                              (Robinson 2005)
  vars:           11                          14 Apr 2008 12:50
  size:      244,320 (99.5% of memory free)

              storage   display    value
variable name   type    format     label      variable label

fips            long    %9.0g                  FIPS code
state           str20   %20s                   State name
state2          str2    %9s                    State 2-letter abbreviation
region          byte    %9.0g      region      Region (4)
cendiv          byte    %15.0g     division    Census division (9)
county          str24   %24s                   County name
votes           float   %9.0g                  Total # of votes cast, 2004
bush            float   %9.0g                  % votes for GW Bush, 2004
logdens         float   %9.0g                  log10(people per square mile)
minority        float   %9.0g                  % population minority
colled          float   %9.0g                  % adults >25 w/4+ years college

Sorted by:  fips
```

给 Bush 投支持票的比例随着人口密度而下降,如图 15.1 中的散点图和回归线所示。每个数据点(data point)代表着 3 054 个县中的一个县。

```
. graph twoway scatter bush logdens, msymbol(Oh)
     || lfit bush logdens, lpattern(solid) lwidth(medthick)
```

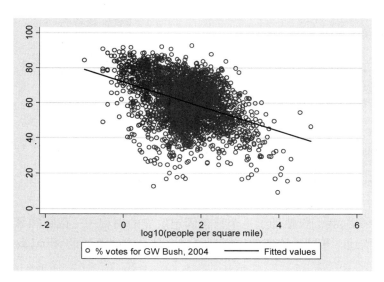

图 15.1

改进的这一投票-密度散点图见图 15.2。图中已将 x 轴取值标注为其对数(1 变成了"10",2 变成了"100",以此类推),从而使该图更便于解读。用 *votes* 作为散点图的频数权数(frequency weights)使标记符号的大小与总投票数成比例,这直观地将那些人口少或多的县区分出来。除此之外,本章中的分析并未进行加权(weighting)。我们这里关注的是县投票的模式而不是这些县内个体的选票。

```
. graph twoway scatter bush logdens [fw=votes], msymbol(Oh)

    || lfit bush logdens, lpattern(solid) lwidth(medthick)

    || , xlabel(-1 "0.1" 0 "1" 1 "10" 2 "100" 3 "1,000"
        4 "10,000", grid) legend(off)
    xtitle("Population per square mile")
    ytitle("Percent vote for GW Bush")
```

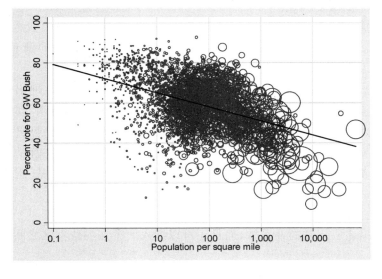

图 15.2

正如图 15.2 所确认的,给 George W. Bush 投支持票的比例在人口密度高的城市县(urban counties)倾向于更低。该比例在具有大量少数民族人口或具有大学学历成年人比例更高的那些县也倾向于更低。

```
. regress bush logdens minority colled
```

Source	SS	df	MS
Model	127236.86	3	42412.2868
Residual	359970.423	3050	118.02309
Total	487207.284	3053	159.583126

```
Number of obs =    3054
F(  3,  3050) =  359.36
Prob > F      =  0.0000
R-squared     =  0.2612
Adj R-squared =  0.2604
Root MSE      =  10.864
```

bush	Coef.	Std. Err.	t	P>|t|	[95% Conf. Interval]	
logdens	-5.580708	.2972768	-18.77	0.000	-6.163591	-4.997825
minority	-.2529574	.0124597	-20.30	0.000	-.2773877	-.2285272
colled	-.1677876	.0327761	-5.12	0.000	-.232053	-.1035221
_cons	75.809	.5729391	132.32	0.000	74.68561	76.93238

　　以混合建模的术语来讲,我们仅估计了一个只含固定效应的模型——截距和系数将样本作为一个整体加以描述。相同的固定效应模型可以由具有类似语法的 **xtmixed** 估计得到。

```
. xtmixed bush logdens minority colled
```

```
Mixed-effects REML regression              Number of obs     =      3054

                                           Wald chi2(3)      =   1078.07
Log restricted-likelihood = -11623.618     Prob > chi2       =    0.0000
```

bush	Coef.	Std. Err.	z	P>|z|	[95% Conf. Interval]	
logdens	-5.580708	.2972768	-18.77	0.000	-6.16336	-4.998057
minority	-.2529574	.0124597	-20.30	0.000	-.277378	-.2285369
colled	-.1677876	.0327761	-5.12	0.000	-.2320275	-.1035476
_cons	75.809	.5729391	132.32	0.000	74.68606	76.93194

Random-effects Parameters	Estimate	Std. Err.	[95% Conf. Interval]	
sd(Residual)	10.86384	.1390061	10.59478	11.13974

　　约束最大似然法(maximum restricted likelihood,REML)是 **xtmixed** 的默认估计方法,但也可由选项 **reml** 来明确调用。作为替代,选项 **ml** 将调用最大似然估计法(maximum likelihood estimation)。有关估计、设定和报告选项的清单,见 **help xtmixed**。

　　本次选举的红州/蓝州[1]版图(red state/blue state maps)中所呈现出的投票的区域模式并没有被上述固定效应模型捕捉到,该模型假定以相同的截距和斜率来刻画所有 3 054 个县的特征。一个对不同的县具有不同的投票模式这一趋势进行建模(并且减弱空间相关误差(spatially related errors)问题)的方法就是允许九个普查区中的每个区都有各自的随机截距。不再采用具有以下形式的常规(固定效应)回归模型:

$$y_i = \beta_0 + \beta_1 x_{1i} + \beta_2 x_{2i} + \beta_3 x_{3i} + \epsilon_i \qquad [15.1]$$

我们不但可以纳入一套描述所有县的 β 系数,而且还可以纳入一个在各普查区之间变动的随机截距 u_0:

$$y_{ij} = \beta_0 + \beta_1 x_{1ij} + \beta_2 x_{2ij} + \beta_3 x_{3ij} + u_{0j} + \epsilon_{ij} \qquad [15.2]$$

---

1 在美国选举文化中,大多数选民都支持民主党候选人的那些州被称作蓝州,而大多数选民都支持共和党候选人的那些州则被称作红州。——译者注

等式[15.2]将第 i 个县、第 j 个普查区的 y 值描绘成在所有普查区具有相同效应的 $x1$、$x2$ 和 $x3$ 的函数。但是,随机截距考虑到 y 的平均水平(比如给 Bush 投支持票的平均比例)在一些普查区的各县之间会系统性地更高或更低的可能性。既然美国的投票呈现出明显的区域模式,那么这种设定似乎是恰当的。通过在 **xtmixed** 命令中添加一个随机效应成分,我们可以估计一个含每一普查区随机效应的模型,如下:

```
. xtmixed bush logdens minority colled || cendiv:

Performing EM optimization:

Performing gradient-based optimization:

Iteration 0:   log restricted-likelihood = -11392.938
Iteration 1:   log restricted-likelihood = -11392.938

Computing standard errors:


Mixed-effects REML regression              Number of obs     =       3054
Group variable: cendiv                     Number of groups  =          9

                                           Obs per group: min =         67
                                                          avg =      339.3
                                                          max =        618

                                           Wald chi2(3)      =    1205.68
Log restricted-likelihood = -11392.938     Prob > chi2       =     0.0000
```

bush	Coef.	Std. Err.	z	P>|z|	[95% Conf. Interval]	
logdens	-4.703101	.3506895	-13.41	0.000	-5.390439	-4.015762
minority	-.3658849	.0129338	-28.29	0.000	-.3912347	-.3405351
colled	-.0407444	.0346952	-1.17	0.240	-.1087458	.027257
_cons	72.13473	2.429822	29.69	0.000	67.37237	76.8971

Random-effects Parameters	Estimate	Std. Err.	[95% Conf. Interval]	
cendiv: Identity				
sd(_cons)	7.040655	1.800949	4.264635	11.6237
sd(Residual)	10.00944	.1283304	9.761053	10.26415

```
LR test vs. linear regression: chibar2(01) =     461.36 Prob >= chibar2 = 0.0000
```

xtmixed 输出表格的上部呈现了模型固定效应部分的结果。随机截距并未出现在此输出中。这个模型暗含着九个不同截距,每一个对应着一个普查区,但这些截距并未被直接估计。相反,表格的下部给出了随机截距的估计标准差(estimated standard deviation)(7.04)以及该标准差的标准误(standard error)(1.80)和 95%置信区间(**confidence interval**)。我们的模型为:

$$bush_{ij} = 72.13 - 4.70logdens_{ij} - 0.37minority_{ij} - 0.04colled_{ij} + u_{0j} + \epsilon_{ij}$$

$$[15.3]$$

如果 u_0 的标准差显著地区别于零,那么我们就认为这些截距的确会随着普查区不同而变动。此处的情形看似正是如此——标准差与零之间的距离几乎到达了 4 个标准误,且就给 Bush 投支持票的比例这一因变量定义的尺度(metric)看,其取值较大(7.04 个百分点)。输出结果最后一行报告的似然比检验确证了此随机截距模型是对只含固定效应的线性回归模型的显著改进($P \approx 0.000\ 0$)。

尽管 **xtmixed** 并未直接计算随机效应,但我们可以通过 **predict** 得到随机效应的最佳线性无偏估计值(BLUPS)。以下命令创建一个包含预测的随机截距的名为

randint0 的新变量,然后以条形图画出了每一普查区的截距(图 15.3)。

```
. predict randint0, reffects
. graph hbar (mean) randint0, over(cendiv)
    ytitle("Random intercepts by census division")
```

图 15.3

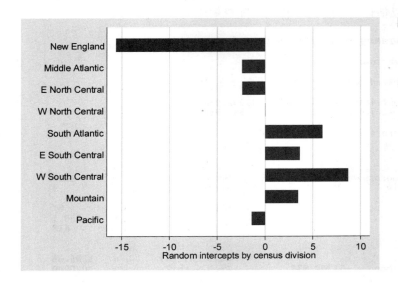

图 15.3 揭示出,在 *logdens*,*minority* 和 *colled* 的任一给定取值上,相比于走中间道路的西北中部,新英格兰(New England)各县给 Bush 投支持票的比例平均低大约 16 个百分点,而西南中部(阿堪萨斯(Arkansas)、路易斯安那(Louisiana)、俄克拉荷马(Oklahoma)和德克萨斯(Texas)的各县)则平均要高约 8 个百分点。

随机截距和斜率

在图 15.3 中我们看到,整体上,Bush 选票的比重(percentage)倾向于随着人口密度的增大而下降。前一节中的随机截距模型承认了这个一般化趋势,同时允许截距在不同区域之间变动。但是,要是选票-密度关系的斜率也在不同区域之间变动又会怎样呢?速览分区域的散点图(图 15.4)给了我们猜疑这一点的理由。

```
. graph twoway scatter bush logdens, msymbol(Oh)
    || lfit bush logdens, lpattern(solid) lwidth(medthick)
    || , xlabel(-1(1)4, grid) ytitle("Percent vote for GW Bush")
    by(cendiv, legend(off) note(""))
```

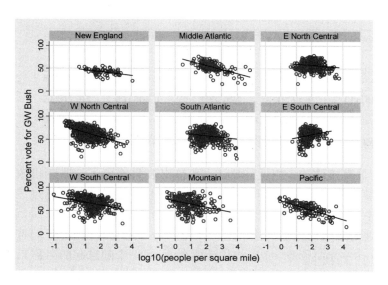

图 15.4

Bush 选票的比重在太平洋和西北中部地区随着人口密度的上升而下降得最快，但在东北中部似乎并没有关系，而在东南中部甚至还呈现出正效应（positive effect）。我们前面模型中 *logdens* 上的负固定效应系数是对这些下向（downwards）、平直（flat）和上向（upwards）趋势加以平均的结果。

对于 *j* 个群体中的每一群体而言，一个包含预测变量 *x1* 上随机斜率（u_{1j}）和随机截距（u_{0j}）的混合模型具有以下一般形式：

$$y_{ij} = \beta_0 + \beta_1 x_{1ij} + \beta_2 x_{2ij} + \beta_3 x_{3ij} + u_{0j} + u_{1j} x_{1ij} + \epsilon_{ij} \qquad [15.4]$$

为了估计此模型，我们将预测变量 *logdens* 纳入到 **xtmixed** 命令的混合效应部分中。

```
. xtmixed bush logdens minority colled || cendiv: logdens

Performing EM optimization:

Performing gradient-based optimization:

Iteration 0:   log restricted-likelihood = -11356.36
Iteration 1:   log restricted-likelihood = -11356.36

Computing standard errors:

Mixed-effects REML regression             Number of obs    =        3054
Group variable: cendiv                    Number of groups =           9

                                          Obs per group: min =          67
                                                         avg =       339.3
                                                         max =         618

                                          Wald chi2(3)     =      816.40
Log restricted-likelihood = -11356.36     Prob > chi2      =      0.0000
```

bush	Coef.	Std. Err.	z	P>|z|	[95% Conf. Interval]	
logdens	-3.58512	1.124943	-3.19	0.001	-5.789967	-1.380273
minority	-.3645748	.0130074	-28.03	0.000	-.3900687	-.3390808
colled	-.0857994	.0347314	-2.47	0.013	-.1538718	-.017727
_cons	70.18571	3.164845	22.18	0.000	63.98272	76.38869

Random-effects Parameters	Estimate	Std. Err.	[95% Conf. Interval]	
cendiv: Independent				
sd(logdens)	3.15621	.8773938	1.830378	5.442409
sd(_cons)	9.236917	2.5247	5.405932	15.78278
sd(Residual)	9.851028	.1265092	9.606169	10.10213

LR test vs. linear regression: chi2(2) = 534.52 Prob > chi2 = 0.0000

Note: LR test is conservative and provided only for reference.

通常,随机效应并不被直接估计。相反,**xtmixed** 输出表只给出了这些随机效应的标准差估计值。对数密度的系数对应的标准差为 3.16 ——与零之间的距离超过三个标准误(0.88)——表明斜率系数存在显著的区域间变异(division-to-division variation)。更为明确的似然比检验支持了这一推论。为了进行此检验,我们重新估计了截距模型(intercept-only model),将估计值存为 A(一个随意起的名称),然后重新估计截距与斜率模型(intercept-and-slope model),将估计值存为 B,最后对 B 拟合得是否显著地优于 A 进行似然比检验。本例中,情况的确如此($P \approx 0.000\,0$),因此我们认为增加随机斜率带来了显著的改进。

```
. quietly xtmixed bush logdens minority colled || cendiv:
. estimates store A
. quietly xtmixed bush logdens minority colled || cendiv: logdens
. estimates store B
. lrtest A B
```

```
Likelihood-ratio test                    LR chibar2(01) =    73.16
(Assumption: A nested in B)              Prob > chibar2 =    0.0000
```

Note: LR tests based on REML are valid only when the fixed-effects specification is identical for both models.

似然比检验的输出提醒我们,只有当两个模型的固定效应部分完全相同时,基于 **xtmixed** 默认的 REML 模型而进行的检验才是有效的。本例中,它们是相同的。如果情况并非如此,我们可以选最大似然法来估计这两个模型,然后执行 **lrtest**。

之前的模型假定随机截距和斜率之间不存在相关,这等价于增加一个 **cov** (**independent**)选项来设定协方差结构。其他的可能设定包括 **cov** (**unstructured**),它可以允许两个随机效应之间存在一个独特的非零协方差。

```
. xtmixed bush logdens minority colled
        || cendiv: logdens, cov(unstructured)
```

Performing EM optimization:

Performing gradient-based optimization:

```
Iteration 0:   log restricted-likelihood = -11354.196
Iteration 1:   log restricted-likelihood = -11354.196
```

Computing standard errors:

Mixed-effects REML regression	Number of obs = 3054
Group variable: cendiv	Number of groups = 9

	Obs per group: min =	67
	avg =	339.3
	max =	618

```
Log restricted-likelihood = -11354.196          Wald chi2(3)     =     810.51
                                                 Prob > chi2      =     0.0000
```

bush	Coef.	Std. Err.	z	P>|z|	[95% Conf. Interval]	
logdens	-3.435127	1.179726	-2.91	0.004	-5.747348	-1.122907
minority	-.3642832	.0130293	-27.96	0.000	-.3898201	-.3387462
colled	-.0904012	.0347532	-2.60	0.009	-.1585161	-.0222862
_cons	69.92388	3.391184	20.62	0.000	63.27728	76.57048

Random-effects Parameters	Estimate	Std. Err.	[95% Conf. Interval]	
cendiv: Unstructured				
sd(logdens)	3.326393	.920379	1.933992	5.721269
sd(_cons)	9.92502	2.712817	5.808601	16.95865
corr(logdens,_cons)	-.6769334	.2073502	-.9175927	-.0731567
sd(Residual)	9.849335	.1264463	9.604597	10.10031

```
LR test vs. linear regression:       chi2(3) =    538.84    Prob > chi2 = 0.0000

Note: LR test is conservative and provided only for reference.
```

$logdens$ 上的随机斜率与随机截距之间估计的相关系数为 -0.68,其与零之间的距离超过三个标准误。似然比检验也表明考虑这一相关是对先前模型的显著改进($P = 0.037\ 5$)。

```
. estimates store C
. lrtest B C

Likelihood-ratio test                            LR chi2(1) =      4.33
(Assumption: B nested in C)                      Prob > chi2 =    0.0375

Note: LR tests based on REML are valid only when the fixed-effects
      specification is identical for both models.
```

当前模型为:

$$bush_{ij} = 69.92 - 3.44logdens_{ij} - 0.36minority_{ij} - 0.09colled_{ij} + u_{0j} + u_{1j}logdens_{ij} + \epsilon_{ij}$$

$$[15.5]$$

那么,每一普查区将选票和密度联系起来的斜率又是多少呢? 再次,我们可以通过 **predict** 得到随机效应(这里被命名为 $randint1$ 和 $randslo1$)的取值。我们的数据到现在为止包含了数个新变量。

```
. predict randslo1 randint1, reffects
. describe


Contains data from C:\data\election_2004i.dta
  obs:          3,054                     US counties -- 2004 election
                                          (Robinson 2005)
  vars:            16                     8 Mar 2008 17:47
  size:       229,050 (99.6% of memory free)
```

```
                 storage  display     value
variable name    type     format      label     variable label

. fips           long     %9.0g                 FIPS code
  state          str2     %9s                   State name
  region         byte     %9.0g       region    Region (4)
  cendiv         byte     %15.0g      division   Census division (9)
  county         str24    %24s                  County name
  votes          float    %9.0g                 Total # of votes cast, 2004
  bush           float    %9.0g                 % votes for GW Bush, 2004
  logdens        float    %9.0g                 log10(people per square mile)
  minority       float    %9.0g                 % population minority
  colled         float    %9.0g                 % adults >25 w/4+ years college
  randint0       float    %9.0g                 BLUP r.e. for cendiv: _cons
  _est_A         byte     %8.0g                 esample() from estimates store
  _est_B         byte     %8.0g                 esample() from estimates store
  _est_C         byte     %8.0g                 esample() from estimates store
  randslo1       float    %9.0g                 BLUP r.e. for cendiv: logdens
  randint1       float    %9.0g                 BLUP r.e. for cendiv: _cons

sorted by:
    Note:  dataset has changed since last saved
```

随机斜率系数的取值分布在西北中部各县的 -5.27 到东南中部各县的 $+4.59$ 之间。

```
. table cendiv, contents(mean randslo1 mean randint1)
```

Census division (9)	mean(randslo1)	mean(randint1)
New England	1.97963	-19.48989
Middle Atlantic	.0704282	-2.432464
E North Central	3.712087	-9.102283
W North Central	-5.274884	7.740558
South Atlantic	.4770184	5.311593
E South Central	4.594014	-4.056114
W South Central	-.6417558	10.59901
Mountain	-1.833838	6.785816
Pacific	-3.0827	4.643779

为了说明选票与人口密度之间的关系,我们重新整理等式[15.5],将 $logdens$ 上的固定和随机斜率加以合并:

$$bush_{ij} = 69.92 + (u_{1j} - 3.44)logdens_{ij} - 0.36minority_{ij} - 0.09colled_{ij} + u_{0j} + \epsilon_{ij}$$

$$[15.6]$$

换言之,与每一普查区相对应的斜率等于反映整个样本情况的固定效应斜率(fixed-effect slope)加上与该区域相对应的随机效应斜率(random-effect slope)。比如,在太平洋地区的各县中,组合斜率(combined slope)为 $-3.44 - 3.08 = -6.52$。计算出了九个组合斜率并描绘在图 15.5 中。

```
. gen slope1 = randslo1 + _b[logdens]
. graph hbar (mean) slope1, over(cendiv)
    ytitle("Change in % Bush vote, with each tenfold increase
    in density")
```

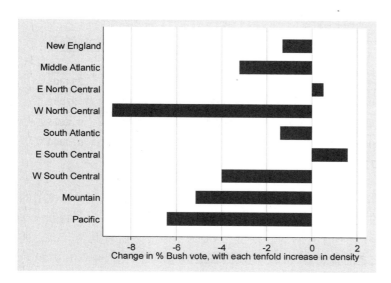

图 15.5

图 15.5 展示了投票行为上的农村-城市梯度变化（rural-urban gradient）在不同地方如何有所不同。在西北中部、太平洋和山区的各县中，给 Bush 投支持票的百分比随着人口密度上升而下降得最为迅速。在东北中部和东南中部则呈现出另一情形——Bush 选票随着人口密度上升而略微增加。图 15.5 中的组合斜率大体上与图 15.4 中各散点图的情形相似，但并不完全一致，因为组合斜率（等式[15.6]或图 15.5）还对少数民族和受过大学教育人口的效应作了调整。在接下来的部分中，我们考虑那些效应是否也可能具有随机成分（random components）。

多个随机斜率

为了设定 *logdens*，*minority* 和 *colled* 上的随机效应，我们只需要将这些变量名添加到 **xtmixed** 命令的随机效应部分中即可。为了随后的比较检验，我们以名称 *full* 将估计结果加以保存。一些迭代过程信息在以下输出中被略去了。

```
. xtmixed bush logdens minority colled
     || cendiv: logdens minority colled

Mixed-effects REML regression                Number of obs    =      3054
Group variable: cendiv                       Number of groups =         9

                                             Obs per group: min =       67
                                                            avg =    339.3
                                                            max =      618

                                             Wald chi2(3)     =     48.11
Log restricted-likelihood = -11245.885       Prob > chi2      =    0.0000
```

bush	Coef.	Std. Err.	z	P>|z|	[95% Conf. Interval]	
logdens	-3.117957	1.354377	-2.30	0.021	-5.772487	-.4634264
minority	-.3774872	.0594014	-6.35	0.000	-.4939119	-.2610625
colled	-.1429522	.1786875	-0.80	0.424	-.4931733	.2072689
_cons	71.23176	3.632311	19.61	0.000	64.11256	78.35096

Random-effects Parameters	Estimate	Std. Err.	[95% Conf. Interval]	
cendiv: Independent				
sd(logdens)	3.811876	1.039395	2.233774	6.504866
sd(minority)	.163672	.0489699	.0910539	.294205
sd(colled)	.5216929	.136224	.3127158	.870322
sd(_cons)	10.61635	2.853342	6.26901	17.97842
sd(Residual)	9.421733	.1212993	9.186965	9.6625

```
LR test vs. linear regression:        chi2(4) =    755.46    Prob > chi2 = 0.0000
. estimates store full
```

以 *full* 模型作为基准,似然比检验证实 *logdens*,*minority* 和 *colled* 上的随机系数都具有统计上显著的变异,因此这些都应被保留在模型中。比如,为了评价 *colled* 上的随机系数,我们估计一个不含它们的新模型(*nocolled*),然后将其与 *full* 进行比较。*nocolled* 模型要比之前看到的 *full* 模型显著地拟合得更差($P \approx 0.000\ 0$)。

```
. quietly xtmixed bush logdens minority colled
     || cendiv: logdens minority
. estimates store nocolled
. lrtest nocolled full

Likelihood-ratio test                    LR chibar2(01) =   188.18
(Assumption: nocolled nested in full)    Prob > chibar2 =   0.0000
```

类似的步骤运用于另外两个模型(*nologdens* 和 *nominority*),似然比检验表明 *full* 模型也均要比不含 *logdens* 上或 *minority* 上的随机系数的这两个模型显著地拟合得更好。

```
. quietly xtmixed bush logdens minority colled
     || cendiv: minority colled
. estimates store nologdens
. lrtest nologdens full

Likelihood-ratio test                    LR chibar2(01) =   103.81
(Assumption: nologdens nested in full)   Prob > chibar2 =   0.0000

. quietly xtmixed bush logdens minority colled
     || cendiv: logdens colled
. estimates store nominority
. lrtest nominority full

Likelihood-ratio test                    LR chibar2(01) =    39.04
(Assumption: nominority nested in full)  Prob > chibar2 =   0.0000
```

通过沿用之前得到图 15.5 所示组合效应的计算方式,我们可以对所有这些随机效应或它们产生的组合效应进行详细的考察。

混合建模研究往往关注固定效应,纳入随机效应只是为了反映数据中的异质性(heterogeneity)而并非实质性关注。比如,我们的分析迄今为止已经说明,即使是在调整了平均选票上的区域差异(regional differences)以及人口密度和大学毕业生比例的区域效应(regional effects)之后,人口密度、少数民族比例和大学毕业生比例仍在全国层面上预测了县的投票模式。但是,随机效应本身仍可能成为所关注的量。为了更细致地查看投票和大学毕业生比例(或少数民族比例或人口密度的对数)如何在不同普查区之间变动,我们可以预测出随机效应并根据它们计算出总效应(total effects)。下面以全模型(full model)中 *colled* 的总效应为例对这些步骤做了说明,并且图 15.6 还画出了这些效应。

```
. quietly xtmixed bush logdens minority colled
      || cendiv: logdens minority colled
. predict relogdens reminority recolled re_cons, reffects
. describe relogdens-re_cons
```

variable name	storage type	display format	value label	variable label
relogdens	float	%9.0g		BLUP r.e. for cendiv: logdens
reminority	float	%9.0g		BLUP r.e. for cendiv: minority
recolled	float	%9.0g		BLUP r.e. for cendiv: colled
re_cons	float	%9.0g		BLUP r.e. for cendiv: _cons

```
. generate tecolled = recolled + _b[colled]
. label variable tecolled "random + fixed effect of colled"
. table cendiv, contents(mean recolled mean tecolled)
```

Census division (9)	mean(recolled)	mean(tecolled)
New England	-.2547574	-.3977096
Middle Atlantic	-.1089157	-.2518679
E North Central	-.0926856	-.2356378
W North Central	.3526636	.2097114
South Atlantic	.0607289	-.0822233
E South Central	.4656368	.3226846
W South Central	.8802846	.7373324
Mountain	-.7271097	-.8700619
Pacific	-.5758455	-.7187977

图 15.6

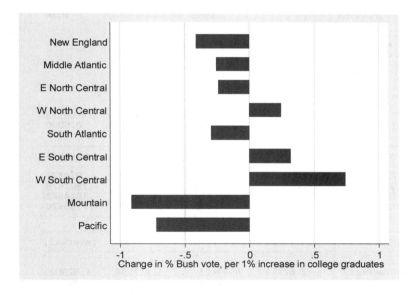

图 15.6 将我们的模型通过纳入 colled 的随机斜率而显著地得以改进（$P \approx 0.0000$）的原因形象地展示出来。colled 对 Bush 选票的总效应从山区（-0.87）和太平洋（-0.72）普查区相当大的负值（Bush 选票的比重在具有越多大学毕业生的各县则越低），经南太平洋或西北中部的微不足道，变动到西南中部相当大的正值（+0.74），西南中部各县具有的大学毕业生越多，Bush 选票也越是大幅度增加——控制了人口密度、少数民族比例和其他的区域效应。如果我们只估计 colled 的固定效应，那么我们的模型实际上将会把 colled 的这些负的、接近于零的和正的随机效应平均成一个很小的负固定系数，具体即本章开始时两个固定效应回归中的系数 -0.17。

到目前为止看到的例子都得以由 xtmixed 顺利地加以处理，但情况并非总是如此。混合模型估计可能由于各种不同的原因出现无法收敛的情况，导致重复地

"nonconcave"或"back-up"迭代,或给出与 Hessian[2]或标准误计算有关的错误信息。《纵向/面板数据参考手册》讨论了如何诊断和解决收敛问题(convergence problems)的事情。一个经常遇到的原因似乎是模型包含了几近于零的方差成分(nearzero variance component),比如实际上变动不大或协方差小的随机效应。在这些情形中,干扰成分(offending components)似乎并无用处,且应被舍弃。

多层嵌套

混合效应模型可以纳入不止一个嵌套的层(nested levels)。比如,我们所用投票数据的县不但嵌套于普查区,而且还嵌套于也嵌套在普查区中的州。随机效应是否可能不但存在于普查区这一层次而且还存在于州这一更小层次呢? **xtmixed** 命令考虑到了此类分层模型(hierarchical models)。追加的随机效应部分可添加到该命令中,且后续更小(被嵌套)的单位靠右边摆放。接下来的分析设定所有三个预测变量在各普查区上的随机截距和斜率,同时还设定大学毕业生比重 *colled* 在各州上的随机截距和斜率。

```
. xtmixed bush logdens minority colled
      || cendiv: logdens minority colled
      || state: colled
```

Mixed-effects REML regression   Number of obs   =   3054

Group Variable	No. of Groups	Observations per Group		
		Minimum	Average	Maximum
cendiv	9	67	339.3	618
state	49	1	62.3	254

Log restricted-likelihood = -10774.461   Wald chi2(3)   =   60.72
                                                Prob > chi2   =   0.0000

bush	Coef.	Std. Err.	z	P>|z|	[95% Conf. Interval]	
logdens	-2.729832	.9856788	-2.77	0.006	-4.661727	-.7979371
minority	-.4038836	.0577132	-7.00	0.000	-.5169994	-.2907678
colled	-.1586315	.1344411	-1.18	0.238	-.4221313	.1048682
_cons	71.30659	3.208566	22.22	0.000	65.01791	77.59526

Random-effects Parameters	Estimate	Std. Err.	[95% Conf. Interval]	
cendiv: Independent				
sd(logdens)	2.67561	.8340451	1.452396	4.929021
sd(minority)	.1600201	.0481924	.0886793	.288753
sd(colled)	.3825822	.1058628	.2224294	.6580475
sd(_cons)	8.928818	2.684593	4.952979	16.09613
state: Independent				
sd(colled)	.1392784	.0371954	.0825209	.2350736
sd(_cons)	5.932112	.7492981	4.631186	7.598475
sd(Residual)	7.884882	.1027931	7.685963	8.088949

LR test vs. linear regression: chi2(6) = 1698.31   Prob > chi2 = 0.0000

Note: <u>LR test is conservative</u> and provided only for reference.

粗一看,据其标准误和置信区间判断,这一输出中 *cendiv* 和 *state* 两个层次上的

---

2 即 Hessian 矩阵,它是某一函数的二阶偏导数方阵。Hessian 矩阵为负定矩阵是以最大似然法求解函数时的一个关键条件。——译者注

所有随机效应似乎都显著。*colled* 上州层次随机系数的标准差(0.14)比相应的普查区层次系数的标准差(0.38)更小,但两者相对于 *colled* 的固定效应系数(-0.16)而言都是相当大的了。州层次系数的置信区间在 0.08 到 0.24 之间变动。似然比检验表明,这一包含州层次随机截距和斜率的模型(这里被命名为 *state*)比先前仅包含普查区层次随机截距和斜率的模型(*full*)要拟合得好得多。

```
. estimates store state
. lrtest full state

Likelihood-ratio test                          LR chi2(2)  =    942.85
(Assumption: full nested in state)             Prob > chi2 =    0.0000

Note: LR test is conservative
Note: LR tests based on REML are valid only when the fixed-effects
      specification is identical for both models.
```

同前,我们可以预测随机效应,然后以它们来计算并画出总效应。对于 *colled*,我们现在有 49 个不同州的随机效应。盒式图(Box plot)很好地呈现了它们的分布(图15.7),该分布反映出先前在图 15.6 中所见到的普查区效应的一般性模式,但也反映出区内变异(within-division variation)。印第安纳(东北中部)和俄克拉荷马(西南中部)被画成了其各自普查区中异常的野点子(outlier)。

```
. predict re*, reffects
. describe re1-re6

                 storage   display    value
variable name    type      format     label      variable label

re1              float     %9.0g                 BLUP r.e. for cendiv: logdens
re2              float     %9.0g                 BLUP r.e. for cendiv: minority
re3              float     %9.0g                 BLUP r.e. for cendiv: colled
re4              float     %9.0g                 BLUP r.e. for cendiv: _cons
re5              float     %9.0g                 BLUP r.e. for state: colled
re6              float     %9.0g                 BLUP r.e. for state: _cons

. gen tecolled2 = re3 + re5 + _b[colled]
. label variable tecolled2
      "cendiv + state + fixed effect of % college grads"
. graph hbox tecolled2, over(cendiv) yline(-.16)
      marker(1, mlabel(state))
```

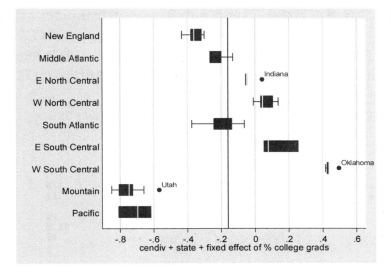

图 15.7

有关于其他 **xtmixed** 事后估计工具,键入 **help xtmixed_postestimation** 查

看。《纵向/面板数据参考手册》以及 Rabe-Hesketh 和 Skrondal(2008)介绍了诸如分块对角线协方差结构(blocked-diagonal covariance structure)和交叉效应模型(crossed-effect models)等混合建模的进一步应用。

横剖时间序列

这一部分将 **xtmixed** 应用于一类不同的多层数据:横剖时间序列。数据集 *rural_Alaska.dta* 包含了阿拉斯加州 12 个自治市镇(boroughs)或普查区(census areas)(西北北极自治市镇(Northwest Arctic Borough)、迪灵汉人口普查区(Dillingham Census Area)等)的人口数和其他信息。我们有这 12 个区域中每个区域从 1969 年到 2003 年多个年份的数据,但有许多缺失值(missing values),故形成了一套由 12 个不完整的时间序列组成的数据。

```
Contains data from C:\data\rural_Alaska.dta
  obs:          420                     Rural Alaska boroughs and census
                                        areas, 1969-2003
  vars:           8                     9 Mar 2008 18:53
  size:      19,320 (99.9% of memory free)

              storage   display    value
variable name   type    format     label     variable label
areaname       str19    %19s                  Area name
year           int      %9.0g                 Year
fips           int      %12.0g                FIPS code

inc            float    %9.0g                 per cap personal income
transper       float    %9.0g                 Transfers as % personal income
popt           float    %9.0g                 Population in 1000s
year0          byte     %9.0g                 years since 1968
year2          int      %9.0g                 year0 squared

Sorted by:  areaname  year
```

在这些数据涵盖时期的上半期,许多阿拉斯加农村区域人口大量增加。然而,最近些年来,增长率(rate of growth)趋于平稳,一些区域的人口甚至出现了下降。这些趋势与针对这些区域的可持续经济发展乃至居住在该区域的阿拉斯加土著人口的文化重要性的讨论有关。

因为人口趋势并不仅仅表现为增长,因此将其作为 *year* 的线性函数(linear function)加以建模并不符合现实。通过将以千人为单位的人口数(*popt*)对 1968 年以来的年份(*year0*)以及 *year0* 的平方进行回归,下述混合模型将人口趋势表达成一个曲线函数(curvilinear function)。我们考虑了此两项上的固定(β)和随机(u_j)截距与斜率。

$$population_{ij} = \beta_0 + \beta_1 year\,0_{ij} + \beta_1 year\,0_{ij}^2 + u_{0j} + u_{1j} year\,0_{ij} + u_{2j} year\,0_{ij}^2 + \epsilon_{ij}$$

$$[15.7]$$

```
. xtmixed popt year0 year2  ||  areaname:  year0 year2

Mixed-effects REML regression          Number of obs    =      376
Group variable: areaname               Number of groups =       12

                                       Obs per group: min =       24
                                                      avg =     31.3
                                                      max =       35

                                       Wald chi2(2)     =    67.15
Log restricted-likelihood = -304.95366 Prob > chi2      =   0.0000
```

popt	Coef.	Std. Err.	z	P>|z|	[95% Conf. Interval]	
year0	.1578059	.0196835	8.02	0.000	.119227	.1963848
year2	-.0025241	.0007368	-3.43	0.001	-.0039683	-.0010799
_cons	3.886339	.8408574	4.62	0.000	2.238289	5.53439

Random-effects Parameters	Estimate	Std. Err.	[95% Conf. Interval]	
areaname: Independent				
sd(year0)	.0549767	.0165487	.0304758	.0991748
sd(year2)	.0023566	.0005591	.0014803	.0037517
sd(_cons)	2.887339	.6290316	1.883893	4.425266
sd(Residual)	.4323029	.0165595	.4010354	.4660083

LR test vs. linear regression:　chi2(3) = 1344.84　Prob > chi2 = 0.0000

该输出中的所有随机效应均表明存在显著的区域变异(variation from place to place)。*year0* 上的固定效应系数是正的(0.157 8),而其平方项 *year2* 上的系数则是负的(-0.002 5),这揭示了一个减速增长(slowing growth)的一般性趋势。将预测人口数(predicted population)与实际人口数(actual population)对日历年份(calendar year)(*year*)进行作图有助于直观地揭示出区域变异(area-to-area variation)的细节(图 15.8)。一些区域的人口稳定地增长,而其他一些区域的人口则先增长后下降。模型很好地对数据中过去的一些可见的测量问题(measurement issues)进行了修匀(smoothing)。

```
. predict yhat, fitted
. graph twoway scatter popt year, msymbol(Oh)
      || mspline yhat year, lpattern(solid) lwidth(medthick)
      || , by(areaname, note("") legend(off))
      ylabel(0(5)20, angle(horizontal)) xtitle("")
      ytitle("Population in 1,000s") xlabel(1970(10)2000, grid)
```

图 15.8

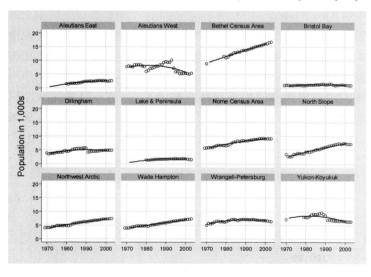

混合效应 logit 回归

自 1972 年以来,综合社会调查(General Social Survey)(Davis et al., 2005)一直以一系列一年一次或半年一次的民意调查(polls)来追踪美国公众舆论

(public opinion)。要求被访者提供他们在2004年是如何投票的2006民意调查提供了与本章的选举主题相一致的个体层次数据(individual-level data)。数据集 *GSS_SwS1* 包含从 GSS2006 中为本章选取的部分变量和案例(observations)。访问政治和社会研究校际联盟(Inter-University Consortium for Political and Social Research)的网站(http://www.icpsr.umich.edu/cocoon/ICPSR/SERIES/00028.xml)可获取详细信息和更具代表性的 GSS 数据集。

```
. use GSS_SwS1.dta, clear
. describe
Contains data from c:\data\GSS_SwS1.dta
  obs:           1,595                          General Social Survey 2006
  vars:             17                          14 Jun 2008 13:45
  size:         60,610 (99.9% of memory free)

                 storage   display    value
variable name    type      format     label      variable label

id               int       %9.0g                 Case number (Statistics w/Stata)
finalwt          float     %9.0g                 weight variable -- wtssall
cendiv           byte      %12.0g     cendiv     Census division (9)
age              byte      %8.0g      age        Age in years
educ             byte      %8.0g      educ       Highest year of schooling
                                                 completed
gender           byte      %9.0g      gender     Respondent gender
income           float     %9.0g      income     Family income in constant dollars
loginc           float     %9.0g                 log10(family income, +1)
logsize          float     %9.0g                 log10(size of place in thousands,
                                                 +1)
married          byte      %9.0g      married    Married or unmarried?
minority         byte      %11.0g     minority   Minority status
politics         byte      %20.0g     politics   Think of self as liberal or
                                                 conservative?
bush             byte      %11.0g     bush       voted for GW Bush in 2004?
grass            byte      %9.0g      grass      Should marijuana be made legal?
gunlaw           byte      %8.0g      gunlaw     Favor or oppose gun permits?
postlife         byte      %8.0g      postlife   Believe in life after death?
enviro           byte      %11.0g     enviro     Govt spending on environment?

Sorted by:  id
```

GSS 关于2004年投票的问题(*bush*)将是我们本节中的关注点。若被访者说他们把选票投给了 George W. Bush 就编码为1,而若他们把选票投给了 John Kerry 或 Ralph Nader 则编码为0,这一虚拟变量(dummy variable)适合进行 logit 建模(出于对本章目的考虑,排除了那些说他们没有投票或回想不起来的被访者)。这一问题的未加权 GSS 结果与实际选票结果相当接近——与本次美国选举中支持 Bush 的比例为50.7%相比,调查中的该比例为51.35%,这很好地反映了 GSS 确保一个代表性随机样本的努力。

```
. tab bush

 Voted for
 GW Bush in
      2004 |     Freq.     Percent        Cum.

Kerry/Nader |       776       48.65       48.65
       Bush |       819       51.35      100.00

      Total |     1,595      100.00
```

我们在本章前面已看到,尽管存在显著的区域差异,但 Bush 选票在各县的比重随着人口密度、少数民族比例、受过大学教育人口比例而下降。我们不应假定在聚合层次(aggregated level)(例如县级)上存在的关系也必将可在个体层次上被发现,但这些 GSS 数据提供了考察这种可能性的一个机会。GSS 数据并未区分被访者的县,但它报告了他们所居住地方的人口数,这给出了城市性(urban-ness)的一个替代指标。由于住地规模(place size)的正偏态性(positive skewness),我们对其取以 10 为底的对数,*logsize*。一个表明少数民族身份的{0,1}变量(*minority*)和一个表明被访者受教育年数的变量(*educ*)提供了其他大体与县级层次预测变量(county-level predictors)类似的个体层次预测变量。GSS 也标明了普查区(*cendiv*),即为我们的县级层次建模证明很重要的那九个地理单位(geographical units)。

具有与 **xtmixed** 类似语法的 **xtmelogit** 命令可拟合混合效应 logit 模型(mixed-effects logit models)。我们以三个固定效应——住地规模的对数、少数民族身份和教育——和每一普查区的随机截距来预测 Bush 选票的基础模型(basic model)作为开始。

```
. xtmelogit bush logsize minority educ || cendiv:

Mixed-effects logistic regression          Number of obs    =      1595
Group variable: cendiv                     Number of groups =         9

                                           Obs per group: min =        62
                                                          avg =     177.2
                                                          max =       336

Integration points =   7                   Wald chi2(3)     =    156.51
Log likelihood = -1001.4226                Prob > chi2      =    0.0000
```

bush	Coef.	Std. Err.	z	P>|z|	[95% Conf. Interval]	
logsize	-.2456232	.0723751	-3.39	0.001	-.3874758	-.1037707
minority	-1.988091	.1693794	-11.74	0.000	-2.320069	-1.656114
educ	-.0435621	.020059	-2.17	0.030	-.082877	-.0042472
_cons	1.331863	.3044779	4.37	0.000	.7350978	1.928629

Random-effects Parameters	Estimate	Std. Err.	[95% Conf. Interval]	
cendiv: Identity				
sd(_cons)	.2631985	.0937197	.1309747	.5289069

```
LR test vs. logistic regression: chibar2(01) =      9.78 Prob>=chibar2 = 0.0009
```

三个预测变量均具有显著的效应,且都包含了我们基于县级层次结果就可以预料到的负号(negative signs)。每一普查区随机截距的纳入是对固定效应 logit 模型(fixed-effects logit model)的改进(*P* = 0.000 9)。我们是否还应设定预测变量 *logsize* 上的随机斜率及非结构化协方差矩阵呢?

```
. xtmelogit bush logsize minority educ
        || cendiv: logsize, covariance(unstructured)

Mixed-effects logistic regression          Number of obs    =      1595
Group variable: cendiv                     Number of groups =         9

                                           Obs per group: min =        62
                                                          avg =     177.2
                                                          max =       336

Integration points =   7                   Wald chi2(3)     =    136.94
Log likelihood = -993.18808                Prob > chi2      =    0.0000
```

bush	Coef.	Std. Err.	z	P>|z|	[95% Conf. Interval]	
logsize	-.3067214	.1351802	-2.27	0.023	-.5716697	-.0417731
minority	-1.929399	.1705008	-11.32	0.000	-2.263575	-1.595224
educ	-.041411	.0201692	-2.05	0.040	-.0809419	-.0018801
_cons	1.361903	.3014101	4.52	0.000	.7711505	1.952656

Random-effects Parameters	Estimate	Std. Err.	[95% Conf. Interval]	
cendiv: Unstructured				
sd(logsize)	.324985	.1153992	.1620353	.6518042
sd(_cons)	.2166181	.1880604	.0395103	1.187623
corr(logsize,_cons)	-.8708507	.2677071	-.9982074	.683149

LR test vs. logistic regression: chi2(3) = 26.25 Prob > chi2 = 0.0000

. estimates store A

logsize 上的随机系数包含大量变异(标准差为 0.32,标准误为 0.12),但随机截距的变异现在似乎更不明显了(标准差为 0.22,标准误为 0.19)。这两个随机效应之间的相关系数似乎也并不显著。

. **xtmelogit** *bush logsize minority educ*
     || *cendiv: logsize*, nocons

Mixed-effects logistic regression
Group variable: **cendiv**

Number of obs =	1595
Number of groups =	9
Obs per group: min =	62
avg =	177.2
max =	336

Integration points = 7
Log likelihood = -994.02453

Wald chi2(3) =	150.81
Prob > chi2 =	0.0000

bush	Coef.	Std. Err.	z	P>|z|	[95% Conf. Interval]	
logsize	-.2988801	.1097208	-2.72	0.006	-.5139289	-.0838312
minority	-1.969727	.1666701	-11.82	0.000	-2.296395	-1.64306
educ	-.0414891	.0201459	-2.06	0.039	-.0809745	-.0020038
_cons	1.361989	.2909969	4.68	0.000	.791646	1.932333

Random-effects Parameters	Estimate	Std. Err.	[95% Conf. Interval]	
cendiv: Identity				
sd(logsize)	.2340086	.071626	.128438	.4263536

LR test vs. logistic regression: chibar2(01) = 24.58 Prob>=chibar2 = 0.0000

. estimates store B
. lrtest B A

Likelihood-ratio test
(Assumption: B nested in A)

LR chi2(2) =	1.67
Prob > chi2 =	0.4332

Note: LR test is conservative

只含随机斜率的模型 B 比只含随机截距的模型拟合得更好,但并没有比纳入随机斜率、截距和协方差的模型 A 显著地更差(P = 0.433 2)。这些个体层次调查数据中的区域变异似乎最好作为城市性(urban-ness)对给 Bush 投支持票的发生比之效应(*logsize*)上的变异来进行建模。该影响在一些普查区很强而且是负的,然而在其他区则更弱甚至是正的。不过,在调整了这些区域差异(regional differences)的情况下,住地规模、少数民族身份和教育的个体层次固定效应具有与之前县级层次结果相一致的模式。

16 编程入门

正如在前面章节提到的那样,我们能够通过在文本(ASCII)文件中写入任意序列的 Stata 命令来创建一个简单的程序。Stata 的 Do 文件编辑器(点击 `Window > Do-file Editor` 或点击图标 ⬛)提供了便利的方式来做这个工作。将 do 文件存盘以后,我们进入 Stata 并键入具有 **do filename** 这一形式的命令以告诉 Stata 来读文件 *filename. do*,并执行其中所包含的所有命令。使用 Stata 的内置编程语言来编制更成熟和复杂的程序也是可能的。前面各章用过的许多命令实际上都涉及在 Stata 中编写的程序。这些程序中有些源于 Stata 公司,有些则是由 Stata 用户自己编写的,因为他们想完成的特定任务超出了 Stata 的内置性能。

Stata 程序可以访问所有现存的 Stata 性能,可以访问其他程序,而被访问的程序中又可以依次再访问其他程序,还可以使用模型拟合工具包括矩阵代数和最大似然估计。不管我们的目的是大到一种新的统计技术还是小到一项专门的工作,比如管理某一特定数据,我们编写 Stata 程序的能力都能大大扩展我们能实际完成的工作范围。

编程在 Stata 中是一个深奥的话题。本章只是简要介绍一些基本的概念和工具,以一些例子来说明如何用它们来方便我们进行常见的数据分析任务。如果有兴趣学得更多,Stata 的专家教学在线网络课程(www. stata. com/netcourse)是一个好的起点。主要的参考文献来源是《编程参考手册》(*Programming Reference Manual*)和两卷本的《Mata 矩阵编程手册》(*Mata Matrix Programming Manual*)。有关最大似然估计和编程的详细内容在《用 Stata 做最大似然估计》(Gould,Pitblado & Sribney,2006)一书进行了介绍。

基本概念与工具

结合前面各章所介绍过的 Stata 的功能,我们从介绍一些基本的概念与工具来着手。

do 文件

do 文件是 ASCII(文本)文件,可以用 Stata 的 do 文件编辑器、文字处理器或其他任何文本编辑器来创建得到。它们通常以".do"扩展名加以保存。这个文件能够容纳任意序列的合法 Stata 命令。在 Stata 中,键入以下命令将使 Stata 读取文件 *filename.do*,并执行其所包含的命令:

. do filename

filename.do 中的每一条命令,包括最后一条,都必须以一个硬回车来结束,除非我们

已经专门通过命令 **#delimit** 重设了分隔符(delimiter):

#delimit ;

此命令设置英文分号";"作为行尾分隔符,因而 Stata 会直到遇到一个分号才认为一行结束。设置分号为分隔符允许一个命令的长度扩展成多个物理行。随后,我们可以再设"回车(carriage return)"为通常的行尾分隔符,使用命令:

#delimit cr

一个有关排版的注释:本章中示范的很多命令最有可能被应用于 do 文件或者 ado 文件之中,而不是作为孤立的命令被键入到命令窗口中。我已经编写了这样的内部程序命令,且没有显示一个前置的"."提示符,就像上面的两个 **#delimit** 例子一样(但是,并没有 **do filename** 这条命令,它将像往常一样在命令窗口中键入)。

ado 文件

与 do 文件非常像,ado(即自动 do(automatic do)的缩写)文件也是包含序列 Stata 命令的 ASCII 文件。区别在于,当运行一个 ado 文件时,我们用不着键入命令 **do filename**。比如我们键入命令:

. clear

与任何其他命令一样,Stata 读到这个命令时先检查是否存在这样一个名称的内在命令。如果在基础 Stata 可执行命令中并不存在 **clear** 这样一个命令(实际上它并不存在),那么 Stata 下一步就会在其通常的"ado"各目录中去搜寻一个名为 clear.ado 的文件。要是 Stata 找到了这样一个文件(它应该会找到),然后就会执行这个文件中的所有命令。

ado 文件的扩展名为".ado"。用户所写的程序通常存放在名为"C:\ado\personal"的目录中,然而大量 Stata 官方的 ado 文件则是安装在"C:\stata\ado"目录中。键入 **sysdir** 就可以看到 Stata 当前所用目录的清单。键入 **help sysdir** 或 **help adopath** 以查询有关改变它们的建议。

命令 **which** 可揭示某一给定命令是否真的是内在的、固定编码的 Stata 命令,或者是由某个 ado 文件所定义的命令。如果它是一个 ado 文件,那么它会在哪里存放。比如,**anova** 是一个内置命令,但是 **ttest** 命令却是由一个名为 ttest.ado 的 ado 文件所定义的,并在 2004 年 12 月被更新过。

```
. which anova
built-in command:  anova

. which ttest
C:\Program Files\Stata10\ado\base\t\ttest.ado
*! version 4.1.1  30dec2004
```

这种区别对于大多数用户而言没有什么差别,因为调用 **anova** 和 **ttest** 命令都同样容易。当你开始编写自己的程序时,对范例加以研究以及从 Stata 的数千个官方 ado 文件中借用编码都可能是有帮助的。以上 **which** 命令的输出结果给出了 ttest.ado 文件的存放位置,要想查看它的实际编码,键入:

```
. viewsource ttest.ado
```

定义许多 Stata 估计命令的 ado 文件这些年来已经明显变得看上去更加复杂,因为它们要适应新的性能,比如 **svy:** 前缀。不过,ttest.ado 还没有发生这样的事情。

程序

do 文件和 ado 文件都可能被视为程序的不同类型,但是 Stata 在更狭窄的意义上使用"程序(program)"一词,指的是保存于内存中并通过键入某一特定程序名称便可被执行的一连串命令。do 文件、ado 文件,或以交互方式键入的命令都定义了此类程序。这种定义始于声明该程序名称的一个表述。比如,要创建一个名为 *count5* 的程序,我们要先写:

```
program count5
```

然后应该是实际定义这一程序的那些命令行。最后,我们给出 **end** 命令,并随之以硬回车:

```
end
```

一旦 Stata 读到这些按程序定义的命令,它会在内存中保留这个程序的定义,而且每当我们将这个程序名作为命令键入时都会运行它:

```
. count5
```

程序实际上使得 Stata 中的新命令变得可用,因而大多数用户用不着知道某一既定命令到底来自 Stata 本身还是来自某个 ado 文件定义的程序。

当开始编写一个新程序时,我们经常建立的是不完全的或是不成功的初步版本。这时命令 **program drop** 提供了基本帮助,允许我们从内存中清除程序,以便我们能够定义一个新的版本。例如,要从内存中清除程序 *count5*,就键入:

```
. program drop count5
```

要是想从内存清除所有的程序(而不是数据),就键入:

```
. program drop _all
```

局部宏

宏(macro)就是能代表字符串、程序定义的数值结果,以及用户所定义取值的名称(长度不超过 31 个字符)。而局部宏(local macro)只有在程序之内有所定义时才存在,并且不能从其他程序中进行调用。要建立一个名为 *iterate* 的局部宏来代表数字 0,就键入:

```
local iterate 0
```

要想引用一个局部宏的内容(本例即数字 0),将这个宏的名称置于标准键盘左上角的"`"号和右单引号之内。例如:

```
        display `iterate'
0
```

于是,要将 *iterate* 的值加 1,我们键入:

```
        local iterate = `iterate' + 1
        display `iterate'
1
```

除了数字,宏的内容也可能是一个字符或一组词,比如:

```
        local islands Iceland Greenland
```

要想查看字符内容,就得在单引号宏名称外加上双引号:

```
        display "`islands'"
Iceland Greenland
```

我们可以串联更多的词或数字添加到宏的内容中去。例如:

```
        local islands `islands' Newfoundland Nantucket
        display "`islands'"
Iceland Greenland Newfoundland Nantucket
```

键入 **help extended fcn** 获取有关 Stata 的"扩展的宏函数"信息,它可以从宏的内容中抽取信息。比如,我们可以获得宏中的单词的数目,并把这个数目保存成一个名为 *howmany* 的新宏:

```
        local howmany: word count `islands'
        display `howmany'
4
```

许多其他扩展的宏函数也存在,都可用到编程中来。

全局宏

全局宏(global macro)与局部宏类似,但是一旦被定义,它们就会留在内存,而且可以在你当前的 Stata 会话期间为其他程序所使用。要想引用一个全局宏的内容,我们要在宏的名称之前加上一个美元符号"$"(而不是像局部宏那样括以左、右单引号):

```
        global distance = 73
        display $distance * 2
146
```

除非我们特别想保留宏的内容以备以后在会话中再次使用,否则,在编程序中使用局部宏要比全局宏更好(这样更不容易让人混淆、执行得更快而且潜在的错误也更少)。要想从内存中删除一个宏,运行一个 **macro drop** 命令。

```
        macro drop distance
```

我们也可以从内存中删除所有的宏:

```
        macro drop _all
```

标量

标量可以是单独的数字或字符,几乎和局部宏一样可以被一个名称所引用。不过,在读取标量的内容时,我们并不需要用引号把标量名称括起来。比如:

```
scalar onethird = 1/3
display onethird
.33333333
display onethird*6
2
```

就完整的数值精度而言,标量在保存计算得到的数值结果上是最为有用的。正如在分析之后通过键入 **return list** 或 **ereturn list** 所看到的,诸多的 Stata 分析过程都会将诸如自由度、检验统计量、对数似然值等这些结果作为标量保留下来。被 Stata 程序自动保存的标量、局部宏、矩阵以及函数提供了可在新程序中加以使用的构件。

版本

Stata 的功能和特色这些年已经经历变化。作为结果,针对 Stata 较早版本所编写的程序也许并不能在当前版本中直接运行。命令 **version** 就是针对这个问题的,以便让原来的程序仍能使用。一旦我们告诉 Stata 这个程序是针对哪一版本所写的,Stata 就会进行必要的调整使原来的程序能够在 Stata 的新版中运行。比如,如果以下述语句来开始我们的程序的话,Stata 将按 Stata 9 的方式来翻译这个程序的所有命令:

```
version 9
```

如果单独键入的话,**version** 命令会简单地报告当前被设置的解释程序属于哪个版本。

注释

Stata 不会将任何以星号开始的一行作为命令来运行。所以,这样的行可用来在程序中插入注释,或者在某一 Stata 会话中加入一种交互提示。比如:

```
* This entire line is a comment.
```

另外,我们也可以在可执行的命令行中纳入注释。这样做的最简单方式就是在两个斜线"//"之后加上注释(两个斜线前面至少要有一个空格)。比如:

```
summarize income education    // this part is the comment
```

三个斜线(前面也至少要有一个空格)则表明其后直至行尾的内容是一个注释,但是随后的物理行的内容应作为第一行的继续来加以运行。比如:

```
summarize income education    /// this part is the comment
occupation age
```

这个命令的执行结果将会与以下命令的结果相同:

```
summarize income education occupation age
```

不管有没有注释,三个斜线都告诉 Stata 将下一行作为当前行的继续来读取。比如,下面的两行将会被作为一条 **table** 命令,尽管它们之间以硬回车分隔。

```
table gender kids school if contam==1, contents(mean lived ///
median lived count lived)
```

因此,在编写长度超过一个物理行的程序命令时,三个斜线是对前面所介绍的 **#delimit;** 方法的一种替代。

将注释加在一个命令行的中间也是可能的,只需要将注释内容用" /* "和" */ "括起来即可。比如:

```
summarize income /* this is the comment */ education occupation
```

如果一行以" /* "结尾,而下一行以"*/"开始,那么 Stata 将会略过该行的这一间隔,并将两行作为单独的一条命令来读取。这也是在程序中有时能见到的处理行加长命令的一个窍门,尽管现在人们更喜欢用 ///。

循环

有好几种方式可以建立程序的循环(loop)。一个简单方法是使用 **forvalues** 命令。比如,以下程序做计数从 1 到 5 的循环显示。

```
* Program that counts from one to five
program count5
    version 10.0
    forvalues i = 1/5 {
        display `i'
        }
end
```

通过键入这些命令,我们定义了程序 count5。此外,我们也可以用 do 文件编辑器将同样的系列命令存成名为 count5.do 的 ASCII 文件,然后键入以下命令让 Stata 来读这个文件:

```
. do count5
```

不论哪一种方式,通过定义程序 count5,我们都使这成为一个新的可用命令:

```
. count5
1
2
3
4
5
```

其中,命令

forvalues i = 1/5 { 赋值局部宏 *i* 从 1 到 5 依次取联贯整数值。命令 **display `i'** 显示这一宏的内容。宏名称 *i* 可以任意指定。另一个稍有不同的指令能使我们做从 0 到 100 并按步长 5 来计数(即依次赋值为 0,5,10,…,100):

forvalues j = 0(5)100 {

每一步的赋值不需要非得是整数,只要终点为整数即可。要想从 4 到 5 按增量 0.01 来计数(即 4.00,4.01,4.02,…,5.00),可以将命令写为:

```
forvalues k = 4(.01)5 {
```

对于设定的每一个数值,在开、关大括号｛｝之间的任何包含有效的 Stata 命令的行都将被反复执行。注意,除了可选的注释之外,在这行命令中的开括号后什么都没有,但是关括号需要自己单独成一行。

命令 foreach 采用的是不同的方法来做循环。不是靠指定一套联贯数值,而是根据我们所给的一个分项清单对应每一项便重复一次。这些分项可以是变量、文件、字符串或者数值。键入 help foreach 可查看此命令的语法。

forvalues 和 foreach 建立的循环都是按事先指定的次数来重复。要是我们想让循环一直继续到某些其他条件被满足才停止,那么 while 命令便有用了。按以下一般形式所写的一段程序将反复执行大括号内的命令,只要表达式(expression)被评价为"真":

```
while expression {
    command A
    command B
    . . . .
}
command Z
```

正如前面的例子一样,关括号"｝"并不是处于最后一个命令行的末尾,而是应该自己单独占一行。

当表达式被评价为"假"时,这一循环便结束了,而且 Stata 将继续执行命令 Z。与我们前一个例子类似,这里也是一个使用 while 循环从屏幕显示迭代数字从 1 变到 6 的简单程序:

```
* Program that counts from one to six
  program count6
  version 10.0
  local iterate = 1
  while `iterate' <= 6 {
     display `iterate'
     local iterate = `iterate' + 1
  }
end
```

更复杂循环的例子出现在 *multicat.ado* 程序中,将在本章的后面加以描述。《编程参考手册》包含关于编程循环的更多内容。

如果……否则

if 与 else(如果与否则)命令告诉程序,如果一个表达式为真时就做一件事,而在表达式为假时则做另外的事。它们的语法设置如下:

```
if expression {
    command A
    command B
    . . . .
}
else {
    command Z
}
```

比如,下面的一段程序检查局部宏 *span* 是否为奇数,并且将结果告诉用户。

```
if int(`span'/2) != (`span' - 1)/2 {
    display "span is NOT an odd number"
}
else {
    display "span IS an odd number"
}
```

变元

程序可定义新的命令。在某些情况下(如前面的例子 **count5**),我们想要我们的命令每次被调用时都能做完全相同的事。然而,我们也经常需要一个命令能由诸如变量名或选项这样的变元(argument)加以修改。我们有两种方法来告诉 Stata 如何读取和理解包含变元的命令行。其中最简单的就是 **args** 命令。

下面的 do 文件(*listres1.do*)定义了一个程序来做两个变量的回归,然后列出残差绝对值最大的观测案例。listres1 展示了几个不好的习惯,比如删除变量以及把新变量保留在内存中,这可能具有不必要的副作用。不过,它示范了临时变量的使用。

```
* Perform simple regression and list observations with #
*   largest absolute residuals.
*   syntax:  listres1 Yvariable Xvariable # IDvariable
capture drop program listres1
program listres1, sortpreserve
    version 10.0
    args Yvar Xvar number id
    quietly regress `Yvar' `Xvar'
    capture drop Yhat_
    capture drop Resid_
    capture drop Absres_
    quietly predict Yhat_
    quietly predict Resid_, resid
    quietly gen Absres_ = abs(Resid_)
    gsort -Absres_
    drop Absres_
    list `id' `Yvar' Yhat_ Resid_ in 1/`number'
end
```

其中" **args Yvar Xvar number id** "这一行告诉 Stata,命令 **listres1** 应该后接 4 个变元。这些变元可能是数字、变量名称或者其他由空格间隔开的字符串。于是,第一个变元就变成了名为 *Yvar* 的局部宏的内容,第二个变元变成了名为 *Xvar* 的局部宏的内容,如此等等。然后,此程序会在其他命令中使用这些宏的内容,比如回归:

```
quietly regress `Yvar' `Xvar'
```

这个程序计算残差绝对值(*Absres*),然后用 **gsort** 命令(后接一个负号置于变量名之前)按从大到小来对数据进行排序,且缺失值排在最后:

>   gsort -Absres

命令行中的选项 **sortpreserve** 使得这个程序"排序稳定化(sort-stable)",即确保观测案例的顺序在程序运行之后与运行之前相同。

数据 *nations.dta*,在前面第 8 章曾经看过,包含 109 个国家的数据,变量有预期寿命(*life*)、每天人均卡路里(*food*)以及国家名称(*country*)。我们能够打开这个文件,并用它来示范我们的新程序。用 **do** 命令来运行 do 文件 *listres1.do*,因此定义此程序和新命令 **listres1**:

. do *listres1.do*

接下来,我们用后接其 4 个变元的新定义的 **listres1** 命令。第一个变元设定 *y* 变量,第二个变元设定 *x* 变量,第三个变元设定要列出的观测案例数,第四变元则提供案例识别码。在这个例子中,我们的命令要求的是 5 条列出最大残差绝对值的观测案例清单。

. listres1 *life food 5 country*

	country	life	Yhat_	Resid_
1.	Libya	60	76.6901	-16.69011
2.	Bhutan	44	60.49577	-16.49577
3.	Panama	72	58.13118	13.86882
4.	Malawi	45	58.58232	-13.58232
5.	Ecuador	66	52.45305	13.54695

利比亚(Libya)、不丹(Bhutan)和马拉维(Malawi)的实际预期寿命低于预测值。相反,巴拿马(Panama)和厄瓜多尔(Ecuador)的预期寿命却高于基于食品供应所进行回归得到的预测值。

语法

命令 **syntax**(语法)提供了更复杂但也更有用的方式来读一个命令行。下面名为 *listres2.do* 的 do 文件与我们的前一个例子类似,但是它没有用 **args** 而用了 **syntax**。

```
* Perform simple or multiple regression and list
* observations with # largest absolute residuals.
*   listres2 yvar xvarlist [if] [in], number(#) [id(varname)]
capture drop program listres2
program listres2, sortpreserve
version 10.0
syntax varlist(min=1) [if] [in], Number(integer) [Id(varlist)]
    marksample touse
    quietly regress `varlist' if `touse'
    capture drop Yhat_
    capture drop Resid_
    capture drop Absres_
    quietly predict Yhat_ if `touse'
    quietly predict Resid_ if `touse', resid
    quietly gen Absres_ = abs(Resid_)
    gsort -Absres_
    drop Absres_
    list `id' `1' Yhat_ Resid_ in 1/`number'
end
```

listres2 具有与前面 listres1 相同的目的:它要执行回归,然后列出那些具有最大残差绝对值的观测案例。但是,这个新版本包含着应用 syntax 命令而得以可能的几个方面的改进。它不再限于像 listres1 那样的两个变量的回归。listres2 可以进行包含任何自变量数目的回归,包括不含任何自变量的回归(在这种情况下,预测值等于 y 的平均数,并且残差就是距平均数的离差)。listres2 允许可选的 if 和 in 选择条件。listres2 中用来识别观测案例的变量是可选择的,而在 listres1 中这种识别变量是必须的。比如,我们可以将预期寿命($life$)对食品($food$)和能源($energy$)做回归,并限制我们的分析只对那些人均 GNP 在 500 美元以上的国家做。

```
. do listres2.do
. listres2 life food energy if gnpcap > 500, n(6) i(country)
```

	country	life	Yhat_	Resid_
1.	YemenPDR	46	61.34964	-15.34964
2.	YemenAR	45	59.85839	-14.85839
3.	Libya	60	73.62516	-13.62516
4.	S_Africa	55	67.9146	-12.9146
5.	HongKong	76	64.64022	11.35978
6.	Panama	72	61.77788	10.22212

本例中的 syntax 行示范了这个命令的一些一般性特征:

```
syntax varlist(min=1) [if] [in], Number(integer) [Id(varlist)]
```

listres2 命令的变量清单要求至少包括一个变量名在内(varlist(min =1))。方括号标示了可选的变元,本例中即为 if 和 in 选择条件以及 id( ) 选项。将选项中的首字母大写显示意味着可以采用最小缩写形式。由于本例的 syntax 行指定了 Number(integer) Id(varlist),因此,实际的命令可以写为:

```
. listres2 life food, number(6) id(country)
```

或者,等价地,

```
. listres2 life food, n(6) i(country)
```

要求局部宏 $number$ 的内容必须是一个整数,而 id 则是一个或多个变量名。

这个例子还示范了 marksample 命令,它给子样本(满足了 if 和 in 选择条件的)做标志,以便用于随后的分析。

《编程手册》中对 syntax 命令的语法做了简要说明。试验和研究其他程序有助于获得关于这个命令的熟练把握。

程序示范:移动自相关

上一节给出了基本的思路和示范性简短程序。在这一节中,我们将这些思路应用于稍长一些的定义一个新的统计过程的程序。这个过程根据 Topliss(2002)的海洋大气数据来获取时间序列的移动自相关。下面的 do 文件 gossip.do 定义了一个使得名为 gossip 的新命令可用的程序。那些以星号开始的行或由双斜线注明的部分解释了

这一程序正在做什么。行的缩进对程序的运行并没有影响,但是可以方便程序员的
阅读。

```
capture program drop gossip   // FOR WRITING/DEBUGGING; DELETE LATER
program gossip
version 10.0
* Syntax requires user to specify two variables (Yvar and TIMEvar), and
* the span of the moving window.  Optionally, the user can ask to generate
* a new variable holding autocorrelations, to draw a graph, or both.
syntax varlist(min=1 max=2 numeric), SPan(integer) [GENerate(namelist) GRaph]
if mod(`span',2) != 1 {
    display as error "Span must be an odd integer"
}
else {
* The first variable in `varlist' becomes Yvar, the second TIMEvar.
    tokenize `varlist'
    local Yvar `1'
    local TIMEvar `2'
    tempvar NEWVAR
    quietly gen `NEWVAR' = .
    local miss = 0
* spanlo and spanhi are local macros holding the obs. number at the low and
* high ends of a window.  spanmid holds the obs. number at window's center.
    local spanlo = 0
    local spanhi = `span'
    local spanmid = int(`span'/2)

    while `spanlo' <= _N -`span' {
        local spanhi = `span' + `spanlo'
        local spanlo = `spanlo' + 1
        local spanmid = `spanmid' + 1
* The next lines check whether missing values exist within the window.
* If they do exist, then no autocorrelation is calculated and we
* move on to the next window.  Users are informed that this occurred.
        quietly count if !missing(`Yvar') in `spanlo'/`spanhi'
        if r(N) != `span' {
            local miss = 1
        }

* The value of NEWVAR in observation `spanmid' is set equal to the first
* row, first column (1,1) element of the row vector of autocorrelations
* r(AC) saved by corrgram.
        else {
            quietly corrgram `Yvar' in `spanlo'/`spanhi', lag(1)
            quietly replace `NEWVAR' = el(r(AC),1,1) in `spanmid'
        }
    }
    if "`graph'" != "" {
* The following graph command illustrates the use of comments to cause
* Stata to skip over line breaks, so it reads the next two lines as if
* they were one.
        graph twoway spike `NEWVAR' `TIMEvar', yline(0) ///
        ytitle("First-order autocorrelations of `Yvar' (span `span')")
    }
    if `miss' == 1 {
        display as error "Caution:  missing values exist"
    }
    if "`generate'" != "" {
        rename `NEWVAR' `generate'
        label variable `generate' ///
        "First-order autocorrelations of `Yvar' (span `span')"
    }
}
end
```

正如注释所说明的那样,gossip 要求时间序列(tsset)数据。根据现有时间序
列变量,gossip 计算出另一个时间序列,它是由一个移动的观测窗口(window of
observations)(比如,按 9 年跨距移动)内的时滞 1 自相关系数所构成的。数据集

nao.dta 包含了北大西洋气候的时间序列，可以用来进行示范：

```
Contains data from c:\data\nao.dta
  obs:          159                    North Atlantic Oscillation &
                                         mean air temperature at
                                         Stykkisholmur, Iceland
  vars:           5                    2 Jun 2008 09:38
  size:       4,134 (99.9% of memory free)

              storage  display    value
variable name   type   format     label      variable label

year            int    %ty                   Year
wNAO            float  %9.0g                  Winter NAO
wNAO4           float  %9.0g                  Winter NAO smoothed
temp            float  %9.0g                  Mean air temperature (C)
temp4           float  %9.0g                  Mean air temperature smoothed

Sorted by:  year
```

变量 *temp* 记录了 1841—1999 年期间冰岛西部的斯蒂基斯霍尔米的年平均气温。*temp4* 为 *temp* 的修匀值（参见第 13 章）。图 16.1 画出了这两个时间序列。为了直观地将原始变量（*temp*）和修匀变量（*temp4*）区分来开，我们用很细的线来连接前者，选项为 **clwidth(vthin)**，对后者则用粗线连接，选项为 **clwidth(thick)**。键入 **help linewidthstyle** 查看其他的线宽选项清单。

```
. graph twoway line temp year, clpattern(solid) clwidth(vthin)
      || line temp4 year, clpattern(solid) clwidth(thick)
      ||  , ytitle("Temperature, degrees C") legend(off)
```

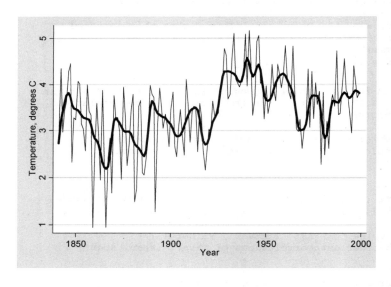

图 16.1

为了在 9 年的移动窗口内计算并画出 *temp* 的自相关序列，我们键入以下命令。它们得到的图形如图 16.2 所示。

```
. do gossip.do
. gossip temp year, span(9) generate(autotemp) graph
```

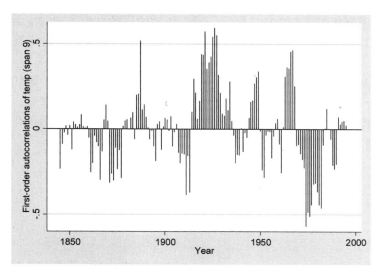

图 16.2

除了画出图 16.2 以外，**gossip** 还创建了一个名为 *autotemp* 的新变量：

. **describe** *autotemp*

variable name	storage type	display format	value label	variable label
autotemp	float	%9.0g		First-order autocorrelations of temp (span 9)

. **list** *year temp autotemp* **in 1/10**

	year	temp	autotemp
1.	1841	2.73	.
2.	1842	4.34	.
3.	1843	2.97	.
4.	1844	3.41	.
5.	1845	3.62	-.2324837
6.	1846	4.28	-.0883512
7.	1847	4.45	-.0194607
8.	1848	2.32	.0175247
9.	1849	3.27	-.03303
10.	1850	3.23	.0181154

autotemp 值在第一个 4 年（1841—1844 年）时缺失。1845 年的 *autotemp* 值（ -0.232 483 7）等于从 1841—1849 年这 9 年跨距的 *temp* 的时滞 1 的自相关。这个系数值与我们将键入以下命令得到的结果相同：

. **corrgram** *temp* **in 1/9, lag(1)**

LAG	AC	PAC	Q	Prob>Q	-1 0 1 [Autocorrelation]	-1 0 1 [Partial Autocor]
1	-0.2325	-0.2398	.66885	0.4135	─┤	─┤

在 1846 年，*autotemp* 的值（ -0.088 351 2）等于该数据从 1842—1850 年这 9 年跨距的 *temp* 的时滞 1 的自相关以此类推。与最前面的 4 年一样，*autotemp* 值在数据的最后 4 年（1996—1999）也为缺失。

1920 年代北极显著在变暖，这可以从图 16.1 中的温度曲线看出，在图 16.2 中则表现为一段时期中一致的正自相关。而 1960 年代一段很短暂的正的自相关则对应着气候在变冷。Topliss(2002)曾建议,这种自相关可以作为海洋大气系统变化反馈的指示器。

do 文件 *gossip.do* 是通过几次扩充写出来的,一开始先着手输入部分,诸如命令声明和跨距宏,通过运行这个 do 文件来检查它是否工作,然后再添加其他的部分。并不是所有的试验运行都能得到满意结果。键入以下命令将使 Stata 逐行地显示正在运行的程序,所以我们能够确切地看到错误发生在哪里:

. **set trace on**

后面,我们可以用以下命令来关闭这一功能:

. **set trace off**

gossip.do 中的第一行命令, **capture program drop gossip**,是要求在再次定义前先将这个程序从内存中清除。这一点在编写和调试程序的阶段是很有帮助的,因为我们以前版本的程序可能尚未完成,或者存在错误。然而,这样的命令行应该在程序已经成熟后予以删除。下一节将描述更多的步骤来使 **gossip** 成为一个正规的 Stata 命令。

ado 文件

一旦我们相信我们的 do 文件定义的正是我们还想再用的程序,我们便可以创建一个 ado 文件使其成为像其他 Stata 命令一样的命令。对于前一个例子 *gossip.do* 而言,这一变化涉及两个步骤:

①用 do 文件编辑器整个删去程序的第一行,它包含在编写和调试阶段用的"DELETE LATER"。我们还可以删去那些注释行。这么做将使程序更加紧凑并易于阅读。

②在一个新目录下保存修改后的文件,并改用 .ado 扩展名(比如本例中改为 *gossip.ado*)。推荐位置为 \ado\personal,如果这个目录和子目录尚不存在,那么你需要自己来创建它们。置于其他位置也不是不可以,但是请先阅读一下《用户手册》中"Stata 在哪里寻找 ado 文件?"这一节。

一旦这些都完成了,我们就能在 Stata 中将 **gossip** 作为正规命令来使用了。下面列出了 *gossip.ado* 文件的内容。

```
*!  version 2.0  3jul2008
*!  L. Hamilton, Statistics with Stata (2009)
program gossip
version 10.0
syntax varlist(min=1 max=2 numeric), SPan(integer) [GENerate(namelist) GRaph
if mod(`span',2) != 1 {
    display as error "Span must be an odd integer"
}
else {
    tokenize `varlist'
    local Yvar `1'
    local TIMEvar `2'
    tempvar NEWVAR
    quietly gen `NEWVAR' = .
    local miss = 0
    local spanlo = 0
    local spanhi = `span'
    local spanmid = int(`span'/2)
```

```
    while `spanlo' <= _N -`span' {
        local spanhi = `span' + `spanlo'
        local spanlo = `spanlo' + 1
        local spanmid = `spanmid' + 1
        quietly count if !missing(`Yvar') in `spanlo'/`spanhi'
        if r(N) != `span' {
            local miss = 1
        }
        else {
            quietly corrgram `Yvar' in `spanlo'/`spanhi', lag(1)
            quietly replace `NEWVAR' = el(r(AC),1,1) in `spanmid'
        }
    }
    if "`graph'" != "" {
        graph twoway spike `NEWVAR' `TIMEvar', yline(0) ///
        ytitle("First-order autocorrelations of `Yvar' (span `span')")
    }
    if `miss' == 1 {
        display as error "Caution:  missing values exist"
    }
    if "`generate'" != "" {
        rename `NEWVAR' `generate'
        label variable `generate' ///
        "First-order autocorrelations of `Yvar' (span `span')"
    }
}
end
```

这个程序还能进一步加工以使其更灵活、更雅致、更加用户友好化。注意在程序中所加入的前两行都是由" *!"引导的关于来源和版本的注释行。这里注释所说的版本是指 *gossip.ado* 的第 2.0 版,而不是指 Stata 版本(*gossip.ado* 的更早版本曾经出现在本书以前的版本中)。适用这一程序的 Stata 版本在几行之后用 **version** 命令指定为第 10.0 版。尽管用" *!"来引导注释并不影响程序的运行,但它们在执行 **which** 命令时是能看见的:

```
. which gossip
c:\ado\personal\gossip.ado
*!  version 2.0  3jul2008
*!  L. Hamilton, Statistics with Stata (2009)
```

一旦 *gossip.ado* 被存于 \ado\personal 目录中,命令 **gossip** 就能被随时使用了。如果我们跟着本章做了所有的步骤,那么以前就会定义过 **gossip** 的初步版,因此在运行新的 ado 文件版本之前,我们应该键入命令来清除内存中的旧的定义:

```
. program drop gossip
```

现在,我们就准备来运行最终的 ado 文件版本。比如,要是我们想看看数据集 *nao. dta* 中变量 *wNAO* 按跨距 15 的自相关图,那么我们只需要简单地打开 *nao.dta* 并键入:

```
. gossip wNAO year, span(15) graph
```

帮助文件

帮助文件(help file)是使用 Stata 时不可或缺的一个方面。对一个像 *gossip.ado* 这样的用户编写的程序,帮助文件就变得更为重要,因为在印刷手册中根本没有相应的说明文件。我们可以为 *gossip.ado* 写一个帮助文件,也就是用 Stata

的 do 文件编辑器创建一个名为 *gossip.sthlp* 的文本文件。这一帮助文件应该存放于与 *gossip.ado* 相同的 ado 文件的目录里(比如 C:\ado\personal)。

当我们键入 **help filename** 时,存在 Stata 公认的 ado 文件目录里的以 *filename.sthlp* 形式命名的任何文本文件的内容都将被 Stata 显示在屏幕上。比如,我们可以在编辑器里写入下面的内容,然后将其在目录 C:\ado\personal 中存为 *gossip.sthlp*,那么,任何时候键入 **help gossip**,都会使 Stata 显示这个文本。

```
gossip -- Moving first-order autocorrelations

gossip yvar timevar, span(#) [generate(newvar) graph]

Description

calculates first-order autocorrelations of time series
yvar, within a moving window of span #.  For example, if we
specify span(7) gen(new), then the first
through 3rd values of new are missing.  The 4th value of new
equals the lag-1 autocorrelation of yvar across observations 1
through 7.  The 5th value of new equals the lag-1 autocorrelation
of yvar across observations 2 through 8, and so forth.  The last
3 values of new are missing.  See Topliss (2002) for a rationale
and applications of this statistic to atmosphere-ocean data.
Statistics with Stata (2009) discusses the gossip program itself.


gossip requires tsset data.  timevar is the time
variable to be used for graphing.


Options

span(#) specifies the width of the window for
calculating autocorrelations.  This option is required; # should be
 an odd integer.

gen(newvar) creates a new variable holding the
autocorrelation coefficients.

graph requests a spike plot of lag-1 autocorrelations vs. timevar.


Examples
. gossip water month, span(13) graph
. gossip water month, span(9) gen(autowater)
. gossip water month, span(17) gen(autowater) graph

References

Hamilton, Lawrence C.  2009.
Statistics with Stata.  Belmont, CA:  Cengage.

Topliss, Brenda J.  2002. "Ocean-atmosphere feedback:  Using the
non-stationarity in the climate system."  Geophysical Research
Letters 29(8):1196.
```

包含链接、文本的格式、对话框以及其他特性的更好的帮助文件可以用 Stata 的标注和控制语言(Stata Markup and Control Language, SMCL)来设计。所有正式的 Stata 帮助文件,以及日志文件和屏幕显示结果,都采用 SMCL 形式。有关帮助文件的一个推荐的标准框架可参见《用户手册》(*User's Guide*)。

以下是 **gossip** 的帮助文件的 SMCL 版本,大致上遵循了《用户手册》的框架。一旦这个文件被存于目录 \ado\personal 中并命名为 *gossip.sthlp*,那么键入 **help** gossip,都会产生可读性强的正式外观的显示。

```
{smcl}
{* *! version 2.0 3jul2008}{...}
{cmd:help gossip}
{hline}

{title:Title}
{phang}
{bf:gossip -- Moving first-order autocorrelations}

{title:Syntax}
{p 8 17 2}
{cmd:gossip} {it:yvar timevar} {cmd:,} {cmdab:sp:an}{cmd:(}
{it:#}{cmd:)} [ {cmdab:gen:erate}{cmd:(}{it:newvar}{cmd:)}
{cmdab:gr:aph} ]


{title:Description}

{pstd}
{cmd:gossip} calculates first-order autocorrelations of time series
{it:yvar}, within a moving window of span {it:#}.  For example, if we
specify {cmd:span(}7{cmd:)} {cmd:gen(}{it:new}{cmd:)}, then the first
through 3rd values of {it:new} are missing.  The 4th value of {it:new}
equals the lag-1 autocorrelation of {it:yvar} across observations 1
through 7.  The 5th value of {it:new} equals the lag-1 autocorrelation
of {it:yvar} across observations 2 through 8, and so forth.  The last
3 values of {it:new} are missing.  See Topliss (2002) for a rationale
and applications of this statistic to atmosphere-ocean data.
{browse "http://www.stata.com/bookstore/sws.html":Statistics with Stata}
 (2009) discusses the {cmd:gossip} program itself.

{pstd}{cmd:gossip} requires {cmd:tsset} data.  {it:timevar} is the time
variable to be used for graphing.


{title:Options}

{phang}
{cmd:span(}{it:#}{cmd:)} specifies the width of the window for
calculating autocorrelations.  This option is required; {it:#} should be
 an odd integer.

{phang}
{cmd:gen(}{it:newvar}{cmd:)} creates a new variable holding the
autocorrelation coefficients.

{phang}
{cmd:graph} requests a spike plot of lag-1 autocorrelations vs. {it:timevar}.


{title:Examples}

{phang}
{cmd:. gossip water month, span(13) graph}

{phang}
{cmd:. gossip water month, span(9) gen(autowater)}

{phang}
{cmd:. gossip water month, span(17) gen(autowater) graph}


{title:References}
```

```
{pstd}
Hamilton, Lawrence C.  2009.
{browse  "http://www.stata.com/bookstore/sws.html":Statistics  with  Stata}.
Belmont, CA:  Cengage.

{pstd}
Topliss, Brenda J.  2002. "Ocean-atmosphere feedback:  Using the
non-stationarity in the climate system." Geophysical Research
Letters 29(8):1196.
```

这个帮助文件开始于{**smcl**},它告诉 Stata 按 SMCL 格式来处理这个文件。大括号{} 括住了 SMCL 代码,它们大都具有{command:text} 或{command argument:text} 的形式。下面的例子说明这些代码是如何被解释的。

{**cmd:help gossip**}　　　　将文本"help gossip"作为一个命令显示。也就是说,用任意颜色显示"gossip"以及当前定义的字体属性要适合于一个命令。

{**hline**}　　　　　　　　　画一条水平线。

{**hi:gossip**}　　　　　　　高亮显示文本"gossip"。

{**title:Syntax**}　　　　　将文本"Syntax"作为标题显示。

{**p 8 17 12**}　　　　　　　将后面的文本作为一个段落,其中第一行缩进 8 个字符,紧接着的一行缩进 17 个字符,右边距用 12 个字符。

{**it:yvar**}　　　　　　　　将文本"yvar"显示为斜体字形(itlics)。

{**cmdab:sp:an**}　　　　　　将文本"span"作为一个命令显示,其中字母"sp"标注为最小缩写[1]。

{**phang**}　　　　　　　　　悬挂式缩进,等同于{**p 4 8 2**}。

{**browse "http://www.stata.com/bookstore/sws.html":Statistics...**}

　　　　　　　　　　　　将文本"Statistics with Stata"与互联网址(URL)http://www.stata.com/bookstore/sws.html 链接起来。点击文本"Statistics with Stata"即可将用户的浏览器链接到这一网址。

《编程手册》提供了使用这些及其他 SMCL 命令的详细说明。

程序示范:对调查变量绘图

调查研究产生的数据集包含很多的定类变量——有时多达 100 个或更多。在探测这样的数据或者准备一个初步报告时,分析者第一步要做的可能是为每个变量简单地创建一个展示百分比分布的表格。诸如 **tab1** *educ-enviro* 这样一个命令将完成数据集内从 *educ* 到 *enviro* 所有变量的百分比分布。不过,Stata 没有提供一种简单的方法能为所列变量绘制和保存条形图。作为本章又一个编程的例子,本节展示了一个编写的临时代用程序,用于满足这种专门的需要。

第 15 章介绍过数据集 *GSS_SwS1.dta*,它是 2006 年综合社会调查(General Social Survey)的一个小子集。这里,我们再次使用此数据进行示范。

---

1 显示为加粗,最小缩写指只需要键入 **sp** 即可代表命令 **span**。——译者注

```
Contains data from c:\data\gss_sws1.dta
  obs:          1,595                          General Social Survey 2006
  vars:            17                          14 Jun 2008 13:45
  size:        60,610 (99.9% of memory free)
───────────────────────────────────────────────────────────────────────────
              storage   display    value
variable name   type    format     label    variable label
───────────────────────────────────────────────────────────────────────────
id              int     %9.0g               Case number (Statistics w/Stata)
finalwt         float   %9.0g               weight variable -- wtssall
cendiv          byte    %12.0g     cendiv   Census division (9)
age             byte    %8.0g      age      Age in years
educ            byte    %8.0g      educ     Highest year of schooling
                                            completed
gender          byte    %9.0g      gender   Respondent gender
income          float   %9.0g      income   Family income in constant dollars
loginc          float   %9.0g               log10(family income, +1)
logsize         float   %9.0g               log10(size of place in thousands,
                                            +1)
married         byte    %9.0g      married  Married or unmarried?
minority        byte    %11.0g     minority Minority status
politics        byte    %20.0g     politics Think of self as liberal or
                                            conservative?
bush            byte    %11.0g     bush     Voted for GW Bush in 2004?
grass           byte    %9.0g      grass    Should marijuana be made legal?
gunlaw          byte    %8.0g      gunlaw   Favor or oppose gun permits?
postlife        byte    %8.0g      postlife Believe in life after death?
enviro          byte    %11.0g     enviro   Govt spending on environment?
───────────────────────────────────────────────────────────────────────────
```

　　在第 15 章,我们查看了在 2004 年选举中投票的预测变量。在这一章中,我们改为转向本数据集的最后四个变量:受访者对大麻合法性的看法、对枪支许可法案的看法、对死生轮回的看法以及对政府环境开支的看法。比如(以及对于 GSS 数据的这一子集),大麻问题(*grass*)的回答项可做如下分解:

```
. tab grass, miss

  Should
 marijuana
  be made
  legal?        Freq.      Percent        Cum.
─────────────┼──────────────────────────────────
 not legal        399        25.02       25.02
    legal         253        15.86       40.88
      dk           58         3.64       44.51
     NAP          885        55.49      100.00
─────────────┼──────────────────────────────────
   Total        1,595       100.00
```

　　虽然 2006 年的 GSS 调查了 4 500 多人,但不是所有的人都被问了每一个问题。在我们 GSS 子集内的 1 595 个受访者中,有 885(55 %)个人没有被问及大麻问题,因此被编码为 NAP。大概 16 % 的受访者认为大麻应该被合法化,有 25 % 的人不赞同合法化,另有 4 % 的人回答不知道。

　　下面由 ado 文件所定义的程序 **multicat** 是根据另外一个第 14 章中曾讨论过的用户编写程序 **catplot** 而建立起来的。**catplot** 可以绘制显示一个定类变量分布的各种图。**multicat** 是更加专门化的一个程序,只为每一个类别所占百分比创建水平条形图,不过,这对于呈现调查数据是一个尤其有用的格式。**multicat** 增加了一项能力,即能同时处理很多变量,而 **catplot** 和其他的 Stata 命令则不能做到这一点。因此,我们可以要求 **multicat** 绘制数据集内所有变量的条形图,并且单独地保存每一个变量的条形图。编写过程中,程序既可以把图保存为 Stata 格式(gph),也可以保存为其他的格式(emf,eps 或者 pdf,取决于操作系统),保存的文件名基于变量的名称而定。通过编辑 *multicat.ado*,你可以改变其中的任何设置,以使程序满足你自己的分析需要。

```
*!   version 1.1   11jul2008
*!   L. Hamilton, Statistics with Stata (2009)
*   Requires catplot.ado installed.
program define multicat
version 10.0
    syntax varlist [if] [in] [aweight fweight iweight]   ///
    [, MISSing BY(varname) OVER(varname) ]
    if "`over'" != ""   {
    display as error "over() option not allowed with multicat;"
    display as error "use by() option or try catplot command instead."
    exit 198
    }
    marksample touse, strok novarlist
    if "`weight'" != "" local Weighted_ = "Weighted"
    if "`c(os)'"=="Windows" {
        local filetype "emf"
        }
    else if "`c(os)'"=="Unix" {
        local filetype "eps"
        }
    else if "`c(os)'"=="MacOSX" {
        local filetype = "pdf"
        }
    else {
        display as error "unknown operating system: `c(os)'"
        exit 799
        }
    capture {
        if "`by'" != "" {
            foreach var of varlist `varlist' {
                local Vlab_: variable label `var'
                catplot hbar `var' [`weight' `exp'] if `touse',   ///
                  blabel(bar, format(%3.0f))   ///
                  percent(`by') ytitle("`Weighted_' Percent")   ///
                  `missing' by(`by', title("`Vlab_'"))
                graph save -`by'-`var'.gph, replace
                graph export -`by'-`var'.`filetype', replace
                }
            }
        else {
            foreach var of varlist `varlist' {
                quietly tab `var' if `touse', `missing'
                local Nofobs_ = r(N)
                local Vlab_: variable label `var'
                catplot hbar `var' [`weight' `exp'] if `touse',   ///
                  blabel(bar, format(%3.0f))   ///
                  percent ytitle("`Weighted_' Percent, N = `Nofobs_'")   ///
                  title("`Vlab_'") `missing' `options'
                graph save Graph -`var'.gph, replace
                graph export -`var'.`filetype', replace
                }
            }
        }
    error _rc
end
```

    multicat 的核心在于它的 **syntax**（语法）陈述，然后一个 **foreach** 循环对变量清单中每一个变量重复调用 **catplot**。局部宏把信息传递给实际绘图的 **catplot** 命令。此命令允许使用分析权数(aweights)，在一个 **svy:tab** 命令中，分析权数与概率权数具有相似的作用。它也允许使用 **in** 或 **if** 选择条件。我们也可以选择性地纳入 **missing** 值和使用 **by**()，但不能使用 **over**()。

    一旦 *multicat.ado* 被保存（比如保存在 C:\ado\personal），命令 **multicat** 就变得像一个常见的（尽管还未完成）Stata 命令一样可用。图 16.3 显示了有关大麻合法化的回答情况。百分比和观测案例数都呈现在图中。

. **multicat** *grass*, **missing**

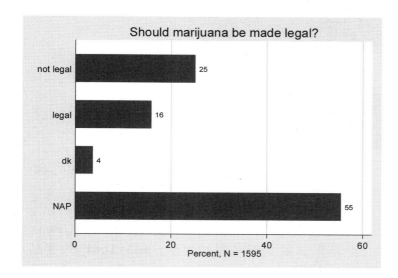

图 16.3

正如我们在第 14 章讨论的那样,通常利用概率权数进行调查数据分析。**multicat**(基于 **catplot**)不能识别概率权数,不过在这里分析权数(aweight)具有同样的作用。利用调查权数和把焦点只集中在那些被询问以及表达了一些看法的受访者,我们可以更好地查看有关大麻的看法:大约 38% 的人赞成合法化,62% 的人不赞成。

. **svy: tab** *grass*, **percent**

(running tabulate on estimation sample)

Number of strata	=	1		Number of obs	=	652
Number of PSUs	=	652		Population size	=	650.8525
				Design df	=	651

Should marijuana be made legal?	percentages
not lega legal	62.16 37.84
Total	100

Key: percentages = cell percentages

图 16.4 显示了该表的一个 **multicat** 视图。注意,图 16.4 上的百分比与上面的加权值(weighted value)相一致,而且此图也给出了相应的样本规模。像这样一组被放在一个文档或幻灯片展示中的许多图表,可以被分析者读取以及注释,从而有利于快速地展示结果。

. **multicat** *grass* **[aw=finalwt]**

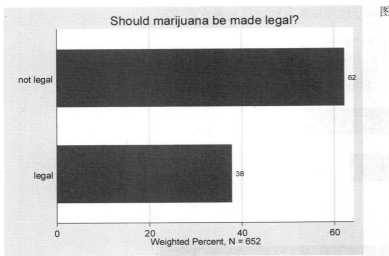

图 16.4

如果我们只需要几张图，**catplot** 或者其他现存的 **graph** 命令要比 **multicat** 更加灵活得多。另一方面，当我们需要很多图的时候，**multicat** 的变量列表（variable list）功能将变得很重要。比如，我们可能要分别绘制能显示这些数据中 *grass*，*gunlaw*，*postlife* 以及 *enviro* 的加权分布图，我们简单地键入以下命令（结果未显示）即可。

. **multicat** *grass-enviro* [aw=finalwt]

在拥有一个更大数据集的情况下，绘制一百个这样的图或者当新数据加入后重新绘制它们，将是一件很简单的事情。

调查研究人员经常想对若干个组进行比较。使用 **by**（）选项，**multicat** 允许进行图形比较。比如，图16.5 显示45%的男性赞成大麻合法化，而女性中的这一比例只有31%。

. **multicat** *grass* [aw=finalwt], **by(gender)**

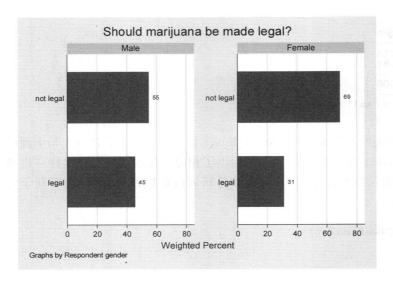

图 16.5

用一个简单的命令,我们可以绘制相似的图以比较男性和女性在许多不同变量上的回答情况。下面的命令将绘制和保存从变量 *grass* 到 *enviro* 四个单独的图:

```
. multicat grass-enviro [aw=finalwt], by(gender)
```

图 16.6 使用了一个 **graph combine** 命令(没有显示)把这四个单独的图放在一张图片上。我们看到女性比男性更可能赞成枪支许可(83 % 相对于 71 %),更相信死后有生命(89 % 相对于 80 %)。对于政府在环境保护上的支出,男性和女性持相似观点:69 % 的女性和 67 % 的男性认为政府支出太少。一个 **multicat** 命令可以很容易地绘制 100 个图表以比较男性和女性的调查情况,或者绘制 100 个以上的图表以比较不同教育水平、年龄组、政党或者任何其他研究者感兴趣的类别。虽然大部分的分析者将从来不需要这种专门的技巧,但是当专门的需要出现在一个计划中的时候,这种暂时的程序可能会变得非常地便利。

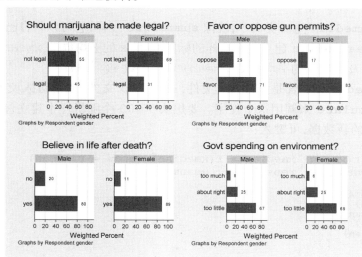

图 16.6

蒙特卡罗模拟

蒙特卡罗模拟(Monte Carlo simulation)形成并分析人造数据的许多样本,允许研究者对其所用统计技术的长期表现进行考察。命令 **simulate** 使设计一个模拟轻而易举,只需要再附以少量的编程。本节给出两个示例。

要做一个模拟,我们就需要定义一个程序来创建一套随机数据,对其加以分析,并将所关心的结果保存在内存里。下面我们来看一个定义为 r 类的程序(能够暂存 r( ) 结果),名为 **meanmedian**。这个程序根据标准正态分布随机地产生变量 x 的 100 个值。然后它再由一个"不纯的正态分布(contaminated normal distribution)"产生另一个变量 w 的 100 个值,这个不纯的正态分布是由 0.95 概率的 N(0,1)和 0.05 概率的 N(0,10)构成的。不纯正态分布经常被用于稳健性研究(robustness study),以模拟那些含有少数异常误差的变量。对上述所产生的两个变量,**meanmedian** 取得其平均数和中位数。

```
* Creates a sample containing n=100 observations of variables x and w.
* x~N(0,1)                                    x is standard normal
* w~N(0,1) with p=.95, w~N(0,10) with p=.05    w is contaminated normal
* Calculates the mean and median of x and w.
* Stored results:    r(xmean)    r(xmedian)    r(wmean)    r(wmedian)
program meanmedian, rclass
    version 10.1
    drop _all
    set obs 100
    generate x = invnormal(uniform())
    summarize x, detail
    return scalar xmean = r(mean)
    return scalar xmedian = r(p50)
    generate w = invnormal(uniform())

    replace w = 10*w if uniform() < .05
    summarize w, detail
    return scalar wmean = r(mean)
    return scalar wmedian = r(p50)
end
```

由于我们定义 **meanmedian** 为 r 类命令,就像 **summarize** 一样,它可以将自己的结果保存于 $r()$ 标量中。**meanmedian** 建立 4 个这样的标量:变量 x 的平均数 $r(xmean)$ 和中位数 $r(xmedian)$,以及变量 w 的平均数 $r(wmean)$ 和中位数 $r(wmedian)$。

一旦定义了 **meanmedian**,不管是采用 do 文件,或是 ado 文件,或是键入交互命令,我们都能用命令 **simulate** 来调用这个程序。要想从 5 000 个随机样本建立包含 x 和 w 的平均数和中位数的新数据,可键入:

```
. simulate xmean = r(xmean) xmedian = r(xmedian) wmean = r(wmean)
    wmedian = r(wmedian), reps(5000): meanmedian

    command:   meanmedian
      xmean:   r(xmean)
    xmedian:   r(xmedian)
      wmean:   r(wmean)
    wmedian:   r(wmedian)

Simulations (5000)
```

这个命令基于 **meanmedian** 的每一次重复得到的 $r()$ 结果建立了 4 个新变量 *xmean*,*xmedian*,*wmean*,*wmedian*。

```
. describe

Contains data
  obs:        5,000                        simulate: central
  vars:           4                        17 Jun 2008 20:27
  size:     120,000 (99.8% of memory free)
```

variable name	storage type	display format	value label	variable label
xmean	float	%9.0g		r(xmean)
xmedian	float	%9.0g		r(xmedian)
wmean	float	%9.0g		r(wmean)
wmedian	float	%9.0g		r(wmedian)

```
Sorted by:
```

```
. summarize
```

Variable	Obs	Mean	Std. Dev.	Min	Max
xmean	5000	-.0001127	.1009648	-.3607487	.3920952
xmedian	5000	.0003337	.1255395	-.4114866	.5152998
wmean	5000	-.0013991	.2449764	-1.067707	1.176946
wmedian	5000	-.0005912	.1298139	-.4642514	.4808787

来自 5 000 个样本的这些平均数和中位数的平均数都接近于 0,与我们关于样本平均数和中位数都能提供 x 和 w 的真实总体平均数(0)的无偏估计的期望是一致的。同样符合理论预测的是,当应用于正态分布的变量时,平均数展示了比中位数具有更小的样本间变异(sample-to-sample variation)。*xmedian* 的标准差为 0.126,比 *xmean* 的标准差(0.101)大很多。另一方面,当蒙特卡罗模型应用于有特异值的变量 w 时,便出现了相反的结果:*wmedian* 的标准差比 *wmean* 的标准差小得多(0.130 相对于 0.245)。这一蒙特卡罗试验表明,中位数在不纯分布含有特异值的条件下来测量中心趋势时相对更稳定,然而平均数却不太好并存在着更大的样本间变异。图 16.7 提供了箱线图的直观比较(同时附带示范了一下如何控制箱线图中特异值的标注符号)。

```
. graph box xmean xmedian wmean wmedian, yline(0) legend(col(4))
    marker(1, msymbol(+)) marker(2, msymbol(Th))
    marker(3, msymbol(Oh)) marker(4, msymbol(Sh))
```

图 16.7

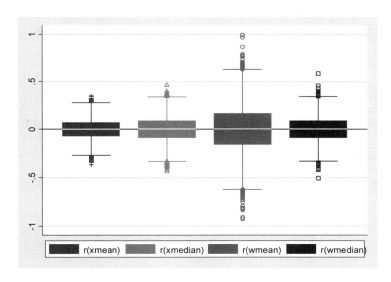

我们最后的例子扩展到对稳健方法的考察,并且还联系到本书中的几个方法。程序 **regsim** 将产生 100 个观测案例的 x 变量(服从标准正态分布)和两个 y 变量。*y1* 是 x 的线性函数再加上标准正态误差,*y2* 也是 x 的线性函数但是加上不纯的正态误差。这些变量允许我们探测在正态误差条件下与非正态误差条件下不同回归方法有怎样的表现。将用到四种方法:常规最小二乘法(**regress**),稳健回归(**rreg**),百分位数回归(**qreg**),以及百分位回归及自助法标准误(**bsqreg**,做 500 次重复)。第 9 章中介绍过的稳健回归和分位数回归应该被证明对特异值的影响更有抵抗力。程序 **regsim** 应用每一种方法做 *y1* 对 x 的回归,然后做 *y2* 对 x 的回归。对于这一练习,程序是由 ado 文件 *regsim.ado* 来定义的,这一文件存放在目录" \ado \personal"中。

```
program regsim, rclass
* Performs one iteration of a Monte Carlo simulation comparing
* OLS regression (regress) with robust (rreg) and quantile
* (qreg and bsqreg) regression.  Generates one n = 100 sample
* with x ~ N(0,1) and y variables defined by the models:
*
*   MODEL 1:        y1 = 2x + e1          e1 ~ N(0,1)
*
*   MODEL 2:        y2 = 2x + e2          e2 ~ N(0,1) with p = .95
*                                         e2 ~ N(0,10) with p = .05
*
* Bootstrap standard errors for qreg involve 500 repetitions.
*
    version 10.1
    if "`1'" == "?" {
        global S_1 "b1 b1r se1r b1q se1q se1qb ///
            b2 b2r se2r b2q se2q se2qb"
        exit
    }
    drop _all
    set obs 100
    generate x = invnormal(uniform())
    generate e = invnormal(uniform())
    generate y1 = 2*x + e
    reg y1 x
        return scalar B1 = _b[x]
    rreg y1 x, iterate(25)
        return scalar B1R = _b[x]
        return scalar SE1R = _se[x]
    qreg y1 x
        return scalar B1Q = _b[x]
        return scalar SE1Q = _se[x]
    bsqreg y1 x, reps(500)
        return scalar SE1QB = _se[x]
    replace e = 10 * e if runiform() < .05
    generate y2 = 2*x + e
    reg y2 x
        return scalar B2 = _b[x]
    rreg y2 x, iterate(25)
        return scalar B2R = _b[x]
        return scalar SE2R = _se[x]
    qreg y2 x
        return scalar B2Q = _b[x]
        return scalar SE2Q = _se[x]
    bsqreg y2 x, reps(500)
        return scalar SE2QB = _se[x]
end
```

这一 r 类程序会保存 8 个回归分析所估计的回归系数或标准误结果。这些结果文件的命名规则如下:

$r(B1)$　　　　　$y1$ 对 x 的 OLS 回归的系数

$r(B1R)$　　　　$y1$ 对 x 的稳健回归的系数

$r(SE1R)$　　　　模型 1 所得稳健系数的标准误

如此等等。所有的稳健回归和分位数回归都涉及多次迭代: **rreg** 一般需要迭代 5 到 10 次, **qreg** 一般需要迭代 5 次,对于要求 500 次自助重复估计的 **bsqreg** 而言,每一次取样的每个估计大约需要迭代 5 次。于是, **regsim** 命令的单次运行需要做 2 000 多次回归。以下命令只要求做 5 次迭代,需要一万个以上的回归[2]。

---

2 因此试验结果将与本书中结果明显不同! ——译者注

```
. simulate b1 = r(B1)   b1r = r(B1R)   se1r = r(SE1R)
     b1q = r(B1Q)   se1q = r(SE1Q)   se1qb = r(SE1QB)   b2 = r(B2)
     b2r = r(B2R)   se2r = r(SE2R)   b2q = r(B2Q)   se2q = r(SE2Q)
     se2qb = r(SE2QB), reps(5):   regsim
```

一般应该先试运行像这样一个很小的模拟来测试一下在你电脑上大约要用多长时间。然而要是为了研究的目的,我们将需要大得多的试验。数据集 *regsim.dta* 包含了涉及 5 000 次重复的 **regsim** 的结果,这一次运行就做了 1 000 多万个回归,花了一夜的时间。这一试验取得的回归系数和标准误估计的概要统计如下。

```
. describe

Contains data from c:\data\regsim.dta
  obs:         5,000                          Monte Carlo estimates of b in
                                                5000 samples of n=100
  vars:           12                          4 Jun 2008 11:06
  size:       280,000 (99.6% of memory free)

              storage   display    value
variable name   type    format     label      variable label

b1            float     %9.0g                 OLS b (normal errors)
b1r           float     %9.0g                 Robust b (normal errors)
se1r          float     %9.0g                 Robust SE[b] (normal errors)
b1q           float     %9.0g                 Quantile b (normal errors)
se1q          float     %9.0g                 Quantile SE[b] (normal errors)
se1qb         float     %9.0g                 Quantile bootstrap SE[b] (normal
                                                errors)
b2            float     %9.0g                 OLS b (contaminated errors)
b2r           float     %9.0g                 Robust b (contaminated errors)
se2r          float     %9.0g                 Robust SE[b] (contaminated errors)
b2q           float     %9.0g                 Quantile b (contaminated errors)
se2q          float     %9.0g                 Quantile SE[b] (contaminated
                                                errors)
se2qb         float     %9.0g                 Quantile bootstrap SE[b]
                                                (contaminated errors)

Sorted by:

. summarize

    Variable      Obs        Mean     Std. Dev.         Min          Max

          b1      5000    2.000828      .102018    1.631245     2.404814
         b1r      5000    2.000989     .1052277    1.603106     2.391946
        se1r      5000    .1041399     .0109429    .0693786     .1515421
         b1q      5000    2.001135     .1309186    1.471802     2.536621
        se1q      5000    .1262578     .0281738    .0532731     .2371508

       se1qb      5000    .1362755      .032673    .0510808       .29979
          b2      5000    2.006001     .2484688    .9001114     3.050552
         b2r      5000    2.000399     .1092553    1.633241     2.411423
        se2r      5000    .1081348     .0119274    .0743103     .1560973
         b2q      5000    2.000701      .137111    1.471802     2.536621

        se2q      5000    .1328431     .0299644    .0542015     .2594844
       se2qb      5000    .1436366     .0346679    .0589409     .3006417
```

图 16.8 画出了这些回归系数分布的箱线图。为了使这个箱线图更容易看,我们用了选项 **legend(symxsize(2) colgap(4))**,这个选项设置图例内部符号的宽度,并且将列间距设为小于原本的默认尺寸。**help legend option** 和 **help relativesize** 可以提供更多有关这些选项的信息。

```
. graph box b1 b1r b1q b2 b2r b2q,
    ytitle("Estimates of slope (b=2)") yline(2)
    legend(row(1) symxsize(2) colgap(4)
        label(1 "OLS 1") label(2 "robust 1") label(3 "quantile 1")
        label(4 "OLS 2") label(5 "robust 2") label(6 "quantile 2"))
```

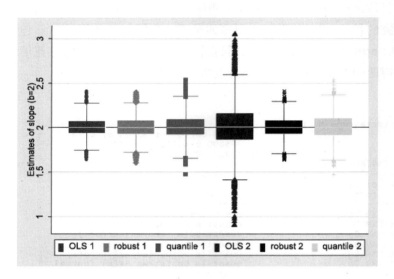

图 16.8

这三种回归方法(OLS,稳健,分位数)对这两种模型的平均系数估计与其真值 $\beta = 2$ 之间的差距并不显著。这能够通过 t 检验加以确认:

```
. ttest b2r = 2
```

One-sample t test

Variable	Obs	Mean	Std. Err.	Std. Dev.	[95% Conf. Interval]
b2r	5000	2.000399	.0015451	.1092553	1.99737 2.003428

```
         mean = mean(b2r)                                          t =    0.2585
Ho: mean = 2                                 degrees of freedom =       4999

    Ha: mean < 2                 Ha: mean != 2                 Ha: mean > 2
Pr(T < t) = 0.6020          Pr(|T| > |t|) = 0.7960          Pr(T > t) = 0.3980
```

于是,所有回归方法都得到了 β 的无偏估计,但是在它们的样本变异或有效性 (efficiency)上却有所不同。在应用于正态误差模型 1 的情况下,OLS 估计是最有效的,正如著名的高斯-马尔可夫定理引导我们所期望的那样。OLS 系数的观测标准差为 0.102 0,而稳健回归则为 0.105 2、分位数回归为 0.130 9。相对有效性将 OLS 系数的观测方差表达成另一种估计量(estimator)的观测方差的百分比,这提供了比较这些统计量的一种标准方式:

```
. quietly summarize b1
. scalar Varb1 = r(Var)
. quietly summarize b1r
. display 100*(Varb1/r(Var))
93.992612
. quietly summarize b1q
. display 100*(Varb1/r(Var))
60.722696
```

上述计算使用了由 **summarize** 取得的 r(Var) 方差结果。我们先求出 OLS 回归估计 *b1* 的方差,并将其存放于标量 *Varb1* 中。接下来依次求出稳健回归估计 *b1r* 的方差,以及分位数回归估计 *b1q* 的方差,并且将其与 *Varb1* 进行比较。结果表明,当应用于正态误差模型时,稳健回归的有效性为 OLS 估计的 94％,接近于稳健方法在理论上应该有的 95％ 的大样本有效性(Hamilton,1992a)。相比之下,正态误差模型时的分位数回归只取得了 61％ 的相对有效性。

对不纯误差模型做类似的计算讲出了另一番不同的故事。OLS 在正态误差时是最佳(最有效的)估计量,但是应用于不纯误差时,它却成为最差的估计量:

```
. quietly summarize b2
. scalar Varb2 = r(Var)
. quietly summarize b2r
. display 100*(Varb2/r(Var))
517.20057
. quietly summarize b2q
. display 100*(Varb2/r(Var))
328.3971
```

不纯误差模型中的特异值造成 OLS 系数估计在不同样本之间变异很大,正如图 16.8 中的第四个箱线图所示。这些 OLS 回归系数的方差已经比相应稳健回归系数的方差大了 5 倍以上,比分位数回归系数的方差大了 3 倍以上。换句话说,在有特异值的情况下,已经证明稳健回归和分位数回归要比 OLS 估计稳定得多,可以得到相应较小的标准误和较窄的置信区间。在正态误差和不纯误差两种模型中,稳健回归都优于于分位数回归。

图 16.9 以散点图形式展示了 OLS 估计与稳健估计的 5 000 对回归系数之间的比较。OLS 系数(纵轴)关于真值 2.0 的变异比 **rreg** 系数(横轴)的相应变异更大。

```
. graph twoway scatter b2 b2r, msymbol(p) ylabel(1(.5)3, grid)
        yline(2) xlabel(1(.5)3, grid) xline(2)
```

这一试验还提供了各种方法和模型的估计标准误的信息。平均估计标准误与系数的观测标准差不同。对于稳健标准误来说这一差距很小,不到 1％。对于理论推导的分位数回归标准误,这一差距表现得更大一点,在 3％ 到 4％ 之间。最不令人满意的估计就是由 **bsqreg** 取得的自助法分位数标准误。自助法标准误的平均数超过了 *b1q* 和 *b2q* 的观测标准差约 4％ 到 5％。自助法显然高估了样本间差异。

蒙特卡罗模拟在现代统计研究中已经成为一个关键的方法,它在统计教学中也起着越来越大的作用。这些示例展示了一些简易的入门之道。

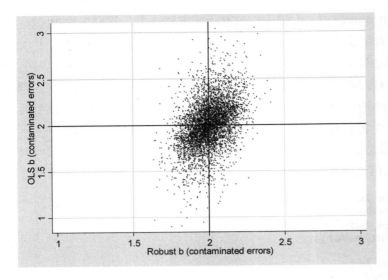

图 16.9

用 Mata 进行矩阵编程

在第 9 版中,Stata 增加了一种称作 Mata 的矩阵编程语言。这一丰富主题超出了本书的介绍性范围,不过在两卷本的《Mata 矩阵编程手册》(*Mata Matrix Programming manual*)中对此进行了详细描述。然而,通过简短地查看 Mata 来结束本书似乎也合适。Stata 的编程工具打开了它未来发展的途径。

在这里,我们不准备花很大的气力来解释 Mata 的概念和性能,而是进行一个启发性的说明并立即进入到一个具体例子:编写一个能运行普通最小二乘(OLS)回归的程序。基本的回归模型是:

y = Xb + u

其中 **y** 是因变量值的一个($n \times 1$)列向量,**X** 是一个(通常)包含 $k-1$ 个预测变量值和一列 1 的($n \times k$)矩阵,**u** 是一个($n \times 1$)误差向量,**b** 是一个($k \times 1$)的回归系数向量,被估计为:

b = (X'X)$^{-1}$X'y

这种矩阵计算对于统计学的学生来说是很熟悉的,它为理解 Mata 的工作方式提供了一个好的切入点。

数据集 *reactor.dta* 包含了有关在 1968—1982 年期间关闭的 5 个核电厂关闭成本的信息。这个例子在教学上很有优势,如果你愿意(比如,Hamilton, 1992a: 340),在黑板或者纸上就可以很容易地书写这么小的矩阵。在任何一个事件中,它会激起这样一个问题:关闭成本是如何与反应堆容量以及运行的年数有关的。

```
Contains data from C:\data\reactor.dta
  obs:              5                          Reactor decommissioning costs
                                                 (from Brown et al. 1986)
  vars:             6                          15 Jun 2008 21:59
  size:           150 (99.9% of memory free)

                  storage   display    value
variable name     type      format     label     variable label

site              str14     %14s                  Reactor site
decom             byte      %8.0g                 Decommissioning cost, millions
capacity          int       %8.0g                 Generating capacity, megawatts
years             byte      %9.0g                 Years in operation
start             int       %8.0g                 Year operations started
close             int       %8.0g                 Year operations closed

Sorted by:  start
```

当然,用 Stata 进行 OLS 回归是非常简单的。我们发现在这 5 个反应堆中,发电量每增加一兆瓦特,关闭成本会增加 0.176 百万美元(\$175 874),而运行年数每增加一年,关闭成本则会增加 3.9 百万美元。这两个预测变量几乎解释了关闭成本上方差的 99 %($R_a^2 = 0.989\,5$)。

```
. regress decom capacity years
```

Source	SS	df	MS		
Model	4666.16571	2	2333.08286	Number of obs =	5
Residual	24.6342883	2	12.3171442	F(2, 2) =	189.42
				Prob > F =	0.0053
				R-squared =	0.9947
Total	4690.8	4	1172.7	Adj R-squared =	0.9895
				Root MSE =	3.5096

decom	Coef.	Std. Err.	t	P>|t|	[95% Conf. Interval]	
capacity	.1758739	.0247774	7.10	0.019	.0692653	.2824825
years	3.899314	.2643087	14.75	0.005	2.762085	5.036543
_cons	-11.39963	4.330311	-2.63	0.119	-30.03146	7.23219

以下的 ado 文件使用 Mata 命令定义了程序 **ols0**。它只计算回归系数向量 **b**。在本例中,Mata 命令以 **mata:** 开始(交互地或者在程序中使用这些命令的其他几种方式在手册中进行了描述)。前两个 **mata:** 命令把向量 **y** 和矩阵 **X** 定义为内存中数据的“观察”,它们通过出现在 **ols0** 命令行中的左手边(lhs)和右手边(rhs)的变量来设定。常数 1 构成了矩阵 **X** 的最后一列。**ols0** 允许 **in** 或者 **if** 选择条件,或者缺失值。估计方程

$$\mathbf{b} = (\mathbf{X'X})^{-1}\mathbf{X'y}$$

在 Mata 中被写为:

```
mata: b = invsym(X'X)*X'y
```

第 4 个 **mata:** 命令显示 **b** 的结果。

```
*!  17jun2008
*!  L. Hamilton, Statistics with Stata (2009)
program ols0
    version 10
    syntax varlist(min=1 numeric) [in] [if]
    marksample touse
    gen cons_ = 1
    tokenize `varlist'
    local lhs "`1'"
    mac shift
    local rhs "`*'"
    mata: st_view(y=., ., "`lhs'", "`touse'")
    mata: st_view(X=., ., (tokens("`rhs'"), "cons_"), "`touse'")
    mata: b = invsym(X'X)*X'y
    mata: b
    drop cons_
end
```

把 **ols0** 应用于反应堆关闭数据,获得的回归系数与前面使用 **regress** 命令获得的系数相同。

```
. ols0 decom capacity years
```

```
              1
    ┌─────────────────┐
1   │    .1758738974  │
2   │    3.899313867  │
3   │   -11.39963279  │
    └─────────────────┘
```

利用标准方程的 Mata 版本,程序 **ols1**(如下所示)增加了标准误、t 统计量以及 t 检验概率的计算。同样,计算结果与前面使用 **regress** 命令计算得到的结果相同。**ols1** 的最后一个 **mata** 语句中的逗号是运算符,意思是"连接下一个矩阵的列"。

```
*!  17jun2008
*!  L. Hamilton, Statistics with Stata (2009)
program ols1
    version 10
    syntax varlist(min=1 numeric) [in] [if]
    marksample touse
    gen cons_ = 1
    tokenize `varlist'
    local lhs "`1'"
    mac shift
    local rhs "`*'"
    mata: st_view(y=., ., "`lhs'", "`touse'")
    mata: st_view(X=., ., (tokens("`rhs'"), "cons_"), "`touse'")
    mata: b = invsym(X'X)*X'y
    mata: e = y - X*b
    mata: n = rows(X)
    mata: k = cols(X)
    mata: s2 = (e'e)/(n-k)
    mata: V = s2*invsym(X'X)
    mata: se = sqrt(diagonal(V))
    mata: (b, se, b:/se, 2*ttail(n-k, abs(b:/se)))
    drop cons_
end
```

```
. ols1 decom capacity years
```

	1	2	3	4
1	.1758738974	.0247774037	7.098156835	.0192756353
2	3.899313867	.26430873	14.75287581	.0045631637
3	-11.39963279	4.330310729	-2.632520735	.1190686843

　　为了保存结果以及把它们粘贴在一个与 **regress** 中类似的精细格式化的输出表中,我们可以进一步改进这个程序。**ols2** 可以完成一些不同的任务,从而说明 Mata 是如何把矩阵连接在一起的。它把以上看到的数值结果与一个字符串矩阵进行合并,这个字符串矩阵包含了列标题以及自变量名称的清单。借助另外的几个 **mata** 命令,这一点是可以做到的。一个 **mata** 定义包含变量名称清单的行向量 **vnames_**。这个表达式中的逗号连接了三列:(1)"Yvar:"后面紧跟的是左手边变量的名称;(2)所有右手边变量的名称;(3)"_cons"。

```
mata: vnames_ = "Yvar: `lhs'", tokens("`rhs'"), "_cons"
```

　　下一个很长的 **mata** 命令使用了行内注释分隔符 /* 和 */,因此,Mata 读取时会越过两个物理行的末尾而把它看作就是一个命令:

```
mata: vnames_', ("Coef." \ strofreal(b)),     /*
    */ ("Std. Err." \ strofreal(se)),         /*
    */ ("t" \ strofreal(t)), ("P>|t|" \ strofreal(Prt))
```

此命令显示一个矩阵,其第一列是 **vnames_** 的转置(也就是,一列变量名称)。使用一个逗号,变量名称一列与以"Coefs"作为第一行创建的第二列向量连接起来;第二列中剩余的行由 **b** 中的系数来填充,注意,这些系数已经从实数转化成了字符串。反斜线符号"\\"把行连接成一个矩阵,就像","把列连接起来一样。**b** 值由实数到字符串的转化是必需的,这可以使矩阵类型是可兼容的。**ols2** 中的类似操作可以构建标准误、t 统计量以及概率等加上标签的列。

```
*!  17jun2008
*!  L. Hamilton, Statistics with Stata (2009)
program ols2
    version 10
    syntax varlist(min=1 numeric) [in] [if]
    marksample touse
    gen cons_ = 1
    tokenize `varlist'
    local lhs "`1'"
    mac shift
    local rhs "`*'"
    mata: st_view(y=., ., "`lhs'", "`touse'")
    mata: st_view(X=., ., (tokens("`rhs'"), "cons_"), "`touse'")
    mata: b = invsym(X'X)*X'y
    mata: e = y - X*b
    mata: n = rows(X)
    mata: k = cols(X)
    mata: s2 = (e'e)/(n-k)
    mata: V = s2*invsym(X'X)
```

```
    mata: se = sqrt(diagonal(V))
    mata: t = b:/se
    mata: Prt = 2*ttail(n-k, abs(b:/se))
    mata: vnames_ = "Yvar: `lhs'", tokens("`rhs'"), "_cons"
    mata: vnames_', ("Coef." \ strofreal(b)),      /*
       */ ("Std. Err." \ strofreal(se)),           /*
       */ ("t" \ strofreal(t)), ("P>|t|" \ strofreal(Prt))
    drop cons_
end

. ols2 decom capacity years
```

	1	2	3	4	5
1	Yvar: decom	Coef.	Std. Err.	t	P>|t|
2	capacity	.1758739	.0247774	7.098157	.0192756
3	years	3.899314	.2643087	14.75288	.0045632
4	_cons	-11.39963	4.330311	-2.632521	.1190687

就像本章中的其他例子一样,以上这些 Mata 练习只是对 Stata 编程的一瞥。《Stata 期刊》(*Stata Journal*)发表了更具创造力的应用,而且 Stata 的每一次更新都涉及新的或者改进的 ado 文件。在线网络课程提供了一个指导性的途径,可使你能够流畅地编写自己的程序。

参考文献

Barron's Educational Series. 1992. *Barron's Compact Guide to Colleges*, 8th ed. New York: Barron's Educational Series.

Beatty, J. Kelly, Brian O'Leary and Andrew Chaikin (eds.). 1981. *The New Solar System*. Cambridge, MA: Sky.

Belsley, D. A., E. Kuh and R. E. Welsch. 1980. *Regression Diagnostics: Identifying Influential Data and Sources of Collinearity*. New York: John Wiley & Sons.

Box, G. E. P., G. M. Jenkins and G. C. Reinsel. 1994. *Time Series Analysis: Forecasting and Control*. 3rd ed. Englewood Cliffs, NJ: Prentice-Hall.

Brown, Lester R., William U. Chandler, Christopher Flavin, Cynthia Pollock, Sandra Postel, Linda Starke and Edward C. Wolf. 1986. *State of the World* 1986. New York: W. W. Norton.

Buch, E. 2000. *Oceanographic Investigations off West Greenland* 1999. Copenhagen: Danish Meteorological Institute.

CDC (Centers for Disease Control). 2003. Website: http://www.cdc.gov.

Chambers, John M., William S. Cleveland, Beat Kleiner and Paul A. Tukey. 1983. *Graphical Methods for Data Analysis*. Belmont, CA: Wadsworth.

Chatfield, C. 2004. *The Analysis of Time Series: An Introduction*, 6th edition. Boca Raton, FL: CRC.

Chatterjee, S., A. S. Hadi and B. Price. 2000. *Regression Analysis by Example*, 3rd edition. New York: John Wiley & Sons.

Cleveland, William S. 1993. *Visualizing Data*. Summit, NJ: Hobart Press.

Cleveland, William S. 1994. *The Elements of Graphing Data*. Summit, NJ: Hobart Press.

Cleves, Mario, William Gould, Roberto Gutierrez and Yulia Marchenko. 2008. *An Introduction to Survival Analysis Using Stata*, revised edition. College Station, TX: Stata Press.

Cook, R. Dennis and Sanford Weisberg. 1982. Residuals and Influence in Regression. New York: Chapman & Hall.

Cook, R. Dennis and Sanford Weisberg. 1994. *An Introduction to Regression Graphics*. New York: John Wiley & Sons.

Council on Environmental Quality. 1988. *Environmental Quality* 1987-1988. Washington, DC: Council on Environmental Quality.

Cox, Nicholas J. 2004a. Stata tip 6: Inserting awkward characters in the plot. *Stata Journal* 4(1):95-96.

Cox, Nicholas J. 2004b. Speaking Stata: Graphing categorical and compositional data. *Stata Journal* 4(2): 190-215.

Davis, James A. Tom W. Smith, and Peter V. Marsden. 2005. General Social Surveys, 1972-2004 Cumulative File [computer data file]. Chicago: National Opinion Research Center [producer]. Ann Arbor, MI: Inter-University Consortium for Political and Social Research [distributor].

DFO (Canadian Department of Fisheries and Oceans). 2003. Website: http://www.meds-sdmm.dfo-mpo. gc.ca/alphapro/zmp/climate/IceCoverage_e.shtml

Diggle, P. J. 1990. *Time Series: A Biostatistical Introduction*. Oxford: Oxford University Press.

Enders, W. 2004. *Applied Econometric Time Series*, 2nd edition. New York: John Wiley & Sons.

Everitt, Brian S., Sabine Landau and Morven Leese. 2001. *Cluster Analysis*, 4th edition. London: Arnold.

Federal, Provincial, and Territorial Advisory Commission on Population Health. 1996. *Report on the Health of Canadians*. Ottawa: Health Canada Communications.

Fox, John. 1991. *Regression Diagnostics*. Newbury Park, CA: Sage Publications.

Fox, John and J. Scott Long. 1990. *Modern Methods of Data Analysis*. Beverly Hills: Sage Publications.

Frigge, Michael, David C. Hoaglin and Boris Iglewicz. 1989. Some implementations of the boxplot. *The American Statistician* 43(1):50-54.

Gould, William, Jeffrey Pitblado and William Sribney. 2006. *Maximum Likelihood Estimation with Stata*, 3rd edition. College Station, TX: Stata Press.

Haedrich, Richard L. and Lawrence C. Hamilton. 2000. The fall and future of Newfoundland's cod fishery. *Society and Natural Resources* 13:359-372.

Hamilton, Dave C. 2003. The Effects of Alcohol on Perceived Attractiveness. Senior Thesis. Claremont, CA: Claremont McKenna College.

Hamilton, James D. 1994. *Time Series Analysis*. Princeton, NJ: Princeton University Press.

Hamilton, Lawrence C. 1985a. Concern about toxic wastes: Three demographic predictors. *Sociological Perspectives* 28(4):463-486.

Hamilton, Lawrence C. 1985b. Who cares about water pollution? Opinions in a small-town crisis. *Sociological Inquiry* 55(2):170-181.

Hamilton, Lawrence C. 1992a. *Regression with Graphics: A Second Course in Applied Statistics*. Pacific Grove, CA: Brooks/Cole.

Hamilton, Lawrence C. 1992b. Quartiles, outliers and normality: Some Monte Carlo results. pp. 92-95 in Joseph Hilbe (ed.) *Stata Technical Bulletin Reprints*, Volume 1. College Station, TX: Stata Press.

Hamilton, Lawrence C. and Carole L. Seyfrit. 1993. Town-village contrasts in Alaskan youth aspirations. *Arctic* 46(3):255-263.

Hamilton, Lawrence C., Benjamin C. Brown and Rasmus Ole Rasmussen. 2003. Local dimensions of climatic change: West Greenland's cod-to-shrimp transition. *Arctic* 56(3):271-282.

Hamilton, Lawrence C., Richard L. Haedrich and Cynthia M. Duncan. 2004. Above and below the water: Social/ecological transformation in northwest Newfoundland. *Population and Environment* 25(3): 195-215.

Hamilton, Lawrence C. 2006a. Rural voting in the 2004 election. Fact Sheet No. 2, The Carsey Institute, University of New Hampshire. http://www. carseyinstitute. unh. edu/documents/RuralVote_final. pdf (accessed 2/2/2008).

Hamilton, Lawrence C. 2006b. Migration and Population in the Rural South. The Carsey Institute, University of New Hampshire. http://www. carseyinstitute. unh. edu/snapshot_south_migration. html (accessed 2/2/2008).

Hamilton, Lawrence C. 2007. Climate, fishery and society interactions: Observations from the North Atlantic. *Deep Sea Research II* 54:2958-2969.

Hamilton, Lawrence C. 2008. Who cares about polar regions? Results from a survey of U. S. public opinion. *Arctic, Antarctic, and Alpine Research*.

Hamilton, Lawrence C., Benjamin C. Brown and Barry D. Keim. 2007. Ski areas, weather and climate: Time series models for New England case studies. *International Journal of Climatology* 27:2113-2124.

Hamilton, Lawrence C. and Rasmus Ole Rasmussen. 2008. The demographic transition in Greenland. Paper presented at the Sixth International Congress of Arctic Social Sciences. Nuuk, Greenland, August 22-26.

Hardin, James and Joseph Hilbe. 2007. *Generalized Linear Models and Extensions*, 2nd edition. College Station, TX: Stata Press.

Hoaglin, David C., Frederick Mosteller and John W. Tukey (eds.). 1983. *Understanding Robust and Exploratory Data Analysis*. New York: John Wiley & Sons.

Hoaglin, David C., Frederick Mosteller and John W. Tukey (eds.). 1985. *Exploring Data Tables, Trends and Shapes*. New York: John Wiley & Sons.

Hosmer, David W., Jr., Stanley Lemeshow and Susanne May. 2008. *Applied Survival Analysis: Regression Modeling of Time to Event Data*, 2nd edition. New York: John Wiley & Sons.

Hosmer, David W., Jr. and Stanley Lemeshow. 2000. *Applied Logistic Regression*, 2nd edition. New York: John Wiley & Sons.

Jentoft, Svein and Trond Kristoffersen. 1989. Fishermen's co-management: The case of the Lofoten fishery. *Human Organization* 48(4):355-365.

Johnson, Anne M., Jane Wadsworth, Kaye Wellings, Sally Bradshaw and Julia Field. 1992. Sexual lifestyles and HIV risk. *Nature* 360(3 December):410-412.

Korn, Edward L. and Barry I. Graubard. 1999. *Analysis of Health Surveys*. New York: Wiley.

League of Conservation Voters. 1990. *The 1990 National Environmental Scorecard*. Washington, DC: League of Conservation Voters.

Lee, Elisa T. 1992. *Statistical Methods for Survival Data Analysis*, 2nd edition. New York: John Wiley & Sons.

Lee, Eun Sul and Ronald N. Forthofer. 2006. *Analyzing Complex Survey Data*, second edition. Thousand Oaks, CA: Sage.

Levy, Paul S. and Stanley Lemeshow. 1999. *Sampling of Populations: Methods and Applications*, 3rd Edition. New York: Wiley.

Li, Guoying. 1985. Robust regression. pp. 281-343 in D. C. Hoaglin, F. Mosteller and J. W. Tukey (eds.) *Exploring Data Tables, Trends and Shapes*. New York: John Wiley & Sons.

Long, J. Scott. 1997. *Regression Models for Categorical and Limited Dependent Variables*. Thousand Oaks, CA: Sage Publications.

Long, J. Scott and Jeremy Freese. 2006. *Regression Models for Categorical Dependent Variables Using Stata*, 2nd edition. College Station, TX: Stata Press.

Luke, Douglas A. 2004. *Multilevel Modeling*. Thousand Oaks, CA: Sage.

MacKenzie, Donald. 1990. *Inventing Accuracy: A Historical Sociology of Nuclear Missile Guidance*. Cambridge, MA: MIT.

Mallows, C. L. 1986. Augmented partial residuals. *Technometrics* 28:313-319.

Mayewski, P. A., G. Holdsworth, M. J. Spencer, S. Whitlow, M. Twickler, M. C. Morrison, K. K. Ferland and L. D. Meeker. 1993. Ice-core sulfate from three northern hemisphere sites: Source and temperature forcing implications. *Atmospheric Environment* 27A(17/18):2915-2919.

Mayewski, P. A., L. D. Meeker, S. Whitlow, M. S. Twickler, M. C. Morrison, P. Bloomfield, G. C. Bond, R. B. Alley, A. J. Gow, P. M. Grootes, D. A. Meese, M. Ram, K. C. Taylor and W. Wumkes. 1994. Changes in atmospheric circulation and ocean ice cover over the North Atlantic during the last 41,000 years. *Science* 263:1747-1751.

McCullagh, P. and J. A. Nelder. 1989. *Generalized Linear Models*, 2nd edition. London: Chapman & Hall.

McCulloch, Charles E. 2005. Repeated measures ANOVA, R. I. P.? *Chance* 18(3):29-33.

McCulloch, Charles E. and S. R. Searle. 2001. *Generalized, Linear, and Mixed Models*. New York: Wiley.

Mitchell, Michael N. 2008. *A Visual Guide to Stata Graphics*, 2nd edition. College Station, TX: Stata Press.

Moore, David. 2008. *The Opinion Makers: An Insider Reveals the Truth about Opinion Polls*. Boston: Beacon Press.

Nash, James and Lawrence Schwartz. 1987. Computers and the writing process. *Collegiate Microcomputer* 5(1):45-48.

National Center for Education Statistics. 1992. *Digest of Education Statistics* 1992. Washington, DC: U. S. Government Printing Office.

National Center for Education Statistics. 1993. *Digest of Education Statistics* 1993. Washington, DC: U. S. Government Printing Office.

Rabe-Hesketh, Sophia and Brian Everitt. 2000. *A Handbook of Statistical Analysis Using Stata*, 2nd edition. Boca Raton, FL: Chapman & Hall.

Rabe-Hesketh, Sophia and Anders Skrondal. 2008. *Multilevel and Longitudinal Modeling Using Stata*, 2nd edition. College Station, TX: Stata Press.

Report of the Presidential Commission on the Space Shuttle Challenger Accident. 1986. Washington, DC.

Robinson, Anthony. 2005. Geovisualization of the 2004 presidential election. Available at http://www. personal. psu. edu/users/a/c/acr181/election. html (accessed 3/8/2008).

Rosner, Bernard. 1995. *Fundamentals of Biostatistics*, 4th edition. Belmont, CA: Duxbury Press.

Selvin, Steve. 1995. Practical Biostatistical Methods. Belmont, CA: Duxbury Press. Selvin, Steve. 1996. Statistical Analysis of Epidemiologic Data, 2nd edition. New York: Oxford University.

Seyfrit, Carole L. 1993. *Hibernia's Generation: Social Impacts of Oil Development on Adolescents in Newfoundland*. St. John's: Institute of Social and Economic Research, Memorial University of Newfoundland.

Shumway, R. H. 1988. *Applied Statistical Time Series Analysis*. Upper Saddle River, NJ: Prentice-Hall.

Skrondal, A. and Sophia Rabe-Hesketh. 2004. *Generalized Latent Variable Modeling: Multilevel, Longitudinal, and Structural Equation Models*. Boca Raton, FL: Chapman & Hall/CRC.

StataCorp. 2007. *Getting Started with Stata for Macintosh*. College Station, TX: Stata Press.

StataCorp. 2007. *Getting Started with Stata for Unix*. College Station, TX: Stata Press.

StataCorp. 2007. *Getting Started with Stata for Windows*. College Station, TX: Stata Press.

StataCorp. 2007. *Mata Reference Manual* (2 volumes). College Station, TX: Stata Press.

StataCorp. 2007. *Stata Base Reference Manual* (3 volumes). College Station, TX: Stata Press.

StataCorp. 2007. *Stata Data Management Reference Manual*. College Station, TX: Stata Press.

StataCorp. 2007. *Stata Graphics Reference Manual*. College Station, TX: Stata Press.

StataCorp. 2007. *Stata Programming Reference Manual*. College Station, TX: Stata Press.

StataCorp. 2007. *Stata Longitudinal/Panel Data Reference Manual*. College Station, TX: Stata Press.

StataCorp. 2007. *Stata Multivariate Statistics Reference Manual*. College Station, TX: Stata Press.

StataCorp. 2007. *Stata Quick Reference and Index*. College Station, TX: Stata Press. StataCorp. 2007. *Stata Survey Data Reference Manual*. College Station, TX: Stata Press.

StataCorp. 2007. *Stata Survival Analysis and Epidemiological Tables Reference Manual*. College Station, TX: Stata Press.

StataCorp. 2007. *Stata Time-Series Reference Manual*. College Station, TX: Stata Press.

StataCorp. 2007. *Stata User's Guide*. College Station, TX: Stata Press.

Topliss, Brenda J. 2002. Ocean-atmosphere feedback: Using the non-stationarity in the climate system. *Geophysical Research Letters* 29(8):1196. doi:10. 1029/2001GL014011

Tufte, Edward R. 1990. *Envisioning Information*. Cheshire CT: Graphics Press.

Tufte, Edward R. 1997. *Visual Explanations: Images and Quantities, Evidence and Narrative*. Cheshire CT: Graphics Press.

Tufte, Edward R. 2001. *The Visual Display of Quantitative Information*, 2nd edition. Cheshire CT: Graphics Press.

Tufte, Edward R. 2006. *Beautiful Evidence*. Cheshire CT: Graphics Press.

Tukey, John W. 1977. *Exploratory Data Analysis*. Reading, MA: Addison-Wesley.

Velleman, Paul F. 1982. Applied Nonlinear Smoothing, pp. 141-177 in Samuel Leinhardt (ed.) *Sociological Methodology* 1982. San Francisco: Jossey-Bass.

Velleman, Paul F. and David C. Hoaglin. 1981. *Applications, Basics, and Computing of Exploratory Data Analysis*. Boston: Wadsworth.

Verbeke, G. and G. Molenberghs. 2000. *Linear Mixed Models for Longitudinal Data*. New York: Springer.

Voss, Paul R. , Scott McNiven, Roger B. Hammer, Kenneth M. Johnson, and Glenn V. Fuguitt. 2005. County-specific Net Migration by Five-year Age Groups, Hispanic Origin, Race, and Sex, 1990-2000. Ann Arbor, MI: Inter-university Consortium for Political and Social Research, 2005-05-23.

Ward, Sally and Susan Ault. 1990. AIDS knowledge, fear, and safe sex practices on campus. *Sociology and Social Research* 74(3):158-161.

Werner, Al. 1990. Lichen growth rates for the northwest coast of Spitsbergen, Svalbard. *Arctic and Alpine Research* 22(2):129-140.

Wood, B. D. and A. Vedlitz. 2007. Issue definition, information processing, and the politics of global warming. *American Journal of Political Science* 51(3):552-568.

World Bank. 1987. *World Development Report* 1987. New York: Oxford University.

World Resources Institute. 1993. *The* 1993 *Information Please Environmental Almanac*. Boston: Houghton Mifflin.

关键词索引